ALFONS BÜRGE

RÖMISCHES PRIVATRECHT

# DIE ALTERTUMSWISSENSCHAFT

Einführungen in Gegenstand, Methoden und Ergebnisse
ihrer Teildisziplinen und Hilfswissenschaften

WISSENSCHAFTLICHE BUCHGESELLSCHAFT
DARMSTADT

ALFONS BÜRGE

# RÖMISCHES PRIVATRECHT

## Rechtsdenken und gesellschaftliche Verankerung

Eine Einführung

WISSENSCHAFTLICHE BUCHGESELLSCHAFT
DARMSTADT

Einbandgestaltung: Neil McBeath, Stuttgart.

Die Deutsche Bibliothek – CIP-Einheitsaufnahme

**Bürge, Alfons:**
Römisches Privatrecht: Rechtsdenken und gesellschaftliche Verankerung; eine Einführung / Alfons Bürge. – Darmstadt: Wiss. Buchges., 1999
(Die Altertumswissenschaft)
ISBN 3-534-10095-6

Bestellnummer 10095-6


Gedruckt auf säurefreiem und alterungsbeständigem Offsetpapier
Satz: Fotosatz Janß GmbH, Pfungstadt
Druck und Einband: Druckhaus Beltz, Hemsbach
Printed in Germany
Schrift: Linotype Garamond, 9.5/11

ISSN 0174-0849
ISBN 3-534-10095-6

INHALT

Vorwort . . . . . . . . . . . . . . . . . . . . . . . . . . . . VII

Abkürzungen . . . . . . . . . . . . . . . . . . . . . . . . . . XI

I. Das Recht als Prozeß betrachtet . . . . . . . . . . . . . . 1

II. Rechtsetzung im Prozeß: Der Prätor als *viva vox iuris civilis* . . . . . . . . . . . . . . . . . . . . . . . . . . . 17
1. Das Erscheinungsbild des Edikts des Gerichtsmagistraten . . . . . . . . . . . . . . . . . . . . . . . . . . . 17
2. Die praktische Umsetzung einer Rechtsschutzverheißung: Das Beispiel der *lex Aquilia* . . . . . . . . . . . 18
3. Die rechtliche Ausdifferenzierung der Eigentumsklage 28
4. Die Umsetzung einer allgemeinen Rechtsschutzverheißung . . . . . . . . . . . . . . . . . . . . . . . . . . 36
5. Zusammenfassung . . . . . . . . . . . . . . . . . . . . 40

III. Selbsthilfe, Gewalt und ihre Begrenzung . . . . . . . . . 45
1. Eigenmacht und Recht . . . . . . . . . . . . . . . . . . 46
2. Der Schutz der Interdikte vor Gewalt und der Raum für die Eigenmacht . . . . . . . . . . . . . . . . . . . . 49
3. Eigenmacht und Vollstreckung . . . . . . . . . . . . . 58

IV. Entwicklung, Struktur und Strukturwandel des Prozesses 63
1. Die Zwölf Tafeln als Grundgesetz . . . . . . . . . . . 63
2. Charakteristische Züge des Formularprozesses . . . . 72
3. Das Kognitionsverfahren . . . . . . . . . . . . . . . . 80

V. Die Entdeckung der juristischen Profession . . . . . . . 87

VI. Vom Werkzeug der Juristen: Die Quellen und ihre Interpreten . . . . . . . . . . . . . . . . . . . . . . . . . . . 94
1. Die Zwölf Tafeln und ihre Interpreten . . . . . . . . . 95
2. Die innere Organisation der Jurisprudenz . . . . . . . 98
3. Die Darstellungsformen der juristischen Schriftstellerei 110
4. Die Perspektive der Kompilatoren des römischen Rechts 112

VII. Erscheinungsformen des Vertrages . . . . . . . . . . . . . 115
1. Einseitigkeit und Formalismus: Die Stipulation . . . . 115
2. Freiheit und Bindung: Das Darlehen als Realkontrakt 124
3. Formfreiheit und moralische Rückbindung: Der Auftrag – *mandatum* . . . . . . . . . . . . . . . . . . . . . 128
4. Austauschverträge: Regelungs- und Gestaltungsmöglichkeiten beim Dienst- oder Arbeitsvertrag . . . . . . . . 139

VIII. Entfaltung und Grenzen des Eigentums: Die *actio negatoria* 151

IX. Zum Recht der römischen *familia* . . . . . . . . . . . . . 161
1. Die römische Ehe als Rechtsverhältnis . . . . . . . . . . 161
2. Fragen des ehelichen Vermögensrechts . . . . . . . . . . 167
3. Aspekte der Vermögensorganisation der *familia*: Die Geschäfte der Haussöhne, -töchter und Sklaven . . . 171
a) Das *edictum triplex* . . . . . . . . . . . . . . . . . 171
b) Die *actio quod iussu* . . . . . . . . . . . . . . . . 173
c) Die *actio de in rem verso* . . . . . . . . . . . . . . 176
d) Die *actio de peculio* . . . . . . . . . . . . . . . . 183
4. Das *edictum triplex* und der Sklave in der Struktur der römischen *familia* . . . . . . . . . . . . . . . . . . . . 192

X. Das römische Recht gesehen durch den Filter der Rezeption . . . . . . . . . . . . . . . . . . . . . . . . . . . 204

Hinweise zu den Quellen und auf ausgewählte Literatur zum römischen Recht . . . . . . . . . . . . . . . . . . . . . . . 215
1. Textausgaben . . . . . . . . . . . . . . . . . . . . . . 215
2. Hilfsmittel . . . . . . . . . . . . . . . . . . . . . . . 216
3. Schrifttum . . . . . . . . . . . . . . . . . . . . . . . 217
4. Fachzeitschriften . . . . . . . . . . . . . . . . . . . . 220

Quellenregister . . . . . . . . . . . . . . . . . . . . . . . . 221

Personenregister . . . . . . . . . . . . . . . . . . . . . . . 233

Sach- und Ortsregister . . . . . . . . . . . . . . . . . . . . 237

# VORWORT

Als die Wissenschaftliche Buchgesellschaft mit der Anfrage an mich herantrat, eine Einführung in das römische Privatrecht und seine Geschichte zu schreiben, war klar, daß es nicht darum gehen konnte, einen systematischen Überblick in den tradierten Kategorien zu liefern. Dafür stehen, als Vermächtnis einer großen Generation von Romanisten, heute die einschlägigen Handbücher von Kaser, Kunkel und Wieacker zur Verfügung, die von einer beachtlichen Reihe gehaltvoller Kurzlehrbücher, teilweise sogar aus der Feder der gleichen Autoren, begleitet werden. Unser Ziel war es daher, den Kreis der Leser, handle es sich nun um klassische Philologen, Althistoriker oder rechtshistorisch interessierte Juristen, mit der spezifischen Sehweise sowohl der römischen als auch der heutigen rechtshistorisch arbeitenden Juristen vertraut zu machen und in dieses Denken einzuführen. Das reiche Potential, das in den römischen Rechtsquellen steckt, soll damit nähergebracht werden, das über Jahrhunderte hinweg die Rechtsentwicklung angeregt hat und noch längst nicht ausgeschöpft ist. Sicher läßt sich die Sprengkraft einer so zukunftsträchtigen Rechtsliteratur, die über die Zeiten wirkte und noch wirkt, auch hier nur erahnen. Wenn wir aber dazu animieren können, sich tiefer mit ihr zu beschäftigen, den eigenen Standort zu erkennen und sich von den immer wieder frischen Ideen inspirieren zu lassen, hat unsere Einführung ihren Zweck erfüllt.

Damit war klar, daß es in erster Linie darum gehen mußte, die römische Rechtsordnung statt in ihrer Breite in ihrer Eigenart darzustellen und den Blick zu öffnen für ihre Besonderheiten. Nicht zuletzt galt es, die geistige Haltung der römischen Juristen und ihren Umgang mit dem Recht nahezubringen. Wir wollten also die Chance nutzen, in ein anderes Rechtsdenken einzudringen, das zwar eine der wichtigsten Grundlagen unserer Privatrechtsordnung ist, sich jedoch von ihr in zentralen Punkten unterscheidet. Das bedeutet nicht, daß uns solche Elemente nichts zu bieten hätten. Den Ertrag eines solchen Vorgehens möchten wir in dieser Einführung beispielsweise in bezug auf die in Rom stets offenkundige Verbindung mit dem Prozeß zeigen, deren Bedeutung im heutigen Jurastudium erst allmählich wieder erkannt wird. Damit weitet sich die Sicht und läßt uns begreifen, wie sich im prozessualen Geschehen materielles Recht entfalten kann, das heute zum sicheren Bestandteil jeden modernen Privatrechts gehört, und wie in der gleichen Entwicklung miteinander eng verzahnt Eigenmacht und Recht funktional ausdifferenziert werden. Diese Entwicklung wird in entscheidendem Maße von dem sich allmählich bildenden Stand zünftiger Juristen begleitet, deren – uns bis heute prägende – Perspektive wir begreifen müssen, um die römische Rechtsliteratur zu verstehen. An drei Gebieten, deren Behandlung bereits bei der Darstellung des prozessualen Zugriffs vorbereitet wird, sollen die Konsequenzen vor Augen geführt werden. Im Vertragsrecht geht es darum, die Verrechtlichung von Austauschbeziehungen zu verstehen, die das wirtschaftliche und gesellschaftliche Leben prägen; ähnliches gilt in bezug auf das Eigentum. Die Behandlung der *familia* soll hingegen den Blick für die Auswirkungen eröffnen, die solche Regelungen für die rechtliche Organisation von Gemeinschaftsbeziehungen haben. Wo es sich ergibt, machen wir unbefangen auf die Fäden zu späteren Entwicklungen seit der Rezeption aufmerksam, um in der Kontinuität oder je nachdem im Kontrast dazu unseren Standort zu erkennen; besonders ausgeprägt gilt dies für das Eigentum. Im Schlußkapitel wollen wir solche Hinweise kurz zusammenfassen, um so noch einmal unsere moderne Sehweise bewußtzumachen.

Wir hoffen, damit dem juristischen Laien auch einen Zugang zu den dogmatischen Figuren und Lösungsmodellen zu öffnen, die im römischen Recht angelegt sind. Die geschichtliche Betrachtung ist kein Gegensatz dazu, sondern lehrt erst, im Wandel das Dauernde zu erkennen und die Bedeutung des sozialen und wirtschaftlichen Kontextes für die Lösung rechtlicher Sachfragen zu ermessen. Es wird dadurch der Blick für Gemeinsamkeiten und Divergenzen sowie deren mögliche Ursachen geschärft, den der Jurist heute haben muß, weil er schon aufgrund der beruflichen Anforderungen glücklicherweise immer stärker zu rechtsvergleichendem Denken gezwungen wird. Diese Schulung erklärt ohne weiteres, warum die Romanisten seit je in besonderem Maße von der Rechtsvergleichung angezogen wurden, angefangen bei Ernst Rabel, den man mit einigem Recht als geistigen Vater des heutigen UN-Kaufrechts bezeichnen darf. Sicher ist dafür noch eine andere Komponente verantwortlich, die den großen Reiz unseres Fachs ausmacht und einen hohen Erkenntnisgewinn verspricht, weil wir in allen Problemstellungen immer wieder auf die gemeinsame europäische wissenschaftliche Tradition der Beschäftigung mit römischen Recht stoßen, die auch dort fortwirkt, wo man vor ihr die Augen verschließen will. Die Besinnung darauf ist um so notwendiger, als unsere Zeit zur Spezialisierung drängt, jedoch nur die Grundlagenfächer die Fundamente bereiten können, auf denen die Kultur des Besonderen sich erst entwickeln kann, ohne sich in der Vereinzelung zu isolieren.

Um das einer Einführung gesteckte Ziel zu erreichen, haben wir uns bemüht, den Text möglichst verständlich zu formulieren. Deshalb werden lateinische Fachausdrücke im Text in der Regel erklärt und mindestens sinngemäß ins Deutsche übertragen, bei größeren Zitaten ist auf jeden Fall immer eine unprätentiöse Übersetzung beigefügt. Im Anmerkungsapparat haben wir darauf verzichtet, weil dessen Zweck enger gefaßt ist: Er soll einerseits den Zugang zu weiterführender Literatur eröffnen, andererseits dient er der Dokumentation der Quellen, auf die sich unser Urteil stützt, und gibt auch Hinweise auf spätere sowie moderne Entwicklungen. Da mag auch der in der Schule tätige Philologe Anregungen für die Lektüre römischrechtlicher Quellen holen. Wo es unabdingbar war, weil die Diskussion zu einzelnen Fragen noch im Fluß ist oder weil wir einen von der herrschenden Lehre prononciert abweichenden Standpunkt vertreten, findet hier auch die wissenschaftliche Auseinandersetzung ihren Ort. Wir haben aber den Text so konzipiert, daß er ohne Anmerkungen gelesen werden kann. Um den Apparat nicht zu überlasten, haben wir schweren Herzens bei den Hinweisen auf fremdsprachige Literatur, insbesondere bei Aufsätzen, Zurückhaltung geübt. Wir hoffen aber doch, daß deutlich wird, wie die Romanistik als internationale Disziplin global präsent war, bevor die nationalen Schlafmützen mit dem Wort von der Globalisierung zu hausieren begonnen haben.

Zum Schluß habe ich die angenehme Pflicht, vielen danken zu dürfen, die zum Gelingen dieser Arbeit beigetragen haben. Dank eines mir zustehenden Forschungsfreisemesters konnte ich die Arbeit im Winter 1997/98 am Leopold-Wenger-Institut in München in Ruhe ausformulieren. Wer die dortige Atmosphäre kennt, weiß, wie sehr ich im wissenschaftlichen Gespräch profitieren konnte. Ganz besonders danken möchte ich Herrn Prof. Dieter Nörr für das gewährte Gastrecht und Herrn Prof. Hans-Dieter Spengler, der mich in dieser Zeit nicht nur bestens beherbergt hat, sondern es auch übernommen hat, das Manuskript zum Schluß kritisch durchzugehen. Ihm verdanke ich auch die Grundlage der Literaturhinweise. An meinem Lehrstuhl in Saarbrücken hat Frau Elvira Bartel bei der Niederschrift tatkräftig geholfen, Frau Referendarin Ulrike Babusiaux hat sich mit wachem Blick einer ersten Testlektüre unterzogen und sich um die Beschaffung von Literatur gekümmert, Frau Gaby Langenhagen und Herr Christian Penner haben die Literaturzitate nochmals kontrolliert; Herr Referendar Thomas Weiten hat mit viel Elan und Umsicht die mühsame Arbeit der letzten sprachlichen Korrektur und der Kontrolle der Textzitate auf sich genommen sowie das Quellenregister angefertigt und – zusammen mit Frau Babusiaux – die Fahnen mitgelesen.

## ABKÜRZUNGEN

| | |
|---|---|
| ABGB | Allgemeines bürgerliches Gesetzbuch von 1811 (Österreich) |
| ALinc | Atti dell'Accademia nazionale dei Lincei. Classe di Scienze morali, storiche e filologiche |
| ANRW | H. Temporini/W. Haase, Aufstieg und Niedergang der römischen Welt. Geschichte und Kultur Roms im Spiegel der neueren Forschung, Berlin–New York (seit 1972) |
| BGB | Bürgerliches Gesetzbuch von 1896 (Deutschland) |
| Bull. | Bullettino dell'Istituto di diritto romano |
| C. | Codex Iustinianus |
| C. civ. | Code civil von 1804 (Frankreich) |
| D. | Digesta Iustiniani; vorangestellt ist meist der abgekürzte Name des dort zitierten Juristen und in Klammern die Schrift, der die Kompilatoren das Fragment entnommen haben, z. B. Paul. (69 ed.) D. 50.17.211: Paulus libro sexagesimo nono ad edictum, Digesten 50.17.211, vgl. u. S. 113 |
| FIRA | Fontes iuris Romani anteiustiniani, I: Leges, hrsg. von S. Riccobono; II: Auctores, hrsg. von J. Baviera; III: Negotia, hrsg. von V. Arangio-Ruiz, Florenz 1940–²1943 (NDr. 1968/72, Bd. 3 mit Nachtrag) |
| FS | Festschrift |
| Gaius | Gai Institutiones |
| HLL | Handbuch der lateinischen Literatur der Antike (Handbuch der Altertumswissenschaft, 8. Abt.), München 1989 ff. |
| Index | Index. Quaderni camerti di studi romanistici (International Survey of Roman Law) |
| Inst. | Institutiones Iustiniani |
| Iura | IURA. Rivista internazionale di diritto romano e antico |

| | |
|---|---|
| Kaser, RP I/II | M. Kaser, Das römische Privatrecht, 2 Bde., München $^{2}$1971/75 (= Handbuch der Altertumswissenschaft X. 3.3.1–2) |
| Kaser/Hackl, RZ | M. Kaser/K. Hackl, Das römische Zivilprozeßrecht, München $^{2}$1996 (= Handbuch der Altertumswissenschaft X. 3.4) |
| Kunkel, Herkunft | W. Kunkel, Herkunft und soziale Stellung der römischen Juristen, Graz u. a. $^{2}$1967 |
| Kunkel/Honsell bzw. Mayer-Maly bzw. Selb | H. Honsell, Th. Mayer-Maly, W. Selb, Römisches Recht, aufgrund des Werkes von P. Jörs, W. Kunkel, L. Wenger bearbeitet, Berlin u. a. $^{4}$1987 |
| Kunkel/Wittmann II | W. Kunkel/R. Wittmann, Staatsordnung und Staatspraxis der römischen Republik, II: Die Magistratur, München 1995 (= Handbuch der Altertumswissenschaft X. 3.2.2) |
| Labeo | Labeo. Rassegna di diritto romano |
| Lenel, EP | O. Lenel, Das Edictum Perpetuum. Ein Versuch zu seiner Wiederherstellung, Leipzig $^{3}$1927 |
| NDr. | Nachdruck |
| OR | Obligationenrecht von 1911 (Schweiz) |
| RH | Revue historique de droit français et étranger |
| SD | Studia et documenta historiae et iuris |
| SZ | Zeitschrift der Savigny-Stiftung für Rechtsgeschichte, romanist. Abt. (s. u. S. 220) |
| TR | Tijdschrift voor rechtsgeschiedenis – Revue d'histoire du droit |
| Wieacker, RRG I | F. Wieacker, Römische Rechtsgeschichte, 1. Abschnitt, München 1988 (= Handbuch der Altertumswissenschaft X. 3.1.1) |
| ZGB | Schweizerisches Zivilgesetzbuch vom 10. 12. 1907 |
| ZPO | Zivilprozeßordnung |

Die Zitate literarischer Autoren lassen sich in der Regel mit den gängigen Abkürzungsverzeichnissen, beispielsweise des ›Thesaurus linguae Latinae‹ und des ›Neuen Pauly‹ (DNP), auflösen; ähnliches gilt für die gängigen altertumswissenschaftlichen Zeitschriften.

# Erstes Kapitel

# DAS RECHT ALS PROZESS BETRACHTET

Recht haben und Recht bekommen sind zwei verschiedene Dinge. Während man sich in Deutschland oft mit dem ersten bescheidet, hielt es der praktische Sinn der Römer mehr mit dem zweiten. Unserer veränderten Perspektive liegt eine Trennung zwischen materiellem Recht und Verfahren zugrunde, die in der neueren Privatrechtsentwicklung zwar in der Auseinandersetzung mit den römischen Rechtsquellen, dem *Corpus iuris civilis*, herausgearbeitet wurde und heute alle kontinentaleuropäischen Rechtsordnungen kennzeichnet, aber denkbar unrömisch ist. Dem modernen Konzept, zunächst die materiellrechtliche Grundlage für einen Anspruch zu suchen, beispielsweise nach seinen Rechten als Mieter oder Käufer zu fragen, und sich erst daran anschließend um die Durchsetzung des Rechts zu kümmern, wird denn auch oft schlagwortartig das aktionenrechtliche Denken der Römer gegenübergestellt und für das geltende Recht fruchtbar zu machen versucht. Auf den kleinsten gemeinsamen Nenner gebracht, bedeutet die Berufung auf die römischen Prinzipien meist, daß man das Rechtsproblem von Anfang an mit Blick auf die Verwirklichung des Rechts im Prozeß erörtern will. Die Konsequenzen lassen sich an einem aus der römischen Praxis genommenen Beispiel erläutern, das uns dank eines neueren Urkundenfundes überliefert ist. Es führt uns in das Jahr 48.[1]

Damals hatten im vornehmen Puteoli L. Faenius Eumenes und C. Sulpicius Faustus Kaufgeschäfte geschlossen. Im Zuge dieser Transaktionen war C. Sulpicius Faustus einiges schuldig geblieben; warum, wissen wir nicht. Es mag sein, daß den Sulpicius Faustus der Kauf reute, vielleicht kam auch sonst etwas dazwischen. Fest steht, daß Faenius Eumenes als Käufer noch Forderungen hatte, deren Wert er zunächst auf die stattliche Summe von 50 000 Sesterzen bezifferte.[2]

[1] Wir folgen hier auch inhaltlich weitgehend der Darstellung von J. G. Wolf, Aus dem neuen pompejanischen Urkundenfund: Die Streitbeilegung zwischen L. Faenius Eumenes und C. Sulpicius Faustus, in: Studi Sanfilippo, Mailand 1985, Bd. 6, 771–788. Es handelt sich um die Tabulae Pompeianae 32; 41; 66, vgl. nun die Ausgabe von G. Camodeca, L'Archivio Puteolano dei Sulpicii, Bd. 1, Neapel 1992, 59 ff., 105 ff.

[2] Zur Illustration für die damaligen Preise sei darauf hingewiesen, daß um

Jedenfalls trafen sich die beiden, und Faustus versprach in einer förmlichen Erklärung, einem *vadimonium*, sich am 24. Juni zur dritten Stunde beim Amtssitz des lokalen Gerichtsmagistraten, dem *duumvir*, einzufinden; andernfalls würde eine Vertragsstrafe von 50 000 Sesterzen fällig. Eine Einigung wurde dann offensichtlich nicht erzielt, denn am 3. Juli erfolgte ein weiteres *vadimonium*, das ein nächstes Treffen am 5. Juli zur gleichen Zeit absicherte. Immerhin wurde jetzt klar, daß der Streitwert 50 000 Sesterzen übersteigen würde. Zugleich wurde ein weiteres Problem angesprochen: Zur Bestätigung des Geschäftes hatte Faenius Eumenes beim Verkäufer offenbar einen Ring als Draufgeld *(arrha)* hinterlegt, dessen Streitwert er auf eine Sesterze bezifferte. Die Sache zog sich in die Länge und es zeigte sich, daß mindestens eine Seite den Streit nicht vor den *duumvir* gebracht haben wollte,[3] sondern vor den Prätor in Rom. Um nicht selbst nach Rom reisen zu müssen, bestellten beide bei einem Treffen einen Vertreter, einen *cognitor*, der anders als die heutigen Anwälte Prozeßpartei war und daher den Streit in der Rolle als Kläger oder Beklagter durchführte. In solchen Fällen leisteten die Parteien Sicherheit dafür, daß sie nach einer Verurteilung die Urteilsschuld erfüllen würden. Freilich kam es nicht mehr zum Prozeß in Rom, obwohl die Vertreter bereits einen Termin vereinbart hatten, denn am 4. September einigten sich die Parteien gütlich und bereinigten die Situation.

An diesem einfachen praktischen Beispiel fällt dem kontinental-

diese Zeit in Pompeji 1 kg Brot etwa eine Sesterze kosten konnte (vgl. die Deutung von CIL 4, 4227); ein Maulesel wurde CIL 4, 3340 I um 520 Sesterzen verkauft, während Sklaven Preise von 1000 Sesterzen aufwärts erzielten, wobei 10 000 Sesterzen nicht außergewöhnlich waren, vgl. J. Andreau, Les affaires de Monsieur Jucundus, Rom 1974, 93 f. Eine gute Übersicht über unser Wissen von den römischen Einkommen liefert jetzt M. Prell, Sozialökonomische Untersuchungen zur Armut im antiken Rom, Stuttgart 1997, 171–178. H. Kloft, Die Wirtschaft der griechisch-römischen Welt. Eine Einführung, Darmstadt 1992, 240 f. weist darauf hin, daß die meisten der vom Aschenregen verschütteten Pompejaner Beträge bis zu 30 Sesterzen im Geldbeutel mit sich trugen, was einem Lohn von sieben bis acht Tagen entsprochen haben dürfte. Ein Legionär erhielt damals im Jahr 900 Sesterzen (Prell ebd. 175 mit weiteren Nachweisen), während ein Sklave im Jahr zwischen 1000 und 1500 Sesterzen verdienen konnte.

[3] Der Munizipalmagistrat hätte in solchen Fällen tätig werden können, wenn beide Parteien es vereinbart hätten, vgl. Paul. (1 ed.) D. 50.1.28; Ulp. (2 ed.) D. 5.1.1 und dazu Kaser/Hackl, RZ, 178 mit Anm. 49; Wieacker, RRG I, 481 f. mit Anm. 20.

europäischen Leser zunächst auf, daß die Ladung durch die Parteien erfolgte und nicht durch das Gericht. Diese uns heutigen eher ungewohnte Staatsferne, die freilich auch in der Entwicklungsgeschichte des modernen Zivilprozesses nicht außergewöhnlich ist, dürfen wir hier zunächst nur einmal anmerken; wichtiger ist ein anderer Punkt: Eine aufmerksame Lektüre der Dokumente ergibt nämlich, daß sich der Beklagte in allen Phasen des Verfahrens, selbst beim Gang nach Rom, gar nicht vor Gericht, sondern nur in der Nähe des Gerichtes einzufinden hatte. Um den Grund zu erkennen, müssen wir weiter ausholen. Die Ladung vor Gericht erfolgte privat. Das erste Zeugnis dafür sind die 451/50 v. Chr. erlassenen Zwölf Tafeln, die im ersten Satz regelten, daß der Beklagte der Aufforderung des Klägers, sich beim Gerichtsmagistraten einzufinden *(si in ius vocat)*, nachzukommen habe.[4] Von da an ist diese Vorschrift stets beachtet worden. Die Sanktion für den renitenten Beklagten war außerordentlich hart. Wenn er trotz einer förmlichen, unter Zeugen vorgebrachten Vorladung nicht kam, setzte er sich dem vollstreckungsrechtlichen physischen Zugriff der *manus iniectio* auf seine Person aus, die in letzter Konsequenz in den Schuldverhaft und den Verkauf *trans Tiberim* münden konnte. Die Pflicht, der Ladung sofort Folge zu leisten, ist stets lebendig und geltendes Recht geblieben, wie Horaz Sat. 1,9 beweist,

[4] Tab. 1,1 *Si in ius vocat, ito. Ni it, antestamino*, wie oft zitiert wird. Die Gebotsnorm *ito* ist jedoch nur dem Kontext zu entnehmen, vgl. P. Noailles, Manum inicere, RH 21 (1942) 1–34, 19ff., jetzt in: ders., Fas et jus, Paris 1948, 147–186, 170ff., 191f., so auch zustimmend J. Delz, Der griechische Einfluß auf die Zwölftafelgesetzgebung, Mus. Helv. 23 (1966), 69–83, 82, während O. Behrends, Der Zwölftafelprozeß, Göttingen 1974, 42 Anm. 61 die Lesart *ito* verteidigt. Behrends verweist auf eine in den Zwölf Tafeln typische zweigliedrige Struktur, die das zweite Glied mit dem futurischen Imperativ abschließt, an das der nächste Satz mit *ni* anknüpft, vgl. tab. 1,6/7; 3,2/3; 4; 7,7. Doch auch ein Satzgefüge wie *Si in ius vocat, ni it, antestamino* entspricht einer in den Zwölf Tafeln belegten Struktur, die erst nach einem einschränkenden Bedingungssatz im zweiten Glied den futurischen Imperativ folgen läßt, so tab. 8,2 *Si membrum rupit, ni cum eo pacit, talio esto*, vgl. auch tab. 5,4; 8,16; 22 und positiv 8,12; 12,3. Die Geltung dieser Norm war aber unbestritten, wie etwa aus Rhet. Her. 2, 19 hervorgeht: *Lege ius est id, quod populi iussu sanctum est; quod genus, ut in ius eas, cum voceris*. Generell zum Stil der Zwölf Tafeln vgl. F. Wieacker, Die XII Tafeln in ihrem Jahrhundert, in: Entretiens sur l'antiquité classique, t. 13, Les origines de la République romaine (1966), 293–356, 320ff.; zur scheinbaren Unvollständigkeit dieses Stils vgl. D. Daube, Forms of Roman Legislation, Oxford 1956, 23ff.

wo sie – als Pointe eingesetzt – den Dichter aus den Fängen des lästigen Schwätzers befreit (74 ff.).

Diese Kontinuität läßt uns ein weiteres, entscheidendes Merkmal wahrnehmen, das für das römische Recht prägend ist. Es gewährte nämlich sehr oft erstaunlich weitgehende Rechte, die wir aus heutiger Sicht als überschießende Rechtsmacht bezeichnen müssen, weil es nur die äußerste Grenze der eingeräumten Kompetenz festlegte, jedoch davon ausging, daß sie im Normalfall nicht in Anspruch genommen würde. Sie gab dadurch dem Rechtsverkehr die Freiheit, gleichsam unter ihrem Schirm die Instrumente zu entwickeln, die auf die jeweilige Situation abgestimmt waren. Die drohende Sanktion sicherte also einen Freiraum, der – stets reflektiert durch die Tradition rechtlicher Erfahrung – durch das Handeln der beteiligten Parteien in langsamen Schritten strukturiert und ausgestaltet wurde. Ein erstes Mittel zur Vermeidung der Härte, die eine sofortige Ladung bedeuten kann, hatten bereits die Zwölf Tafeln vorgesehen. Sie räumten dem geladenen Beklagten nämlich die Möglichkeit ein, einen *vindex* als Bürgen zu stellen, der im Falle der Säumigkeit des Beklagten alle Konsequenzen auf sich nehmen mußte.[5] Mit diesem Ausweg, willige Freunde einzuschalten, wurde das prozessuale Handeln in einer für Rom – wo immer wieder auf das dichtgeknüpfte Netz von Treu- und Nahverhältnissen zugegriffen werden mußte – typischen Weise mit dem gesellschaftlichen Kontext verwoben.

Auch beim *vindex* handelte es sich wiederum nur um ein äußerstes Mittel. Tatsächlich lehren uns die Urkunden aus späterer Zeit, so die eben vorgeführten aus Puteoli, daß sich die Parteien mit der Leistung eines *vadimonium* begnügten, indem der Beklagte eine Strafsumme versprach, falls er sich nicht beim vereinbarten Ort einfinden würde, und sich in dieser Höhe dem vollstreckungsrechtlichen Zugriff auf sein Vermögen unterwarf. Doch sogar das Edikt des Gerichtsmagistraten, von dem im nächsten Kapitel zu sprechen sein wird, beließ es – selbst noch in seiner letzten Redaktion durch den Juristen Julian um 130 – bei der in den Zwölf Tafeln fixierten Regelung, durch die Stellung eines *vindex* das sofortige Erscheinen des Geladenen aufzuschieben. Der Gestaltungsraum der überschießenden Rechtsmacht wurde also durchaus genutzt und das *vadimonium* als Mittel in der Hand der Parteien und des Gerichtsmagistraten flexibel eingesetzt. An diese Vertragspraxis knüpften dann die Formulare für *vadimonia* an, die

[5] Vgl. Kaser/Hackl, RZ, 66 f. mit Lit.-Nachw. Anm. 25; zu *vindex* vgl. auch u. S. 47 mit Anm. 12.

der Prätor im Edikt aufführte, um die Vertagung von Gerichtsterminen rechtlich in den Griff zu bekommen.[6]

Wie wir aber bei der Durchsicht der Urkunden aus Puteoli gesehen haben, hatte dort der Kläger gar nicht vor Gericht *(ius)* geladen, sondern nur in dessen Nähe. Das reichte aus, denn wollte sich der Beklagte davonstehlen, nachdem er sich pro forma eingefunden hatte, konnte der Kläger in früher Zeit ihn mit der *manus iniectio* ergreifen und vor Gericht bringen; später gewährte der Prätor dem Kläger für solche Fälle einen vollstreckungsrechtlichen Zugriff auf das Vermögen des Beklagten.[7] Da sich die Parteien aber nur in der Nähe der Gerichtsstätte trafen, blieb die Tür zur Verhandlungslösung weit offen, die in unserem Beispiel zuletzt tatsächlich gewählt worden ist.

Um uns tiefer in die Perspektive des Prozesses hineinzudenken, müssen wir uns einen weiteren Aspekt vor Augen halten, den die Urkunden aus Puteoli erkennen lassen. Ohne zu phantasieren konnten wir ganz sicher und bestimmt sagen, daß es sich bei dem ins Auge gefaßten Verfahren um eine Klage handelte, die L. Faenius Eumenes aus einem Kaufvertrag anstellen wollte. Der Streitwert wurde bereits eingegrenzt, und zudem zeichnete sich die hinterlegte *arrha* als weiterer Streitpunkt ab, der mit einbezogen werden sollte. Dabei wird klar, daß Faenius Eumenes aus seiner Rolle als Käufer zu agieren gedachte. Daran, daß wir das so gut wissen, ist nicht nur der glückliche Zufall der Überlieferung schuld, sondern auch eine Eigenart des römischen Zivilprozesses dieser Zeit, die ihre lange Tradition hatte. Anders als es im heutigen Zivilprozeß der Fall ist, mußte in Rom der Kläger dem Beklagten schon im Vorfeld des Prozesses das Prozeßprogramm bekanntgeben, das er dem Streit zugrunde legen wollte. Zwar sind uns aus dem modernen Zivilprozeß vielfältige Informationspflichten gegenüber der anderen Partei bekannt, doch schließen sämtliche die Rechtsfrage aus, die in Rom im Zentrum dieser sogenannten Editionspflicht stand. Heute geschieht dies, weil die Rechtsanwendung nicht Sache der Parteien, sondern des Gerichtes ist,[8] worin sich

[6] Vgl. I. Buti, Il „praetor" e le formalità introduttive del processo formulare, Camerino 1984, 313 ff.

[7] Zur Frage des unmittelbaren Zwanges durch den Prätor vgl. die Lit. bei Kaser/Hackl, RZ, 222 Anm. 19.

[8] Umkehrschluß aus § 293 dt. ZPO; explizit ist § 57 Abs. 1 zürch. ZPO: „Das Gericht wendet das Recht von Amtes wegen an." Gemäß Art. 16 IPRG gilt dies in der Schweiz sogar für das in einem konkreten Fall anwendbare ausländische Recht; in Grenzen gilt dies nach § 271 österr. ZPO auch in Österreich.

der Grundsatz *'iura novit curia'* manifestiert, eine Maxime, deren Sprache schon den mittelalterlichen Ursprung verrät.

Zwar wird der Anwalt heute in der Klageschrift in aller Regel Ausführungen zu den rechtlichen Fragen machen, denn er möchte das Gericht in seinem Sinn beeinflussen; dennoch ist das Gericht in der rechtlichen Würdigung frei.[9] So kann es beispielsweise der Klage stattgeben, sich dabei jedoch auf andere Normen stützen. In Rom war dies anders, da die Interaktion der Parteien auf einen Punkt zusteuerte, an dem das Prozeßprogramm mitsamt der zugrundegelegten Rechtsfrage fixiert wurde, an das der Richter gebunden war. Er heißt *litis contestatio*. Mit ihr wurde das Verfahren vor dem staatlichen Gerichtsmagistraten abgeschlossen und zugleich der Weg für das Verfahren *apud iudicem*, beim privaten Richter, eröffnet.

Das praktische Vorgehen soll uns ein Beispiel veranschaulichen, das aus dem juristischen Elementarbuch des Gaius im zweiten Jahrhundert stammt. Es geht um einen Hinterlegungs- oder Verwahrungsvertrag, der heute im allgemeinen Bewußtsein keine große Rolle mehr spielt, obwohl im Bankenverkehr die Verwahrung oder das Depot von Wertpapieren noch stets seine Bedeutung hat. In Rom wurden durchaus Sachen von einigem Wert verwahrt. Deshalb wählte Gaius für sein Beispiel der Formel der Klage aus *depositum (actio depositi)* wohl nicht ganz zufällig das Beispiel eines silbernen Tisches, der nicht nur beim prahlerischen Trimalchio, sondern auch in den juristischen Quellen zum Erbrecht zu den werthaltigen Sachen gehörte.[10] Ging es

[9] Für Österreich ist dies mit Vorsicht zu lesen, denn aufgrund der Tradition, in der § 226 österr. ZPO steht, nimmt der OGH eine Bindungswirkung an die rechtliche Qualifikation durch den Kläger an, vgl. OGH 20. 7. 1989 SZ 62/138. Ob dieser Gedanke der Pflege juristischer Argumentationskultur förderlich ist, darf hier dahingestellt bleiben, vgl. kritisch dazu O. J. Ballon, Einführung in das österr. Zivilprozeßrecht, Graz $^{3}$1992, 112 mit weiteren Nachw.

[10] Vgl. Petron. 73,5 *... notavimus et mensas totas argenteas ...*; Iulian (3 Urs. Fer.) D. 18.1.41.1 berichtet vom – gescheiterten – Kauf eines massiven silbernen Tisches: *Mensam argento coopertam mihi ignoranti pro solida vendidisti imprudens: ...* Um das Vermächtnis an silbernen Tischen, die vom Erblasser nur bei festlichen Gelegenheiten gebraucht wurden, geht es bei Alf. (7 dig.) D. 34.2.28, um die Scheidung silberner Wertsachen von dem mit Silber verzierten Hausrat bei Pap. (7 resp.) D. 33.10.9.1. Vom riesigen Aufwand für Tische aus dem kostbaren Holz des Zitrusbaumes berichtet Plinius nat. 13, 91–94; so hatte Cicero sogar zu Zeiten einer Liquiditätskrise einen solchen Tisch für 500 000 Sesterzen gekauft; später wurden solche Stücke zum Preis von über einer Million gehandelt.

nun also um die Verwahrung eines solchen Möbels, mußte sich der Kläger bereits vor dem Prozeß darüber klar werden, was er eigentlich wollte. Das Edikt des Prätors als dem zuständigen Gerichtsmagistraten schlug dafür nämlich zwei Formeln vor. Die Wahl war einfach, wenn der Hinterleger vom Verwahrer schlicht den Tisch zurückfordern, dieser ihn aber nicht herausgeben wollte. In diesem Fall war ihm zur Formel zu raten, die auf die Tatsache Bezug nahm, daß der Kläger – in den Formeln wird dafür der Blankettname Aulus Agerius eingesetzt – dem Beklagten mit dem Blankettnamen Numerius Negidius einen silbernen Tisch in Verwahrung gegeben hatte:

*Iudex esto. Si paret Aulum Agerium apud Numerium Negidium mensam argenteam deposuisse eamque dolo malo Numerii Negidii Aulo Agerio redditam non esse, quanti ea res erit, tantam pecuniam, iudex, Numerium Negidium Aulo Agerio condemnato. Si non paret, absolvito.*[11]

„Der und der soll Richter sein. Wenn es sich erweist, daß Aulus Agerius beim (beklagten) Numerius Negidius einen silbernen Tisch hinterlegt hat und dieser wegen der Arglist des Numerius Negidius dem Aulus Agerius nicht zurückgegeben worden ist, sollst du, Richter, den Numerius Negidius dem Aulus Agerius in den Betrag verurteilen, den diese Sache (zum Urteilszeitpunkt) wert sein wird. Wenn es sich nicht erweist, sollst du ihn freisprechen."

Nach der Einsetzung des Richters, von der später noch zu sprechen sein wird, folgte eine kurze Beschreibung des Sachverhaltes – in den Worten von Gaius 4,46 *quod factum est* –, den der Richter zu beurteilen hatte.[12] In diesem Sachverhalt ging es also um die Übergabe eines silbernen Tisches zur Verwahrung, der anschließend aus Arglist nicht mehr zurückgegeben worden war. Diese Behauptung mußte im Prozeß untersucht und geklärt werden. Wenn sie zutraf, mußte der Richter den Beklagten in den Wert des Gegenstandes verurteilen. Wenn sie nicht zutraf, hatte er ihn freizusprechen. Aufgrund des *quod factum est*, das zu beurteilen war, sprachen die römischen Juristen von einer *in factum* konzipierten Formel.

[11] Gaius 4,47. Die Romanisten schreiben diese Formeln meistens in Kapitälchen, worauf wir hier verzichten, damit nicht der falsche Eindruck entsteht, sie seien inschriftlich überliefert, was in der Regel nicht zutrifft.

[12] Im modernen Zivilprozeß spricht man vom Tatbestand, vgl. § 313 dt. ZPO. Wenn der Jurist heute vom Tatbestand spricht, meint er meist den gesetzlichen Tatbestand, d. h. die Tatsachen, die in einem abstrakten Rechtssatz genannt werden, bei deren Vorliegen die Rechtswirkungen eintreten sollen. Unter ihn subsumiert er den Sachverhalt. Noch um die Jahrhundertwende hatte man besser vom abstrakten Tatbestand oder dem Tatbestand des Rechtssatzes

Ein solches Programm scheint für den Laien zunächst zu einfach, möglicherweise sogar zu allgemein zu sein, denn es gab dem Richter lediglich auf zu prüfen, ob der Tisch hinterlegt und ob er aus Arglist nicht zurückgegeben worden war. Tatsächlich aber eröffneten sich dem Beklagten bereits hier rechtlich anspruchsvolle Verteidigungsstrategien. Man könnte sich beispielsweise vorstellen, daß der Kläger gar nicht selber hinterlegt hatte, sondern nur der Erbe des Hinterlegers war, der Verwahrer aber berechtigte Zweifel haben durfte, ob er rechtmäßiger Erbe war,[13] oder es mochten beispielsweise mehrere als Erben auftreten,[14] so daß also – modern ausgedrückt – berechtigte Zweifel an der Aktivlegitimation bestanden. Wenn die Aktivlegitimation offensichtlich fehlte, konnte bereits der Prätor sich weigern, die Klage zu erteilen, oder wie die Römer sich ausdrückten, sie zu denegieren *(denegare)*. War dies jedoch nicht offenkundig und bedurfte daher der Punkt der Klärung, so gehörte dies mit zur Aufgabe des Richters.

Aus den Quellen werden noch andere solche Situationen deutlich, so konnte beispielsweise die Rückgabe an eine Bedingung geknüpft worden sein und der Beklagte deshalb behaupten, daß diese noch nicht eingetreten sei.[15] So mochte, um die Sache mit einem weiteren Fall zu illustrieren, die Rückgabe vorübergehend unmöglich gewesen sein, ohne daß dem Verwahrer Arglist vorzuwerfen war, wenn beispielsweise das verwahrte Gut in der Provinz oder in einem Lagerhaus eingelagert war, zu dem der Beklagte lediglich im Moment des Urteils keinen Zugang hatte.[16] Aus dem Leben gegriffen scheint folgender vom Juristen Paulus überlieferte Fall zu sein, den wir als letztes Beispiel anführen wollen: Eine Frau namens Publia Maevia fuhr zu ihrem Mann und hatte deshalb vor der Abreise einer Freundin ihre Schatztruhe zur Verwahrung gegeben, mit der Maßgabe, sie im Falle ihres Ablebens ihrem Sohn aus erster Ehe auszuhändigen. Nachdem sie

gesprochen und den Tatbestand in concreto davon unterschieden (vgl. A. v. Tuhr, Der Allgemeine Teil des Deutschen Bürgerlichen Rechts, Berlin 1910/18, Bd. 2,1, S. 3 ff. und für die Schweiz G. Broggini in: Schweizerisches Privatrecht, Bd. 1, Basel–Stuttgart 1969, 431 ff., 453 ff.), den wir heute Sachverhalt nennen. Einen Reflex dieser älteren Terminologie finden wir noch im dt. Zivilprozeßrecht, wo der Tatbestand eines Urteils den Sachverhalt enthält (vgl. § 313 dt. ZPO).

[13] Paul. (31 ed.) D. 16.3.13 pr.

[14] Ulp. (30 ed.) D. 16.3.1.36.

[15] Ulp. (30 ed.) D. 16.3.1.22.

[16] Ulp. (30 ed.) D. 16.3.1.22.

gestorben war, ohne ein Testament zu hinterlassen, stellte sich die Frage, ob die Truhe nicht doch ihrem Ehemann zustünde.[17]

Die Formel zwang zur Präzision. Das bedeutete für Prozesse wie den eben genannten, daß wenn der Kläger in der Formel beispielsweise vorgebracht hatte, mehrere Sachen, nehmen wir wiederum Tische, in Verwahrung gegeben zu haben, in Wahrheit aber, wie es sich dann vor dem Richter herausstellte, nur einen hinterlegt hatte, der Beklagte selbst dann freigesprochen werden mußte, wenn der Tisch noch in seinem Besitz war. Heute würde man einen solchen Fall mit einer Teilverurteilung lösen und die offensichtlich unsorgfältige Prozeßvorbereitung lediglich mit der Überbindung eines Teils der Gerichts- und Prozeßkosten an den Kläger sanktionieren, doch damals kannte man ein solches Vorgehen nicht, wie wir aus Gaius erfahren.[18] Es gab nur die in der Formel genannte Alternative, den Beklagten in den Wert der Sache zu verurteilen oder ihn freizusprechen.

Der moderne Prozeßpraktiker tut gut daran, sich vor dem Prozeß genau zu überlegen, ob ihm der Mandant genug Beweismaterial liefern kann, denn es gilt die Regel, daß derjenige die tatsächlichen Voraussetzungen jener Rechtsnormen beweisen muß, die er zu seinen Gunsten anführt. Einprägsam formuliert Art. 8 ZGB diesen Gedanken, wenn es bestimmt, daß „derjenige das Vorhandensein einer behaupteten Tatsache zu beweisen“ hat, „der aus ihr Rechte ableitet“.[19] Schließlich wird es meistens nicht zum Prozeß kommen, wenn der Beklagte die Ansprüche anerkennt. Daher muß der Kläger normalerweise damit rechnen, daß seine Behauptungen bestritten werden und er den Beweis anzutreten hat. In der heutigen juristischen Ausbildung wird dieser Aspekt meist zu sehr in den Hintergrund geschoben, so daß die jungen Absolventen oft überrascht sind, hier das eigentliche Hindernis für die Durchsetzung der Ansprüche zu finden. Genau an diesem Punkt läßt sich ablesen, was die Orientierung am Prozeß oder eben aktionenrechtliches Denken in Rom bedeutete, denn der römische Jurist, der die Parteien beriet, mußte sich über die Beweislage Rechenschaft ablegen, weil der Kläger spätestens vor dem Prätor der Gegenseite die Beweismittel anzugeben hatte, mit denen er den Be-

[17] Paul. (4 resp.) D. 16.3.26 pr.

[18] Gaius 4,60.

[19] Vgl. auch Art. 1315 C. civ. Celui qui réclame l'exécution d'une obligation doit la prouver. Weitere Lit. dazu findet sich bei Kaser/Hackl, RZ, 363 Anm. 14; allgemein zu den Beweisproblemen J.-Ph. Lévy, Autour de la preuve dans les droits de l'antiquité, Neapel–Paris 1992, dazu u. S. 78.

weis zu führen gedachte. Später vorgetragene Beweismittel wurden vom Richter offenbar nicht mehr zugelassen, eine ebenso einfache wie harte und wirkungsvolle Sanktion, die wegen ihrer schneidigen Handhabung sichtlich wenig Probleme bereitet hatte, so daß in den Quellen davon kaum Spuren zu finden sind.[20] Aufgrund der Beweislage mochte der Jurist deshalb zu bestimmten Formeln oder Prozeßprogrammen geraten und andere als Möglichkeit ausgeschlossen haben.[21]

Bleiben wir noch beim *depositum* und betrachten wir den Fall, daß der Kläger den silbernen Tisch zwar zurückbekommen hatte, jedoch – wie er später zu seinem Mißvergnügen entdeckte – mit Schäden, die eine kostspielige Restaurierung nötig machten. Diesen Sachverhalt hätte das oben präsentierte Prozeßprogramm nicht erfaßt, denn der Beklagte hatte ja den Tisch zurückgegeben und ihn sicher nicht arglistig zurückbehalten. Damit hätte der Kläger den Prozeß ohne weiteres verlieren müssen. Das Geld für die Restaurierung, das er wollte, konnte er also auf diesem Weg nicht erlangen. Der Weg der Klageänderung, den wir heute beschreiten würden, wenn die Rückgabe während des Prozesses erfolgen würde, aber eine solche Schadensersatzforderung entstanden wäre, war den Römern verschlossen. Der Richter konnte an dem einmal vom Prätor verabschiedeten Prozeßprogramm ebensowenig rütteln, wie er verspätete Beweisanträge entgegennehmen durfte. Die Härte des Rechts, die wir hier zu spüren vermeinen, ist jedoch nur scheinbar. Der Kläger mußte seine Klage eben von Anfang an in eine andere Richtung präzisieren und für diese Situation ein anderes Prozeßprogramm vorschlagen, das *in ius* konzipiert war:

*Iudex esto. Quod Aulus Agerius apud Numerium Negidium mensam argenteam deposuit, qua de re agitur, quidquid ob eam rem Numerium Negidium Aulo Agerio dare facere oportet ex fide bona, eius, iudex, Numerium Negidium Aulo Agerio condemnato. Si non paret, absolvito.*[22]

[20] Vgl. dazu Bürge, Zum Edikt de edendo, SZ 112 (1995) 1–50, zustimmend Kaser/Hackl, RZ, 220f.

[21] Vgl. etwa die anschauliche Stelle Paul. (4 resp.) D. 16.3.26.2, wo der Jurist Paulus ein Schreiben zu beurteilen hatte, in welchem ein Titius erklärte, von den Adressaten, den Sempronii, verschiedene, einzeln aufgeführte Werte direkt oder über andere zur Verwahrung zu haben. Es stellte sich die Frage, ob ein Adressat aus dieser Urkunde klagen könne, wobei offenbar an eine *condictio* gedacht wurde. Diesen Weg lehnte Paulus ab, wies aber darauf hin, daß die Urkunde als Beweis für den abgeschlossenen Verwahrungsvertrag dienen konnte, doch mußte dann nicht mit der *condictio*, sondern mit der *actio depositi* geklagt werden.

[22] Gaius 4,47.

„Der und der soll Richter sein. Daß Aulus Agerius bei Numerius Negidius einen silbernen Tisch in Verwahrung gegeben hat,[23] ist Thema des Prozesses. Was deswegen Numerius Negidius dem Aulus Agerius geben und leisten muß aufgrund von Treu und Glauben, in den Betrag, Richter, sollst du den Numerius Negidius dem Aulus Agerius verurteilen. Wenn es sich nicht erweist, sollst du ihn freisprechen."

Der Text beginnt wieder mit der Einsetzung des Richters, der sich eine kurze Umschreibung des Sachverhalts *(demonstratio)* anschließt,[24] daß der Kläger beim Beklagten einen silbernen Tisch hinterlegt hat. Darauf folgt das Begehren des Klägers *(intentio)*,[25] nämlich die dem Kläger nach Treu und Glauben geschuldete Leistung. Die Formel endet mit der Verurteilung und alternativ dem Freispruch *(condemnatio)*.[26] In diesem Formular wird dem Richter bei der Ermittlung des Betrages, den der Beklagte schuldet, ein weites Ermessen eingeräumt, denn er darf sich dabei auf Treu und Glauben stützen. Aus dem Zusammenhang der beiden Formeln wird klar, daß der Kläger mit diesem Prozeßprogramm nicht die Rückgabe fordern kann, denn dafür

[23] Es stellt sich hier das Problem, ob die *demonstratio* den in ihr bezeichneten Sachverhalt außer Streit gestellt hat, weil der Beklagte diese Behauptung nicht bestritten hatte, wie es sprachliche Gründe nahelegen; zur Kontroverse vgl. die Lit. bei Kaser/Hackl, RZ, 314f. Anm. 18, 19, 24; dazu auch Wieacker, RRG I, 459 Anm. 75. Nach der hier vertretenen These der engen Interaktion zwischen den Parteien stößt eine solche Eingrenzung des Streitgegenstandes auf keine besonderen Schwierigkeiten, denn sie hinderte die Prüfung anderer strittiger Fragen des Sachverhaltes nicht. War die Tatsache der Rückgabe strittig, mußte eben die *in factum* konzipierte Formel gewählt werden. Eine Eventualmaxime, wie sie die Vertreter der Meinungen zulassen, die auch in dieser Formel die Tatsache der Nichtrückgabe beurteilt haben wollen, gab es in Rom bekanntlich nicht. Dieser Befund wird sprachlich durch den bei *quod* verwendeten Indikativ unterstrichen, der einen wirklichen Sachverhalt bezeichnet, vgl. J. B. Hofmann/A. Szantyr, Lateinische Syntax und Stilistik, München 1965, 573. Die Frage bedarf jedoch der Vertiefung, die hier nicht geleistet werden kann.

[24] Vgl. Gaius 4,40 *Demonstratio est ea pars formulae, quae praecipue* (*principio*? David) *ideo inseritur, ut demonstraretur res, de qua agitur, velut haec pars formulae: ... Quod A. Agerius ⟨apud⟩ N. Negidium hominem deposuit.*

[25] Vgl. Gaius 4,41 *Intentio est ea pars formulae, qua actor desiderium suum concludit, velut haec pars formulae: Si paret N. Negidium A. Agerio Sestertium X milia dare oportere; ...*

[26] Gaius 4,43 *Condemnatio est ea pars formulae, qua iudici condemnandi absolvendive potestas permittitur, velut haec pars formulae: Iudex, Numerium Negidium Aulo Agerio Sestertium X milia condemna. Si non paret, absolve.*

steht die andere, *in factum* konzipierte Formel zur Verfügung. Eine falsche Wahl hatte schwerwiegende Folgen, da der Kläger im Prozeß nicht mehr auf die andere Formel mit den ihr eigenen Klagevoraussetzungen wechseln konnte, denn es galt stets die alte Regel, daß wegen derselben Sache nicht zweimal geklagt werden konnte *(bis de eadem re agere non licet)*. Mit der einen Klage war die andere verbraucht, konsumiert, so daß sich der Beklagte eine neue Klage in dieser Sache nicht gefallen zu lassen brauchte.

Läßt man sich die Grundsätze und die strategischen Überlegungen durch den Kopf gehen, welche die Parteien, insbesondere die klagende Partei, beachten mußte, wenn sie gegen den Beklagten vorging, wird klar, daß dies ohne Rechtskenntnisse nicht zu schaffen war, wollte sie nicht das Scheitern bereits in dem Moment ins Auge fassen, in welchem erst über das Prozeßprogramm entschieden wurde. Hatte sie nämlich die Streitfrage, die der Richter zu beurteilen hatte, rechtlich unzutreffend erfaßt, indem sie beispielsweise für die Rückgabe mit der zuletzt präsentierten, *in ius* konzipierten Formel klagte, die für den vertraglichen Schadensersatzanspruch einschlägig gewesen wäre, statt mit jener *in factum*, war der Richter gezwungen, den Beklagten freizusprechen, auch wenn dieser bei Zugrundelegung der anderen Formel einer Verurteilung nicht entgangen wäre. Wir werden später noch deutlicher sehen, daß diese Technik auch für den Beklagten tükkisch war, weil er ebenso über das Recht Bescheid wissen mußte, wollte er nicht riskieren, vom Gegner bei der Formulierung der Rechtsfrage im Prozeßprogramm, die nicht ohne seine eigene Mitwirkung geschah, benachteiligt zu werden. War er rechtlich gewieft, konnte er hingegen das Verfahren schon in diesem Stadium für sich günstig beeinflussen.

Eine solche Technik verrät also schon im Ansatz, daß sie ohne den zünftigen Juristen nicht auskam. Geschichtlich gesehen wird man wohl mit einigem Recht sagen können, daß die Juristen dadurch zu ihrer Profession fanden und ihre Disziplin als eigenständiges Fach etablierten, weil sie im Rechtsverkehr auf die mit solchen Formeln verbundene nötige Präzision drängten. Ohne hier schon mehr dazu auszuführen,[27] sei darauf hingewiesen, daß die Technik der Prozeßformeln, die wir eben geschildert haben, vom zweiten Jahrhundert v. Chr. an sich stärker auszubreiten begann, um drei Jahrhunderte später einen Höhepunkt zu finden, als der Jurist Salvius Julianus von Hadrian um 130 den Auftrag erhielt, die im *Edictum perpetuum* des

[27] Dazu mehr u. S. 72ff.

stadtrömischen Prätors zusammengefaßten Klageverheißungen und Formelvorschläge in jene endgültige Form zu redigieren, in der sie noch weitere Generationen unmittelbar gebraucht wurden. Hier fanden sich beispielsweise die im Text angegebenen Formeln der *actio depositi*, und zwar sowohl die *in ius* als auch die *in factum* konzipierte, die uns Gaius überliefert hat. Der terminologische Unterschied weist darauf hin, daß die erstgenannte Variante ihre Grundlage im *ius civile* fand, dem nur für die römischen Bürger geltenden Recht, das keineswegs immer auf *leges* im formellen Sinn zurückgeführt werden kann, während die zweite auf die Schicht des Honorarrechtes verweist, das stärker durch die Tätigkeit des Gerichtsmagistraten geprägt wird.[28]

Die Entwicklung des – wegen des Gebrauchs der *formulae* – als Formularprozeß bezeichneten Verfahrens, das wir hier in den Mittelpunkt gestellt haben, wäre nicht möglich gewesen ohne ein Charakteristikum des römischen Prozesses, das sich wohl bereits zur Zeit der Zwölf Tafeln herausgebildet hatte: die Teilung des Verfahrens. Im älteren Prozeß, den bereits die Römer als *agere lege* oder mit dem Abstraktum *legis actio* erfaßten und den wir deshalb als Legisaktionenverfahren bezeichnen dürfen, fand der erste Abschnitt des Verfahrens auf der Gerichtsstätte – *in iure* – vor dem Gerichtsmagistraten statt. In dieser Phase wurde darüber verhandelt, ob überhaupt ein Urteilsgericht eingesetzt werden soll, und schon damals wurde auch das Prozeßprogramm beschlossen, das freilich gegenüber den späteren *formulae* schwerfälliger und weniger geschmeidig war. Erst danach wurde in einem weiteren Verfahrensabschnitt der *iudex* einbezogen. Der Richter oder je nachdem das Richterkollegium hatte gestützt auf das Prozeßprogramm den eigentlichen Prozeß zu leiten, insbesondere die Beweise abzunehmen und zu würdigen, und seit dem späteren Legisaktionenverfahren auch das Urteil zu verkünden.

Die rechtliche Präzision des Prozeßprogramms, die im Formularverfahren seit der späteren Republik erreicht wurde, erklärt auch, warum selbst nach der Ausbildung eines eigentlichen Juristenstandes das Urteil nach wie vor von Laienrichtern gefunden werden konnte. Die entscheidenden Rechtsfragen wurden bereits im Verfahren *in iure* geklärt, indem der Stoff auf den rechtlich ausschlaggebenden Streitpunkt konzentriert wurde, was den Richter band. War die Formel ganz streng, lief sie auf ein Ja-Nein-Schema hinaus: Bejahte der Richter die Frage aufgrund der von ihm abgenommenen und gewürdigten

[28] Zu letzterem ausführlich u. S. 17 ff.

Beweise, wurde der Beklagte verurteilt; andernfalls wurde er freigesprochen. In dem oben angeführten Programm der *in factum* konzipierten *actio depositi* mußte der Richter verurteilen, wenn er feststellte, daß der Tisch nicht zurückgegeben worden war und alle vom Beklagten angeführten Gründe für die fehlende Rückgabe den Vorwurf der Arglist nicht entkräfteten. Einen Spielraum, den Beklagten in einen geringeren Betrag zu verurteilen, hatte er im Prinzip nicht.[29] Hingegen lief die *in ius* konzipierte Formel auf eine Schätzung des dem Kläger zustehenden Betrages hinaus, die der Richter freilich aufgrund der von ihm abgenommenen Beweise durchzuführen hatte. Natürlich hatte der *iudex* wie alle Römer in bedeutenden Positionen, sei es amtlich oder im gesellschaftlichen Wirkungsfeld, ein *consilium*, das ihn beriet. Hier fanden sich auch Juristen, doch ändert dies nichts daran, daß die entscheidende Rechtsfrage schon vorher gestellt war, welche der heutige Richter erst im Laufe des Prozesses aufgrund der vorgebrachten Fakten schärfer fassen muß und kann.

Um sich eine bessere Vorstellung über die Aufgabe eines solchen Laien machen zu können, sei hier kurz das Erlebnis referiert, das der römische Schriftsteller Aulus Gellius hatte, als er in jungen Jahren in die Richterliste aufgenommen wurde.[30] Er informierte sich über Rechtsfragen, doch fand er, was noch heute Laien öfters vor Probleme stellt, die entscheidenden Grundfragen nicht behandelt, weil sie dem Juristen selbstverständlich sind, was, nebenbei bemerkt, auch dem Rechtshistoriker Kopfzerbrechen bereitet, wenn er eine vergangene Rechtsordnung erforscht.[31] Im ersten Prozeß, in welchem vor ihm – *apud iudicem* – verhandelt wurde, trat ein rechtschaffener Kläger auf, der von einem offenbar übel beleumundeten Zeitgenossen ein Darlehen zurückforderte. Der Kläger konnte allerdings keine Beweise für die Auszahlung vorlegen, was der Beklagte und seine *patroni* lauthals rügten, indem sie unter anderem ausführten, daß hier nicht die Lebensführung beurteilt werden dürfe, sondern aufgrund der Beweise entschieden werden müsse, so daß die Klage abzuweisen sei. Für die rechtserfahrenen Freunde in seinem *consilium*, das Gellius daraufhin zum Rat heranzog, war der Fall sonnenklar, der Beklagte sei freizu-

[29] Anschaulich dazu Cic. Verr. II 2,31.

[30] Gellius 14,2, vgl. dazu D. Nörr, L'esperienza giuridica di Gellio, in: ALinc., Atti dei Convegni Lincei 125, Rom 1996, 33–56. Der Text eignet sich mindestens auszugsweise zur Behandlung im Schulunterricht.

[31] Vgl. dazu anschaulich D. Daube, Das Selbstverständliche in der Rechtsgeschichte, SZ 90 (1973) 1–13.

sprechen, da durch keinen rechtsgenügenden Beweis dargetan worden sei, daß dieser das Darlehen empfangen habe.[32]

Gellius ließ das Verfahren vertagen und suchte daraufhin Rat beim Philosophen Favorinus, der ihm zwar einen Ausweg zeigte, gestützt auf Überlegungen des alten Cato, die Gellius angesichts der von seinen Freunden ins Feld geführten klaren Rechtslage nicht zu überzeugen vermochten und, wie man aus heutiger Sicht hinzufügen möchte, schon deshalb nicht zutreffen konnten, weil sie wohl noch das alte Legisaktionenverfahren voraussetzten. Angesichts der wenig erbaulichen Aussicht, den Beklagten aufgrund der Beweislage freisprechen zu müssen oder aber in rechtlich zweifelhafter Weise allein aufgrund moralischer statt sauberer rechtlicher Erwägungen zu verurteilen, wählte er einen Ausweg, der dem Richter damals offenstand, nämlich den Eid zu leisten, der Streitfall sei ihm nicht bis zur Entscheidungsreife klar geworden *(rem sibi non liquere)*, so daß ein anderer Richter eingesetzt werden mußte. Was die Beweislast betrifft, um die es hier geht, ist in diesem Fall auch den modernen Juristen heute die Sache ebenso klar, wie sie es damals den Rechtsberatern des Gelllius war, denn es galten und gelten die Regeln, die wir eben kennengelernt haben.[33]

Wir sind zu Beginn davon ausgegangen, daß wir heute in erster Linie nach den materiellrechtlichen Normen suchen, auf denen ein allfälliger Anspruch beruhen könnte, eine Fragestellung, die in Gutachten von Kandidaten des deutschen Referendarexamens manchmal fast zur Realsatire im Konjunktiv verkommt, während die Römer von vornherein den Prozeß ins Auge faßten. Das wird uns stärker bewußt, wenn wir uns überlegen, auf welcher gesetzlichen Grundlage die hier behandelten Klageformeln der *actio depositi* beruhten. Selbst für die *in ius* konzipierte Formel würden wir uns schwertun, eine solche anzugeben; entscheidend ist offenbar die Überzeugung, daß es sich hier um Recht handelte, und sei es nur deswegen, weil die *fides* rechtlich band. Alles andere, so der in der *actio in factum concepta* zugrundeliegende Gedanke, daß eine nur zur Verwahrung gegebene Sache

[32] Gell. 14,2,9 ... *amici mei ... nihil esse dubium dicebant, quin absolvendus foret, quem accepisse pecuniam nulla probatione sollemni docebatur.*

[33] Zum Diskussionsstand vgl. A. Wacke, Zur Beweislast im klassischen Zivilprozeß, SZ 109 (1992) 411–449, der im Anschluß an Pugliese mit guten Gründen für die Beachtung von Beweislastregeln eintritt und die früher häufig gehörte Meinung, daß die Ermessensfreiheit des Richters kaum durch Regeln eingeschränkt gewesen sei, überzeugend widerlegt, vgl. auch Kaser/Hackl, RZ, 363 ff.

auf Verlangen des Hinterlegers zurückzugeben ist, daß der Verwahrer nicht arglistig handeln darf, oder die bei der *actio in ius concepta* greifbare Maxime, daß der Hinterleger keine Nachteile erleiden soll und dem Verwahrer daraus Verpflichtungen erwachsen, können wir als Allgemeingut begreifen, das auch dem Laien einleuchtete. Erst in der Arbeit an der Prozeßformel unter Heranziehung der Beweismittel, die im Prozeß erhoben und gewürdigt werden sollen, entfaltete sich also die Rechtsfrage, wurde das Problem geschärft und der rechtliche Rahmen gefunden, der für das zu beurteilende Verhältnis gelten soll.

Das Vorgehen erinnert an die Beobachtungen, die Kleist in seinem Essay ›Über die allmähliche Verfertigung der Gedanken beim Reden‹ dargelegt hat. Wie man sich dies genauer vorzustellen hat, werden wir im nächsten Kapitel behandeln. Hier soll einmal der abschließende Hinweis genügen, daß angesichts dieser Blickrichtung auf den Prozeß, in welchem erst die Rechtsfrage ausformuliert wird, die Parteien im Rechtsverkehr, beispielsweise beim Vertragsschluß, ihre Rechte und Pflichten im Blick auf einen möglichen Prozeß überlegten, um sich gegen Enttäuschungen, so etwa wegen fehlender Beweismöglichkeiten, zu wappnen, denn schließlich mußten sie ja, wie unser Beispiel aus Puteoli lehrt, das Verfahren über weite Strecken selbst an die Hand nehmen. Demgegenüber suchen wir heute eine materiellrechtliche Gesetzesnorm, die vielzitierte Anspruchsgrundlage, die für sich genommen über die Chancen der Durchsetzung der Rechte noch gar nichts aussagen kann.

# Zweites Kapitel

# RECHTSETZUNG IM PROZESS: DER PRÄTOR ALS *VIVA VOX IURIS CIVILIS*

## 1. Das Erscheinungsbild des Edikts des Gerichtsmagistraten

Die rechtsschöpferische Kraft, die der Prätor als Gerichtsmagistrat entfaltete, schlug sich in dem von ihm gestalteten Honorarrecht *(ius honorarium)* nieder, das noch gegen Ende des zweiten Jahrhunderts der Jurist Marcianus in seinem Lehrbuch als *viva vox iuris civilis*[1] empfand. Er zeichnete damit ein Bild, das in der neuzeitlichen rechtspolitischen Diskussion immer wieder beschworen wurde, wenn es galt, überholten Formalismus und starre Traditionen zu überwinden. In der Tat lassen sich Entwicklung, Vitalität und Ausstrahlung des römischen Rechts ohne das Wirken des Prätors nicht erklären. Dennoch ist die Besonderheit dieser Rechtsschicht nicht ganz einfach zu beschreiben, zumal die Gerichtsmagistraten in der Regel keine Juristen waren, sondern nur über jene Rechtskenntnisse verfügten, die ein kultivierter Römer im Laufe seiner Bildung erwarb und im Alltag erfahren konnte. Knüpft man an den Äußerlichkeiten an und betrachtet man das Edikt, das die Gerichtsmagistrate – allen voran der Prätor – zu Beginn ihres Amtsjahres im eigentlichen Wortsinn publizierten, indem sie es öffentlich verkündeten und anschließend an ihrem Amtssitz auf weißen Holztafeln *(album)* anschlagen ließen, kommt man nicht viel weiter als auf den Namen *edictum perpetuum*, womit die Römer das für die Dauer der ganzen Amtszeit gültige Edikt bezeichneten.[2]

Eine erste Lektüre der vorhandenen und aus den kommentierenden Juristenschriften wiedergewonnenen Fragmente[3] läßt jeden Leser zunächst ratlos: Rechtspolitische Ankündigungen, Programmpunkte und Androhungen von Zwangsmaßnahmen, oft ohne nähere Angabe von Mitteln und Sanktion, wechseln ab mit detailliert ausgearbeiteten

[1] Marcian. (1 inst.) D. 1.1.8.

[2] Vgl. Ascon. Corn. 52.

[3] Empfohlen sei auch dem Rechtshistoriker einmal die zusammenhängende Lektüre der unkommentierten Rekonstruktion des *edictum perpetuum* in FIRA 1, 335–389 (Nr. 65) und des Edikts der Ädilen, ebd. 389–391 (Nr. 66).

Klageformularen und konkret ausformulierten Maßnahmen. So heißt es im Blick auf die mündigen Personen unter 25 Jahren: *quod cum minore quam viginti quinque annis natu gestum esse dicetur, uti quaeque res erit, animadvertam* – „Die Geschäfte, die mit einer Person unter 25 Jahren abgeschlossen worden sind, werde ich untersuchen".[4] Demgegenüber wird beispielsweise das Vorgehen des Grundeigentümers, der den Einsturz eines benachbarten Gebäudes zu befürchten hatte, genau beschrieben.[5]

Es wäre zu einfach, den Grund für die geschilderte Unausgewogenheit allein in der historischen Schichtung und Zufälligkeit eines von Jahr zu Jahr tradierten, bei dieser Gelegenheit jeweils leicht veränderten und um Zusätze erweiterten Textes zu sehen, denn diese Eigenart hätte sich spätestens unter Hadrian einebnen lassen, als mit der endgültigen Redaktion durch den Juristen Julian das *edictum perpetuum* im heutigen Sinne geschaffen wurde. Doch ging es eben nicht nur um eine Frage des äußeren Stiles, sondern vielmehr um die innere Struktur des römischen Rechts, die deshalb für uns hier greifbar wird. Das Edikt der römischen Gerichtsmagistraten dürfen wir, was heute unbestritten ist, niemals mit einem Gesetzbuch moderner Prägung verwechseln, sondern wir müssen lernen, es als Selbstbindung des Prätors zu lesen, der damit zugleich ankündigte, wie er sein Amt auszuüben gedachte. Im Kontext der Tradition, in dem es stand, instruierte es die rechtsuchenden Parteien über das prozessuale Vorgehen und zeichnete vor, wie der Prätor auf ihre Schritte reagieren werde. Es ging also um Handlungsanweisungen im doppelten Sinn, die als Gerüst die Interaktion der Parteien sowohl untereinander als auch gegenüber dem Gerichtsmagistraten koordinierten. In seiner rudimentären Form läßt das *edictum perpetuum* deren Komplexität mehr erahnen, als daß es sie beschreiben würde. Wie wir uns die Funktionsweise vorzustellen haben, soll an drei Beispielen illustriert werden.

## 2. Die praktische Umsetzung einer Rechtsschutzverheißung: Das Beispiel der *lex Aquilia*

Zum besseren Verständnis der eben beschriebenen Eigenart wollen wir uns nochmals den Parteien aus Puteoli zuwenden und uns verge-

[4] Ulp. (11 ed.) D. 4.4.1.1.

[5] Ulp. (53 ed.) D. 39.2.7 pr.; zu den Lücken in diesem ausführlichen Zitat vgl. die Darstellung bei Lenel, EP, 371 ff.

genwärtigen, wie selbständig sie außerhalb des Gerichts und der Gerichtsstätte agierten, um den Prozeß in die Wege zu leiten. Wer so frei war, sein Prozeßprogramm selber auszugestalten, dem mochten allgemeine Richtlinien genügen, die ihn über die Chancen unterrichteten, daß der Prätor dieses Programm akzeptierte und dafür einen Richter einsetzte. Wir können das am Beispiel eines Anspruchs aus deliktischer Haftung illustrieren, der im modernen Rechtsalltag unvermindert aktuell geblieben ist. Die römische Grundlage dafür ist die *lex Aquilia*, ein Plebiszit, dessen Erlaß nach einer byzantinischen Datierung gewöhnlich auf das Jahr 286 v. Chr. gelegt wird und dessen Name in Italien und Frankreich als Zeuge der gemeinrechtlichen Rezeption noch in den Ausdrücken *responsabilità Aquiliana* und *responsabilité Aquilienne* für die Haftung aus unerlaubter Handlung weiterlebt.[6] Wie bei vielen römischen Normen ist nicht auszuschließen, daß damit Vorläufer oder eine frühere Praxis regularisiert wurden. Ob sich das genaue Datum halten läßt, ist diskutabel; fest steht jedoch, daß der schwerfällige Stil und einzelne Elemente in das dritte Jahrhundert passen; spätere Veränderungen sind eher unwahrscheinlich.[7] Während der Periode des Formularprozesses hatte man diesen Text jedenfalls bewahrt und nicht umgearbeitet. Lediglich das zweite Kapitel, das ein anderes Sachproblem regelte, wurde schon früh nicht mehr angewendet. Der Text des ersten und dritten Kapitels lautet folgendermaßen:

*Si quis hominem alienum alienamve quadrupedemve pecudem iniuria occiderit, quanti id in eo anno plurimi fuit, tantum aes ero dare damnetur.*[8]

*Ceterarum rerum praeter hominem et pecudem occisos si quis alteri damnum faxit, quod usserit fregerit ruperit iniuria, quanti ea res erit in diebus triginta proximis, tantum aes ero damnas dare esto.*

„Wer eine fremde männliche oder weibliche Person oder ein vierfüßiges Her-

[6] Vgl. dazu allgemein neuestens B. Winiger, La responsabilité aquilienne romaine. Damnum Iniuria Datum, Basel – Frankfurt a. M. 1997; ein sicherer, auch in der Hand des Lehrers tauglicher Führer durch dieses Gebiet ist H. Hausmaninger, Das Schadensersatzrecht der lex Aquilia, Wien [5]1996.

[7] Vgl. zu diesen Fragen D. Nörr, Causa mortis. Auf den Spuren einer Redewendung, München 1986, 124 ff.

[8] Hier folge ich der Fassung, die Gaius 3, 210 bietet; Gaius verwendet (7 ed. prov.) D. 9.2.2 pr. *dare domino damnas esto*. Den Synonymen *servum servamve alienum*, mit denen dieser Text meist zitiert wird, ziehe ich *homo* als lectio difficilior vor; der Ausdruck wirft im übrigen ein Schlaglicht auf die komplexe Entwicklung der Sklaverei in Rom, vgl. dazu u. S. 141 ff.; 171 ff. Zur Textgestalt vgl. im übrigen die Lit. bei Nörr (Anm. 7), S. 125 und Winiger (Anm. 6).

dentier widerrechtlich getötet hat, der soll durch Urteil verpflichtet werden, dem Eigentümer soviel Geld zu geben, wie es in diesem Jahr am meisten wert gewesen war.

Für die übrigen Sachen – ausgenommen getötete Personen oder Herdentiere – gilt, daß wenn einer dem andern dadurch Schaden zugefügt hat, indem er widerrechtlich anzündete, brach oder zerstörte, so soll dieser verpflichtet sein, dem Eigentümer soviel Geld zu geben, wie diese Sache in den nächsten dreißig Tagen wert sein wird."

Für alle in diesen Kapiteln erfaßten Tatbestände galt, daß das Urteil gegen den geständigen Schädiger auf den einfachen Schadensbetrag, gegen den nichtgeständigen jedoch auf das Doppelte lauten soll.[9] Das ist eine für das Verständnis des Ganges des Verfahrens nicht unwesentliche Information.

Bei einer normativen Grundlage, die in der typischen römischen Gesetzestechnik schwerfällig genug das Detail pflegte, indem beispielsweise der Vollständigkeit halber Sklaven und Sklavinnen ausdrücklich erwähnt wurden, leuchtet es ein, daß der Prätor sich für seine Rechtsschutzverheißung kurz fassen und in Aussicht stellen konnte, Klagen gestützt auf dieses Gesetz zu gewähren, sowie auf die modifizierende Besonderheit der Klage gegen den geständigen beziehungsweise leugnenden Schädiger hinzuweisen. Ob überhaupt der Wortlaut einer Formel angegeben war, wie wir das bei der *actio depositi* kennengelernt haben, ist ungewiß; die römischen Juristen jedenfalls, die das Edikt behandelten, kommentierten hier das Gesetz und nicht einen Formelvorschlag. Darauf könnten auch die Schwierigkeiten hindeuten, die Formel völlig überzeugend zu rekonstruieren, was angesichts der klaren Struktur der *lex Aquilia* zunächst doch überrascht.[10] Eine solche Praxis hätte die Konsequenz gehabt, daß es im Streitfall Aufgabe der Parteien war, mit Hilfe des Juristen eine Formel zu entwerfen, wie sie es für die *actio in factum*, die wir gleich kennenlernen werden, ganz sicher tun mußten.

Selbst wenn sich das Streitthema leicht unter das Gesetz subsumieren ließ, konnten sich Probleme rechtstechnischer Art stellen, um zu einer solchen *in ius* konzipierten Formel zu gelangen. Sie dürften allerdings für uns heute mehr Rätsel aufgeben als den Römern, die mit der Praxis auf dem Forum vertraut waren. Eine Konstellation allerdings schien auch sie zu beschäftigen, über die sich im gleichen

[9] Gai. (7 ed. prov.) D. 9.2.2.1; Ulp. (18 ed.) eod. 23.10: *Haec actio adversus confitentem competit in simplum, adversus negantem in duplum.*

[10] Vgl. Lenel, EP, 199f.

Maße auch die moderne Forschung den Kopf zerbrochen hat. Heikel waren – und sind es heute noch – nämlich nicht die Fälle, in denen ein klarer Kausalzusammenhang zwischen der schädigenden Handlung und dem Schaden nachvollzogen werden kann, sondern all jene Konstellationen, bei denen der Schaden nicht direkt, sondern indirekt oder mittelbar verursacht wurde. Da die römische Kasuistik aus dem Leben gegriffen ist, wollen wir zur Illustration einige Fälle aufführen:

So stoßen wir auf eine Hebamme, die der (unfreien) Kindsmutter ein Medikament reicht.[11] Diese nimmt es dann selber ein und stirbt an dessen Folgen (Ulp. [18 ed.] D. 9.2.9 pr.).

Ein Hund, der nicht an der Leine geführt ist, wird gereizt und beißt einen Sklaven (Ulp. [18 ed.] D. 9.2.11.5).

Der Sklave des Pächters, der auf das Feuer aufpassen mußte, schläft ein. Infolgedessen brennt das Landgut nieder (Ulp. [18 ed.] D. 9.2. 27.9).

Ein Mensch schüttet – sei es unabsichtlich, sei es weil er sich für witzig hält – Samen von Unkraut und wildem Hafer in fremdes Saatgut, die zwar das Saatgut nicht direkt schädigen, doch für Überraschungen bei der Ernte und leider einen entsprechenden Mindererertrag sorgen (Ulp. [18 ed.] D. 9.2.27.14).

Ein Küfer bohrt bei der Reparatur des vollen Fasses dieses so ungeschickt an, daß der ganze Wein ausfließt – was den eigentlichen Schaden darstellt (Ulp. [18 ed.] D. 9.2.27.35), denn das Faß kann vom Küfer wohl repariert werden.

Ein Schifftau wird gekappt, weswegen das Schiff verlorengeht (Ulp. [18 ed.] D. 9.2.29.5).

Jemand verscheucht fremde Bienen mit Rauch, so daß sie zugrunde gehen (Ulp. [9 disp.] 9.2.49 pr., vgl. Ulp. [18 ed.] eod. 27.10).

Ein Laie würde auch heute bei einem solchen Tatbestand, wie ihn die *lex Aquilia* vorgibt, die Lösung ohne weiteres so finden, daß er auch diese Fälle der mittelbaren Verursachung auf direktem Wege subsumieren würde. Dabei hätte er sich allerdings auf verschiedene gewichtige Einwände gefaßt zu machen und sich in allem zunächst der Frage zu stellen, ob denn der Schädiger die alleinige Ursache für den Schaden gesetzt hat oder nicht noch andere Zwischenursachen auszumachen sind, die doch anderen Verursachern zugerechnet werden müßten. Darf man, um ein, zwei der aufgeführten Beispiele herauszugreifen, dem Passanten, der den Hund offenbar gereizt hat, den Schaden kausal zurechnen, wenn der in seiner Wut gefährliche Hund nicht an der Leine geführt worden war? In der modernen Dogmatik

[11] *mulier* als Sklavin begegnet uns beispielsweise auch in Ulp. (18 ed.) D. 9.2.27.22; (28 Sab.) D. 18.1.11.1; (32 ed.) 19.1.11.5; (ed. aed.) D. 21.1.14 pr.; 1; 7; Ven. (6 interd.) D. 42.8.25.5; Iav. (4 epist.) D. 47.2.75.

spielt dieses Problem vor allem im Bereich der Verkehrssicherungspflichten und der Verkehrspflichten überhaupt eine Rolle,[12] denn das Unterlassen kann dem Hundehalter nur dann zugerechnet werden, wenn ihn eine Verkehrspflicht zum Anbinden des Hundes traf. Ähnlich steht es beim drastischen Vorgehen gegen die Bienen oder im Fall der Feuersbrunst, wo man sich fragen muß, ob die Ursache allein beim schlafenden Sklaven lag, vor allem dann, wenn er – wie der römische Jurist den Fall weiterentwickelte – das Feuer gar nicht selbst entzündet hatte, sondern es lediglich bewachen mußte, er also nichts getan und in seiner Schlafseligkeit höchstens etwas unterlassen hatte. Wieweit aber den einzelnen gewisse Einstandspflichten treffen, ist durchaus auch eine rechtspolitische Frage.

Besonders gut sieht man das bei der Analyse jener Vorgänge der mittelbaren Verursachung, wie wir sie beim römischen Fall der Hebamme beobachten, wo sich das Opfer den Schaden selbst zufügte, indem es das unheilvolle Medikament einnahm. Für ein modernes Beispiel mag man an die Verkehrssicherungspflichten des Pharma- oder Lebensmittelproduzenten denken: Wenn ein fehlerhaftes Produkt in den Verkehr gebracht wird, entsteht der Schaden typischerweise erst dadurch, daß der Geschädigte das Produkt, beispielsweise verunreinigtes Mineralwasser, konsumiert. Ebenso scharf stellt sich die Frage in den Fällen, bei welchen die Übernahme einer Aufgabe eine Pflicht zur Gefahrabwendung begründen könnte, denn es ergibt sich nicht immer mit aller Klarheit, wie weit denn der Pflichtenkreis reicht. Besonders anschaulich wird dies im Fall des schlaftrunkenen Sklaven, der natürlich auch die Frage nach der Haftung des Eigentümers des Sklaven aufwirft.

Wer die Antwort bereits weiß, der wird sich die Frage nach der dem Fall angemessenen und gerechten Lösung nicht stellen, da er von vornherein sicher ist, wen er zu verurteilen hat. Der handwerklich sauber arbeitende Jurist hingegen sucht dem Problem zunächst dadurch gerecht zu werden, daß er es ausdifferenziert, wie es uns die römischen Juristen an diesen Fällen vorexerziert haben. Zunächst wurden im Legisaktionenverfahren, das vor dem Formularprozeß galt, wahrscheinlich diese Fälle tatsächlich in dem Sinne gleichbehandelt, daß der Richter im Prozeßprogramm unterschiedslos mit Vorträgen und Vorbringen der Parteien zum einen wie zum anderen The-

[12] Vgl. K. Larenz/C.-W. Canaris, Lehrbuch des Schuldrechts, Bd. 2, 2, München [13]1994, 399 ff.; H. Koziol, Österreichisches Haftpflichtrecht, Wien [2]1984, Bd. 2, 57 ff.

ma konfrontiert wurde, was zwar sicher dem rhetorisch geschulten Redner Entfaltungsmöglichkeiten geben mußte, der rechtlichen Durchdringung jedoch nur hinderlich sein konnte.

Die früher weit verbreitete These, die Römer seien zur Zeit der Anfänge des Formularverfahrens noch zu einfach gestrickt gewesen, um die Möglichkeit der mittelbaren Verursachung begrifflich zu erfassen, darf heute als widerlegt gelten. Ein schlagendes Argument war der Nachweis, daß im Bereich der Strafgesetzgebung in der *lex Cornelia de sicariis et veneficis* die mittelbare Verursachung im Gesetz selbst bewältigt wurde,[13] wie es die Fallgruppe der mittelbaren Verabreichung von Gift anschaulich zeigt, die schon damals häufig genug im Zusammenhang mit dem Beruf des Arztes oder der Hebamme diskutiert werden mußte. Vielleicht findet der Laie auch heute über die strafrechtliche Fragestellung den Zugang zur notwendigen Differenzierung, denn hier wird der Angeklagte im Prozeß auf Zwischenursachen verweisen oder eine Verkehrssicherungspflicht ablehnen. Durch die gleiche Ausdifferenzierung bei der Anwendung der *lex Aquilia* hatten die römischen Juristen diesen entscheidenden Punkt zum eigentlichen Prozeßthema im Zivilprozeß gemacht. Wir müssen das noch im einzelnen durchdenken.

Wenn sich das Problem einer mittelbaren Verursachung oder die Frage der Verletzung einer Verkehrs- oder Verkehrssicherungspflicht stellt, sind meist einige Punkte unstrittig: Der Schaden ist entstanden, die Person des Geschädigten ist bekannt, ebenso findet sich, wenn man zum Prozeß schreiten kann, der mittelbare Verursacher. Hingegen stößt man sofort auf die Schwierigkeit, wie das schadenstiftende Ereignis diesem mittelbaren Verursacher zuzurechnen ist. Deshalb konnte in Rom der mittelbare Verursacher ohne weiteres bezüglich des Tötens *(occidere)* oder der Sachbeschädigung *(damnum facere)* geständig sein, so daß er realistischerweise von vornherein, wie es das Edikt vorsah,[14] nur die Verurteilung in den einfachen Betrag riskierte. Allerdings war in einem solchen Fall die *in ius* konzipierte Klage denkbar ungeeignet, denn dort ging es nur um die Frage der Täterschaft, die der Täter hier mit seinem Eingeständnis bereits beantwortet hatte. Mit einem Prozeßprogramm, das diesen Komplex außer Streit stellte und nur *in factum*, das heißt auf den Tathergang und den Tatbeitrag konzipiert war und dem Richter daher aufgab, die Frage der Zurechenbarkeit zu klären, erreichte man, daß sich der Prozeß auf

[13] Vgl. dazu eingehend Nörr (Anm. 7), 86 ff.

[14] Vgl. o. mit Anm. 9.

das eigentliche Problem konzentrierte. Bejahte der Richter die Frage, weil er aufgrund des Beweisverfahrens beispielsweise Verkehrs- oder Verkehrssicherungspflichten verletzt sah, hatte er nur noch die Schadensberechnung vorzunehmen,[15] was noch heute zu einem schönen Teil auf einer tatsächlichen Ebene liegt.

Nun wird man sich freilich fragen, warum sich der Geschädigte auf eine Formel hätte einlassen sollen, die ihn im Prozeß mit der schwierigen Frage des *factum* konfrontierte, denn mit der *in ius* konzipierten Klage wäre schließlich der Tatbestand erfüllt und der Beklagte zu verurteilen gewesen, so daß er sich all die umständlichen Argumentationen hätte schenken können, die juristisch zweifellos von einigem Reiz waren, der Verurteilung zum Schadensersatz aber nur im Wege stehen konnten. Hier schlug die Stunde des Gerichtsmagistraten. Hatten die Parteien das Problem erörtert und hatte der Kläger, wie es seine Pflicht war, den Beklagten mit der Formel konfrontiert, mit der er zu klagen gedachte,[16] so lag es am Beklagten, die für diesen Fall undifferenzierte Formel der *in ius* konzipierten Klage zurückzuweisen und seinen Vorschlag vorzubringen. Wollte sich der Kläger nicht darauf einlassen und wehrte sich der Beklagte bei der Verhandlung vor dem Gerichtsmagistraten gegen ein solches holzschnittartiges Vorgehen, riskierte der Kläger, daß der Prätor es ablehnte, einen Richter einzusetzen und eine Klageformel zu erteilen, indem er die Klage schlicht und einfach nicht zuließ *(denegare actionem)*.

Auf der anderen Seite tat der Beklagte gut daran, sich nicht renitent zu zeigen, sondern mitzuhelfen, das *factum* im Prozeßprogramm präzise zu umschreiben; andernfalls riskierte er, daß der Prätor die *in ius* konzipierte Formel erteilte, die dem Kläger angesichts der Zugeständnisse der Gegenseite einen leichten Sieg gebracht hätte. Der aus heutiger Sicht naheliegenden Versuchung, im Verfahren *apud iudicem* plötzlich das Thema zu wechseln, war schon dadurch ein Riegel vorgeschoben, daß der Kläger spätestens vor dem Prätor seine Beweismittel angeben mußte. Zudem wäre in diesem Fall die Klage konsu-

[15] Zu der besonders mit dem dritten Kapitel der *lex Aquilia* zusammenhängenden Problematik der Schadensberechnung *quanti ea res erit in diebus triginta proximis* vgl. v. a. D. Daube, On the Third Chapter of the lex Aquilia, Law Quarterly Review 52 (1936) 256–268, jetzt in: ders., Collected Studies in Roman Law, Frankfurt a. M. 1991, Bd. 1, 3–18 und R. Zimmermann, The Law of Obligations. Roman Foundations of the Civilian Tradition, Cape Town – Johannesburg 1990, 962 ff.; weitere Lit. bei Hausmaninger (Anm. 6), 32 ff.

[16] Vgl. zur Editionspflicht Ulp. (4 ed.) D. 2.13.1 pr.–3 und o. S. 5; 9 f.

miert und eine zweite auf den gleichen Sachverhalt gestützte Klage *ex lege Aquilia* nicht mehr zulässig gewesen.

An diesem Beispiel läßt sich nicht nur ablesen, wie das Prozeßthema gefunden und das Prozeßprogramm allmählich im Zuge der Interaktion der Parteien verfertigt wird; es hilft uns auch, die Rolle des Gerichtsmagistraten besser zu verstehen. Seine Möglichkeiten, auf die Parteien einzuwirken, waren zwar beschränkt auf die *denegatio actionis* oder die Erteilung einer nachteiligen, dem Fall nicht adäquaten Klage gegenüber dem kooperationsunwilligen Beklagten. Dennoch reichten diese auf den ersten Blick nur grob gearbeiteten Instrumente aus, um das Verfahren auf ein richtiges Geleise zu führen, das die Parteien aber dennoch weitgehend selbst bestimmten. Deshalb war es, was wir im Fall der Kaufklage aus Puteoli beobachtet haben, durchaus zweckmäßig, daß sich die Parteien zunächst nur in der Nähe des Gerichtes einfanden, denn schließlich mußten sie sich über das Prozeßprogramm einig werden. Mit der dadurch stets offenen Möglichkeit der sofortigen Ladung *(in ius vocare)* konnte der Kläger aber den potentiellen Druck des Gerichtsmagistraten zur Steigerung der Effizienz der Verhandlungen ausnutzen. Zudem erklärt diese Technik, warum der Gerichtsmagistrat eine Vielzahl von Prozessen bewältigen konnte, denn in den meisten Fällen mußte er wohl nicht auf sein Drohpotential zurückgreifen, weil sich die Parteien selbständig auf ein vernünftiges Streitprogramm zu einigen vermochten. Nur angemerkt sei, daß erfahrungsgemäß der Zwang, die Rechtsfrage im Prozeß aufgrund der vorliegenden und von den Parteien wenigstens bezeichneten Beweismittel präzise zu erörtern, die Chance eines Vergleiches erhöht. Hinweise auf solche Vergleiche sind uns überliefert, denken wir nur an die im ersten Kapitel behandelten Prozeßakten, doch leider führten die Römer keine Justizstatistiken, so daß alle hierüber hinausgehenden Überlegungen reine Spekulation wären.

Die rechtliche Ausdifferenzierung der Obliegenheiten im Verkehr, die wir bei der Ausarbeitung der *actio legis Aquiliae* beobachtet haben, hilft uns aus der Perspektive des heutigen Rechts nachzuvollziehen, wo weltweit die Linien der Verkehrs- und Verkehrssicherungspflichten weitgehend von der Rechtsprechung gezogen werden, warum diese für den Gang des Verfahrens ausgearbeiteten Präzisierungen als Wegmarken im Rechtsalltag dienen konnten und damit zu Regeln des materiellen Rechts wurden, ohne daß der Gesetzgeber tätig zu werden brauchte. Auf diese Weise wurden gesellschaftliche Wertvorstellungen in das Recht transponiert und mit ihm verwoben, ohne daß dem Recht Zwang angetan wurde. Die Flexibilität und Präzision römischen Prozessierens ging aber noch weiter. Dazu müssen wir uns kurz vor Augen halten, daß in der Antike das Personalitätsprinzip galt, wenn jemand verklagt wurde. Das bedeutet, daß er grundsätzlich nach dem Recht zu beurteilen war, das in seiner Heimat galt. Für die Römer war dies das *ius civile*, das für die römischen Bürger geschaffene Recht. Nun konnte man im Mittelmeerraum bei allen Verschiedenheiten im Detail in vielen Fragen des Verkehrsrechts doch eine lange Reihe von Grundsätzen namhaft machen, die überall anerkannt waren. Diese Rechtsschicht bezeichneten die Römer als *ius gentium* und meinten damit das bei allen Völkern geltende Recht. Zu ihr gehören allgemeine Verhaltensregeln, beispielsweise zu leisten, was man schuldet.[17] Auch der Gedanke, daß derjenige, der einem anderen Schaden zufügt, unter bestimmten Voraussetzungen schadensersatzpflichtig wird, läßt sich dazu zählen. Der Jurist Ulpian hat dies später auf die Formel *neminem laedere* gebracht, die von Justinian weiter tradiert und nicht nur europäisches Gemeingut geworden ist.[18]

In diesem Kontext mußte niemand daran Anstoß nehmen, wenn der Prätor, der für die Rechtsprechung zwischen Fremden sowie zwi-

[17] Vgl. etwa Sen. benef. 3,14,3 *Aequissima vox est et ius gentium prae se ferens, redde quod debes*; zu diesen und anderen Stellen aus der Lit. M. Kaser, Ius gentium, Köln u. a. 1993, 52 ff.; ebd. 14 ff., 20 ff., 40 ff. auch zur Begriffsbestimmung von *ius civile* im Gegensatz zum *ius gentium*.

[18] Ulp. (1 reg.) D. 1.1.10.1; das Buch könnte zwar eine später unter den Namen dieses berühmten Juristen geflüchtete spätere Arbeit sein, enthält aber sicher älteres, tradiertes Gut; vgl. G. Crifò, Ulpiano. Esperienze e responsabilità del giurista, in: ANRW II 15, 708–789, bes. 782 ff. Die Definition nimmt stoische Gedanken auf, M. Diesselhorst, Die Gerechtigkeitsdefinition Ulpians in D. 1.1.10 pr. und die Praecepta iuris nach D. 1.1.10.1 sowie ihre Rezeption bei Leibniz und Kant, in: Römisches Recht in der Europäischen Tradition, Symposion F. Wieacker, Ebelsbach 1985, 185–211, 185 ff., vgl. auch Cic. off. 1, 31 *referri enim decet ad ea … fundamenta iustitiae, primum ut ne cui noceatur, deinde ut communi utilitati serviatur*. Zum Kontext des *ius naturale* vgl. E. Levy, Natural law in Roman thought, SD 15 (1949) 1–23, 18 ff.; jetzt in: ders., Gesammelte Schriften, Köln–Graz 1963, Bd. 1, 3–19, 15 ff.; zur Verknüpfung mit dem *ius gentium* Kaser (Anm. 17) 52 ff.; zur Fortwirkung und zur heutigen Bedeutung vgl. G. Schiemann, Das allgemeine Schädigungsverbot: „alterum non laedere", JuS 1989, 345–350. Den geringen Konkretisierungsgrad solcher allgemeiner Formel hebt bereits Sen. epist. 81,7 f. am Beispiel des *suum cuique reddere* hervor, eine Maxime, die in der Übersetzung ‚Jedem das Seine' ohne Veränderung eines Wortes über dem Eingangstor von Buchenwald geschrieben die Opfer verhöhnt hat.

schen Fremden und Römern zuständig war *(praetor peregrinus)*, die *lex Aquilia* auch auf den Verkehr mit Nichtrömern anwandte. Vollends unproblematisch erscheint dies, wenn der Fremde als Geschädigter sein Recht suchte. Gerechtigkeitserwägungen lassen dann natürlich die gleiche Wertung in umgekehrter Richtung erwarten. Hier stellte sich der Rechtsanwendung jedoch ein Hindernis in den Weg, denn die *lex Aquilia* war nun eindeutig eine römische *lex*; die Formel war *in ius* konzipiert, was bedeutet, daß sie Gültigkeit nur für Römer besaß und damit nur römisches Eigentum geschützt war, mochten auch die Rechtsgedanken, die sie trugen, noch so sehr Gemeingut sein. In diesem Fall bot sich der Ausweg an, das Prozeßprogramm wie gewohnt zu entwerfen, jedoch für den nichtrömischen Kläger oder Beklagten die Stellung als römischer Bürger zu fingieren,[19] indem in die Formel ein bedingender Satz eingefügt wurde: *si civis Romanus esset* – wenn er römischer Bürger wäre. Die Fiktion, in der Form einer Hypothese formuliert, wurde vom *praetor peregrinus* gebilligt und geschützt.

Anders als bei den modernen Fiktionen, der gesetzlichen Fiktion, wo das Gesetz selber eine bestimmte Regel, die für einen bestimmten Tatbestand gilt, auch auf einen anderen Tatbestand angewendet haben will, und der richterlichen Fiktion, die deshalb verpönt ist, weil der Richter damit seine lückenfüllende Tätigkeit kaschiert und statt des gebotenen sauberen, die Wertungsmaßstäbe aufdeckenden Analogieschlusses eine Scheinbegründung liefert, wurde hier in Rom die Fiktion im Zuge der Interaktion der Parteien und im Zusammenwirken mit dem Prätor entwickelt. Soweit die Parteien sie gefunden hatten, machte sie dem Prätor auch äußerlich deutlich, daß es hier um einen wertenden Schritt ging, den es auf seine Sinnhaftigkeit und Zweckmäßigkeit zu überprüfen galt. Die Tragweite einer solchen von den Parteien gefundenen Lösung läßt sich an einem weiteren Beispiel illustrieren, das einen in allen Rechtsordnungen als Grundsatz anerkannten Anspruch betrifft, nämlich das Recht des Eigentümers, sein Eigentum herauszuverlangen, wenn es sich unberechtigterweise in den Händen eines anderen befindet.

[19] Gai. 4,37 ... *similiter si ex lege Aquilia peregrinus damni iniuriae agat aut cum eo agatur, ficta civitate Romana iudicium datur.*

### 3. Die rechtliche Ausdifferenzierung der Eigentumsklage

Die Klage, die *rei vindicatio*, mit der in den modernen kontinentaleuropäischen Rechtsordnungen der nichtbesitzende Eigentümer sein Eigentum vom besitzenden Nichteigentümer herausverlangt,[20] richtete sich in Rom nicht gegen den Besitzer, sondern auf die Sache selbst, ging also, wie die Römer sagten, *in rem*. Wie man es dennoch schaffte, den Besitzer vor Gericht zu bringen, muß uns hier im Detail nicht interessieren. Es soll hier der Hinweis genügen, daß dies möglich war, wenn der Kläger mit der *actio ad exhibendum* einen weiteren prozessualen Schritt vorschaltete. Der Kläger konnte dann für die Vindikation mit der *formula petitoria* vorgehen, die in der Rekonstruktion folgendermaßen lautete, wenn beispielsweise der Kläger ein bestimmtes, bei Capena gelegenes Grundstück[21] herausverlangte:

*Iudex esto. Si paret rem fundum Capenatem, quo de agitur, ex iure Quiritium Auli Ageri esse neque is fundus (arbitrio tuo)*[22] *restituetur, quanti is fundus erit, tantam pecuniam, iudex, Numerium Negidium Aulo Agerio condemnato, si non paret absolvito.*

„Der und der soll Richter sein. Wenn es sich erweist, daß das bei Capena gelegene Grundstück, das Thema des Prozesses ist, nach quiritischem Recht dem Aulus Agerius gehört und dieses Grundstück nicht wieder (nach deinem Ermessen) zurückgegeben wird, sollst du, Richter, den Numerius Negidius dem Aulus Agerius in den Betrag verurteilen, den dieses Grundstück (zum Urteilszeitpunkt) wert sein wird. Wenn es sich nicht erweist, sollst du ihn freisprechen."

Die Formel der *rei vindicatio* hat verschiedene Besonderheiten, die hier nicht alle zu besprechen sind.[23] Zunächst sei festgehalten, daß

[20] Art. 641 Abs. 2 ZGB; § 985 BGB; § 366 ABGB. Im französischen Recht hatte man sie als selbstverständlich vorausgesetzt und deshalb auf ihre Kodifizierung verzichtet. Sie lebt dort als *revendication* weiter; von größerer Bedeutung ist sie für das Immobiliareigentum (vgl. M. Ferid/H. J. Sonnenberger, Das Französische Zivilrecht, Bd. 2, Heidelberg ²1986, 3 C 408 ff.), für das Fahrniseigentum ist sie wegen art. 2279 C. civ. stark eingeschränkt (vgl. ebd. 3 B 144).

[21] So der Ausgangsfall, an dem Cicero, Verr. II 2, 31 die Perversion des Rechts durch Verres vordemonstriert.

[22] Zum Problem, ob hier dem Richter ein Ermessen eingeräumt war, dem Beklagten noch im Verfahren *apud iudicem* Gelegenheit zur Naturalrestitution zu geben, wofür viel spricht, vgl. Kaser/Hackl, RZ, 336 f. mit dem Stand der Diskussion in Anm. 11.

[23] Vgl. Kunkel/Selb 535 ff. (§ 13).

auch die Juristen Justinians, die sich aus der Retrospektive zu Beginn des sechsten Jahrhunderts um die systematische Einordnung der Klagen bemühten, die *rei vindicatio* nicht zu den *bonae fidei iudicia* zählten und zählen konnten, denn auch in ihren Augen fehlte ihr ein wichtiges Element, nämlich eine Klausel, die dem Richter einen weiten Ermessensspielraum bei der Beurteilung gab, im idealtypischen Fall die Klausel *ex fide bona*, wie wir sie bei der *in ius* konzipierten *actio depositi* gefunden haben. Das Fehlen bedeutete, daß sich der Richter streng an das eingeschränkte Prozeßprogramm zu halten hatte. Der Beklagte konnte aber vom Kläger die Einschaltung der Einrede der Arglist verlangen, die nach Gaius 4, 119 folgendermaßen lautete:

*Si in ea re nihil dolo malo Auli Agerii factum sit neque fiat.*
„Sofern in dieser Sache nichts aus Arglist des Aulus Agerius geschehen ist oder geschieht."

Wenn sich der Kläger nicht bereit erklären konnte, die *exceptio* einzufügen, riskierte er, daß der Prätor seine Klage denegierte. Auch hier mußte sich der Beklagte also wiederum unter dem heilsamen Zwang der potentiellen Machtmittel des Prätors bereits im Vorfeld des Prozesses über seine Verteidigungslinie klar werden, und zwar auch für den Fall, daß er mit seinem Hauptanliegen, der Abweisung der Klage, nicht durchdringen sollte und daher die Sache auszuhändigen hatte. Diesem Argument gegenüber konnte der Kläger – wenn er die entsprechende Formelgestaltung durchgesetzt hatte – seinerseits mit einer r*eplicatio doli* begegnen, wenn dem Beklagten ebenfalls Arglist vorzuwerfen war. Das Spiel ließ sich munter fortsetzen mit einer *duplicatio doli*, der gegenüber der Kläger erneut mit der *triplicatio doli* begegnen mochte.[24] Wir wollen das an einem bekannten Beispiel verfolgen, das aus der Feder des im ersten Jahrhundert lebenden, auch in der Sprache sehr profilierten Juristen Celsus[25] stammt:

Cels. (3 dig.) D. 6.1.38 *In fundo alieno, quem imprudens emeras, aedificasti aut conseruisti, deinde evincitur:*
*Bonus iudex varie ex personis causisque constituet.*

[24] Vgl. die Darstellung bei Gaius 4, 127f. sowie Ulp. (74 ed.) D. 44.1.2.1; 3.

[25] Vgl. zur Persönlichkeit dieses Juristen H. Hausmaninger, Publius Iuventius Celsus: Persönlichkeit und juristische Argumentation, in: ANRW II. 15, 382–407; zu seinem schroffen Stil, den Cels. (15 dig.) D. 28.1.27 amüsant und lebensnah illustriert, vgl. F. Wieacker, Amoenitates Iuventianae. Zur Charakteristik des Juristen Celsus vgl. Iura 13 (1962) 1–21.

*Finge et dominum eadem facturum fuisse: reddat impensam, ut fundum recipiat, usque eo dumtaxat, quo pretiosior factus est, et si plus pretio fundi accessit, solum quod impensum est.*

*Finge pauperem, qui, si reddere id cogatur, laribus sepulchris avitis carendum habeat: sufficit tibi permitti tollere ex his rebus quae possis, dum ita ne deterior sit fundus, quam si initio non foret aedificatum. Constituimus vero, ut, si paratus est dominus tantum dare, quantum habiturus est possessor his rebus ablatis, fiat ei potestas: neque malitiis indulgendum est, si tectorium puta, quod induxeris, picturasque corradere velis, nihil laturus nisi ut officias.*

*Finge eam personam esse domini, quae receptum fundum mox venditura sit: nisi reddit, quantum prima parte reddi oportere diximus, eo deducto tu condemnandus es.*

„Auf einem fremden Grundstück, das du unvorsichtigerweise gekauft hast, hast du gebaut oder ausgesät. Dann wird es entwehrt (vom Eigentümer herausverlangt): Der gute Richter wird je nach Beteiligten und Sachlage unterschiedliche Anordnungen treffen:

Nimm einen Eigentümer an, der die gleichen Investitionen getätigt hätte: Dieser soll die Verwendungen erstatten, um das Grundstück zu erhalten, aber nicht über den Betrag hinaus, als es wertvoller geworden ist, und wenn der Wert höher ist, als der Preis des Grundstückes, nur das, was aufgewendet worden ist.

Nimm einen Armen, der, wenn er zur Rückerstattung in dieser Höhe gezwungen würde, auf die Familiengötter und die Grabstätte seiner Familie verzichten müßte. Hier genügt es, daß dir gestattet wird, von diesen Investitionen wegzunehmen, was du kannst, solange das Grundstück dadurch nicht schlechter wird, als es wäre, wenn von Anfang an nicht gebaut worden wäre. Wir ordnen nun aber folgendes an, daß dem Eigentümer, wenn er den Betrag des Wertes anbietet, den der Besitzer nach Wegnahme der Investitionen haben wird, dazu Gelegenheit geboten werden soll: Der Bosheit soll man aber nicht nachsehen, wenn du beispielsweise den Verputz, den du aufgetragen hast, oder Malereien wegkratzen wolltest, würdest du, außer zu schaden, nichts davon haben.

Nimm eine Person als Eigentümer, die das erlangte Grundstück bald wieder verkaufen wird: Wenn er das, was wir im ersten Teil als geschuldet umrissen haben, nicht erstattet, dann bist du in den Betrag zu verurteilen, der nach Abzug dieses Postens noch bleibt."

Der Sachverhalt ist zunächst sehr schlicht, wobei man sich vor Augen halten muß, daß der Kauf eines Grundstücks in Rom deshalb riskanter war, weil eine Einrichtung fehlte, die dem in den deutschsprachigen Ländern heute überall eingeführten modernen Grundbuch vergleichbar gewesen wäre.[26] Ein Käufer eines Grundstücks, der offenbar

[26] Diese Schwierigkeiten, die Eigentumsverhältnisse an Grundstücken verläßlich zu dokumentieren, erklären teilweise, warum in Rom der Realkredit

beim Kauf die Eigentumsverhältnisse zu wenig umsichtig abgeklärt hat, steht vor der Situation, daß er das Grundstück zurückgeben muß. Der Beklagte, dem für das Verhalten vor der Klage wohl mangelnde Vorsicht, jedoch kein Vorwurf dolosen Handelns gemacht wird, hat sichtlich seine Verteidigungsposition klug vorbereitet, so daß der Richter jetzt im Rahmen der Einrede der Arglist das Verhalten des Klägers zu prüfen hat. Wohl von vornherein kommt hier eine in der Vergangenheit liegende Arglist nicht in Frage, dagegen könnte im Hinblick auf die bevorstehende Rückgabe ein Vorwurf dolosen Handelns berechtigt sein, wenn der Besitzer in gutem Glauben auf sein Eigentum Verwendungen auf die Sache – nämlich das Grundstück mitsamt dem Haus – vorgenommen hat und der Eigentümer nicht bereit ist, diese bei der Rückgabe auszugleichen, denn die Formel der *exceptio doli* umfaßt ja ausdrücklich den gegenwärtigen *dolus (si in ea re nihil dolo malo ... fiat)*, also jenen *dolus*, der bei der Rückabwicklung geschehen kann.

Celsus faßt in der für einen römischen Juristen typischen kasuistischen Erörterung zunächst den plausiblen und im Verkehr wohl häufigsten Fall ins Auge, daß der obsiegende Eigentümer mit dem Grundstück dasselbe gemacht hätte. In diesem Fall, so Celsus, müsse er dem unterliegenden Besitzer diese Verwendungen ersetzen, denn genau diese Aufwendungen habe er sich erspart.[27] Der Rechtsgedanke, auf den er sich dabei beruft, zeigt die Obergrenze des geschuldeten Ersatzes an, denn der Kläger soll, auch wenn seine Verwendungen höher waren, nur die Wertsteigerung ausgleichen, was erkennen läßt, daß sich der Jurist auf das allgemeine Bereicherungsverbot stützt, wonach niemand aus dem Schaden oder durch die Verletzung eines anderen eine Bereicherung ziehen soll.[28] Konsequenterweise will er umgekehrt

gegenüber dem mit Personalsicherheiten wie Bürgschaft gesicherten Kredit eine zweitrangige Rolle spielte. Wie wichtig andererseits die Mobilisierung des Realkredits für die Wirtschaftsentwicklung im Zeitalter der Industrialisierung war, lehrt ein Blick nach Frankreich, wo im 19. Jh. die rechtlich ungenügend ausgebildeten Grundbucheinrichtungen ein Hindernis für eine effiziente Kapitalbeschaffung der Industrie und des Handels waren. Man hatte schnell Überraschungen der Art zu gewärtigen, wie sie noch heute urlaubselige Immobilienkäufer in Spanien erleben können.

[27] So auch Paul. (71 ed.) D. 44.4.5.2 im Zusammenhang mit Verwendungen, die jemand sehenden Auges auf seinem Grundstück geschehen ließ.

[28] So die berühmte und für die Entwicklung des modernen Privatrechts wichtige Formulierung von Pomponius (9 var. lect.) D. 50.17.206 *Iure naturae aequum est neminem cum alterius detrimento et iniuria fieri locupletiorem*; vgl.

dann, wenn die Wertsteigerung die getätigten Verwendungen übersteigt, nur die Verwendungen ersetzen, denn hier ist die Wertsteigerung der günstigen Konjunktur und nicht dem Einsatz der Mittel des Beklagten zuzuschreiben.

Die zweite Fallvariante, die an ein Novellenmotiv anklingt, liegt verzwickter, weil dem Kläger keine Arglist vorgeworfen werden kann, denn er ist so arm, daß er das im Prozeß wieder erstrittene Grundstück mitsamt den Laren und den dort befindlichen Ahnengräbern verkaufen müßte, um diesen Verwendungsausgleich überhaupt finanzieren zu können. Celsus geht davon aus, daß eine darauf gerichtete *replicatio doli* greifen würde; doch würde er einer *triplicatio doli*, der erneuten Arglisteinrede des Beklagten gegen die *replicatio doli*, den Erfolg nicht versagen, wenn der Kläger dem Beklagten nicht gestatten würde, die auf dem Grundstück erstellten Objekte abzutragen *(ius tollendi)*, allerdings nur soweit das Grundstück dadurch nicht – gemessen am ursprünglichen Zustand – eine Werteinbuße erleidet. Wenn aber der Kläger bereit ist, den Preis zu bezahlen, den diese Materialien nach dem Abbruch wert wären, hätte der Beklagte auf dieses Angebot einzugehen und würde also mit seiner *triplicatio doli* scheitern. Der erneute Arglisteinwand des Klägers würde aber auch auf das Verhalten des Beklagten zielen, der versucht sein könnte, Bauteile, die sich nicht ausbauen ließen, beispielsweise Stuckarbeiten oder Wandmalereien, zu zerstören, um dem Kläger, ohne selbst einen Gewinn davon zu haben, wenigstens zu schaden, was unter der Chiffre *malitiis non est indulgendum* im Laufe der neueren Privatrechtsgeschichte den Rechtsmißbrauch kennzeichnet, dem alle Rechtsordnungen mit dem Schikaneverbot begegnen.[29]

Die dritte Fallvariante zeugt für das merkantile Gespür des Juri-

zur Herkunft und Gestalt Ch. Wollschläger, Das stoische Bereicherungsverbot in der römischen Rechtswissenschaft, in: Römisches Recht in der Europäischen Tradition, Symposion F. Wieacker, Ebelsbach 1985, 41–88.

[29] Meist stützte und stützt man sich direkt auf diese Maxime, deren typischer Anwendungsfall der Bau der Neidmauer wurde; kodifiziert wurde sie in Art. 2 Abs. 2 ZGB und in § 226 BGB; eine direkte Umsetzung der hier von Celsus angestellten Überlegungen findet sich in § 997 Abs. 2 BGB; vgl. zu dieser Parömie J. E. Spruit, Malitiis non indulgendum esse, in: Brocardica in honorem G. C. J. J. van den Bergh, Deventer 1987, 95–101, ferner – noch in lebhafter Auseinandersetzung mit der Interpolationenkritik – H. Erman, Entstammt § 226 Tribonian oder Celsus?, SZ 25 (1904) 352–365; allgemein dazu – auch mit Blick auf das römische Recht – P. Mader, Rechtsmißbrauch und unzulässige Rechtsausübung, Wien 1994.

sten, denn er faßt die Möglichkeit ins Auge, daß der Kläger das wiedergewonnene Grundstück zu verkaufen beabsichtigt. Dann soll er den Verwendungsersatz schulden, wie er zu Beginn der Erörterungen als allgemeine Regel entwickelt worden ist. Das Problem der Durchführung der Verrechnung im Prozeß, das am Schluß angesprochen wird, dürfen wir hier beiseite lassen.

Die modernen Juristen in Europa haben deswegen Mühe mit dieser Stelle bekommen, weil bereits die accursische Glosse und in ihrem Gefolge die gemeinrechtliche Lehre für die Bewältigung des Verwendungsersatzes bei der Vindikation zwischen Eigentümer und Besitzer mit ihr eine andere Fallgruppe aus den Digesten verknüpft haben. Dort geht es aber um Herausgabeansprüche, bei denen der auf eine Ersatzleistung insistierende Beklagte die Verwendungen in einer einem Geschäftsführer vergleichbaren Stellung gemacht hat, beispielsweise der vermeintliche Erbe auf die Erbschaft oder der Ehemann auf die Mitgift der Ehefrau.[30] In diesen Fällen wurde offensichtlich inspiriert vom Geschäftsführungsgedanken eine Dreiteilung in notwendige, nützliche und andere (Luxus-)Aufwendungen entwickelt,[31] die dank der engen Parallelität zwischen Erbschaftsklage und Vindikation in der Rezeptionszeit systematisch bei letzterer angewendet wurde. Aufgrund dieses Schemas, das noch durch die Regelung des *ius tollendi* und bereicherungsrechtliche Grenzziehungen überlagert wird, sind die notwendigen Verwendungen stets, nützliche nur dem gutgläubigen Besitzer, andere Verwendungen jedoch nie zu ersetzen,[32] was zu einer Gerechtigkeitslücke im zwangsläufig ausgedehnten Bereich der anderen Verwendungen *(impensae voluptariae)* führt, da eine Objektivierung unausweichlich ist.[33] Hier war die Lösung von Celsus flexibler, weil sie zwar grundsätzlich den vollen Ausgleich der Verwendungen gewährte, aber in bestimmten Situationen auf die Belange des Eigentümers Rücksicht nahm. Zudem trug sie der Tatsache Rechnung, daß der gutgläubige Besitzer, um den es einzig ging, eben weil er gutgläubig war, sich wie ein Eigentümer verhalten und keine Rücksicht auf irgendwelche objektiven Maßstäbe nehmen mußte.

[30] Vgl. dazu unten S. 169.

[31] Sie wird auch von Sen. benef. 1,11,1–6 vorausgesetzt.

[32] Vgl. Art. 939 f. ZGB; §§ 994, 996 f. BGB; §§ 331 f., 336 ABGB.

[33] In noch größerem Maße gilt das, wenn man, wie es für die österreichische Lehre teilweise postuliert wird, auf die subjektiven Umstände des vindizierenden Eigentümers abstellt, vgl. dazu H. Koziol/R. Welser, Grundriß des bürgerlichen Rechts, Bd. 2, Wien [10]1996, 94 f.

Die moderne Forschung hat aufgrund ihrer Befangenheit im neuen Schema oft die einfache, aber auf den Einzelfall angemessen reagierende Lösung des Celsus umfangreicher nachklassischer Überarbeitung verdächtigt, womit sie freilich nur die moderne normative Lösung auf das römische Recht projizierte.[34] Der entscheidende Unterschied, den wir hier herauszuarbeiten versucht haben, liegt darin, daß im Vergleich beispielsweise zum deutschen Recht, das die eingehendste Normierung der gemeinrechtlichen Regelung kennt, der römische Jurist mit seinem Blick auf den Prozeß die Lösung gestützt auf verschiedene einfache Tatsachen entwickeln konnte. Dabei ging er von der Prämisse aus, daß der Besitzer die Sache dem Eigentümer zurückzugeben hatte, dieser sich jedoch nicht dem Vorwurf der Arglist aussetzen durfte, was erfolgreich vermieden wurde, wenn er den vollen Wertersatz leistete. Leitend dafür blieb, modern gesprochen, das allgemeine Bereicherungsverbot.

Im Einzelfall wurde diese Lösung modifiziert, dabei jedoch zugleich stets eine Brücke zu einer gleichwertigen Lösung gebaut und mit dem Rechtsmißbrauchsverbot eine Grenze gezogen. Der deutsche Jurist hingegen muß sich nicht nur die komplexen Paragraphen erarbeiten, meistens ist er auch gar nicht in der Lage, wenigstens das gemeinrechtliche Prinzip dahinter zu erkennen. Mit einigem Recht wird dieser Bereich in den Staatsexamina gefürchtet; bevor überhaupt die prozessuale Perspektive greifbar wird, beginnt die Unsicherheit. Damit sind die Kandidaten nicht allein; ein Fall, der dem von Celsus beurteilten aufs Haar gleicht und der vor über dreißig Jahren den deutschen Bundesgerichtshof beschäftigt hatte („Grindelhochhäuser in Hamburg"),[35] illustriert diese Schwierigkeiten. Nur indem er die Normierung des BGB ausschaltete, gelangte der BGH über die Anwendung der Generalklausel von Treu und Glauben, deren rechtstheoretische Präzisierung und Konkretisierung sehr viel der römischen Auseinandersetzung mit der *exceptio doli* verdankt, endlich zu dem Ergebnis, das seinerzeit Celsus auf direktem Weg mit Blick auf das Verfahren und seine wesentlichen Prinzipien gefunden hatte, ohne daß der Prätor im Edikt einen Akt der Rechtssetzung hätte vornehmen müssen.

[34] An der Literatur zu dieser Stelle lassen sich die typischen methodischen Schwächen der sog. Interpolationenforschung illustrieren, vgl. dazu u. S. 211ff.

[35] BGH 26. 2. 1964 – V ZR 105/61 – BGHZ 41, 157–166 = NJW 1964, 1125–1129 mit BGH 30. 4. 1958 – V ZR 215/56 – BGHZ 27, 204–230; vgl. dazu auch D. Liebs, Römisches Recht, Göttingen $^{4}$1993, 182ff.

Eine zweite Eigenart der *rei vindicatio* dürfen wir nicht übergehen. Wer die Formel nochmals genau durchliest, wird bemerken, daß der Restitutionsbefehl als negative Bedingung der Verurteilung in den Geldwert des Grundstücks formuliert ist: Nur wenn das Grundstück nicht zurückgegeben wird, soll der Richter den Beklagten in den Wert des Grundstücks verurteilen. Die Herausgabe in natura wird folglich nur mittelbar erzwungen. Man rechnete also damit, daß der Beklagte die Herausgabe verweigern konnte, was die Juristenschriften tatsächlich öfters erwähnen, und sah sich für diesen Fall vor. Dahinter verbirgt sich nicht nur der Gedanke, in diesem Fall ein zweites Verfahren zu ersparen, sondern ein Prinzip, das in Rom allgemein galt. Jedes Urteil hatte auf einen Geldbetrag zu lauten *(condemnatio pecuniaria)*.[36] Trotz der Bemerkung von Gaius, daß der Richter in früheren Zeiten zur Naturalrestitution verurteilen konnte, mag dieser Grundsatz schon alt sein, seit man den praktischen Wert des Geldes als Wertmaßstab selbst in einer von der Naturalwirtschaft beherrschten Ökonomie entdeckt hatte.

Der Grundsatz der Geldkondemnation ist auch nicht unpraktisch. Gerade das für den pragmatischen Sinn bekannte englische Recht gewährt im Bereich der Vertragserfüllung, wo dieses Problem vor allem diskutiert wird, noch heute Naturalerfüllung nur ausnahmsweise; art. 1142 C. civ. scheint bei Nichterfüllung eines Vertrages nur die Geldkondemnation ins Auge zu fassen. Es ist vielmehr eine Eigenart des deutschen Rechtskreises, den Schutz der Vertragstreue durch das Prinzip der Erfüllung in natura zu erzwingen.[37] Ähnlich sieht es im Bereich der deliktischen Haftung aus: § 1323 ABGB sieht immer dann, wenn die Naturalrestitution nicht tunlich ist, den Schadensersatz in Geld vor; Art. 43 Abs. 1 OR schließlich legt für das Haftpflichtrecht diese Frage in die Hand des Richters. Daher ist die deutsche Regelung, die in § 249 BGB am gegenteiligen Prinzip der Naturalrestitution festhält, eher eine Ausnahme. Sie geht zurück auf das kanonische Recht, das im Rahmen der Beichtlehre Wie-

[36] Vgl. Gaius 4,48 *Omnium autem formularum, quae condemnationem habent, ad pecuniariam aestimationem condemnatio concepta est.* Anschaulich zu diesem Grundsatz im Blick auf die Problematik seiner Anwendung bei sachverfolgenden Klagen M. Pennitz, Der „Enteignungsfall" im römischen Recht der Republik und des Prinzipats, Wien u. a. 1991, 249–323, ferner die Lit.-Übersicht bei Kaser/Hackl, RZ, 372 Anm. 20.

[37] Vgl. dazu K. Zweigert/H. Kötz, Einführung in die Rechtsvergleichung, Tübingen $^{3}$1996, 467–484 und aus historischer Perspektive T. Repgen, Vertragstreue und Erfüllungszwang in der mittelalterlichen Rechtswissenschaft, Paderborn u. a. 1994, 15 ff. mit weiteren rechtsvergleichenden Hinweisen.

dergutmachung in natura forderte.[38] Die Praxis des Schadensersatzrechtes sowohl im deliktischen als auch im vertraglichen Bereich tendiert heute überwiegend zum Schadensersatz in Geld. Das erklärt einen Teil der Schwierigkeiten, die deutsche Studierende in der Regel haben, um vom zwar sachlogisch einleuchtenderen und moralphilosophisch fundierten, aber praxisferneren strengen Prinzip des Erfüllungszwanges und der Naturalrestitution den Weg zum Schadensersatz in Geld zu finden.

Zum Schluß wollen wir an einem dritten, am Anfang des Kapitels angesprochenen Typus illustrieren, wie eine allgemeine Rechtsschutzverheißung des Prätors umgesetzt wurde, in der der Prätor in Aussicht stellte, eine Angelegenheit selbst zu untersuchen und Hilfe zu gewähren, ohne daß er die Instrumente, mit denen er dies zu tun gedachte, näher ausführte oder gar Musterformeln vorschlug.

### 4. Die Umsetzung einer allgemeinen Rechtsschutzverheißung

In bezug auf die Jugendlichen *(minores)*, die zwar mündig waren, aber das 25. Lebensjahr noch nicht erreicht hatten, verhieß der Prätor nach dem Zeugnis Ulpians (11 ed.) D. 4.4.1.1 lapidar:

*Quod cum minore quam viginti quinque annis natu gestum esse dicetur, uti quaeque res erit, animadvertam.*
„Wenn Vereinbarungen mit einer (mündigen) Person, die jünger als 25 Jahre ist, vorgetragen werden, werde ich untersuchen, wie es sich jeweils verhält."

Der Prätor versprach also, im gegebenen Fall eine mit einem *minor* vorgenommene Rechtshandlung zu untersuchen, was offenbar genügte, um den Minderjährigenschutz allseitig abzusichern, dessen Notwendigkeit sich angesichts der frühen Mündigkeit der Römer (12 Jahre für Frauen, 14 Jahre für Männer) aufdrängte. Die beiden anderen Pfeiler waren einerseits die *cura minorum*, das Recht des *minor*, einen *curator* als eine Art Beistand zu verlangen, der ihn bei seinen Geschäften beratend unterstützen soll, und andererseits die *lex Laetoria*.[39] Letztere gewährte dem übervorteilten *minor* eine *exceptio* gegen die Klage, mit welcher der Übervorteilende seinen Anspruch durchzuset-

[38] Vgl. dazu die faszinierende Darstellung von U. Wolter, Das Prinzip der Naturalrestitution in § 249 BGB. Herkunft, historische Entwicklung und Bedeutung, Berlin 1985; zu dem im vertraglichen Bereich damit eng verbundenen Postulat des Erfüllungszwanges vgl. Repgen (Anm. 37).

[39] So lautet nun nach dem Ausweis der vor wenigen Jahren gefundenen *Lex Irnitana (lex Flavia municipalis)* 84, 12 (J. González, The Lex Irnitana: a New

zen suchte. Wie die Juristen schreiben, bot das Edikt keine Rechtsbehelfe wie Klagen oder Sicherheitsleistungen an; die Umsetzung der Rechtsschutzverheißung gründete vielmehr in der Prüfungs- und Entscheidungsbefugnis des Gerichtsmagistraten.[40]

Wie hat man sich diese Maßnahmen vorzustellen? Wer den Einsatz der prätorischen Machtmittel kennt, wird sie ohne weiteres verstehen. Das wirkungsvollste und einfachste Mittel, das der Prätor hatte, nachdem er die Sachlage und die Vorbringen des *minor* geprüft hatte, war die *denegatio actionis*, die dem Kläger die Möglichkeit zu klagen versperrte. Wenn sich die Sachlage in der Untersuchung hingegen als komplexer herausstellte, konnte der Prätor auf die Einschaltung einer *exceptio* dringen, die dem Richter aufgab, die Vorbringen des *minor*, die dem Anspruch entgegenstanden, genau zu prüfen. In anderen Fällen mochte der Prätor, um ganz bestimmte befürchtete Risiken für den *minor* auszuschließen, den Kläger zu einer Sicherheitsleistung anhalten.

Nun entspricht es einer alten Erfahrung der juristischen Praxis, daß diejenigen, die besonders schutzbedürftig sind, erst dann zum Anwalt oder Richter eilen, wenn es bereits zu spät ist, weil sie ihre Leistung bereits erbracht haben. Es nimmt daher nicht wunder, daß für die Juristen hier vor allem ein Rechtsbehelf wichtig war, nämlich die *in integrum restitutio*, das heißt die Wiedereinsetzung in den vorigen Stand. Es ging also um konkrete Möglichkeiten, die Rechtslage wieder so herzustellen, wie sie vor den mit dem *minor* getätigten Geschäften bestanden hatte. Deshalb hatte die Redaktion des *Edictum perpetuum* durch den großen Juristen Salvius Iulianus[41] diese Rechtsschutzverheißung unter diesen Titel gezogen.[42] Bei der Ausarbeitung der jeweiligen sachgerechten Lösungen war dann die Kunst der präzisen Formulierung gefragt, die sich jedem gesetzgeberischen Schematismus entzog, weshalb wir solche Formulierungsvorschläge auch nicht im Edikt vorfinden.

Copy of the Flavian Municipal Law, JRSt 76 [1986] 147–181; F. Lamberti, Tabulae Irnitanae, Neapel 1993) die korrekte Schreibweise. In älteren Darstellungen findet sich noch häufig *lex Plaetoria*, vgl. aber treffend bereits F. Schulz, Classical Roman Law, Oxford 1951, 191.

[40] Paul. (1 sent.) D. 4.4.24.5. Vgl. W. Selb, Das prätorische Edikt: Vom rechtspolitischen Programm zur Norm, in: Iuris professio, Festgabe M. Kaser, Wien u. a. 1986, 259–272, bes. 262 f.

[41] Zu Julian vgl. E. Bund, Salvius Iulianus, Leben und Werk, ANRW II, 15, 408–454; D. Liebs, HLL 4 (1997) § 414.

[42] Vgl. Ulp. (11 ed.) D. 4.1.1.

Interessant sind bei der Diskussion der Rechtsbehelfe durch die Juristen gerade die Grenzfälle, beispielsweise jene Situationen, bei denen nicht ein mündiger *minor*, sondern ein Haussohn in diesem Alter, der noch unter der väterlichen Gewalt stand, entweder auf Geheiß seines Vaters Verpflichtungen eingegangen war, die sich im nachhinein als unvorteilhaft erwiesen, oder so mit Geldern gewirtschaftet hatte, die ihm der Vater zur freien Verfügung überlassen hatte *(peculium)*. Da in beiden Fällen die Haftung den Vater traf, in der ersten Variante unbeschränkt, in der zweiten in der Höhe des für diese Zwecke überlassenen Vermögens, sahen die Juristen hier keinen Grund zum Einschreiten.[43] Diese Entscheidung wird der deutsche Gesetzgeber im sogenannten Taschengeldparagraphen (§ 110 BGB) wieder aufnehmen, der das Überlassen von Mitteln (Taschengeld) als eine Einwilligung der Erziehungsberechtigten auffaßt.

Die Eigenart der römischen Regelung besteht nun aber gerade nicht in einer Durchnormierung, wie wir sie aus den modernen Kodifikationen im Recht der Minderjährigen kennen – mitsamt den Ungereimtheiten und Systembrüchen, die dabei zu bewältigen sind –, sondern im grundsätzlichen Bekenntnis zur Vertragsfreiheit auch des *minor*, den man nicht vom Verkehr ausschließen wollte.[44] Freilich hatte trotz des großzügigen Maßstabes bei der Prüfung, den deswegen die Juristen anzuwenden empfahlen, die Rechtsschutzverheißung des Prätors eine präventive Wirkung. Da nämlich solche Geschäfte Anlaß zu einer näheren Überprüfung durch den Prätor und gegebenenfalls den Richter boten, lag es beim Partner des *minor*, die notwendige Rücksicht walten zu lassen, damit nicht nachträglich die Mißbilligung durch den Prätor das Ganze wieder in Frage stellte. Darin lag weniger für den *minor* als vielmehr für dessen Geschäftspartner ein Anreiz, auf den Beizug des *curator minorum* zu dringen. Zwar hing auch dann, wenn ein solcher vom Prätor ordnungsgemäß bestellt worden war, weder die Gültigkeit des Geschäftes von seiner Zustimmung ab, noch schloß dies eine Überprüfung durch den Prätor aus, doch wurden faktisch die Hürden für ein Einschreiten des Prätors höher gesetzt. Das mag wenigstens teilweise den Siegeszug der Einrichtung der *cura minorum* erklären, denn obwohl die Einsetzung eines *curator* zunächst allein von der Initiative des *minor* abhängig war, hat sie sich zunehmend verbreitet und als Regel durchgesetzt.

[43] Vgl. Ulp. (11 ed.) D. 4.4.3.4.

[44] Anschaulich Paul. (1 sent.) D. 4.4.24.1.

Der moderne Jurist gerät bei Rechtsschutzverheißungen wie der eben behandelten in Versuchung, ein Manko zu sehen, da sie zum Schutz des *minor* weder die Ungültigkeit des Rechtsgeschäfts statuiert noch eine sonstige Sanktion ausspricht. Möglicherweise wird er an ein Schema denken, das aus der römischen Tradition des Rechtsunterrichts stammen dürfte und sich erstmals in den *Tituli ex corpore Ulpiani* findet[45]: Es unterscheidet 1,1 zwischen *leges perfectae*, die das gesetzwidrige Rechtsgeschäft für nichtig erklären, *leges imperfectae*, die ein Rechtsgeschäft lediglich verbieten, ohne eine Sanktion zu setzen, und *leges minus quam perfectae*, die zwar eine Sanktion setzen, aber die Gültigkeit des Rechtsgeschäfts nicht in Frage stellen.[46] Dann wird er aber feststellen, daß er auch damit nicht weiterkommt, weil sich bei den Rechtsschutzverheißungen des Gerichtsmagistraten schon deshalb kein gesetzgeberischer Schematismus manifestieren muß, weil deren Umsetzung Aufgabe des verkündenden Magistraten war, so daß solche Kategorien nichts zur Bewältigung des Problems beitragen können. Die Regelung ist vollständig, weil sie komplementär zu den rechtlichen Möglichkeiten gesehen werden muß, die sich dem Prätor darboten, wenn er die Suche der Parteien nach dem adäquaten Prozeßprogramm begleitend unterstützte. Diese Eigenart beobachten wir übrigens noch häufig bei Senatsbeschlüssen, die dem Magistraten eine bestimmte Linie vorgaben und ihn auf diese Weise im Hinblick auf die von ihm zu treffenden Maßnahmen legitimierend unterstützten, im übrigen aber für die konkrete Umsetzung auf die Kraft der Tradition und die Erfahrung des Magistraten bauten, der gesellschaftlich und politisch mit den anderen Amtskollegen und den Senatoren fest verbunden war.

[45] Zu diesem, aus dem Beginn des 3. Jh. stammenden Werk, das auch als *Epitome Ulpiani* oder *Regularum liber singularis* bekannt ist, vgl. D. Liebs, HLL 4 (1997) § 428.5.

[46] Vgl. M. Kaser, Über Verbotsgesetze und verbotswidrige Geschäfte im römischen Recht, Wien 1977 (Abh. Akad. Wien, SB 312), 9ff. in Auseinandersetzung mit J. M. J. Chorus, Handelen in strijt met de wet, Zwolle 1976; zu Kaser vgl. die Rez. F. Sturm, SZ 99 (1982) 429–437; zum Problem auch Kunkel/Mayer-Maly 117; W. Selb, Gedanken zur römischen „lex imperfecta“ und zu modernen Normvorstellungen in der Rechtsgeschichte, in: FS Heinz Hübner, Berlin–New York 1984, 253–261. Zur Rezeption dieser Dreiteilung vgl. J. Pansegrau, Die Fortwirkung der römischrechtlichen Dreiteilung der Verbotsgesetze in der Rechtsprechung des Reichsgerichts: Zur Vorgeschichte des § 134 BGB, Göttingen 1989.

## 5. Zusammenfassung

Wir sind bei der Behandlung der Rechtsschöpfung durch den Prätor zunächst von den im Edikt publizierten Rechtsschutzverheißungen ausgegangen und haben beobachtet, wie stark die Vorbereitung des Prozesses und die Schritte, die vor den Gerichtsmagistraten führten, durch die Parteien bestimmt wurden, die in dieser Phase auch schon mit bindender Wirkung ihre Beweismittel bezeichnen mußten. Mit einigem Recht dürfen wir daher von einem Parteibetrieb sprechen, der den römischen Formularprozeß geprägt hatte. Dennoch spielte der Gerichtsmagistrat eine entscheidende Funktion, nicht nur weil er den verfahrensrechtlichen Rahmen für die Interaktion der Parteien setzte, indem er mit seinen potentiell stets verfügbaren Zwangsmitteln zum Verhandeln zwang, sondern weil er inhaltlich die Linien vorgab, die für die Formulierung des Prozeßprogramms leitend waren. Damit gelang es, bei der Strukturierung des Programmes Grundsätze des materiellen Rechts zu berücksichtigen, umzusetzen und dabei gesellschaftlichen Wertungen Rechnung zu tragen, ohne daß dafür detaillierte Normen erlassen werden mußten, die wir im Recht unserer Zeit erwarten würden.

An drei Beispielen haben wir verschiedene Möglichkeiten des Handelns des Magistraten kennengelernt. Der Umgang mit der *lex Aquilia* bietet uns ein Beispiel der Umsetzung einer positivrechtlichen Norm im Regelfall der unmittelbaren Verursachung und zeigt im Blick auf die Bewältigung der mittelbaren Verursachung, wie die gesetzliche Vorgabe, die wohl schon bei deren Erlaß darauf angelegt war, durch die Gewährung einer *actio in factum* im Einzelfall näher konkretisiert zu werden, im Formularprozeß durch die Arbeit an der Prozeßformel rechtlich differenziert wurde, um die Auseinandersetzung auf die rechtlich relevanten Punkte zu konzentrieren und den Richter zu einem sachgerechten Urteil zu führen. Bei der *rei vindicatio* haben wir ein einfaches Programm kennengelernt, das sicher zum Kernbereich des *ius civile*, das heißt zu der das Recht der römischen Bürger umfassenden Rechtsschicht gehört, ohne daß sich, wie unser Beispiel zeigt, die positivrechtlich normierte gesetzliche Grundlage stets genauer bezeichnen ließ. Um nun im Einzelfall zu einer der Sache angemessenen Formel zu gelangen, mußten die Parteien oft zu Einreden, *exceptiones*, greifen, wobei die auf diesen Schutz angewiesene Partei zur Durchsetzung ihres Anliegens wiederum auf die Machtmittel des Prätors bauen durfte. Durch die Möglichkeit, mit *replicatio, triplicatio (duplicatio)* und *multiplicatio* auf solche Vorbringen flexibel zu reagieren, gewann das Verfahren eine Geschmeidigkeit, die es ohne weiteres erlaubte, Rechtsgedanken, die wir heute mit Generalklauseln bewältigen, im Einzelfall zum Tragen zu bringen und so das Recht im Einzelfall fortzubilden.

Papinian, einer der großen Juristen im Übergang zum dritten Jahrhundert,[47] konnte daher die Schicht des vom *ius civile* unterschiedenen prätorischen Rechts, das vom Wort *honor* für Amt abgeleitet auch *ius honorarium* hieß, dahingehend charakterisieren, daß es von den Prätoren eingeführt wurde, um das Zivilrecht zu unterstützen, es zu ergänzen und es gegebenenfalls zu korrigieren.[48] Im Vordergrund unserer Überlegungen standen die ersten beiden Funktionen, doch sind in einem nur rudimentär kodifizierten Recht die Übergänge zwischen der ergänzenden und der korrigierenden Funktion oft nur schwer zu erfassen, da der feste Ausgangspunkt, von dem aus sich die Abweichung registrieren ließe, in einer sich allmählich verfertigenden Rechtsordnung notwendigerweise fehlt.[49] Was die Innensicht der römischen Juristen betrifft, war ihnen die korrigierende Tätigkeit vor allem im Erbrecht klar,[50] und auch die Anerkennung eines gesetzesderogierenden Gewohnheitsrechts deutet auf die gleiche Anschauung

[47] Zu Papinian und zu seinem Stil vgl. V. Giuffrè, Papiniano: fra tradizione ed innovazione, ANRW II,15, 632–666, 646ff.; vgl. auch die Darstellung bei D. Liebs, HLL 4 (1997) § 416. Als Papinian, der damals *praefectus praetorio* war, die Ermordung des Bruders und Mitkaisers von Caracalla nicht rechtfertigen wollte, wurde er wohl 212 von den Prätorianern aus dem Weg geschafft. Sein Tod diente dann späteren Zeiten als Beispiel für die Standhaftigkeit eines Juristen, vgl. das Trauerspiel von Gryphius, Großmütiger Rechtsgelehrter oder Sterbender Aemilius Paulus Papinianus (hrsg. von I.-M. Barth, Stuttgart 1994), dazu D. Nörr, Papinian und Gryphius. Zum Nachleben Papinians, SZ 83 (1966) 308–333.

[48] Pap. (2 def.) D. 1.1.7.1 *Ius praetorium est, quod praetores introduxerunt adiuvandi vel supplendi vel corrigendi iuris civilis gratia propter utilitatem publicam. Quod et honorarium dicitur ad honorem praetorum sic nominatum.*

[49] Zum Verhältnis von *ius honorarium* und *ius civile* erhellend M. Kaser, 'Ius honorarium' und 'ius civile', SZ 101 (1984) 1–114, der mit Recht darauf hinweist, daß die beiden Rechtsmassen zwar voneinander klar geschieden wurden, es aber für die Ansprüche aus *ius civile* keineswegs immer eine Grundlage in den *leges* gab.

[50] Vgl. etwa Gai. 3,25 *Sed haec iuris iniquitates edicto praetoris emendatae sunt*; ähnlich Paul. (41 ed.) D. 37.1.6.1 … *propter aequitatem tamen rescindit eorum capitis deminutionem praetor*; diese Korrektur begründet Ulp. (40 ed.) D. 37.5.1 pr. mit der *aequitas naturalis*.

hin, zumal die Grenzen zwischen Gewohnheitsrecht und konstant gewordener Juristenmeinung fließend waren.[51]

Die Prozeßformeln oder -programme, die im Zuge der Interaktion der Parteien gefunden worden waren, mußten vom Gerichtsmagistraten, der auch den Richter einsetzte, zuerst gebilligt werden. Erst dann konnte der Verfahrensabschnitt *apud iudicem* beginnen. Sie wurden also durch die Autorität des Gerichtsmagistraten legitimiert; ohne sein *decretum* konnten die Parteien, selbst wenn sie sich geeinigt hatten, mit dem Streit nicht weiterfahren. Während die Einzelheiten der *litis contestatio*, mit der das Verfahren *in iure* schloß, noch im Dunkeln liegen, besteht über deren Wirkungen Einigkeit. Die Auseinandersetzung um die rechtliche Erfassung der *litis contestatio* hatte um die Jahrhundertwende deshalb eine große Schärfe erreicht, weil auf diesem Hintergrund um die Natur des Zivilprozesses wissenschaftlich gerungen wurde. Auch heute trägt der Zivilprozeß noch stets ein Doppelgesicht zwischen öffentlichem Recht, weil er staatlich geregelt ist und vor staatlichen Gerichten abläuft, und Privatrecht, weil es um private, der privatautonomen Disposition der Parteien offene Ansprüche geht. Für das geltende Recht ist der Streit mit der Zuordnung zum öffentlichen Recht entschieden, für das römische Recht mit der geschilderten Gemengelage ging diese Fragestellung wohl an der Sache vorbei; die Diskussion hat aber wertvolle Erkenntnisse zur Durchdringung der Materie gebracht.[52]

Wie sehr dem Gerichtsmagistraten selbst bei der Suche nach den rechtlichen Gesichtspunkten, die das anschließende Verfahren *apud*

[51] Vgl. M. Kaser, Zur Problematik der römischen Rechtsquellenlehre, in: FS Flume, Köln 1978, Bd. 1, 101–123; jetzt in: ders., Römische Rechtsquellen und angewandte Juristenmethode, Wien u. a. 1986, 9–41, bes. 35 f.

[52] Paradigmatisch läßt sich diese Auseinandersetzung mit den zwei Namen Keller und Wlassak charakterisieren. Der große Romanist F. L. Keller hatte mit seinem Werk ‚Der römische Civilprozeß und die Actionen' (1. Aufl. Berlin 1852; 6. Aufl. bearb. von A. Wach, Leipzig 1883) die prozeßrechtliche Literatur im 19. Jh. überhaupt geprägt; M. Wlassak fand zu Beginn des 20. Jh. unter den Romanisten weitgehende Gefolgschaft. F. L. Keller, Über Litis Contestation und Urtheil nach dem classischen römischen Recht, Zürich 1827, 1 ff., 73 ff. hatte den Rechtsstreit ganz in die Sphäre des öffentlichen Rechts geschoben. Er fand später den leidenschaftlichen Widerspruch von M. Wlassak, Die Litiskontestation im Formularprozeß (aus der Festschrift für B. Windscheid), Leipzig 1889, der darin hingegen eine private Übereinkunft sah, vgl. noch ders., Anklage und Streitbefestigung im Kriminalrecht der Römer, Wien 1917, 6, 45 ff. und ders., Der Judikationsbefehl der römischen Prozesse. Mit Beiträ-

*iudicem* bestimmen sollten, nur eine leitende Funktion zukam, die ihn davon enthob, sich zur materiellen Rechtslage zu äußern, zeigt sich bei einer der berühmtesten Schöpfungen eines Prozeßformulars, der *actio de dolo*, die Ciceros Freund, der Jurist C. Aquilius Gallus, entworfen hatte.[53] Die Zeugnisse Ciceros lassen nämlich klar erkennen, daß sie nicht im Jahr der Prätur des Juristen entstanden sein konnte, sondern bereits früher geschaffen worden war.[54] Wenn aber der Gerichtsmagistrat eine Formel in das Edikt aufnahm, weil sie sich bewährt hatte, lag darin auch die Sanktionierung einer Rechtsfortbildung, die im juristischen Alltagsgeschäft im Parteibetrieb erarbeitet worden war.[55] Die *actiones in factum* gehen ganz sicher auf diese adaptierende Tätigkeit zurück; manche sind in das Edikt aufgenommen worden, wie wir es beispielsweise bei der *actio depositi* gesehen haben, wo die *in ius* konzipierte Klage auf diesem Weg zeitlich sogar erst nachfolgte. In diesem Sinn trifft Marcians Ausspruch von der *viva vox iuris civilis* den Kern der Sache.

Macht verführt; auch die Macht des Gerichtsmagistraten konnte dazu verleiten, in der Amtszeit Klagen den Weg zu bereiten, um Freunden zu Gefallen zu sein. Das Edikt stellte daher in Aussicht,

gen zur Scheidung des privaten und öffentlichen Rechtes, Wien 1921 (Abh. Akad. Wien). Unschwer kann man hinter dieser Kontroverse das Ringen um die Prozeßmaximen im heutigen Zivilprozeßrecht im deutschen Sprachraum erkennen, dessen Hintergrund aber näher ausgeleuchtet zu werden verdiente. Die neuere Diskussion geht von dieser harten Konfrontationslinie ab und bewegt sich mehr auf die hier vertretene Position zu, indem die unter dem Druck der Amtsgewalt des Magistraten ablaufende Interaktion zwischen den Parteien besser erfaßt wird, vgl. G. Jahr, Litis contestatio, Köln u. a. 1960, 1 ff., 211 ff.; vgl. auch J. G. Wolf, Die litis contestatio im römischen Zivilprozeß, Karlsruhe 1968, der mit seinen Hypothesen für den Formularprozeß jedoch weit über die Quellen und das Ziel hinausschießt. Zur Problematik vgl. noch Bürge, Zum Edikt de edendo, SZ 112 (1995) 1–50, 1 ff. und Kaser/Hackl, RZ, 289 ff. (zum frühen Prozeß 69 ff.).

[53] Cic. nat. deor. 3, 74; vgl. off. 3,60; zum Umgang mit Cicero vgl. auch Cic. top. 51, dazu u. S. 76. Einen Hinweis auf die gesellschaftliche Stellung des Aquilius gibt die Nachricht von seinem prunkvollen Haus bei Plin. nat. 17,2.

[54] Vgl. auch F. Wieacker, SZ 94 (1977) 17 mit Anm. 61 und 63; ders., RRG I, 452 f.; Kaser/Hackl, RZ, 237 mit Anm. 40.

[55] Ein couragierter Jurist wie A. Cascellius konnte denn auch in dieser Eigenschaft und nicht etwa als Amtsperson als Ausdruck seiner Opposition gegen Augustus die Mitarbeit an der Umsetzung von Beschlüssen der Triumvirn verweigern, so die Episode bei Val. Max. 6,2,12, vgl. dazu Kunkel, Herkunft, 26 mit Anm. 55.

daß Gerichtsmagistraten, die neue Rechtsbehelfe akzeptierten, sich diese später von einem Gegner entgegenhalten lassen mußten. Dieses von Augustus' Vater in das Edikt aufgenommene sogenannte Retorsionsedikt[56] berücksichtigte aber auch die Rolle der Parteien bei der Erarbeitung des Prozeßprogrammes, indem es die gleiche Sanktion auch gegen denjenigen vorsah, der eine bestimmte Klage erhalten hatte.[57] Da es offensichtlich war, daß dieses Edikt weitertradiert würde, dürfen wir in dieser Konkretisierung der Goldenen Regel, die schon fast den Geist des kategorischen Imperativs atmet, eine Selbstbindung des Gerichtsmagistraten sehen, der sich seiner rechtsschöpferischen Aufgabe und deren Gefahren bewußt war.

[56] Dazu Genzmer, Talion im klassischen und nachklassischen Recht, SZ 62 (1942) 122–142, 133 ff. mit teilweise zu weitgehender Textkritik.

[57] Zum Retorsionsedikt vgl. G. Pugliese, Il processo civile romano, II: Il processo formulare, Mailand 1963, 177 ff., dazu die *laudatio edicti* Ulp. (3 ed.) D. 2.2.1 pr./1 und Gai. (1 ed. prov.) D. 2.2.4.

# Drittes Kapitel

# SELBSTHILFE, GEWALT UND IHRE BEGRENZUNG

Der unerbittliche Zwang, der gegen eine Person ausgeübt werden konnte, die als Beklagte vor Gericht zitiert wurde, stand am Anfang der Zwölf Tafeln, die auch damit rechneten, daß der Beklagte sich der Aufforderung widersetzte.[1] Für diesen Fall sahen sie als Sanktion physische Gewalt gegen den Geladenen vor. Freilich stand dem Kläger keine Polizei zur Seite, sondern er wurde auf die Selbsthilfe verwiesen. Schranken erfuhr die Gewalt durch die Einbindung in ein geregeltes Verfahren, denn zuvor mußte der Ladende Zeugen für die Renitenz des Geladenen aufrufen. Durch das Verfahren wurde die Gewalt legitimiert und die Eigenmacht zur erlaubten Selbsthilfe.

Diese enge Verbindung, ja das Miteinander von Recht und Gewalt, entspricht einem Zug, den die Römer selber an sich und in ihrer Geschichte beobachtet hatten. Als Chiffre dafür brauchten sie oft das spannungsvolle Verhältnis zwischen Romulus und Remus:

> *Cana Fides et Vesta, Remo cum fratre Quirinus*
> *iura dabunt*
> Die graue Treue und Vesta, Quirinus mit seinem Bruder Remus
> werden Recht sprechen

heißt es, wenn Vergil in der ›Aeneis‹ Juppiter der Venus die *fata* Roms prophezeien läßt (Aen. 1,292 f.); Horaz schlägt in seinen Epoden ähnliche Töne an (epod. 8,16 ff.). Wenn auch die Vorstellung einer *concordia discors*[2] weit über unser Thema hinausführt, so trifft sie einen Kern römischer Auffassung und Gestaltung von Prozeß und Vollstreckungsverfahren, die ohne diese Verzahnung kaum zu verstehen sind. Die moderne Perspektive, die sich verständlicherweise mehr für den Erwerb zivilisatorischer Errungenschaften interessiert als für das, was sie als dunkle Seite der Kultur empfinden muß, blendet diese Aspekte gerne aus. Dennoch bleibt festzuhalten, daß die Gewalt nur allmählich eingedämmt wurde; über Jahrhunderte folgte sie dem

[1] *Si calvitur pedemve struit, igitur em capito.* – Wenn er trödelt oder zu fliehen sucht, soll er ihn ergreifen; vgl. Festus p. 232, 3 f (L.), wonach Servius Sulpicius (zu ihm u. S. 96 ff., 101 ff.) *struere* als *fugere* (fliehen) verstand.

[2] Vgl. Hor. Epist. 1,12,19; Ov. Met. 1, 433; Lucan. 1, 98 und die Kommentare dazu.

rechtlichen Handeln wie ein notwendiger Schatten. Wir müssen hier mit den Zwölf Tafeln beginnen.

## 1. Eigenmacht und Recht

Schon im Rückblick auf vergangene Epochen läßt Gellius einen seiner Lehrer, den Rhetor und Philosophen Favorinus in der Diskussion mit dem Juristen Sextus Caecilius (wahrscheinlich Africanus[3]) die Härte des Rechts der Zwölf Tafeln kritisieren,[4] auf die der Jurist zwar unaufgeregt reagieren konnte, da er – wie so viele andere römische Juristen – mehr der Gegenwart zugewandt als der nicht mehr aktuellen Vergangenheit verpflichtet war;[5] die Fakten für die römische Frühzeit bleiben dennoch. Beispielsweise stellte tab. 8,12 denjenigen von Strafe frei, der einen nächtlichen Dieb getötet hatte.[6] Ganz offensichtlich ist diese Härte ein Kennzeichen des archaischen Rechts, doch verlor sich dieser Zug nie ganz.

Noch zu Beginn des zweiten Jahrhunderts, als dieser Dialog spielte, war es unbestritten, daß ein fremder Sklave vom Opfer getötet werden durfte, dem er aufgelauert hatte, und daß auch die *lex Aquilia* in diesem Fall nicht griff, da die Rechtswidrigkeit verneint wurde. Gaius begründete das Ergebnis, das wir heute als Notwehrexzeß empfinden, mit dem Hinweis auf die *naturalis ratio*, die natürliche Vernunft, die es erlaube, sich gegen eine Gefahr zu verteidigen. Er war sich dabei der gedanklichen Linie zu den Zwölf Tafeln klar bewußt,[7] denn er hob davon den auch dort geregelten Fall der Notwehr ab. Man mag

[3] Vgl. Ulp. (34 ed.) D. 25.3.3.4 und Kunkel, Herkunft, 172 f.

[4] Gell. 20,1,4; vgl. auch Gell. 11,18,6–9; dazu M. Humbert, La peine en droit romain, in: La Peine – Punishment, Recueils de la Société Jean Bodin 55 (1991) I: Antiquité, 132–183, 144 ff.

[5] Vgl. zu dieser Kritik D. Nörr, Rechtskritik in der römischen Antike, München 1974 (Abh. Bayer. Akad.), 66 ff.

[6] Zur archaischen Hausdurchsuchung *lance et licio*, die eine Form der gesellschaftlichen Einbindung und Zügelung von Selbsthilfe war, vgl. J. G. Wolf, Lanx und licium. Das Ritual der Haussuchung im altrömischen Recht, in: Sympotica F. Wieacker, Göttingen 1970, 59–79. Zur Geschichte und zur Kontinuität dieses Zuges vgl. A. D. Manfredini, Voleurs, brigands et légitime défense en droit romain, RH 74 (1996) 505–523; zum Diebstahl im übrigen B. Santalucia, Verbrechen und ihre Verfolgung im antiken Rom, Lecce 1997, 35 f.; 40 (Lit.-Nachweise).

[7] Gai. (7 ed. prov.) D. 9.2.4 pr.; vgl. auch (13 ed. prov.) D. 47.2.55.2.

dies mit dem Hinweis auf die notorische Unsicherheit des Landverkehrs in jener Zeit beiseite schieben und es zudem mit der Stellung der Sklaven erklären, über die ohnehin im Hausgericht leicht die Todesstrafe verhängt und deren grausame Vollstreckung als präventive Maßnahme in aller Öffentlichkeit vollzogen wurde,[8] doch würden wir damit einen wichtigen Aspekt römischen Alltags übersehen, der das Leben tiefgreifend geprägt haben muß. Es gab weitaus mehr Fälle rechtlich geduldeter oder rechtlich sanktionierter Eigenmacht, als es der an diesem Privatrecht geschulte Jurist erwarten würde.

Zwar stößt der Jurist allenthalben auf Hinweise, die noch die handgreifliche Auseinandersetzung erahnen lassen, besonders wenn er sich der älteren Schicht des römischen Prozesses nähert, dem sogenannten Legisaktionenverfahren *(lege agere – legis actiones)*.[9] Dieses Verfahren, das aus späterer Sicht äußerlich dadurch gekennzeichnet ist, daß starre Formeln hergesagt und ein festgelegtes Ritual für den Gang des Verfahrens eingehalten werden mußten, hatte sich wohl aus einem ritualisierten Kampf entwickelt.[10] Das beginnt beim *manum inicere*, beim rituellen Zugriff auf die Person des Beklagten bei der Ladung, das ein Stück erlaubter Gewaltausübung im wahren Sinne des Wortes darstellt und auf das wir wiederum – mit erweiterten Rechtsfolgen – in Form der *legis actio per manus iniectionem* bei der Personalexekution stoßen.[11] Das setzt sich fort beim Auftreten des *vindex,*[12] der durch

[8] Vgl. die aus der Zeit der späten Republik oder des frühen Prinzipates stammende Inschrift mit der Vergabe des Henker- und Bestattungsgewerbes aus Puteoli, bei L. Bove, Due Iscrizioni da Pozzuoli e Cuma, Labeo 13 (1967) 22–48, Col. 2, 8–10; ferner die Kritik an solchen schnell gefällten Todesurteilen über Sklaven bei Iuv. 6, 219ff.

[9] Vgl. dazu o. S. 22f. und bes. u. S. 64ff.

[10] Vgl. dazu v. a. die Darstellungen bei Wieacker, RRG I, 241ff.; anders jetzt Kaser/Hackl, RZ, 81ff.

[11] Vgl. Kaser/Hackl, RZ, 66ff.

[12] *vindex* ist wohl als Rückbildung zu *vindicare – vim dicere* entstanden, vgl. M. Leumann, Lateinische Laut- und Formenlehre, München [2]1977, 267, der *vindex* mit *vindicare* ableitet aus *vim dicit* (*vim dicito* wohl richtig XII tab 3,3) und dies als retrograde Herleitung aus einer erstarrten Wendung *vim dictam* versteht, die zu einem neuen scheinbaren Grundwort führte. Demgegenüber vertritt O. Szemerényi, Etyma Latina III (19–23), in: Logos Semantikos, Studia Linguistica in honorem E. Coseriu, Berlin u. a. 1981, Bd. 3, 303–323 (jetzt in: ders., Scripta Minora, Teil II, Innsbruck 1987, 1047–1067) die Ableitung von Schrader, IFAnzeiger 9 (1898) 171f., der *vindex* von einem alten, u. a. urkelt. **venio-* ‚Großfamilie‘, **veni-deics* abgeleitet und gedeutet hat als der „jemanden als zu den **veni-* gehörig bezeichnet“; vgl. noch O. Szeme-

sein *manum depellere,* sein Wegschlagen der Hand des Klägers die Haftung übernimmt. Bei der Eigentumsklage,[13] der *vindicatio* mit der *legis actio sacramento in rem*, geht es um eine Gewaltansage zweier Eigentumsprätendenten; als Zeichen der behaupteten Gewalt über die Sache legt jede Partei die *vindicta*, einen Stab, auf die Sache.[14] Bei der Grundstücksvindikation kommt es auf dem Grundstück zum *manum conserere,* dem ritualisierten Gewaltaustrag,[15] den noch Ennius unbefangen in Parallele mit den Kriegshandlungen setzen und so die alte

rényi, An den Quellen des lateinischen Wortschatzes, Innsbruck 1989, 78f. Hingegen verteidigt M. Benedetti, I composti radicali latini, Pisa 1988, 84–90 – unter Beifall von B. Forssman ebd. 7 – Leumanns Etymologie mit differenzierten linguistischen Argumenten, auf die mich Prof. Michael Meier-Brügger, Berlin, freundlicherweise aufmerksam gemacht hat. Es ließe sich dem noch beifügen, daß Szemerényis Einwand gegen Leumann zu kurz greift, wenn er zwar dessen formale Erklärung akzeptieren könnte, aber meint, daß *vim dicere* nur in den Zwölf Tafeln belegt sei. Gerade der Gebrauch als Fachterminus verhindert eben einen allgemeinen Gebrauch. Der Streitstand, zu dem sich weitere Lit. bei Kaser/Hackl, RZ, 96, Anm. 41 findet, müßte hier nicht so ausführlich dargestellt werden, wenn nicht ein Teil der romanistischen Forschung aus dem Befund von Szemerényi Folgerungen gezogen hätte (vgl. u. Anm. 14), die in dieser technischen Präzision zudem von der postulierten Bedeutung niemals getragen werden.

[13] Zu deren rechtlichem Gehalt vgl. o. S. 28ff.

[14] Völlig fernhalten möchte O. Behrends, Der Zwölftafelprozeß, Göttingen 1974, 11f.; 21f.; 113f. die Theorie der Selbsthilfe, weitgehend zustimmend Kaser/Hackl, RZ, 28 mit Anm. 21; 96 mit Anm. 40ff.; vgl. aber Wieacker, RRG I, 248f. Die These von Behrends läßt nicht nur das rechtsvergleichend-anthropologische Material außer Betracht, sondern auch die Parallelen zur Kriegserklärung durch die Fetialen, die er völlig unwahrscheinlich vom Völkerrecht auf das Privatrecht projizieren muß, obwohl eher das Umgekehrte zu erwarten wäre; vgl. dazu die Differenzierungen bei L. Pospíšil, Anthropologie des Rechts, München 1982, 21ff. Selbst wenn man mit Szemerényi (o. Anm. 12) sogar annehmen würde, der *vindex* zeige „jemanden als Mitglied der Großfamilie", würde dies die Deutung nicht einmal ausschließen, daß derjenige, der für die Familie eintritt und dabei erlaubte Gewalt ansagt, sich in einem ritualisierten Kampf befindet.

[15] Anders jetzt Kaser, Zur ‚legis actio sacramento in rem', SZ 104 (1987) 53–84, 56ff. im Anschluß an J. G. Wolf, Zur legis actio sacramento in rem, in: Römisches Recht in der europäischen Tradition, Symposion für F. Wieacker, Ebelsbach 1985, 1–39. Wolf übersieht freilich, daß er Stellen für seine Deutung als ‚Zusammenfügen' verwendet, die der Terminologie des Liebeskampfes entnommen sind, so Tib. 1,8,26; 36; vgl. 37 *et dare anhelanti pugnantibus umida linguis/oscula et in collo figere dente notas*; ähnlich wohl Ov. epist.

Bedeutung wieder zum Bewußtsein bringen kann.[16] Schließlich darf man die Gewalttätigkeit der Personalexekution nicht unterschätzen, deren althergebrachte Härte durch die *lex Poetelia* nur gemildert, nicht aber vollständig zurückgedrängt wurde und die durchaus auch Parallelen zum Ritual der Unterwerfung von Feinden *(deditio)* aufweist.[17] Jüngeren Datums ist das aktive Vorgehen gegen die Gewalt, das der Prätor mit dem Instrument der Interdikte ausübte und dem wir uns nun zuwenden werden.

## 2. Der Schutz der Interdikte vor Gewalt und der Raum für die Eigenmacht

In einer ganzen Reihe von sogenannten Interdikten, die der Prätor im Edikt in Aussicht stellte, verbot er die Anwendung von Gewalt, *vim fieri veto*.[18] Genaugenommen war die Technik subtiler: Indem er die Gewalt in das Verfahren einband und institutionalisierte, be-

(her.) 2,58 und Mat. carm. frg. 12 (Morel). Ähnlich belegt er S. 20 die abgeschwächte Bedeutung von *mittite* ausgerechnet mit Stellen, die ein Ablassen vom Kampf oder Handgemenge im Auge haben. Zu den frühen Zeugnissen gehört wohl Varro ling. 6,64, vgl. dazu Wieacker, RRG I, 249 Anm. 61.

[16] Daß Ennius den Prozeß nur bildlich mit dem Waffenkampf vergleicht, kann nicht als Argument genommen werden, die ursprünglichen Wurzeln im Zweikampf zu verneinen. Wolf (Anm. 15) und Kaser (Anm. 15) 60 mit Anm. 31 übersehen, daß Enn. ann. 248 ff. (Skutsch = 268 ff. Vahlen) einen vorhandenen Ausdruck aufgreift und in Parallele setzen kann: *pellitur e medio sapientia, vi geritur res,/... non ex iure manum consertum, sed magis ferro rem repetunt*. Er erfindet also diese Parallelität nicht, sondern knüpft an sie an. Sie gilt es zu erklären. Später wird Enn. ann. gerne aufgegriffen, vgl. Cic. Mur. 30; fam. 7,13,2 (an den im Lager von Caesar in Gallien weilenden Trebatius); Att. 15,7. Im ganzen bleibt festzuhalten, daß jedenfalls Römer wie Varro oder Cicero die Parallele zwischen Prozeß und Kampf gesehen und empfunden haben.

[17] Zur Parallele zwischen der privatrechtlichen *noxae deditio* und *deditio* im Völkerrecht vgl. D. Nörr, Aspekte des römischen Völkerrechts, München 1989 (Abh. Bayer. Akad. 101), 81 ff. Das *se nexum dedere* in Liv. 8,28,2 könnte ebenfalls hierhergehören, vgl. Nörr ebd. 83.

[18] Vgl. dazu A. W. Lintott, Violence in Republican Rome, Oxford 1968, 125 ff.; grundlegend für diese Sicht L. Labruna, Vim fieri veto. Alle radici di una ideologia, Camerino 1971, der – im Ansatz sicher zu einseitig – den ganzen Interdiktenschutz aus dem Gedanken der Zurückdrängung der *vis* herleitet, dabei aber die Etappen der Gewaltbekämpfung gut dokumentiert. Die Ent-

grenzte er sie. Hier liegt also der Akzent auf der rechtsetzenden Tätigkeit. Der Grund, warum der Prätor bei den Interdikten stärker in die einzelnen Rechtsverhältnisse eingreifen konnte als bei der Proponierung der einzelnen *actiones*, liegt im öffentlichen Interesse, das er mit seiner Autorität zur Geltung brachte,[19] sei es im Wasserrecht, im Nachbarrecht oder überhaupt bei der Ordnung des städtischen Raumes. Wir müssen dies an einem Beispiel betrachten und wählen dafür das wohl älteste Interdikt, das *interdictum uti possidetis*.

Das öffentliche Interesse, auf das sich der Prätor für den Erlaß dieses Interdiktes stützen konnte, bestand darin, daß es um Besitzverhältnisse am *ager publicus* ging, über die sich die Parteien stritten. Das Wort Besitz ist mit Bedacht gewählt, denn das Eigentum am *ager publicus* kam dem *populus Romanus* zu, so daß sich die Zuständigkeit eines Amtsträgers für die Wahrung des Rechtsfriedens in diesem Bereich ohne weiteres ergab. Am besten gehen wir vom Wortlaut aus, den uns Festus überliefert:

p. 260/262 (Lindsay) *Uti nunc possidetis eum fundum, quo de agitur, quod nec vi nec clam nec precario alter ab altero possidetis, ita possideatis, adversus ea vim fieri veto.*

„Wie ihr das Land, um das es hier geht, jetzt besitzt – sofern[20] der eine es vom andern weder durch Gewalt noch heimlich, noch durch Bittleihe besitzt –, so sollt ihr besitzen; ich verbiete, gegen diesen Zustand Gewalt anzuwenden."

Durch das Verbot, die bestehende Besitzlage gewaltsam zu verändern, das der Prätor nach einer summarischen Prüfung des ihm vorgetragenen Sachverhalts dekretierte,[21] wurde diese stabilisiert. Der Nichtbesitzer, der glaubte, einen Anspruch auf das Land zu haben, mußte auf Gewalt verzichten und mit rechtlichen Mitteln weiter vorgehen. Nicht zufällig stoßen wir in diesem Zusammenhang auf erste definitorische Bemühungen um die *vis*.[22] Im angestammten Bereich des In-

wicklung der Rechtsbehelfe bezüglich von Rechtsgeschäften, die unter *vis compulsiva* abgeschlosssen wurden, beleuchtet A. S. Hartkamp, Der Zwang im römischen Privatrecht, Amsterdam 1971; zu den mit den *interdicta* zusammenhängenden Rechtsfragen insgesamt Kaser/Hackl, RZ, bes. 408ff., 416ff.

[19] Der autoritative Charakter, der hier im Einsatz des *imperium* des Magistraten liegt, wird in Plaut. Asin. 504ff. gut faßbar.

[20] Dieses *quod* ist typisch für den kurialen Stil, vgl. J. B. Hofmann/A. Szantyr, Lateinische Syntax und Stilistik, München 1965, 572ff.

[21] Vgl. Gai. 4,139f.

[22] Q. Muc. (sing. ὅρων) D. 50.17.73.2, zitiert bei Ulp. (71 ed.) D. 43.24.1.5; zu Q. Mucius vgl. auch u. S. 96f., 98ff.

terdiktes wurde dafür ein Nachverfahren entwickelt, das es erlaubte, den Streit dem Richter zu unterbreiten. Später übernahm dieses Interdikt auch die Funktion, die Verteilung der Parteirollen bei der Eigentumsklage vorzubereiten, indem es der obsiegenden Partei die für den Prozeß vorteilhaftere Rolle als Besitzer zuwies. Über die Rezeption des römischen Rechts führt hier eine Linie zum einstweiligen Rechtsschutz im modernen Prozeß, insbesondere zur einstweiligen Verfügung.

In diesem Kontext bedeuteten das Interdikt *uti possidetis* und ähnliche Interdikte[23] tatsächlich eine wichtige Etappe bei der Zurückdrängung privater Eigenmacht. Schaut man sich den Text allerdings näher an, blieb der erlaubten Selbsthilfe ein nicht unbeträchtlicher Raum. Das Verbot stand nämlich unter der einschränkenden Klausel *quod nec vi nec clam nec precario alter ab altero possidetis*, der sogenannten *exceptio vitiosae possessionis*, welche drei Fälle ausdrücklich ausnahm, in denen Gewaltanwendung möglich war.[24] Damit übernahm das Interdikt auch die Funktion, der betroffenen Partei zu erlauben, die frühere Rechtslage eigenmächtig wiederherzustellen. Dies galt also einmal gegenüber jenem Besitzer, der sich den Besitz mit Gewalt verschafft hatte, sodann gegenüber demjenigen, der sich heimlich in den Besitz gesetzt hatte, und schließlich gegenüber dem Prekaristen, und zwar, wie wir präzisieren müssen, im Verhältnis zum Eigentümer, der ihm das Land auf dem Wege der Bittleihe – unentgeltlich – zur Bewirtschaftung überlassen hatte.

Bei diesen drei Ausnahmen ist der Prekarist sozialgeschichtlich die interessanteste Figur, denn bei ihm handelte es sich meist um einen Klienten, der vom *patronus* als dem Eigentümer des Landes abhängig war. Die besondere Ausgestaltung des Interdiktenschutzes räumte dem Eigentümer nun eine vorteilhafte Position ein, weil der Prekarist zwar ihm, jedoch nicht anderen Personen gegenüber fehlerhaft besaß. Das hatte die praktische Konsequenz, daß der Prekarist Außenstehenden gegenüber als Besitzer auftreten und, falls sich diese des Landes bemächtigen wollten, den Besitz seines *patronus* rechtlich verteidigen konnte.[25] Andererseits bewahrte sich der *patronus* das Recht,

[23] Es sei hier lediglich noch auf das *interdictum utrubi* hingewiesen, das die gleiche Funktion für das bewegliche Eigentum hatte.

[24] Vgl. Gai. 4,154; diese Klausel lebt übrigens in der *exceptio vitiosae possessionis* in § 345 ABGB fort.

[25] Für den kautelarjuristischen Einsatz bei der Überlassung der Pfandsache an den Pfandschuldner s. u. bei Anm. 53.

jederzeit auf sein Land zugreifen zu können,[26] weil ihn auch das Interdikt *uti possidetis* nicht hinderte, zu diesem Zwecke Gewalt anzuwenden, wenn er es nicht vorzog, sich des speziell auf die Rückgabe der hingegebenen Sache gerichteten *interdictum de precario* zu bedienen.[27]

Nur wenn man die einschränkende Klausel *quod nec vi nec clam nec precario alter ab altero possidetis*, die bereits im Jahre 161 v. Chr. von Terenz parodiert wird,[28] herausnimmt und zum späteren Zusatz erklärt,[29] womit man aber mit der Chronologie der Verteilung dieses Landes in Widerspruch gerät,[30] kann man hier ein umfassendes und lückenloses Gewaltverbot herauslesen. Freilich handelt man sich in diesem Fall noch zusätzlich die Schwierigkeit ein, daß es später wieder aufgeweicht worden sein mußte. Das bedürfte einer Erklärung, da dies der allgemeinen Tendenz in der Entwicklung von der allmählichen Zurückdrängung auch der institutionalisierten Eigenmacht und Selbsthilfe widerspricht. In der späten Republik bleibt nämlich der Befund, den auch die Verfechter der erst nachträglichen Einfügung der Klausel nicht bestreiten und der zudem inschriftlich durch die *lex agraria* von 111 v. Chr. belegt ist,[31] daß in den drei oben genannten

[26] Anschaulich wird dieser Gegensatz zwischen rechtlich verbindlich eingeräumtem Besitz und der prekaristischen Überlassung, die allein von der Willkür des Gebenden abhängt, in übertragener Verwendung bei Sen. const. sap. 5,5 (dial. 2,5,5) *unius enim in possessione virtutis est, ex qua depelli numquam potest, ceteris precario utitur: quis autem iactura movetur alieni?* Vgl. auch Liv. 8,35,5, wo das *precarium* in einen Gegensatz zu einem von der Rechtsordnung vorgesehenen Rechtsbehelf gestellt wird: ... *sed noxae damnatus donatur populo Romano, donatur tribuniciae potestati precarium non iustum auxilium ferenti.*

[27] Vgl. zum ganzen M. Kaser, Zur Geschichte des *precarium*, SZ 89 (1972) 94–148, der damit auch rezensiert P. Zamorani, Precario habere, Mailand 1969, ein materialreiches, aber wegen seiner willkürlichen Textemendationen problematisches Buch. Auf den sozialen und geschichtlichen Hintergrund gehen beide Arbeiten nur am Rande ein.

[28] Ter. Eun. 319f. *ipsam hanc tu mihi vel vi vel clam vel precario/fac tradas.*

[29] So M. Kaser, Eigentum und Besitz im älteren römischen Recht, Köln–Graz $^{2}$1956, 248f.; Labruna (Anm. 18) 119ff.

[30] Vgl. die Ausführungen von G. Thür, *Vindicatio* und *deductio* im frührömischen Grundstückstreit, SZ 94 (1977) 293–305, 300ff.

[31] FIRA 1, Nr. 18 (S. 102f.) – CIL I$^{2}$, 585, vgl. dazu den Text und Kommentar bei K. Johannsen, Die lex agraria des Jahres 111 v. Chr., Diss. München 1971; zur Stelle ebd. 248f. sowie A. Lintott, Judicial Reform and Land Reform in the Roman Republic, Cambridge 1992, 171ff., 202ff., 220f.

Fällen Gewaltanwendung möglich[32] und noch unter dem Prinzipat die Rechtslage in diesem Punkt unverändert war.[33]

Das *decretum*, das die sachenrechtliche Lage stabilisierte, änderte nichts daran, daß die Rechtsfrage, die hinter dem Konflikt stand, noch nicht entschieden war. Dem Gegner, der die Auffassung vertrat, ihm sei das Grundstück seinerzeit gewaltsam entzogen worden, war es ja unbenommen, sich wiederum eigenmächtig in den Besitz der Sache zu setzen. Zudem blieb die Frage durchaus noch ungeklärt, wer ungerechtfertigterweise Gewalt ausgeübt hatte. Deshalb leuchtet es ein, daß das bereits erwähnte Nachverfahren vorgesehen war, das beide Parteien verpflichtete, einander gegenseitig Strafsummen für den Fall zu versprechen, daß sie *vis* begangen hatten oder fehlerhaft besaßen. Darüber hinaus mußten sie sich zusätzliche Strafsummen für den Fall versprechen, daß die eine Seite die andere zu Unrecht beschuldigt hatte, das Interdikt verletzt zu haben. An diesem Punkt wird die Verknüpfung der Entstehungsgeschichte mit der Einbindung physischer Gewalt in einen ritualisierten Ablauf und ihre Domestizierung beim *interdictum uti possidetis* noch augenfälliger als bei der *rei vindicatio*. Wir stoßen hier nämlich auf ein Element, das als *vis ex conventu* bezeichnet wird.[34] Wie es der Name sagt, verabredeten die Parteien einen Gewaltakt, um den Weg zur Beurteilung der Strafversprechen durch den Richter zu öffnen.

Diese *vis ex conventu* hat die Forschung vor große Schwierigkeiten gestellt. Zwar ist die Quellenlage insoweit erfreulich, als uns zwei Fälle, in denen es um Streitigkeiten aus einem Interdikt geht, aus den Reden Ciceros ›Pro Tullio‹ und ›Pro Caecina‹ einigermaßen gut dokumentiert sind. Leider sind sie jedoch nicht leicht zu verstehen. Das merken wir sofort, wenn wir kurz auf die Rede ›Pro Caecina‹ eingehen, die an eine verwickelte Erbschaftsangelegenheit anknüpfte, welche am Schluß die Beteiligten über die Eigentums- und Besitzverhältnisse an einem Landgut im Gebiet von Tarquinia südlich des Lago di Bolsena streiten ließ.[35] Unklar war dabei, ob der Kläger Caecina dieses Land von seiner Frau Caesennia geerbt oder ob es der Beklagte Aebutius seinerzeit von Caesennia gekauft hatte. Die heutige Analyse

[32] Vgl. Gai. 4,154.

[33] Vgl. Cass.-Ulp. (69 ed.) D. 43.16.1.27; eod. 3.9.

[34] Wahrscheinlich gleichzusetzen mit der *deductio quae moribus fit*, vgl. Wieacker, RRG I, S. 250; Kaser/Hackl, RZ, 418 Anm. 22.

[35] Vgl. die ausführliche Darstellung der Vorgeschichte bei B. W. Frier, The Rise of the Roman Jurists, Princeton 1985, 3ff., dazu die eingehende Rezension von F. Horak, SZ 105 (1988) 833–850.

wird nicht einfacher dadurch, daß hinter solchen Transaktionen auch treuhänderische Geschäfte stehen konnten, daß man also die Abrede getroffen hatte, das Land nur im Außenverhältnis gegenüber Dritten zu verkaufen, in der Beziehung zwischen den Parteien aber die Vermögensverhältnisse davon unberührt zu lassen.

Leider bemühte sich Cicero aus gutem Grunde, wie wir vermuten, nicht besonders darum, die Vorgeschichte klar darzustellen. Immerhin erfahren wir, daß die Parteien im Zuge der Verhandlungen zur Vorbereitung des Rechtsstreites vereinbarten, auf besagtem Grundstück eine *deductio quae moribus fit* durchzuführen.[36] Soweit kam es aber nicht, weil Caecina und seine Begleiter in dem Augenblick, als sie besagtes Land betreten wollten, von bewaffneten Leuten des Aebutius vertrieben wurden. Caecina erwirkte darauf ein Interdikt des Prätors, und zwar nicht das für ihn günstigere *unde vi*,[37] sondern das *interdictum de vi armata*. Das scheint zunächst griffiger zu sein, wies aber den Richtern, in diesem Fall den Rekuperatoren,[38] einen anderen, engeren Beurteilungsspielraum zu, der ganz auf die Frage der Anwendung von *vis armata* zugeschnitten war und nicht auf die Klärung der Besitzverhältnisse zielte.[39] Da die Frage des fehlerhaften Besitzes nicht im *decretum* erschien, konnte sie auch nicht Teil der Strafversprechen sein, über die die Richter zu befinden hatten, vor denen Cicero als Redner auftrat.

Das Problem, das die Forschung mit dieser Rede hatte, bestand darin, daß hier wie in der Parallele bei ›Pro Tullio‹ die *vis ex conventu* vor dem Erteilen des Dekrets ins Auge gefaßt worden war. Doch

[36] Gegen die Deutung als bloßes überliefertes Ritual bei Frier (Anm. 36) 78 ff. sind die gewichtigen Einwände von Horak (Anm. 36) 836 ff. zu beachten.

[37] Vgl. dazu S. D. Mühlhölzl, Cicero ‚pro Caecina', Diss. München 1992, 47 f. Die Formel des *interdictum unde vi* lautete für die Zeit Ciceros nach Lenel, EP, 462: *Unde tu aut familia tua aut procurator tuus illum aut familiam aut procuratorem illius in hoc anno vi deiecisti, cum ille possideret, quod nec vi nec clam nec precario a te possideret, eo restituas.*

[38] Zuständig waren hier wie bei einer Gruppe von anderen Klagen von ausgeprägtem öffentlichem Interesse die *recuperatores*, die nach teilweise schneidigeren Verfahrensregeln vorgehen konnten, vgl. B. Schmidlin, Das Rekuperatorenverfahren. Eine Studie zum römischen Prozeß, Freiburg (Schweiz) 1963.

[39] Formel für die Zeit Ciceros nach Lenel, EP, 467: *Unde tu aut familia tua aut procurator tuus illum vi hominibus coactis deiecisti, eo restituas.* Frier (Anm. 36) 171 ff. übersieht die Möglichkeit, daß Caecina bei seinen Bemühungen, die von ihm gewünschte Formel zu erhalten, gescheitert sein konnte.

verbieten weder der Formelwortlaut noch die Bemerkungen bei Gaius 4,170 ein Vorgehen, diese *vis ex conventu* nicht bereits vor Erlaß des Dekrets auszuüben, damit die Doppelseitigkeit des Verfahrens gewahrt blieb. In beiden Fällen wurde die Absicht, das *interdictum uti possidetis* zu erwirken und den Streit in diesem Rahmen in Rom fortzusetzen, dadurch durchkreuzt, daß der Gegner mit bewaffneten Leuten die symbolische Gewalthandlung verhinderte.[40] Die Reaktionen der Gegner zeigen, mit wieviel Brachialgewalt noch gekämpft wurde; Caecina hatte gut daran getan, sich nicht auf diese handgreifliche Auseinandersetzung einzulassen und statt dessen seine Haut zu retten. Der offenbar wagemutigere Tullius hingegen hatte mehrere Tote unter seinen Sklaven zu beklagen.

Es lassen sich an diesen Fällen auch die Grenzen abtasten, welche einem solchen Vorverfahren gesetzt waren, wenn der Gegner sich der vorprozessualen Interaktion, welche die flexible Handhabung von Interdikten wie dem *interdictum uti possidetis* ermöglichte, entzog. Caecina nämlich mußte nun mit dem *interdictum de vi armata* vorzugehen versuchen, hatte damit aber eine schlechtere Ausgangsposition, denn wie spätere Juristen schreiben, hätte Aebutius nur dann den Caecina im Sinne des *deicere* vertrieben gehabt, wenn festgestanden hätte, daß Caecina Eigentümer des Grundstückes war, doch genau dieser Punkt hätte ja über den Weg des Interdikts und einer eventuell sich daran anschließenden *rei vindicatio* erst geklärt werden müssen[41]! Auch in der Rede ›Pro Tullio‹ ging es aus ähnlichem Grunde nicht um die Frage des Eigentums, sondern um die unter dem Praetor M. Licinius Lucullus 76 v. Chr. eingeführte *actio de vi hominibus armatis*,[42] eine auf das Vierfache des Sachwertes lautende Bußklage wegen der Tötung der Sklaven.

In diesen beiden Verfahren war der Kläger jedesmal in seinem Vorhaben gescheitert, auf dem friedlichen Wege über ein Besitzinterdikt[43] die bestehende Rechtslage einstweilig zu schützen und die Chance zu nutzen, sich mit Hilfe des sich daran anschließenden Nachverfahrens die prozessual vorteilhaftere Rolle des Besitzers im Hinblick auf die

[40] Cic. Tull. 20.

[41] Ulp. (69 ed.) D. 43.16.3.8; Marcellus (19 dig.) D. 43.16.12.

[42] Formel für die Zeit Ciceros nach Lenel, EP, 394f. (zur Rekonstruktion 391ff.): *Quantae pecuniae paret dolo malo familiae P. Fabii vi hominibus armatis coactisve damnum datum esse M. Tullio, tantae pecuniae dumtaxat HS ... quadruplum aut noxae dedere recuperatores P. Fabium M. Tullio c. s. n. p. a.*

[43] In ›Pro Caecina‹ das *interdictum uti possidetis*; in ›Pro Tullio‹ das um eine Klausel, die den Tatbestand des *vi deicere* umschrieb, erweiterte *interdictum unde vi.*

Eigentumsklage zuweisen zu lassen. Besonders die Rede ›Pro Caecina‹ wird nun ein Lehrstück dafür, wie der Redner versucht, den Tatbestand des ursprünglich intendierten Interdikts *uti possidetis* in die Nähe des schließlich erwirkten Interdikts *interdictum de vi armata* zu rücken, um auf diese Weise die Richter doch noch für die seinem Klienten günstigere Rechtsauffassung zu gewinnen oder, besser gesagt, sie dazu zu verführen.

Wenn wir Parallelen für eine symbolische Gewaltanwendung des Klägers vor Erlaß des *decretum* suchen, so finden wir ein Beispiel im Nachbarrecht. Hier durfte nämlich der Grundeigentümer denjenigen, der unberechtigterweise auf seinem Grundstück Anlagen errichtete, mit brachialer Gewalt von seinem Vorhaben abhalten und die Beseitigung der Anlagen verlangen. Statt dieses – stets möglichen – Aktes zupackender Selbsthilfe reichte auch eine lediglich symbolische Handlung aus, nämlich ein Steinwurf *(iactus lapilli)*. Baute der andere trotzdem weiter, konnte der Grundeigentümer mit dem gleichen Ziel das *interdictum quod vi aut clam* erwirken.[44]

Wie wichtig solche Maßnahmen für die Vorbereitung der Parteirollen im Prozeß waren, illustrieren die Ausführungen Ulpians zu einem anderen Rechtsbehelf, mit der sich ein Grundeigentümer gegen eine sein Eigentum beeinträchtigende Bauführung wenden konnte, der *operis novi nuntiatio*. Hier genügte es, daß er den baulustigen Nachbarn – ohne dafür die Hilfe des Magistraten in Anspruch nehmen zu müssen – formlos abmahnte. Baute der Nachbar trotzdem weiter, konnte der Nuntiant mit einem speziellen Interdikt auf Beseitigung des Bauwerks dringen. Die rechtlich vorgesehenen Gegenmaßnahmen des baulustigen Nachbarn brauchen wir hier nicht zu untersuchen,[45] denn am verführerisch einfachen Gang des Verfahrens ändert dies nichts. Dennoch rät der Jurist Ulpian davon ab und gibt dem zuerst geschilderten Weg zur Erwirkung des Interdikts *quod vi aut clam* den Vorzug, sei es, daß das Verfahren direkt beim Magistraten, sei es, daß es durch den Steinwurf *(ictus lapilli)* eingeleitet werde. Seine Begründung leuchtet jedem Juristen ein: Mit der *operis novi nuntiatio* wird der baulustige Nachbar als Besitzer behandelt, was zu einer denkbar ungünstigen Rollenverteilung im Prozeß führt.[46]

[44] Ulp. (71 ed.) D. 43.24.1.6.

[45] Vgl. die Darstellung von F. J. Bruna, Lex Rubria, Leiden 1972, 45 ff.; M. David, Études sur l'interdit quod vi aut clam, Paris 1947, 17–92.

[46] Ulp. (52 ed.) D. 39.1.5.10; dazu G. Wesener, Offensive Selbsthilfe im klassischen römischen Recht, FS A. Steinwenter, Graz–Köln 1958, 100–120,

Bei diesem Blick auf die Interdikte sind wir also auf die Bedeutung der Vorbereitung der Rollen im Prozeß gestoßen. Das ist ein Aspekt, der auch für die spätere, moderne Entwicklung wichtig werden wird. Das diffizile Spiel, das hier – kaum anders als im modernen Prozeß mit dem faszinierenden Instrumentarium des einstweiligen Rechtsschutzes – gespielt wird, steht am Anfang dessen, was man als eine am Prozeß orientierte Perspektive aktionenrechtlichen Denkens bezeichnen kann. Leider hat es die für den Rechtshistoriker unangenehme Folge, daß im Rückblick oft nicht mehr auszumachen ist, warum bestimmte Strategien eingeschlagen oder bevorzugt worden waren, denn die Ebene der Fakten, auf die sich der beratende Jurist stützte, ist uns meist nicht mehr zugänglich. Das gilt selbst für Prozesse, die sich – wie die Rede ›Pro Caecina‹ – scheinbar im Licht der Öffentlichkeit präsentierten, wo aber der Redner, auf den wir uns stützen müssen, schon aus prozeßtaktischen Gründen mehr zu verbergen als aufzudecken suchte. Soweit wir Äußerungen der knapper formulierenden Juristen besitzen, haben wir das Vorgehen zu registrieren, ohne unser Urteil an deren Stelle setzen zu wollen.

Anlaß für unseren Exkurs waren das Gewaltverbot des Prätors, das er in seinen Interdikten aussprach, und der erstaunliche Spielraum, der selbst hier der Selbsthilfe und Eigenmacht zugestanden wurde. Er ruft uns ins Bewußtsein, daß wir uns beim Blick auf die römische Gesellschaft nicht allzusehr durch die lange Reihe der Vorkehren beeindrucken lassen dürfen, die die Gewalt einzelner oder bewaffneter Gruppen einzudämmen trachteten. Diese gesetzgeberischen Maßnahmen,[47] die zum größten Teil in eine Geschichte der staatlichen Strukturen gehören, zeigen teilweise gerade durch ihre Häufigkeit, daß um die Beschränkung gerungen wurde, und ein prüfender Blick bringt

117, der hier den *ictus lapilli*, dem wir an anderen Stellen als *iactus lapilli* begegnen, im Anschluß an andere als späteren Zusatz betrachtet. Den modernen Juristen war offenbar der Archaismus der ritualisierten Selbsthilfe unheimlich; an deren Stelle beließen sie es bei der Anwendung von Brachialgewalt als notwendiger Voraussetzung für die Anwendung des Interdikts. Doch bleibt festzuhalten, daß *ictus* oder *iactus lapilli* in späteren Quellen überhaupt nicht mehr auftaucht. Selbst wenn er an dieser Stelle ein Glossem wäre, so müßte er von anderen Stellen, die vom *interdictum quod vi aut clam* handeln, hierher übertragen worden sein (v. a. Ulp. [71 ed.] D. 43.24.1.6; Paul. [13 Sab.] eod. 20.1), was wiederum seine Existenz belegen würde; vgl. ferner ebenfalls im Zusammenhang mit der Rollenverteilung im Prozeß Ulp. (17 ed.) D. 8.5.6.1.

[47] Vgl. Lintott (Anm. 18) 125 ff.

daher schnell jene großen Bereiche an den Tag, in welchen sich die tägliche Gewalt auch in struktureller Form entfalten konnte. Wir möchten das anhand der genuin im Zivilrecht angesiedelten Maßnahmen erläutern, die die eigenmächtige Vollstreckung gegen den Schuldner zu begrenzen suchten.

### 3. Eigenmacht und Vollstreckung

Da die Juristen seit der Rezeptionszeit die römischen Rechtsquellen unter dem Blickwinkel ihrer Applikation betrachtet haben, verwundert es nicht, daß wir bei der Frage der zulässigen Eigenmacht bei Vollstreckungshandlungen, nicht anders als bei der Gewaltanwendung im Rahmen der Interdikte, die Quellen aus der Perspektive eines entwickelten Rechts betrachten, dem es schließlich gelungen ist, die private Eigenmacht bereits weitgehend zurückzudrängen. Für das Vorgehen bei der Vollstreckung in Vermögenswerte des Schuldners in Rom haben wir eine berühmte Konstitution aus der Regierungszeit Mark Aurels, das *decretum divi Marci*, welches die offensive Selbsthilfe erheblich eingeschränkt hatte. Da die Situation und die Argumentation, mit der sich der Kaiser im Kreise seines *consilium* auseinanderzusetzen hatte, anschaulich geschildert sind, geben wir hier den vollständigen Wortlaut wieder:

Call. (5 cogn.) D. 48.7.7 *Creditores si adversus debitores suos agant, per iudicem id, quod deberi sibi putant, reposcere debent: alioquin si in rem debitoris sui intraverint id nullo concedente, divus Marcus decrevit ius crediti eos non habere. Verba decreti haec sunt. „Optimum est, ut, si quas putas te habere petitiones, actionibus experiaris: interim ille in possessione debet morari, tu petitor es.“ et cum Marcianus diceret: „vim nullam feci“: Caesar dixit: „tu vim putas esse solum, si homines vulnerentur? vis est et tunc, quotiens quis id, quod deberi sibi putat, non per iudicem reposcit. non puto autem nec verecundiae nec dignitati nec pietati tuae convenire quicquam non iure facere. Quisquis igitur probatus mihi fuerit rem ullam debitoris non ab ipso sibi traditam sine ullo iudice temere possidere, eumque sibi ius in eam rem dixisse, ius crediti non habebit.“*[48]

„Wenn Gläubiger gegen ihre Schuldner vorgehen wollen, sollen sie die Schuld, die sie behaupten, durch den Richter einfordern: Für den Fall aber, daß sie

[48] Die Parallelüberlieferung in D. 4.2.13, deren Text weitgehende Kürzungen erfahren hat und eine erweiternde Adaptation auf den späteren Rechtszustand enthält, können wir hier außer acht lassen, vgl. die Nachweise zur Textkritik bei Bürge, SZ 97 (1980) 108f. Anm. 16.

eigenmächtig und ohne dessen Erlaubnis auf Sachen des Schuldners zugegriffen haben sollten, entschied der Kaiser Mark Aurel, daß die Gläubiger kein Forderungsrecht mehr haben würden. Das ist der Worlaut des Dekrets: 'Das beste ist, daß du, wenn du irgendwelche Ansprüche zu haben glaubst, sie mittels Klagen durchzusetzen suchst. In der Zwischenzeit soll der Schuldner im (ungestörten) Besitz verbleiben, während du der Kläger bist.' Als darauf Marcian sagte: 'Ich habe aber gar keine Gewalt angewendet', erwiderte der Kaiser: 'Du glaubst wohl, daß Gewalt nur dann vorliegt, wenn Menschen verletzt werden? Gewalt liegt jedoch stets dann vor, wenn jemand die von ihm behauptete Schuld nicht durch den Richter einfordert. Ich glaube aber, daß es weder deiner Lebensart, Würde und Gesinnung entspricht, wider das Recht vorzugehen. Wer mir auch immer überführt wird, Eigentum des Schuldners, ohne daß es ein Richter gestattet oder der Schuldner übergeben hätte, eigenmächtig zu besitzen und so selbst Recht in dieser Sache gesprochen zu haben, der hat sein Forderungsrecht verloren.'"

Der Text stammt aus der Kommentierung der *lex Iulia de vi privata*[49] durch den Juristen Callistratus, der im Übergang zum dritten Jahrhundert lebte und dessen Schriften ein starkes Interesse an Fragen im Zusammenhang mit der staatlichen Aufgabensetzung erkennen lassen.[50] Er verrät mit dem Einwand des Klägers die lebhafte Diktion des Protokolls, in welchem solche *decreta* überliefert sind.[51]

Die eigenmächtige Beschlagnahmung von Vermögensgegenständen im Hause des Schuldners durch die Drohung mit Brachialgewalt, die Mark Aurel verurteilt und mit dem Verlust der Forderung sanktionierte, war eine Neuerung. Früher war sie zulässig gewesen. In welchem Ausmaß dies der Fall war, lehrt eine Stelle aus Seneca ›De beneficiis‹ 6,4,4 f.:

*sic debitori suo creditor saepe damnatur, ubi plus ex alia causa abstulit, quam ex crediti petit. Non tantum inter creditorem et petitorem iudex sedet, qui dicat: „Pecuniam credidisti. Quid ergo est? Pecus abegisti, servum eius occidisti, argentum, quod non emeras, possides; aestimatione facta, debitor discede, qui creditor veneras.“*

„So wird oft der Gläubiger zu Leistungen an seinen Schuldner verurteilt, wenn er aus einem anderen Grund mehr weggenommen hat, als er aus dem Darlehen fordert. Nicht nur zwischen dem Gläubiger und dem Schuldner sitzt ein Richter, der sagt: 'Du hast Geld geliehen. Was also jetzt? Du hast Vieh weggetrie-

[49] Vgl. dazu Mayer-Maly, RE 9 A, 332 ff. (s. v. *vis*).

[50] Vgl. D. Liebs, HLL 4 (1997) § 430.1.

[51] Zum Charakter dieser mündlich verkündeten und dabei protokollierten Entscheidungen des Kaisers vgl. W. Turpin, Apokrimata, Decreta, and the Roman Legal Procedure, BASP 18 (1981) 145–160 sowie L. Wenger, Die Quellen des römischen Rechts, Wien 1953, 427.

ben, seinen Sklaven hast du getötet und hast Silber in deinem Besitz, das du nicht gekauft hast. Geh nun, da ich die Schätzung vorgenommen habe, als Schuldner weg, der du als Gläubiger gekommen bist.'"

Das Tadelnswerte an der Haltung des Gläubigers, der es nicht bei der bloßen Drohung bewenden ließ, sondern zur Befriedigung für eine Darlehensforderung Silbergeschirr mitgenommen, Vieh weggetrieben und dabei sogar einen Sklaven seines Schuldners getötet hatte, war nicht so sehr die Eigenmacht, sondern der Umstand, daß er sich für einen höheren Betrag schadlos zu halten versucht hatte, als die Darlehensschuld betrug. Der Richter, der über die Darlehensforderung zu befinden hatte, berücksichtigte diese durchaus, doch ebenso auch die Forderung des betroffenen Schuldners, deren Rechtsgrund – *alia causa* – natürlich in der deliktischen Handlung des Gläubigers liegt, so daß in der Pointe der frühere Gläubiger als Schuldner dasteht.[52] Die Eigenmacht als solche bleibt also ohne Sanktion. Selbst nach dem *decretum divi Marci* waren neben den bereits oben angeführten Fallgruppen erlaubter Eigenmacht noch stets die eigenmächtige Eintreibung von Geldforderungen sowie die eigenmächtige Pfandnahme aufgrund eines vertraglichen Pfandrechtes zulässig. Letztere wurde aber oft rechtlich in der Form eingebunden, daß ein Faustpfand vereinbart wurde, der Gläubiger jedoch die Pfandsache dem Schuldner als *precarium* überließ und somit jederzeit darauf zugreifen konnte.[53]

Nur weil die folgende Stelle von Justinians Juristen in einen anderen mehr oder weniger passenden Zusammenhang eingefügt worden ist, blieb sie uns als Zeugnis für eine eigenmächtige Vollstreckungshandlung erhalten. Da Paulus sie von Alfenus Varus, einem Schüler

[52] Wie wir uns das prozessuale Vorgehen genau vorzustellen haben, wird bei Seneca nicht so recht klar. Eine einleuchtende Deutung liegt wohl darin, daß der geschädigte Darlehensschuldner aus der *lex Aquilia* geklagt und der beklagte Darlehensgläubiger seine Forderung als *exceptio* in die Formel eingebracht hatte. Das fügt sich prozessual zur Episode, die dieser Stelle vorangeht. Hier kann der Pächter eines Landgutes den bestehenden Vertrag verlassen, ohne den noch ausstehenden Pachtzins bezahlen zu müssen, weil der Verpächter ihm gewaltsam Schaden zugefügt hat, der in der Klage *ex locato* berücksichtigt würde. Meist finden wir sonst den umgekehrten Fall, die Vertreibung des Pächters *(expellere, repellere)* als Ersatz für die dogmatisch noch nicht herausgebildete Kündigung mit der Befriedigung des Verpächters aus dem vom Pächter eingebrachten und ihm verpfändeten Inventar.

[53] Vgl. Iul. (44 dig.) D. 13.7.29; dazu auch S. Tondo, „Pignus" e „precarium", Labeo 5 (1959) 157–210.

des mit Cicero eng befreundeten Servius Sulpicius Rufus, exzerpiert hat, knüpft sie an die gesellschaftlichen und wirtschaftlichen Zustände der späten Republik an:

Paul. (5 epit. Alf. Var.) D. 13.7.30 *Qui ratiario crediderat, cum ad diem pecunia non solveretur, ratem in flumine sua auctoritate detinuit: postea flumen crevit et ratem abstulit. Si invito ratiario retinuisset, eius periculo ratem fuisse respondit: sed si debitor sua voluntate concessisset, ut retineret, culpam dumtaxat ei praestandam, non vim maiorem.*
„Der Darlehensgläubiger eines Flößers hielt, als ihm das Geld zum vereinbarten Termin nicht zurückbezahlt wurde, das Floß im Fluß eigenmächtig in Beschlag. Darauf schwoll der Fluß an und riß das Floß mit sich. Wenn er es gegen den Willen des Flößers zurückbehalten hatte, so habe er die Gefahr für das Floß übernommen, antwortete Alfenus in seinem Gutachten: Aber wenn der Schuldner aus eigenem Willen (das Floß) zurückbehalten ließ, muß der Gläubiger ihm nur für Verschulden einstehen, jedoch nicht für höhere Gewalt."

Bei dieser Situation, daß der Flößer seine Verpflichtungen aus dem Darlehensvertrag zum festgesetzten Zeitpunkt nicht erfüllen konnte und der Gläubiger deswegen das Floß beschlagnahmt hatte, das bald darauf ein Hochwasser forttrug, stellte sich die Frage, wer die Gefahr für den zufälligen Untergang tragen muß. Alfenus Varus differenziert danach, ob der Gläubiger gegen den Willen des Schuldners, also eigenmächtig gehandelt hatte, oder ob der Schuldner mit diesem Vorgehen einverstanden war. Im ersten Fall soll der Gläubiger auch die Gefahr tragen, während er im zweiten Fall nur für Verschulden haftet.

Die eigenmächtige Exekution in das Vermögen des Schuldners war also mit einem gewissen Risiko verbunden, grundsätzlich aber zulässig. Wog man die Risiken gegeneinander ab, so mochte die Gefahr eines Hochwassers fernliegender sein als die realistische Aussicht, daß sich angesichts der Zahlungsunfähigkeit des Schuldners bald die übrigen Gläubiger mit der gleichen Selbstverständlichkeit eigenmächtig bedienen würden. In diesem Zusammenhang, mit Blick auf das Vollstreckungsverfahren, brauchten die römischen Juristen die Formel *ius civile vigilantibus scriptum est*: das Zivilrecht ist für die geschrieben, die da wachen – und ihren Vorteil wahrnehmen, wenn die anderen Gläubiger noch nichts Böses ahnen.[54]

[54] Scaev. (l. sing. qu. pub. tract.) D. 42.8.24; vgl. auch Iul.-Ulp. (66 ed.) D. 42.8.6.7; Ulp. (29 ed.) D. 15.1.21 pr., und noch Justinian bezeichnet C. (a. 531) 7.40.2 pr. mit *vigilantes* jene, die ihre Rechte wahrzunehmen wissen, bindet jedoch diese Vorstellung in ein durchnormiertes Verfahren ein.

Mit diesen Stellen haben wir die Zwangsvollstreckung angeschnitten, die zu einem schwierigen und zudem schlecht erforschten Gebiet des römischen Rechts gehört. Einige der Hürden für unser Verständnis sind die Eigenarten, die wir in diesem Kapitel skizziert haben und auf die wir immer wieder stoßen: Die rechtlichen Regelungen bilden zunächst nur ein rudimentäres Gerüst. Zur Durchsetzung der ihm gewährten Rechtsposition muß der Gläubiger aber in vielfacher Weise auf Selbsthilfe bauen oder wenigstens in der Lage sein, im Ablauf des Konkursverfahrens eigene Leute einzusetzen. Zudem schwebt über dem Ganzen stets das Damoklesschwert der Personalexekution, die immerhin noch Seneca als einen normalen Vorgang behandelt.[55] Unter diesem Aspekt beginnen wir auch zu verstehen, daß es für einen Römer lebensnotwendig war, sich an Persönlichkeiten anzuschließen, welche über Mittel für eine Exekution geboten und bereit waren, diese mit allen Konsequenzen einzusetzen, aber auch umgekehrt mit ihrem Vermögen helfen konnten, wenn ihren Leuten die Personalexekution drohte. In solchen Verfahren wird – jenseits von allen alten Klientelverhältnissen – ein Netz gesellschaftlicher Bindungen sichtbar, ohne das niemandem eine vernünftige wirtschaftliche Betätigung möglich war. In Einrichtungen wie beispielsweise der von den Römern im weitesten Sinn verstandenen *familia* finden wir die gesellschaftlichen Organisationsformen auch für all jene Funktionen, die heute in den Rahmen eines staatlich geordneten Vollstreckungsverfahrens eingebettet sind. Erst allmählich wurde in den Schritten, die wir öfters beobachten konnten, das Verfahren fortgebildet, indem die Eigenmacht nicht nur toleriert und legalisiert, sondern in ihrer Ausübung zunehmend normativ durchdrungen wurde.

[55] Sen. benef. 3,8,2; vgl. auch Sext. Caecilius (Africanus) bei Gellius 20,1,51 *Addici namque nunc et vinciri multos videmus, quia vinculorum poenam deterrimi homines contemnunt.* Die Schuldknechtschaft in der Form der *addictio* dürfte während Jahrhunderten die normale Form der Zwangsvollstreckung gegenüber einfachen Leuten gewesen sein, vgl. zu dieser Frage die – als Ausgangspunkt noch stets grundlegende – Arbeit von F. v. Woess, Personalexekution und cessio bonorum im römischen Reichsrecht, SZ 43 (1922) 485–529, 488 ff. und die Bemerkungen von M. I. Finley, Die Sklaverei in der Antike, München 1981, 175. Zum Verfahren vgl. Kaser/Hackl, RZ, 387 f.

# Viertes Kapitel

# ENTWICKLUNG, STRUKTUR UND STRUKTURWANDEL DES PROZESSES

## 1. Die Zwölf Tafeln als Grundgesetz

Der Ausdruck Grundgesetz, den wir hier für die 451/50 v. Chr. erlassenen Zwölf Tafeln brauchen,[1] mag den deutschen Leser zum Nachdenken darüber anregen, warum die Väter des Bonner Grundgesetzes diesen Ausdruck wählten, und der Kenner der österreichischen Rechtskultur wird sich an Kelsen und seine Grundnorm im Stufenbau der Rechtsordnung erinnert fühlen. Wir wollen damit jedoch ein anderes Modell in den Blick bekommen, nämlich die Vorstellung einer Grundlage für die künftige Rechtsentwicklung, und weisen auf eine ganze Reihe von rechtlichen Dokumenten hin, die im Laufe der Geschichte eine Rolle als verfassungsrechtliche Fundamentaltexte zu spielen begannen, jedoch bei näherer Betrachtung nicht das enthalten, was spätere Generationen darin gelesen haben. Dennoch steckt ein Kern des späteren Rechts in ihnen, sei es weil der Text einen entscheidenden Anstoß für eine bestimmte Entwicklung belegt, sei es weil spätere Zeiten ihre Ideen darauf zurückprojiziert haben, sei es schließlich weil das Dokument später zur Legitimation rechtlichen Handelns diente. Als Beispiele aus der Neuzeit, die solche Züge mehr oder weniger stark aufweisen, kann man hier die Magna Charta Libertatum von 1215 mit ihrem berühmten Artikel 39, den schweizerischen Bundesbrief von 1291 oder die Déclaration des droits de l'homme et du citoyen von 1789 nennen. In diesem Sinne dürfen wir auch bei den Zwölf Tafeln von einem grundlegenden Text für die späteren Zeiten sprechen.

Der Historiker, der sich mit den Strukturen des römischen Staates beschäftigt, wird die Zwölf Tafeln mit Blick auf den Ständekampf untersuchen;[2] auch andere Erscheinungen, so die Organisation einer

[1] Zu den Zwölf Tafeln vgl. Wieacker, RRG I, 287 ff. und die Lit.-Hinweise o. S. 3 Anm. 4.

[2] Vgl. Wieacker, RRG I, 288 ff. und die ausgezeichneten bibliographischen Betrachtungen bei M. Bretone, Geschichte des römischen Rechts, München 1992, 390 ff.

frühen Agrargesellschaft, die Bedeutung kultischer Vorschriften und vieles mehr läßt sich anhand dieser Textfragmente erörtern. Dem Zivilrechtler fällt vor allem das Übergewicht der rein verfahrensrechtlichen Normen auf, angefangen von der Ladung bis hin zur Vollstrekkung. Bei den wenigen materiellrechtlichen Vorschriften findet er noch genug Hinweise darauf, daß sie auf das Verfahren, namentlich das Vollstreckungsverfahren hin konzipiert sind. Das gilt für die bindende Kraft von *nexum* oder *mancipium* ebenso wie für die – vor dem Gerichtsmagistraten erfolgte – Abtretung von Rechten, die Keimzelle des in der modernen Wirtschaft so wichtigen Abtretungsrechts, oder für einige strafrechtliche Vorschriften. Dieser verfahrensrechtliche Blickwinkel ist uns mittlerweile vertraut, denn wir haben gesehen, wie sich materiellrechtliche Regeln und Normen aus der antagonistischen Zusammenarbeit der Parteien unter dem Druck der Amtsgewalt des Gerichtsmagistraten entwickeln und den Richter in ein Prozeßprogramm einbinden konnten, das schließlich in einer Entscheidung über das materielle Recht mündete. Es bleibt die Aufgabe, die Grundstrukturen des Prozesses in ihrem Entwicklungsgang noch klarer zu sehen.

Über die genaue Gestalt des Prozesses der Zwölf Tafeln lassen sich wegen der fragmentarischen Überlieferung nur wenige sichere Anhaltspunkte gewinnen, und da unsere Zeugnisse sämtlich literarischen Texten entnommen sind, spielt für die Frage, wie die Auswahl zu erklären ist, stets die Perspektive des späteren Rezipienten eine Rolle. Der Einbildungskraft des Forschers sind also kaum Grenzen gesetzt, doch wollen wir das Vergnügen, sie zu entfalten, dem Leser überlassen, der sich vom Text der Zwölf Tafeln[3] so verführen lassen mag wie einst Cicero[4], und nur auf einige Punkte hinweisen, die als gesichert gelten können. Dazu zählt die Regelung des Verfahrens, begonnen beim strengen Einlassungszwang, der auch schon die alles prägenden

[3] Vgl. den Text von D. Flach, Die Gesetze der frühen römischen Republik. Text und Kommentar, Darmstadt 1994, 109–207; M. H. Crawford (Hrsg.), Roman Statutes, London 1996, Bd. 2, S. 555–721; ferner R. Düll, Das Zwölftafelgesetz, München u. a. [6]1989.

[4] Cic. de orat 1, 193; 195 *fremant omnes licet, dicam quod sentio: bibliothecas me hercule omnium philosophorum unus mihi videtur XII tabularum libellus, si quis legum fontis et capita viderit, et auctoritatis pondere et utilitatis ubertate superare.* Cicero hatte es nach eigenem Bekunden in seiner Jugend im Schulunterricht noch auswendig gelernt, Cic. leg. 2,9 *a parvis enim … didicimus ‚si in ius vocat' atque alia eius modi leges nominare*; 2,59 *discebamus enim pueri XII ut carmen necessarium, quas iam nemo discit.*

Züge erkennen läßt, daß nämlich der Zugriff auf eine Person, insbesondere der vollstreckungsrechtliche Zugriff, geregelt und als erlaubte Eigenmacht von der bloßen Selbsthilfe abgegrenzt wurde. In diesem Sinn können wir davon sprechen, daß das Urteil immer nur die Rechtmäßigkeit des Zugriffs feststellte.[5] Die Zwölf Tafeln setzen offensichtlich bereits eine Teilung im Gang des Verfahrens voraus.[6] Genaugenommen handelte es sich aber um einen dreiteiligen Ablauf, über den der Gerichtsmagistrat – der erst seit den *leges Liciniae Sextiae* von 367 v. Chr. der Prätor sein konnte[7] – die Kontrolle behielt, denn bei ihm begann und bei ihm endete das Verfahren.[8]

Im Einleitungsverfahren *in iure* wurde das Prozeßprogramm festgelegt. Dabei hatte der Magistrat stets die Möglichkeit, das Klagebegehren von vornherein abzulehnen *(denegare)*, was schon dann geschehen konnte, wenn sich der Kläger nicht an den genau vorgeschriebenen Wortformalismus gehalten hatte. Es bot auch die Möglichkeit eines Anerkenntnisses oder eines Vergleichs, eine Form der Konfliktlösung, die in den Zwölf Tafeln ausdrücklich angesprochen wird.[9] Auffallend ist aus unserer Sicht, daß sich die Parteien während der Ausarbeitung des Prozeßprogrammes einander zur Eidesleistung *(sacramentum)* herausforderten und eine bestimmte Strafsumme hinterlegten, die im Falle des Unterliegens in die Staatskasse, das *aerarium*, floß.[10] Der Richter oder die Richter traten noch nicht selbständig auf,

[5] Vgl. eingehend Wieacker, RRG I, 242ff.

[6] Vgl. Kaser/Hackl, RZ, 115ff.

[7] Vgl. J. M. Rainer, Einführung in das römische Staatsrecht. Die Anfänge und die Republik, Darmstadt 1997, 66ff.; zur Entwicklung ausführlich Kunkel/Wittmann II, 293ff.

[8] Gegen eine Projizierung des späteren zweigeteilten Prozesses auf das frühe Legisaktionenverfahren und für die hier dargestellte Form eingehend W. Selb, Vom geschichtlichen Wandel der Aufgabe des *iudex* in der *legis actio*, in: GS W. Kunkel, Frankfurt a. M. 1984, 391–448 mit ausführlichen Nachweisen des Meinungsstandes, sowie Kunkel/Selb 508ff.

[9] XII tab. 1,6–9; im Sinne der hier vertretenen einheitlichen Sichtweise auf den frühen Prozeß spielt die Frage, wann der Schlichtungsversuch erfolgt, keine Rolle. Im anderen Fall stellt sich die Frage, ob diese Sätze sich auf den Verfahrensabschnitt *in iure* oder *apud iudicem* beziehen, und muß zudem erklärt werden, warum *orato* im Singular steht, was hingegen keine Schwierigkeiten bereitet, wenn man sich wie hier im Anschluß an Selb (Anm. 8) den Gerichtsmagistraten als Leiter des Verfahrens vorstellt.

[10] So jedenfalls, wenn man dem gedanklichen Duktus von Varro, ling. 5, 180 folgt: Zunächst geschah das *deponere* der Strafsumme, erst nach dem Urteil

sondern gehörten zum *consilium*, das auch in späteren Zeiten sich jeder römische Magistrat aus ihm nahestehenden Persönlichkeiten zusammenstellte. Dieses einfache Mittel gewährleistete die Rückbindung an die Gesellschaft und wob die Rechtsfindung in den Strang der Tradition ein.

Den umständlichen Vorgang müssen wir hier nicht in den Einzelheiten vorführen. Nur soviel sei erwähnt, daß beim Streit um eine bewegliche Sache, die *in iure* vorlag, beide Parteien die von ihnen beanspruchte Sache mit einem Stab *(vindicta)* berührten und die Formel sprachen *hunc ego hominem ex iure Quiritium meum esse aio; secundum suam causam sicut dixi, ecce tibi vindictam imposui*;[11] der Stab als äußeres Zeichen der Rechtsbehauptung gab dann diesem Verfahren den Namen *vindicatio*. Aus dem noch etwas umständlicheren Ablauf des Streits um ein Grundstück haben wir bereits das *manum conserere*, die symbolisch gewordene handgreifliche Auseinandersetzung kennengelernt. Über die Schwerfälligkeit des Ritus und die Formelhaftigkeit der Worte mochten sich spätere Zeiten mokieren;[12] damals wollten sie mit Ernst gesprochen sein. Wenn der Beklagte, wie es im streitigen Verfahren der Normalfall war, die Klagebehauptung des Klägers bestritt und zum *sacramentum* aufforderte, lag es an den Richtern, darüber zu entscheiden, wessen Eidesleistung *(sacramentum)* rechtmäßig *(iustum)* bzw. unrechtmäßig *(iniustum)* war. Die ältere Lehre sah darin das Urteil; viel für sich hat jedoch die These, daß dieses bloße Gutachten den Magistraten nun legitimierte, die Rechtsfolge auszusprechen und verbindlich anzuordnen.[13]

Da das Gutachten der Richter nur eine indirekte Feststellung traf, wurde die Rechtslage allein in bezug auf die Parteien beurteilt, so daß sich die Rechte, die die Parteien geltend machten, aus heutiger Sicht als relative Rechte darstellten, weil sie eben in der Relation zwischen den beiden Parteien ausformuliert wurden. Hingegen wäre es niemandem in den Sinn gekommen, die als richtig erkannte Rechtsposition absolut, das heißt losgelöst von der Streitsituation zu erfassen, denn das war nicht die Aufgabe der Richter. Dieser Zug wird die späteren Darstellungen des römischen Eigentums stark prägen, was jedoch nicht heißt, daß den Römern solche absoluten Rechtspositionen eines

gelangte diese Summe an das *aerarium*. Von der anschließenden Zahlung spricht Gaius 4,13, vgl. dazu die Lit. bei Kaser/Hackl, RZ, 83.

[11] So überliefert bei Gai. 4,16, vgl. auch Prob. 4,6.

[12] Vgl. Cic. Mur. 25.

[13] Selb (Anm. 8), 401 ff.; Kunkel/Selb 512 ff.

Mein und Dein nicht vertraut gewesen wären.[14] Gleichwohl muß man in diesem Zusammenhang darauf hinweisen, daß die scharfe begriffliche Erfassung des absoluten Eigentums eine Leistung der Rezeptionszeit ist, die allmählich das Eigentum aus der konkreten Prozeßsituation herauslöste. Deshalb tun wir gut daran, römische Vorstellungen vom Eigentum von den späteren romanistischen Konzeptionen sorgfältig zu scheiden.[15]

An den Urteilsspruch des Magistraten konnte sich, wie es die Zwölf Tafeln vorsahen, nach dreißig Tagen ein weiteres Verfahren anschließen, wenn der Schuldner nicht leistete. Dieses Vollstreckungsverfahren der *legis actio per manus iniectionem* verlief wiederum – wie es der Name sagt – prozeßförmig, und in diesem Rahmen gab es noch einmal Gelegenheit, die Rechtmäßigkeit des physischen Zugriffs auf die Person des Schuldners, wenn auch unter einem auf wenige Punkte verengten Blickwinkel, zu überprüfen. Solche Verfahrensschritte sind auch in allen modernen Vollstreckungsrechten schon deshalb notwendig, weil sich in der Zwischenzeit die Rechtslage geändert haben könnte, wenn beispielsweise der Schuldner nun geleistet hat, der Gläubiger aber dennoch an der Vollstreckung festhält. Das Verfahren wurde im Laufe der Zeit zur Beurteilung anderer Ansprüche eingesetzt, die auf einen schnellen vollstreckungsrechtlichen Zugriff hin angelegt waren, denn der enge Rahmen der Prüfungsbefugnis erlaubte es hier, einen im wahren Wortsinn kurzen Prozeß zu führen.[16]

Ein interessanter Schritt wurde mit der Einführung der *legis actio per iudicis arbitrive postulationem* vollzogen, über die wir dank eines in den dreißiger Jahren ans Licht gekommenen Papyrus mehr wissen, da er eine Lücke in der Darstellung des Legisaktionenverfahrens bei Gaius ergänzt. Dieses Verfahren verzichtete nämlich auf ein *sacramentum*, mithin auf ein pönales Element. Die Parteien steuerten hier direkt auf das Prozeßprogramm zu, und statt des mehr gutachtenden Richters verlangte der Kläger vom Prätor die Einsetzung eines Richters, der den Streit zu entscheiden hatte, eines *iudex* oder *arbiter*. Die

[14] Das wird an einer Stelle wie Alf.-Ulp. (16 ed.) D. 6.1.5.3 augenfällig, wo erst in der Begründung für die Wahl der Klage der Hinweis auf die materielle Rechtslage folgt, nämlich den Eigentumserwerb des Beklagten, ebenso Alf.-Ulp. (53 ed.) D. 39.2.9.2; vgl. dann Paul (14 Sab.) D. 41.1.26.1.

[15] Zu dieser romanistischen Konzeption vgl. unten S. 151 ff.

[16] Vgl. M. Kaser, ‚Unmittelbare Vollstreckbarkeit' und Bürgenregreß, SZ 100 (1983) 80–135, 93 ff. mit Darstellung des Standes der Diskussion gegen die sicher zu enge Auffassung von Selb, der von diesem Verfahren die förmlichen Haftungsgeschäfte ausgeschlossen haben wollte.

beiden, oft auch in synonymer Doppelung gebrauchten Ausdrücke bezeichneten verschiedene Aspekte richterlicher Tätigkeit. Der Richter entschied, indem er die einzelnen Fragen, die das Programm stellte, bejahte oder verneinte und auf dieser Grundlage verurteilte oder freisprach. Ein *arbiter* hingegen war immer dann notwendig, wenn die Höhe des Betrages, in welchen der Beklagte zu verurteilen war, noch ermittelt werden mußte.

Mit diesem Verfahren war die Stufe des zweigeteilten Verfahrens erreicht, aus dem sich der Magistrat nach der Einsetzung des Richters zurückzog. Das Prozeßprogramm selbst bot vor allem aus einem Grund wenig Schwierigkeiten, weil in einem der wichtigsten Anwendungsfälle das Prozeßprogramm schon angelegt war. Bei einer *stipulatio* nämlich, also einem an einen bestimmten Formalismus gebundenen Vertrag, den wir noch näher kennenlernen werden,[17] hatten die Parteien bei Vertragsschluß das Pflichtenprogramm für den Vertrag wie für den Prozeß bereits klar festgehalten. Die *stipulatio* war also ein Konditionalprogramm zunächst für die Vertragsdurchführung, das ohne weiteres auch dann eine Beurteilungsgrundlage abgab, wenn der Vertrag notleidend geworden war oder sich sonst Schwierigkeiten bei der Durchführung gezeigt hatten. Der Übergang vom Vertrags- zum Prozeßprogramm war also fließend, da beide jeweils im Hinblick auf die Zukunft entworfen werden mußten.

Trotz solcher Innovationen entsprach dieses alte Verfahren mit der Zeit aus verschiedenen Gründen nicht mehr den Bedürfnissen des Verkehrs. Gaius, der die Entwicklung Jahrhunderte später im Rückblick darstellt, weist einleitend zunächst auf die Starrheit der auf den *leges* aufgebauten Klagen hin und erläutert an einem Beispiel, was er damit meint. Die Zwölf Tafeln stellten den Baumfrevel unter Strafe, was nebenbei bemerkt zu den Grundnormen zählte, die bis in die Neuzeit hinein in einer bäuerlichen Gesellschaft speziell geregelt gehörten. Diese Bestimmung geriet denn auch später bei den römischen Juristen nicht in Vergessenheit,[18] obwohl konkurrierende Normen zur Verfügung standen. Wer nun zur Zeit der *legis actiones* vor umgehauenen Rebstöcken stand und deshalb in der Formel statt des allgemeinen Ausdrucks *arbores succisae* präziser von *vites succisae* sprach, mußte erleben, daß er den Prozeß verlor. Mindestens im späteren Formular-

[17] S. u. S. 115ff.

[18] Besonders eindrücklich ist die Stelle Gai. (10 ed. prov.) D. 19.2.25.4, wo der Pächter dem Verpächter gegenüber auch dafür haftet, daß der Nachbar aus Feindschaft mit ihm Bäume umgehauen hat.

prozeß wäre dies wohl nicht weiter verhängnisvoll gewesen, weil eine solche Prüfung von Prozeßvoraussetzungen in den Abschnitt *in iure* gehörte und nach einer *denegatio actionis* eine erneute Klage möglich war. In einem unter einheitlicher Leitung stehenden Prozeß hingegen konnte schon in diesem Fall ein gleicher Prozeßgegenstand gesehen werden, über den nicht nochmals prozessiert werden durfte.[19]

Meist hat man hinter diesem Beispiel den Vorwurf eines überzogenen Formalismus gesehen. Ob dies aus der Optik des Gaius richtig sein kann, wird man bezweifeln müssen, denn immerhin hielt es auf der Wende zum zweiten Jahrhundert noch Ulpian bei der Behandlung des damals praktizierten Formularprozesses für notwendig, die Subsumtion von Rebstöcken unter Bäume kurz zu behandeln,[20] und die Überlegungen, wie genau die Streitsache zu bezeichnen sei, ob beispielsweise bei der *actio depositi* eines wertvollen Gegenstandes auch das Gewicht angegeben werden müsse – was Ulpian bejahte –, rufen nach anderen Erklärungen, denn jene späteren Lösungen waren, wenn man sie isoliert betrachtet, nicht weniger formalistisch als die des Legisaktionenverfahrens.

Zur Erklärung dürfen wir bei der später geforderten Präzision einsetzen, da sie durchaus mit dem von Gaius geschilderten Fall kontrastiert, denn unter der alten Spruchformel genügte der weite Begriff den Bedürfnissen des Prozesses. Gerichtsmagistrat und Richter sahen sich offensichtlich in der Lage, entsprechend großzügig zu subsumieren. Der Vorwurf ließe sich aus der späteren Sicht daher so fassen, daß früher der Kläger für die von ihm angestrebte Präzision gar bestraft worden sei. Immerhin stellt Gaius im gleichen Zusammenhang den Legisaktionen die Vielfalt und die Flexibilität der in den späteren Edikten des Prätors enthaltenen Klagen gegenüber. Mangelnde Präzi-

[19] In späterer Zeit lebte diese Auffassung in einem kleinen Bereich weiter, doch war eine neue Sachprüfung vor dem Richter möglich, der gegebenenfalls die Einrede der abgeurteilten Sache *(exceptio rei iudicatae)* zu prüfen hatte, vgl. dazu D. Liebs, Die Klagenkonsumption des römischen Rechts, SZ 86 (1969) 169–191. Die Maxime *Bis de eadem re ne sit actio* stammt jedoch aus der griechischen rhetorischen Tradition, die auf Rom wirkte (vgl. Quint. Inst. 7,6,4), jedoch die wirkliche Rechtslage unzutreffend wiedergibt, vgl. D. Liebs, Die Herkunft der „Regel" bis de eadem re ne sit actio, SZ 84 (1967) 104–132. Wie es oft bei solchen Maximen der Fall ist, wurde sie erst in der Rezeptionszeit verkürzt zum heute populären *ne bis in idem*. Vgl. dazu und zu der damit verbundenen Klagenkonsumtion die Übersicht über die reiche Lit. bei Kaser/Hackl, RZ, 80 Anm. 60.

[20] Ulp. (71 ed.) D. 43.27.1.3.

sion finden wir noch an anderen Stellen im Legisaktionenverfahren: So war dem Rechtsbegehren der beiden Parteien nicht zu entnehmen, wer im Prätendentenstreit, beispielsweise bei der Behauptung eines Zugriffsrechtes auf die strittige Sache, Kläger und Beklagter war.[21] Dennoch darf aus dieser unpräzisen Strukturierung des Prozesses nicht der Schluß gezogen werden, die Römer hätten früher nicht gewußt, wer Kläger und Beklagter sei. Einmal ganz abgesehen von der praktischen Frage, wie denn im Leben ein Verfahren überhaupt in Gang kommt, weist das Zeugnis von Terenz aus der Mitte des zweiten Jahrhunderts, der im Prolog seiner Komödie *Eunuchus* die dramaturgischen Probleme bei der Darstellung einer *vindicatio* auf der Bühne erläutert,[22] auf eine verwurzelte Tradition hin.

Aber auch wenn die Dramaturgie es also erlaubte, Kläger und Beklagte zu unterscheiden, fehlte es gleichwohl im ganzen an einer tieferen Durchstrukturierung des Prozesses, die auch die Position der Parteien und die damit verbundenen rechtlichen Konsequenzen nicht zuletzt im Hinblick auf die beweisrechtlichen Fragen in das Prozeßprogramm einzubringen erlaubt hätte.[23] Die mangelnde rechtliche Schärfe der Formel barg daher die Gefahr in sich, das ganze Verfahren in ein unkonturiertes Palaver über alles und jedes münden zu lassen. Das erleben wir deutlich und drastisch bei jenen spektakulären Klagen vor dem Zentumviralgericht, die eine ungerechtfertigte Enterbung zum Gegenstand hatten *(querela inofficiosi testamenti)*. Noch im Prinzipat wurde hier mit der *legis actio in personam* prozessiert,[24] was letztlich die in manchem unsicheren Konturen dieses Rechtsbehelfs erklären mag.

Es lohnt sich, die Argumentation bei Gaius noch genauer zu betrachten. Der Vorwurf des überspitzten Wortformalismus folgt bei

[21] Vgl. J. G. Wolf, Zur legis actio sacramento in rem, in: Symposion F. Wieacker, Ebelsbach 1985, 1–39, 26f., 31f.; Kaser/Hackl, RZ, 96 mit Anm. 47.

[22] Ter. Eun. 9ff. in der Polemik mit seinem Widersacher Luscius Lanuvinus.

[23] Hier sehen wir auch den Unterschied zu den späteren Fällen der Erbteilung und den Teilungsklagen überhaupt, wo nur das pragmatische Abstellen auf das Moment, wer die Initiative ergriffen hatte, die Rollenverteilung erlaubte, vgl. Gai. (7 ed. prov.) D. 5.1.13 = D. 10.3.2.1; Ulp. (2 disp.) D. 5.1.14.

[24] Eine eindrückliche Darstellung der Möglichkeiten rhetorischen Wirkens in solchen Verfahren bietet Plin. epist. 6, 33; vgl. zu den damit verbundenen rechtlichen Fragen J. W. Tellegen, The Roman Law of Succession in the Letters of Pliny the Younger, Zutphen 1982, S. 108–118. Zur *querela* vgl. im übrigen Kaser, RP I, 709ff. und Kunkel/Honsell 465ff.

ihm erst nach der Darstellung des Legisaktionenverfahrens und ohne ersichtlichen Bezug zum Fall des Baumfrevels. Nun hat man zu Recht bemerkt, daß der zu seiner Zeit praktizierte Formularprozeß später von der kaiserlichen Konstitution, die sein allmähliches Absterben besiegelte, mit demselben Verdikt belegt wurde, das Gaius über das frühere Verfahren ausspricht.[25] Diese Bemerkungen zeigen uns die Ambivalenz von Form im Recht, denn jede Rechtsordnung ist in gewissem Maße auf Formen und Formstrenge angewiesen, was ganz besonders für den Prozeß gilt.

Das Problem ist also nicht die Form, sondern die Funktion, die die Form zu erfüllen hat. Erst wenn die Form die tatsächlichen Verhältnisse nicht mehr reflektiert, wird sie als lästig, ja lebensfeindlich empfunden und kritisiert, was meist eine rhetorisch äußerst dankbare Aufgabe ist, weil die Beispiele für sich zu sprechen scheinen. Dennoch trifft es nicht zu, was oft behauptet wird, daß die Rechtsentwicklung generell dazu tendiere, starre Formen allmählich durch eine nur auf den Inhalt bezogene Rechtskultur abzulösen. Dieses häufig skizzierte Schema wurde im 18. und 19. Jahrhundert im Zuge rechtspolitischer Bestrebungen als wichtiges Argument gegen bestimmte Formen verwendet, die beispielsweise im Handel oder im Prozeß nicht mehr als zeitgemäß empfunden wurden. Wenn wir aber genauer hinschauen, hat der moderne Handel zur selben Zeit, als bestimmte Formzwänge gelockert wurden, auch Formen entwickelt, die an Strenge nichts zu wünschen übrig lassen, denken wir nur an den Wechsel oder das Dokumentenakkreditiv. Wer sich hier seiner Rechte sicher sein will, tut gut daran, auf die Form zu achten! Ähnliches ließe sich zum Prozeßrecht sagen. Die Frage stellt sich also anders. Es geht nämlich darum, welche Form welche Zeit aus welchen Gründen für angemessen hält. Die Antwort sieht anders aus für eine Rechtsordnung, die alles daransetzen muß, mit bindenden Riten Selbsthilfe zu beschränken und die Parteien in den Friedenskreis eines Gerichtes zu ziehen, als für ein sich entwickelndes Verkehrsrecht, das sich dieser Errungenschaft schon sicher sein darf.

Mit dem Stichwort Präzision sind wir bereits auf ein wichtiges Kennzeichen des Formularprozesses gestoßen, der sich allmählich und über einen langen Zeitraum neben dem Legisaktionenverfahren entwickelte. Er war das Gegenbild, das Gaius 4,11 bei der Schilderung der Nachteile des Legisaktionenverfahrens vor Augen hatte und ihn staunen ließ, daß diese als geltendes Recht erlebte Sachnähe im Fall

[25] C. 2.57.1 (a. 342); dazu Selb (Anm. 8) 397.

des Rebfrevels im früheren Prozeß nicht gegeben war. Er stand in der späten Republik und unter dem Prinzipat in Blüte, und unsere Juristenschriften setzen ihn als das normale Gerichtsverfahren voraus. Ihm müssen wir uns nun zuwenden.

## 2. Charakteristische Züge des Formularprozesses

Es gibt verschiedene Ansatzpunkte für eine solche Entwicklung eines freieren Verfahrens. Einmal mußte der *praetor peregrinus*, der für die Rechtsprechung unter Fremden und für Geschäfte zwischen Fremden und Römern zuständig war, für einen Standard sorgen, der diesen Fällen angemessen war. Zum anderen mochten die Erfahrungen mit solchen Prozessen Entwicklungen gefördert haben, die es erlaubten, für Fallgestaltungen im Verkehrsrecht, die zwar in den alten *leges* vorkamen, in dieser modernen Ausprägung jedoch noch unbekannt waren, nach einer adäquaten Bewältigung zu suchen, die den später als *bonae fidei iudicia* erfaßten Verfahren Bahn brach. Prozeßthema waren hier die Pflichten, wie sie sich aufgrund der Treubeziehung ergaben.

Wie solche Prozeßprogramme entworfen werden konnten, erfahren wir aus Zeugnissen um Gebietsstreitigkeiten von Städten, bei denen die Römer aufgerufen waren, Richter einzusetzen und zu instruieren.[26] Die allmähliche Verselbständigung des ursprünglich nur als beratendes Organ tätigen *consilium* zur Rolle des Richters und die damit verbundene Beschränkung des Gerichtsmagistraten von der

[26] Vgl. die Nachweise bei Kaser/Hackl, RZ, 157 Anm. 49; als Beispiele seien genannt FIRA III, Nr. 162 (Streitigkeiten zwischen Magnesia und Priene, nach 190 v. Chr.); Liv. 39,26,14 (zum Jahr 185 v. Chr.) *De iniuriis, quas ultro citroque illatas querantur, quo modo inter eas gentes (sc. Thessalorum) et Macedonas disceptetur, formulam iuris exsequendi constituendam esse*. Unlängst wurde eine Inschrift aus Spanien gefunden, die ein – 85 v. Chr. unter dem römischen Feldherrn C. Valerius Flaccus entworfenes – Formular für eine Streitigkeit zwischen zwei *civitates* enthält; es wurde publiziert von J. S. Richardson, The *Tabula Contrebiensis*: Roman Law in Spain in the Early First Century B. C., JRSt 73 (1983) 33–41; dazu eingehend P. Birks, A. Rodger, J. S. Richardson, Further Aspects of the *Tabula Contrebiensis*, JRSt 74 (1984) 45–73; ferner M. Kaser, Ius gentium, Köln u. a. 1993, 133 f. Diese Zeugnisse waren sicher keine Bausteine in der Genese des römischen Formularprozesses, dokumentieren aber, wie das vorhandene Instrumentarium auch in diesen Fällen für die Praxis taugte.

Prozeßleitung auf die Kontrolle von wenigen entscheidenden Weichenstellungen hatte solche Entwicklungen zweifellos begünstigt. Zwei Anhaltspunkte haben wir, um sie zeitlich einzuordnen: Die *lex Aebutia*, die in die Mitte des zweiten Jahrhunderts v. Chr. zu datieren sein dürfte, ist die erste Norm, die die Verwendung des neuen Verfahrens mindestens in Teilbereichen sanktionierte;[27] mit den *leges Iuliae de iudiciis privatis*[28] aus dem Jahre 17 v. Chr. wurde das alte Verfahren bis auf wenige Ausnahmen abgeschafft. Angesichts der Tragweite des *imperium* eines Magistraten wäre es wenig sinnvoll, skrupulös nach gesetzlichen Grundlagen zu suchen, denn entscheidend ist nur, ob es ihm gelang, zu Beginn seines Amtsjahres entsprechende Rechtsschutzverheißungen zu formulieren. Das ist ein neuer Zug, denn für die altehrwürdigen *legis actiones* war dies nicht notwendig gewesen.

Das Besondere daran sehen wir sofort, wenn wir uns die Interaktion zwischen den Prozeßparteien vergegenwärtigen, die wir in den ersten beiden Kapiteln auf dem Hintergrund des Formularprozesses betrachtet haben, und mit dem Vorgehen bei den Legisaktionen vergleichen. Zwar mußten auch im Legisaktionenverfahren die Parteien kooperieren, doch mündete die Streiteinleitung stets in ein vorgeschriebenes, starres, bisweilen unkonturiertes Prozeßprogramm. Umgekehrt war es auch im Formularprozeß nach wie vor möglich, eine vorgegebene – jetzt freilich nicht mehr aufgrund der *lex* feststehende, sondern vom Prätor proponierte – Formel zu wählen, was in den Fällen, die sich einfach subsumieren ließen, keine weiteren Schwierigkeiten machte und angezeigt war. Routine beherrschte damals so gut wie heute das juristische Tagesgeschäft, die an kleineren Orten mit einer fachlich wenig gebildeten Schicht die Parteien dazu verführen konnte, in die für den Prozeß verwendeten Formeln sogar die in der amtlich publizierten Formel angegebenen Blankettnamen aufzunehmen, weshalb denn die *lex Rubria*, die für die Gallia Cisalpina wohl 49 v. Chr. erlassene Gerichtsordnung, den Gerichtsmagi-

[27] Aus der Perspektive eines im hohen Prinzipat tätigen Juristen konnte es dann tatsächlich so ausssehen, daß – wie Gellius 16,10,8 berichtet – alles belächelte Vergangenheit war: *sed ... cum ... omnis ... illa duodecim tabularum antiquitas nisi in legis actionibus centumviralium causarum lege Aebutia lata consopita sit, studium scientiamque ego praestare debeo iuris et legum vocumque earum, quibus utimur.* Vgl. zu dieser kritischen Haltung der späteren Juristen D. Nörr, Rechtskritik in der römischen Antike, München 1974 (Abh. Bayer. Akad.), 103 ff.

[28] Vgl. Gai. 4,30.

straten eindringlich ermahnte, die Parteien vor solchen Fehlern zu schützen.[29]

Die große, tiefgreifende Neuerung des Formularprozesses gegenüber dem älteren Verfahren besteht nun aber in der für die Entwicklung des Privatrechts so fruchtbaren Möglichkeit, ein präzise auf den Fall hin ausgerichtetes Prozeßprogramm zu formulieren, das dem Lebenssachverhalt und den Einreden des Beklagten Rechnung trug. Dem unglücklichen Kläger, welcher seinerzeit wegen Rebfrevels klagen wollte, war sie ja noch versperrt gewesen. Damit lag es an den Parteien, dafür zu sorgen, daß der Richter den von ihnen vorgebrachten Prozeßstoff im Lichte der Rechtsfragen beurteilte, die sie aus ihrer Sicht für zweckmäßig erachtet hatten. Der Ausdruck *utiliter agere* nimmt bisweilen geradezu die Bedeutung an ‚zweckmäßigerweise klagen'.[30] Wie die Klage aus der *lex Aquilia* durch eine *actio in factum* für die Tatbestände einer mittelbaren Tötung, Körperverletzung oder Sachbeschädigung angepaßt wurde, haben wir bereits beschrieben. Indem Klagen als *actio in factum* oder als *actio utilis* formuliert wurden,[31] gab man die Subsumtion unter die konzipierte Norm auf und erfaßte die rechtlichen Voraussetzungen sowie den Streitgegenstand

[29] *Lex Rubria (Lex de Gallia Cisalpina)* 20, 41 ff. (FIRA 1, Nr. 19). Witzeleien über eine solche Verwechslung von Blankettnamen mit einem notwendigen Formelinhalt macht auch Cic. Mur. 27. Zur *lex Rubria* vgl. F. J. Bruna, Lex Rubria, Leiden 1972. Ein anderes solches Munizipalgesetz behandelt Th. Spitzl, Lex municipii Malacitani, München 1984. Zur unlängst aufgefundenen Lex Irnitana vgl. die Lit. o. S. 36 f. Anm. 39.

[30] Vgl. dazu die nützliche Zusammenstellung von D. Daube, Utiliter agere, Iura 11 (1960) 69–148, jetzt in: ders., Collected Studies in Roman Law, Frankfurt a. M. 1991, 2. Hbbd., 923–993.

[31] Zur Unterscheidung vgl. grundlegend W. Selb, Formulare Analogien in *actiones utiles* und *actiones in factum* vor Julian, in: Studi Sanfilippo, Mailand 1984, Bd. 5, 729–759; ders., Formulare Analogien in ‚actiones utiles' und ‚actiones in factum' am Beispiel Julians, in: Studi Biscardi, Mailand 1982, Bd. 3, 315–350, der die historische Schichtung analysiert hat. Er kommt dabei zum Befund, daß beide Ausdrücke nur in bezug auf zivile, d. h. auf das *ius civile* gestützte, Klagen ursprünglich angewendet wurden, wobei mit der *actio in factum* der Tatbestand erweitert worden war, während mit der *actio utilis* eine institutionelle oder rechtliche Voraussetzung für die Verurteilung, beispielsweise das römische Bürgerrecht, unterstellt oder fingiert wurde. Erst nach der Redaktion des *Edictum perpetuum* durch Julian beginnen die Juristen, was bei Gaius gut zu sehen ist, die beiden Ausdrücke zu vermischen, weil offenbar das Gefühl für die Technik der Formelgestaltung schwindet. Zustimmend dazu M. Kaser, ‚Ius honorarium' und ‚ius civile', SZ 101 (1984) 1–114, 97 ff.

schärfer, indem man sie individualisierte. Damit gewann das Prozeßprogramm eine vorher unbekannte Präzision und schob so dem Palaver einen Riegel vor, weil sich der Prozeß nun auf die strittige Sache konzentrieren konnte und der Richter auf klare Alternativen sowie gegebenenfalls die Schätzung des Schadens festgelegt wurde.

Das Vorgehen war im Grunde genommen einfach.[32] Der Prätor verlangte vom Kläger, daß er dem Beklagten die Klage bekanntgab, mit der er ihn zu belangen beabsichtigte. Das geschah ohne jeden Formzwang, mündlich, schriftlich oder indem er die Formel diktierte. Das allereinfachste Mittel war es, dem Beklagten auf dem Album des Prätors die Formel zu zeigen, die man verwenden wollte.[33] Das mochte angehen, soweit der strittige Sachverhalt nicht kompliziert war und sich als Routinefall leicht einer Formel zuordnen ließ. Wo aber das hier erforderliche prospektive Planen des Prozesses diffiziler war und die Prozeßformel erst noch zurechtgelegt oder zusätzliche Einreden und *replicationes* mitbedacht werden mußten,[34] die in den unpräzisen Legisaktionen noch keinen Platz hatten,[35] war der Laie schnell überfordert. Die Aufgabe wurde nicht leichter dadurch, daß dem Gegner bereits in diesem Stadium des Verfahrens die Beweismittel bezeichnet werden mußten. Nach erfolgter *litis contestatio* war dies nämlich ausgeschlossen, so daß der Kläger, der hier saumselig oder unsorgfältig war, mit seinen anderen Beweismitteln kein Gehör mehr fand. Die Rechtsfrage stellte sich also bereits zu diesem Zeitpunkt, und sie mußte unter Berücksichtigung der zur Verfügung stehenden Beweismittel bedacht werden. Das unterscheidet sich grundlegend vom heutigen Prozeß, wo dafür später noch Raum ist und diese Präzision bezüglich der rechtlichen Erfassung des Problems, welche in Rom bereits zu diesem Zeitpunkt geboten war, erst vom Richter verlangt wird.

Den Abschluß des Verfahrens *in iure*, das die Bestimmung der Richter mit einschloß, bildete die *litis contestatio*, die wir bereits kennengelernt haben. Ihre Analyse wird nicht leichter dadurch, daß ihr Name eine Kontinuität zum Verfahren der Legisaktionen andeutet,

[32] Einen guten – in Einzelheiten von unserer Darstellung abweichenden – Überblick bietet I. Buti, Il „praetor“ e le formule introduttive del processo formulare, Camerino 1984, bes. 192ff.; zur Editionspflicht s. o. S. 5f., 9f.

[33] Ulp. (4 ed.) D. 2.13.1 pr./1.

[34] Vgl. Kaser/Hackl, RZ, 260f.

[35] Vgl. W. Selb, Gedanken zur römischen ‚lex imperfecta‘ und zu modernen Normvorstellungen in der Rechtsgeschichte, in: FS H. Hübner, Berlin–New York 1984, 253–261, 260.

die aber möglicherweise nur an die Äußerlichkeit der Beendigung der Tätigkeit des Gerichtsmagistraten anknüpft, die sich mit der inneren Tatsache der Konsumption der Klage verbindet. Wir stoßen ja allenthalben auf dieses Problem, daß Fachausdrücke fortlebten, obwohl sie oft nur auf lockere Weise mit dem früheren Verfahren zusammenhingen. Nur wenn man weiß, daß den Parteien kompetente Berater zur Verfügung standen, wird man sagen können, daß das neue Verfahren einfacher war. Diese Berater gab es; hier fanden die Juristen in ihre Rolle und konnten in gleicher Weise, wie sie im wirtschaftlichen Leben für die Parteien planend Verträge entwarfen, das Programm des Prozesses konzipieren, um unangenehmen Überraschungen vorzubeugen.

Wie wir gesehen haben, hatte ein Jurist wie C. Aquilius Gallus, als er für einen Prozeß die *actio doli* entwarf, nicht als Gerichtsmagistrat, sondern offensichtlich in dieser konsiliarischen Tätigkeit gehandelt.[36] Hier ging es um Rechtsfragen, um *ius*, wie er zu scherzen pflegte, nicht um die Tatsachen.[37] Ihm genügte es, wenn die Tatsachen behauptet wurden, aufgrund deren er das Prozeßprogramm entwarf. Ob die Behauptungen zutrafen, mußte nicht ihn kümmern, sondern den Redner, der dazu mit all seinen Künsten Stellung nahm, wenn der Richter gestützt auf die angegebenen Beweismittel den Beweis erhob und abnahm. Der Redner konnte dies auch dann unbefangen tun, wenn beispielsweise die Zeugen noch gar nicht gehört worden waren, denn die Namen und das Thema, worüber sie aussagen sollten, waren ihm bekannt, so daß er die Richter und das Publikum je nachdem günstig einstimmen oder gegen sie einnehmen konnte.[38]

Nach der *litis contestatio* mußte anfänglich innerhalb von drei Tagen der Termin für die Verhandlung vor dem Richter *(apud iudicem)* angesetzt werden. Die Terminnot späterer Zeiten brachte hier Lockerungen. Leiter des Verfahrens war jetzt der Richter, der in der Regel ein Laie war, aber selbstverständlich Jurist sein durfte. Den Schritt zur Verbindung der juristischen Profession mit einer beruflichen Tätigkeit als Richter haben die Römer jedoch ebensowenig vollzogen wie wir bei ihnen Berufsrichter finden. Die Anforderungen an die Richter und die richterliche Prozeßleitung ergaben sich denn auch nicht aus recht-

[36] Vgl. dazu o. S. 43.

[37] Cic. top. 51 *„Nihil hoc ad ius; ad Ciceronem“, inquiebat Gallus noster, si quis ad eum quid tale rettulerat, ut de facto quaereretur.*

[38] Vgl. die Nachweise bei Bürge, Zum Edikt de edendo, SZ 112 (1995) 1–50, 27ff.

lichen Normierungen, sondern aus gesellschaftlichen Standards, denen ein Römer der oberen Schichten zu genügen hatte. Eine schon zum späteren Kognitionsverfahren gehörige Äußerung des Juristen Callistratus steht daher in einer langen Tradition, wenn sie Eigenschaften aufführt, die zum Gehabe eines vornehmen Römers gehörten,[39] nicht zuletzt die leichte Zugänglichkeit *(in adeundo facilis)*, die schon der jüngere Cicero seinem berühmten Bruder im Blick auf die Kandidatur für das Amt des Konsuls nahegelegt hatte,[40] und die Achtung der eigenen *dignitas*, die in engerer Verbundenheit mit dem *officium* gesehen werden muß und letztlich auf der *fides* gründet.[41] Es ist denn auch kein Zufall, daß die einzige frühe Schrift über das Amt des Richters *(officium iudicis)* von Q. Aelius Tubero stammt, jenem Juristen also, der seinerzeit als Redner und als Ankläger des Ligarius von Cicero mit den Waffen der Rhetorik geschlagen worden war, bevor er sich der Jurisprudenz zuwandte. Wie weit er auf Grundsätze der Verfahrensleitung eingegangen war, wissen wir leider nicht.

In der Tat müssen wir hier die Fragen von jenen Schriften aus angehen, die sich ex professo mit dem Richter und seiner Rolle beschäftigen, nämlich den Prozeßreden und den Schriften der Rhetoren. Daß diese mit den ihnen eigenen Techniken vorgingen, wissen wir. Nichts zeigt dies deutlicher als der alte Streit darüber, ob der Redner Rechtskenntnisse brauche. Cicero empfahl sie jedenfalls. Da er aber speziell hervorhebt, wie nützlich es für den Redner sei, das Verfertigen des Prozeßprogramms zu beachten[42], kann man daraus schließen, daß dies

[39] Call. (1 cogn.) D. 1.18.19 pr.; zu Callistratus vgl. o. S. 59.

[40] Q. Cic. pet. 44 … *curaque ut aditus ad te diurni nocturnique pateant, neque solum foribus aedium tuarum sed etiam vultu ac fronte, quae est animi ianua; quae si significat voluntatem abditam esse ac retrusam, parvi refert patere ostium.* Umgekehrt schreibt Cicero an seinen Bruder im Hinblick auf die Amtsführung in der Provinz im gleichen Sinne, Cic. ad. Q. fr. 1,1,25; 32. Frappierend ist die Ähnlichkeit der Callistrat-Stelle zu einem Empfehlungsschreiben Ciceros wie fam. 13,58; 59 (zit. u. Anm. 41). Zur *iustitia* rückt die *facilitas* Cic. Att. 5,21,5, zur *aequitas* Mur. 41; vgl. zur *facilitas* J. Hellegouarc'h, Le vocabulaire latin des relations et des partis politiques sous la République, Paris 1963, 216f.

[41] Vgl. Cic. fam. 13,59 (an den Praetor C. Curtius Peducaeanus) *In eius controversiis quid decernas a te non peto (servabis, ut tua fides et dignitas postulat, edictum et institutum tuum), sed ut quam facillimos ad te aditus habeat, quae erunt aequa libente te impetret, ut meam amicitiam sibi, etiam cum procul absim, prodesse sentiat, praesertim apud te.*

[42] Cic. part. 99f.

keineswegs selbstverständlich war.[43] Von den Rednern erfahren wir auch, welchem Standard der Richter zu genügen hatte. Die berühmte, seit Hesiod belegte und im attischen Richtereid formulierte Maxime *audiatur et altera pars*[44] findet sich denn nicht in den Juristenschriften, sondern erstmals bei Seneca[45]. Der Redner hatte natürlich die Aufgabe, den Richter zu beeinflussen; schon vor der Einvernahme der Zeugen konnte und mußte er mit seiner Rede die Zeugen und die Beweismittel des Gegners, über die er ja dank der *editio* Bescheid wußte, in ein schlechtes Licht rücken.

Den heutigen Juristen mag dieses Vorgehen unangenehm berühren, weil damit plötzlich der Beliebigkeit Tür und Tor offenzustehen scheinen. Im römischen Formularprozeß zahlte sich aber die Sorgfalt der Prozeßvorbereitung *in iure* mitsamt der Formulierung des Prozeßprogramms aus, da damit der Richter in seiner Tätigkeit in engen Schranken gehalten, ja im einfachsten Fall sogar auf ein bloßes Ja-Nein-Schema festgelegt wurde. Zudem hatte die frühe und endgültige Bezeichnung der Beweismittel das Beweisverfahren über weite Strekken bereits vorgeprägt und eingegrenzt. Das schließt nicht aus, daß sich Fragen der Beweislastverteilung stellten und von den Juristen diskutiert werden mußten,[46] wie wir das am Beispiel des Gellius gesehen haben, doch war ihnen dadurch die Schärfe genommen. War eine bestimmte Summe festgelegt, so konnte der Richter nicht über diese Summe hinausgehen. Wenn er es trotzdem tat, lief er, anders als es uns aus dem heutigen Prozeßrecht vertraut ist, sogar Gefahr, dem geschädigten Beklagten Schadensersatz leisten zu müssen.[47] Bei einer

[43] Dieses Thema bildet gerade einen Streitpunkt in der Auseinandersetzung zwischen Crassus und Antonius im ersten Buch des Dialogs ›De oratore‹; vgl. auch Cic. Brut. 150; 322.

[44] Hes. fr. 338 (M-W) bei Plut. Stoic. rep. 1034 E; Dem. 24 (Timocr.), 149ff.; vgl. 18 (De corona), 7.

[45] Sen. Med. 199f. *Qui statuit aliquid parte inaudita altera,/aequum licet statuerit, haud aequus fuit.*

[46] Vgl. grundlegend G. Pugliese, L'onere della prova nel processo romano *per formulas*, RIDA[3] 3 (1956) 349–422, jetzt in: ders., Scritti giuridici scelti (1985), Bd. 1, 177–252, dazu A. Wacke, Die Beweislast im klassischen Zivilprozeß, SZ 109 (1992) 411–449. Nur teilweise auf der hier vertretenen Linie liegt V. Giuffrè, Necessitas probandi, Techniche processuali e orientamenti teorici, Neapel 1984, bes. 169ff.; vgl. dazu M. Lemosse, Labeo 30 (1984) 329–333 und J.-Ph. Lévy, RH 63 (1985) 532–534, zu den Beweisproblemen letzterer auch o. S. 9 Anm. 19.

[47] Vgl. Gai. 4,52; vgl. 57; zum Schadensersatz des Richters, *qui litem suam*

Reihe von Klagen mit unbeziffertem Streitwert, die wegen ihrer Thematik Gelegenheit zu Ausreißern bieten mochten, beispielsweise bei der Klage gegen den Vormund auf Abrechnung *(actio tutelae)* oder bei Klagen aus Verletzung der Persönlichkeit im weitesten Sinn *(actio iniuriarum)*, konnte der Kläger noch vom Gerichtsmagistraten gezwungen werden, einen Höchstbetrag festzusetzen,[48] womit auch da die Kontrolle durch den Gerichtsmagistraten gewährleistet war.

Diese Bindungen waren noch nicht alles. Schließlich müssen wir stets daran denken, daß der Richter nicht anders als die Träger eines staatlichen Amtes ein *consilium* zur Seite hatte, das ihn beriet.[49] Am Ende dieses Verfahrens stand das Urteil. Für unsere Zwecke müssen wir nicht darüber hinausgehen, namentlich dürfen wir es im Hinblick auf das Vollstreckungsverfahren bei den wenigen Bemerkungen bewenden lassen, welche wir bereits gegeben haben, und höchstens noch ergänzend darauf hinweisen, daß die ganze Zeit hindurch die Personalexekution möglich war. Über deren Handhabung sind wir freilich schlecht informiert, was damit zusammenhängen dürfte, daß sie wohl am ehesten gegen sozial tiefere Schichten praktiziert wurde. Was bei den juristischen Schriftstellern hingegen im Vordergrund stand, war die Gesamtvollstreckung in das Vermögen; die Einzelvollstreckung in einzelne Gegenstände oder Forderungen, die sich in den modernen Rechten als milderes Mittel durchgesetzt hat, kannten die Römer hingegen nur ansatzweise, insbesondere für Mitglieder senatorischer Familien.[50] Das Formularverfahren entwickelte sich in der beschriebenen Weise bis in die Mitte des zweiten Jahrhunderts n. Chr., als es infolge der definitiven Redaktion des Ediktes durch Julian zu einer gewissen Stabilisierung gelangte. Es spielte noch im dritten Jahrhundert eine Rolle, bis es vom Kognitionsverfahren verdrängt wurde, des-

*fecit* vgl. T. Giménez-Candela, Los Llamados Cuasidelitos, Madrid 1990, 41 ff.; F. Lamberti, Rifflessioni in tema di „litem suam facere“, Labeo 36 (1990) 218–266.

[48] Vgl. zur *actio tutelae* D. Nörr, Zur condemnatio cum taxatione im römischen Zivilprozeß, SZ 112 (1995) 51–90; zur *actio iniuriarum* ders., Zur taxatio bei der actio iniuriarum, in: Collatio Iuris Romani, Ét. H. Ankum 1995, 389–401.

[49] Vgl. Gell. 12,13,2: Von Gellius nach der Bedeutung eines juristischen Terminus gefragt hatte der Grammatiker Sulpicius Apollinaris geantwortet: *Cur ... hoc me potius rogas quam ex istis aliquem peritis studiosisque iuris, quos adhiberi in consilium iudicaturi soletis?*

[50] Vgl. dazu Kaser/Hackl, RZ, 404 f.

sen Entwicklung eng mit den außerordentlichen Befugnissen zusammenhing, mit denen der *princeps* auch rechtsgestaltend tätig werden konnte.

### 3. Das Kognitionsverfahren

Um das Kognitionsverfahren näherzubringen, wollen wir hier einen Fall präsentieren, der eine Wegmarke in der Entwicklung dieser Prozeßart bedeutet. Er führt uns in das Erbrecht, denn es drehte sich um die Erbschaft eines Erblassers Lucius Lentulus, die für zwei Neuerungen Anlaß gab. Die erste Neuerung ist die Anerkennung der *fideicommissa* durch Augustus.[51] Unter *fideicommissa* verstehen wir eine formlose Bitte des Erblassers an den Erben, einem Dritten bestimmte Leistungen als Vermächtnisse zukommen zu lassen. Anders als die Legate, die einer bestimmten Form gehorchen mußen, waren sie formfrei. Wie es ihr Name verrät, appellierte die Bitte an die Treue und Redlichkeit des Erben *(fidei committere)*. Am häufigsten dürften sie für Vermächtnisse an Peregrine, also Nichtrömer, die keine Legate erwerben konnten, verwendet worden sein.[52] Zunächst war freilich der Erbe daraus in keiner Weise rechtlich verpflichtet, wie uns eine Passage aus Cicero, de finibus 2, 55–58 illustriert. Dort werden zwei verschiedene Verhaltensweisen, die Cicero aus nächster Nähe im Kreise seiner Gefährten und Freunde beobachtet hatte, miteinander konfrontiert: P. Sextilius Rufus, der einer solchen Bitte nicht nachgekommen war, genoß das unverhoffte Erbe – offenbar unbelastet von allen Gewissensbissen – und verbrachte damit vergnügt und reich seine Tage. Damit kontrastiert Sextus Peducaeus, der als Erbe auf eine sogar nur mündlich geäußerte Bitte des Erblassers hin der Ehefrau des Erblassers die ganze Erbschaft aushändigte. In beiden Fällen war allen Beteiligten klar, daß keine Rechtspflicht zur Leistung bestanden hatte, ja Sextilius Rufus rühmte sich sogar, das Erbe *legibus partam*, auf rechtlich einwandfreie Weise, erlangt zu haben. Augustus, der offen die von Cicero favorisierte ethische Haltung vertrat, gab dann – veranlaßt durch entsprechende an ihn herangetragene Bitten oder Anfra-

[51] Zu der – in Inst. 2.23.1 beschriebenen – Einführung der *fideicommissa* durch Augustus, vgl. D. Johnston, The Roman Law of Trusts, Oxford 1988 (dazu Ch. Paulus, Gnomon 62 [1990] 710–713) und V. Giodice-Sabbatelli, La tutela giuridica dei fedecommessi fra Augusto e Vespasiano, Bari 1993.

[52] Gai. 2,285 *Ut ecce peregrini poterant fideicommissa capere et fere haec fuit origo fideicommissorum.*

gen – den Gerichtsmagistraten Weisung, solchen formlosen Bitten des Erblassers Rechtsschutz zu gewähren, was die Keimzelle für ein eigenes Amt eines Prätors für diese Fideikommisse bildete.

Die zweite Neuerung hat, wie es im Verlauf der rechtsgeschichtlichen Entwicklung häufig ist, mit einem Problem der Form zu tun. Sie dokumentiert uns zugleich den Perspektivenwechsel, der in diesem Fragenkomplex faßbar wird und der auch die Rolle des Juristen betrifft. Der Text führt uns in das *consilium* des Augustus:

Inst. 2.25 pr. *Ante Augusti tempora constat ius codicillorum non fuisse, sed primus Lucius Lentulus, ex cuius persona etiam fideicommissa coeperunt, codicillos introduxit. Nam cum decederet in Africa, scripsit codicillos testamento confirmatos, quibus ab Augusto petiit per fideicommissum, ut faceret aliquid: et cum divus Augustus voluntatem eius implesset, deinceps reliqui auctoritatem eius secuti fideicommissa praestabant et filia Lentuli legata, quae iure non debebat, solvit. Dicitur Augustus convocasse prudentes, inter quos Trebatium quoque, cuius tunc auctoritas maxima erat, et quaesisse, an possit hoc recipi nec absonans a iuris ratione codicillorum usus esset: et Trebatium suasisse Augusto, quod diceret utilissimum et necessarium hoc civibus esse propter magnas et longas peregrinationes, quae apud veteres fuissent, ubi, si quis testamentum facere non posset, tamen codicillos posset. Post quae tempora cum et Labeo codicillos fecisset, iam nemini dubium erat, quin codicilli iure optimo admitterentur.*

„Es ist bekannt, daß es vor der Zeit des Augustus kein Recht der Kodizille gab: Als erster führte dann Lucius Lentulus, dessen Person auch am Anfang der Fideikommisse stand, die Kodizille ein. Als er nämlich in Africa im Sterben lag, schrieb er Kodizille, die (im voraus) durch das Testament für gültig erklärt worden waren. In ihnen bat er den Augustus auf dem Wege eines Fideikommisses, etwas Bestimmtes auszuführen. Als der Kaiser Augustus dessen Willen erfüllt hatte und die übrigen (Erben) seinem Vorbild gefolgt waren und die Fideikommisse gewährt hatten, leistete auch die Tochter des Lentulus Vermächtnisse, die sie rechtlich nicht schuldete. Es heißt, daß Augustus seine Juristen versammelt hatte, unter ihnen auch Trebatius, dessen Autorität damals sehr viel galt, und sie gefragt habe, ob das als Praxis anerkannt werden könne und ob die Verwendung von Kodizillen sich nicht von den Grundsätzen des Rechts entferne. Trebatius habe Augustus überzeugt, indem er darlegte, daß diese Einrichtung für die Bürger sehr nützlich und notwendig sei schon wegen der weiten und langen Reisen, die damals üblich waren, auf denen jemand, wenn er keine Möglichkeit habe, ein Testament zu machen, dennoch Kodizille abfasssen könne. Als nach jenem Ereignis auch Labeo Kodizille aufsetzte, zweifelte niemand mehr, daß Kodizille mit bestem Recht zugelassen waren."

Wir erfahren, daß Lucius Lentulus nicht nur *fideicommissa* hinterlassen hatte, sondern auch *codicilli*. Das bedeutet, daß er im formgerechten Testament angekündigt hatte, er werde später noch Zusätze zum

Testament machen, und zwar auf Wachstäfelchen, ohne sie aber den für das Testament geltenden Formen zu unterwerfen.[53] Zugleich bat er, sie zu respektieren. Sein Vorgehen wird gut verständlich, wenn man sich die damals geforderten, gelinde gesagt äußerst schwerfälligen Formvorschriften für die Abfassung von Testamenten vor Augen hält.[54] Augustus, der Miterbe war, hielt sich an diese Anweisung ebenso, wie er es bezüglich der *fideicommissa* getan hatte; seinem Beispiel oder besser seiner *auctoritas* folgten die anderen, obwohl dazu keine Rechtspflicht bestanden hatte. Er ließ es aber nicht dabei bewenden, sondern berief sein *consilium* ein, zu welchem der hochangesehene Jurist Trebatius Testa zählte,[55] und legte da nicht nur sein Verhalten dar, sondern fragte auch, ob man es als Praxis anerkennen könne. Trebatius unterstrich die Nützlichkeit dieser Vermächtnisform, und trotz seiner notorischen Opposition zu Augustus übernahm Labeo sie in die Kautelarpraxis.[56]

Die Unterschiede zum früheren Vorgehen der Rechtsfindung sind evident. Statt der Interaktion zwischen den – von Juristen geleiteten – Parteien, die unter dem Druck der Amtsgewalt des Prätors ein Prozeßprogramm erarbeiteten und auf diesem Wege gesellschaftliche Wertvorstellungen in das Recht transponierten, stoßen wir hier auf einen Wechsel der grundlegenden Perspektive, denn nun wurde im *consilium* des *princeps* erörtert, ob die in Frage stehende gesellschaftliche Anschauung rechtliche Anerkennung finden solle. Dem Juristen Trebatius kam dabei eine Rolle über den Parteien zu. Dieses neue Vorgehen läßt sich nicht mit den Eigenarten des Erbrechts erklären, denn auch früher hatte das Honorarrecht gerade auf diesem Gebiet Rechtsentwicklungen sogar gegen das Gesetz zugelassen und gefördert.[57]

[53] Vgl. dazu neben den Anm. 51 Genannten A. Metro, Studi sui codicilli, Bd. 1, Mailand 1979 (mehr nicht erschienen).

[54] Man denke nur daran, daß für die Testamentsform der *mancipatio familiae* ein Personalaufwand von mindestens fünf Zeugen und einem Waaghalter *(libripens)* notwendig war; vgl. Kaser, RP I, 679f. auch zur späteren Lockerung der Form der Testamente durch die rechtsschöpferische Praxis des Prätors, deren Grenzen man freilich beachten muß.

[55] Es handelt sich um den mit Cicero befreundeten C. Trebatius Testa; zu ihm Sonnet, RE 6 A, 2251 ff. (s. v.).

[56] Zu dem gegen Augustus gerichteten Traditionalismus Labeos vgl. M. Bretone, Tecniche e ideologie dei giuristi romani, Neapel $^{2}$1982, 128–146.

[57] Zur prätorischen Erbfolge gegen das Gesetz, der *bonorum possessio contra tabulas*, vgl. Kaser, RP I, 707 ff.

Praktisch ins Werk gesetzt wurde die neue Linie mit den dem *princeps* zur Verfügung stehenden Machtmitteln. Es ist nicht untypisch für die Herrschaft des Augustus, der auf der Klaviatur von tradierter staatlicher Organisation und althergebrachten Ämtern, gesellschaftlichen Beziehungen und politischem Durchsetzungsvermögen meisterhaft zu spielen verstand, daß heute die Rechtsgrundlage für diesen Eingriff durchaus unklar ist.[58] Damit ist auch schon gesagt, daß wir keinen Akt vor uns haben, der sich in irgendeiner Weise mit einem modernen Gesetzgebungsverfahren vergleichen ließe. Augustus beschränkte sich darauf, eine allgemeine Handlungsanweisung zu geben.[59] Insofern unterschied sich dies nur wenig von den Rechtsschutzverheißungen des Prätors, welche die rechtliche Ausdifferenzierung dem Verkehr überlassen hatten. Da er aber zugleich eine eigene Gerichtsbarkeit und mit der Möglichkeit der Appellation an den *princeps* sogar einen Instanzenzug eingerichtet hatte,[60] wurde die Einheitlichkeit von Rechtsanwendung und -fortbildung nicht mehr von den bereits im Vorfeld des Prozesses tätigen Juristen garantiert, sondern von jenen, die im Bannkreis und in der Verwaltung des *princeps* wirkten.[61] Es verdient aber hervorgehoben zu werden, daß für die Rezeption und Durchsetzung der neuen Einrichtung die Autorität des Kautelarjuristen Labeo damals offenbar noch entscheidend war.[62] Die Rich-

[58] Vgl. Kaser/Hackl, RZ, 446.

[59] Vgl. Inst. 2.23.1 *postea primus divus Augustus semel iterumque gratia personarum motus, vel quia per ipsius salutem rogatus quis diceretur, aut ob insignem quorundam perfidiam iussit consulibus auctoritatem suam interponere. ...*

[60] Vgl. dazu Kaser/Hackl, RZ, 615 ff. sowie W. Litewski, Die römische Appellation in Zivilsachen I. Principat, in: ANRW II 14, 60–96 und zur Illustration die lebendige Schilderung einer solchen Gerichtssitzung bei dem in das *consilium* Trajans berufenen Plinius, epist. 6,31,1–12.

[61] Vgl. Bretone (Anm. 2), 149 ff.

[62] Auch nach der Einführung der *codicilli* wurden Fälle publik, in welchen der Erbe trotz fehlender rechtlicher Grundlage *fideicommissa* leistete, so das Beispiel von Plinius epist. 2,16. Der rechtliche Mangel bestand hier darin, daß die *codicilli* im Testament nicht einmal erwähnt waren! Ob Plinius damit tatsächlich einer Rechtsauffassung anhing, die sich später durchsetzte (Cels. [20 dig.] D. 29.7.18; Pomp. [24 Q. Muc.] D. 50.16.123, die beide die Wirksamkeit einer im Futurum geschriebenen *confirmatio* auch für die Vergangenheit anerkennen), wie es Tellegen (Anm. 24) 30–47 will, kann hier dahingestellt bleiben; kritisch dazu G. Klingenberg, SZ 100 (1983) 689–699, 691 ff., der zu Recht auf die rechtliche Einschätzung durch Plinius selbst hinweist. Jedenfalls blieb der von Cicero fin. 2, 55–58 gepflegte Topos (vgl. o. nach Anm. 52) des die

tung der Rechtsentwicklung wurde von nun an aber durch den *princeps* und die zentrale Rechtsprechung bestimmt.[63]

Das *cognoscere*, die Prüfung, welche bereits früher sowohl die Tätigkeit des Magistraten als auch des Richters charakterisiert hatte,[64] wurde in der neueren Literatur als Charakteristikum für alle Verfahren verallgemeinert, die sich in spezieller Weise auf das Charisma und die Autorität des *princeps* stützten, und hat deshalb den Kognitionsprozeß geprägt. Glücklicher hatten sich die Römer ausgedrückt, welche regelmäßig von einer *cognitio extra ordinem* sprachen.[65] Die römische Bezeichnung gibt auch historisch korrekt wieder, daß alle darunterfallenden Verfahren neben dem für Privatrechtsstreitigkeiten normalerweise einschlägigen Formularprozeß standen und sich entwickelten.

Zur Beschreibung des Verfahrens[66] beginnt man zweckmäßigerweise mit den Fällen, bei denen der *princeps* selbst entschied, wobei er die früher auf den Gerichtsmagistraten und Richter verteilten Funktionen in seiner Person vereinigte. Daß dadurch der Ablauf des Verfahrens gestrafft wurde,[67] an dessen Ende – nach der Beratung mit dem *consilium* – das Urteil des *princeps* stand *(decretum)*, liegt auf der Hand. Wo der *princeps*, wie im Falle der *fideicommissa*, das Verfahren bestimmten Amtsträgern zuwies oder dafür sogar neue Ämter schuf, wurden die Abläufe etwas komplexer, da in diesen Fällen durch die Möglichkeit einer *appellatio* auch ein Instanzenzug eingerichtet wurde. Dabei konnte der *princeps* seine Entscheidungsgewalt wiederum an andere delegieren *(mandare)*. Zudem eröffneten sich neue Mög-

Vermächtnisse freiwillig leistenden Erben bestehen, vgl. auch Plin. epist. 8,16 in bezug auf die Respektierung der Testamente seiner Sklaven, deren Vermögen ja rechtlich ihm gehörte.

[63] Vgl. die Fortsetzung der in Anm. 59 zit. Stelle Inst. 2.23.1 *quod quia iustum videbatur et populare erat, paulatim conversum est in adsiduam iurisdictionem: tantusque favor eorum factus est, ut paulatim etiam praetor proprius crearetur, qui fideicommissis ius diceret, quem fideicommissarium appellabant.*

[64] Vgl. M. Lemosse, Cognitio. Étude sur le rôle du juge dans l'instruction du procès civil antique, Paris 1944, 131 ff.

[65] Pomp. (l. sing. ench.) D. 1.2.2.33; Pap. (3 resp.) D. 17.1.7; eod. 56.3; Gell. 12,1,1.

[66] Vgl. dazu die Darstellung und Lit. bei Kaser/Hackl, RZ, 435 ff.; Kunkel/Selb 555 ff. und I. Buti, La ‚cognitio extra ordinem': da Augusto a Diocleziano, in: ANRW II 14, 29–59.

[67] Vgl. Kaser/Hackl, RZ, 449; vgl. als Beispiel eines solchen *decretum* o. S. 58 f. das *decretum* Mark Aurels über die Eigenmacht.

lichkeiten, da die Beamten als Richter sich vom *princeps* bzw. von der dafür eingerichteten Kanzlei *ab epistulis* ein Gutachten erbeten konnten, wenn sie Rat brauchten.[68] Außerhalb der Juristenschriften ist dafür das Beispiel des jüngeren Plinius wohl am bekanntesten.[69] Die Antwort wurde als *epistula* erteilt. Es konnten sich aber auch die Parteien an den *princeps* wenden; als Antwort erhielten sie von ihm oder von der dafür zuständigen Kanzlei *(a libellis)* ein Reskript, das – wohl ohne das anfragende *libellum* – auch öffentlich ausgehängt wurde.

Obwohl weder die *epistulae* – und schon gar nicht das als *subscriptio* gefaßte *rescriptum* – Entscheide oder Urteile waren, hatten ihre Anweisungen an den Richter autoritativen Charakter. Als Gutachten entfalteten sie die Wirkung eines *exemplum* und genossen daher – ohne sie damit in ein modernes Schema zwängen zu wollen – die Ausstrahlung einer Rechtsquelle.[70] Sie blieben aber während 200 Jahren meist auf die Bereiche der kaiserlichen rechtspolitischen Tätigkeit beschränkt und berührten seltener die Kerngebiete des Privatrechts, so daß das Schuld- und das Sachenrecht nach wie vor vom Formularprozeß beherrscht waren.[71]

Die gutachterliche Tätigkeit des Juristen verlagerte jedoch allmählich ihren Schwerpunkt. War im Formularprozeß die prospektive Beratung der Parteien im Fokus eines künftigen Prozesses eine seiner vornehmsten Aufgaben gewesen, so gewann nun der Jurist zusätzlich als Mitglied des *consilium principis* oder einer der kaiserlichen Kanzleien sein Gewicht und seine Autorität vom *princeps* und nahm an ihr teil.[72] Die Schnittstelle, an der er mit seinem Gutachten ansetzte, verschob sich zudem. Es ging nicht mehr nur um die Ausformulierung

[68] Vgl. zur Institutionalisierung dieses Verfahrens W. Litewski, Consultatio ante sententiam, SZ 86 (1969) 227–257.

[69] So Plin. epist. 10,29; 31 (vgl. 1 ... *cum ius mihi dederis referendi ad te, de quibus dubito*); 58/59; 81; 96; 110.

[70] Grundlegend zum ganzen D. Nörr, Zur Reskriptenpraxis in der hohen Prinzipatszeit, SZ 98 (1981) 1–46; vgl. auch die Lit. bei D. Liebs, HLL 4 (1997) § 411.3.

[71] Vgl. Litewski (Anm. 68) 230; der Befund wird bestätigt bei einer Durchsicht des umfassenden Werkes von J.-P. Coriat, Le prince législateur. La technique législative des Sévères et les méthodes de création du droit impérial à la fin du principat, Paris 1997.

[72] Vgl. als Beleg für Iavolen, einen Zeitgenossen des jüngeren Plinius, Plin. epist. 6,15,3 *Est omnino Priscus dubiae sanitatis, interest tamen officiis, adhibetur consiliis atque etiam ius civile publice respondet, ...*

von Prozeßprogrammen, sondern um die Erarbeitung des Urteils, nachdem die Fakten bereits vor dem Richter ausgebreitet worden waren. Sie waren jetzt von ihm rechtlich auf den Punkt zu bringen. Dennoch bleibt bei allen Veränderungen hervorzuheben, daß die Respondierpraxis der Juristen nach wie vor einen großen Stellenwert besaß.

Große Bedeutung hatten diese Entwicklungen für den Prozeß in den römischen Provinzen, wo die römische Rechtsordnung zwar nur für die römischen Bürger galt, aber im friedlichen Wettbewerb der Rechtsordnungen amalgamierende Wirkung besaß. Zudem funktionierte die Steuerung über die Beamten, denn in der unsystematischen Art römischer Rechtssetzung griffen sie mit dem *princeps* korrigierend und lenkend ein, was es erlaubte, die lokalen Eigenarten zu respektieren, wo sie funktionierten und zu keinen Änderungen Anlaß gaben. Daß gerade da die Übergänge zwischen *cognitio extra ordinem* und Formularverfahren fließend sind, hängt wohl damit zusammen, daß der Jurist in seiner praktischen Tätigkeit geprägt ist von seiner Ausbildung und sich vernünftigerweise an tradierte Muster hält, soweit sie sich bewährt haben. Das dürfte auch für die Verfahrensschritte des Formularprozesses gegolten haben, welche das prozessuale Vorgehen nach wie vor strukturierten und zu einer scharfen Erfassung des Prozeßthemas sowie einem schneidigen Umgang mit den Beweismitteln zwangen; zudem boten sie bewährte Regeln für die Anberaumung und Durchführung der Termine. Mit diesen allgemeinen Bemerkungen dürfen wir es bewenden lassen, denn Einzelheiten dazu gehören in eine umfangreichere Rechtsgeschichte oder in eine Darstellung des römischen Prozesses.

# Fünftes Kapitel

# DIE ENTDECKUNG DER JURISTISCHEN PROFESSION

Daß es Juristen gibt, ist heute eine Selbstverständlichkeit. Der Laie kann sich Rechtspflege ohne sie kaum noch vorstellen. Doch in der antiken Welt war dies anders. Einzig Rom hatte die Jurisprudenz als eigene Disziplin entdeckt; zwar gab es allerorts Recht, Verträge und Gesetz, doch hatte sich sonst nirgends ein eigener, mit dem Recht befaßter Berufsstand herausgebildet. Trotz der auf hohem Niveau stehenden Arbeiten von Aristoteles und seiner Schule zu Recht und Rechtsvergleichung[1] finden wir in Griechenland keinen Impuls zu einer Professionalisierung der Rechtskunde. Ob Juristen überhaupt notwendig sind, können wir hier einmal offenlassen. Die Frage zu stellen lohnt sich aber durchaus. Fest steht, daß die römischen Juristen eine bestimmte Art der Problembehandlung entwickelt haben, die ihnen zu ihrer Zeit, weit über Justinian hinaus, eine Monopolstellung sicherten und die nach der Rezeption des römischen Rechts durch die Schule von Bologna wiederum die Bildung eines Juristenstandes initiierte, der den Umgang mit einer spezifischen Art von Problemen noch stets monopolisiert.

Um der Sache auf die Spur zu kommen, nützt es auch nichts, die Anfänge und die eigene Tradition, in denen sich der römische Juristenstand selbst gesehen hatte,[2] zu durchforsten. Zwar wird bei solchen Untersuchungen wertvolles Material zutage gefördert,[3] über die Gründe für die Professionalisierung können sie jedoch keine Auskunft geben, da es hier nicht um den äußeren Ablauf, sondern um die Konstituierung der Disziplin und deren spezifische Fragestellung geht, der sich die Juristen ex professo widmeten. Eine Archäologie der juristischen Profession muß natürlich auf das lange Miteinander und Nebeneinander der Tätigkeiten als Priester, Auguren und *iuris consulti* eingehen, was sicher wichtige Hinweise auf die Genese gibt,

[1] Als Frucht rechtsvergleichender Bemühungen und Zeuge einer breitangelegten Materialsammlung sei hier nur die Darstellung der Verfassung Athens von Aristoteles erwähnt; für Theophrast vgl. die Angaben bei Regenbogen, RE Suppl. 7, 1515 ff. (s. v.).

[2] Vgl. allen voran die Darstellung bei Pomp. (l. sing. ench.) D. 1.2.2.35 ff.

[3] Vgl. dazu Kunkel, Herkunft, 6 ff.

aber dennoch nicht zu klären vermag, warum sich eine eigene Disziplin Jurisprudenz entwickelt hat. Mit dem Sakralrecht hatten sich nämlich noch in der späten Republik und im frühen Prinzipat Juristen vom Format eines Servius[4], Trebatius[5], Labeo[6], Capito[7] und Sabinus[8] als Schriftsteller ausführlich auseinandergesetzt, dennoch führte diese Linie nicht weiter – ohne daß wir das heute als große Lücke im Spektrum der damaligen Wissensorganisation empfinden. Ähnlich verhält es sich mit der Neigung der Römer, andere, angesehene Mitbürger um Rat zu fragen *(consilium, consulere)*, die als Grundzug auffallend ausgeprägt war[9] und zweifellos immer wieder eine wichtige Rolle in verschiedenen Phasen der Rechtsentwicklung gespielt hat.[10] Daß der Jurist als *iuris consultus* auftrat und seine Rolle geschätzt wurde, hilft uns zwar vieles verstehen, doch erklärt sie nicht, warum gerade in dieser Disziplin diese außergewöhnliche Spezialisierung zu beobachten ist, während in anderen Fächern zwar zweifellos ebenfalls nützlicher Rat erteilt wurde, damit jedoch keine so einzigartige fachliche Tradition begründet wurde.

Ohne die Frage vollständig beantworten zu wollen – und zu können –, seien doch einige Hinweise gegeben, um das Verständnis für die Perspektive zu wecken, unter der der römische Juristenstand angetreten war. Es mag zunächst etwas weit hergeholt scheinen, wenn wir von einem Satz ausgehen, der den grundlegenden Unterschied zwischen der römischen und der jüdischen Religion anspricht. Er stammt aus Tacitus, der von den Vorzeichen berichtet, die vor dem Fall Jerusalems beobachtet wurden:

hist. 5, 13,1 *Evenerant prodigia, quae neque hostiis neque votis piare fas habet gens superstitioni obnoxia, religionibus adversa.*
„Es geschahen Wunderzeichen, die mit Opfertieren oder Gelübden zu entsühnen dieses dem Aberglauben verfallene, den *religiones* feindliche Volk für verboten hält."

[4] Servius, De sacris detestandis libri, vgl. Bremer 1, 224 f.; 225 mit den interessanten Nachweisen der späteren Juristen, die der von Servius hier vertretenen Etymologie von *testamentum* als ‚*a mentis contestatione*' (Gell. 7,12,1) gefolgt sind.

[5] Trebatius, De religionibus libri IX, vgl. Bremer 1, 404.

[6] Labeo, De iure pontificio commentarii, vgl. Bremer 2.1, 74–81.

[7] C. Ateius Capito, De iure pontificio libri, vgl. Bremer 2.1, 268–283.

[8] Sabinus, Fastorum libri, vgl. Bremer 2.1, 363 f.; De indigenis, ebd. 364–367; Memorialium libri, ebd. 367–374.

[9] Dazu ausführlich Wieacker, RRG I, 554 ff.

[10] Vgl. als Beispiele o. S. 14, 58 f., 66, 81 f.

Uns überrascht zunächst, daß Tacitus die Juden als im Aberglauben verstrickt bezeichnet und sie als Feinde der Kulte und Riten betrachtet, weil ihnen verboten war, was er als Römer als selbstverständlich, ja als Inhalt der *religiones* auffaßte, nämlich die Technik, unheilvollen Vorzeichen mit Opfern und Gelübden zu begegnen. Hier spricht Tacitus als typischer Römer, der in der Orthopraxie römischen religiösen Denkens verwurzelt war und sich vor chiliastischen – den Juden verderblichen – Hoffnungen eines blinden Glaubens an Weissagungen eines unausweichlichen Schicksals hütete, sondern vielmehr die Freiheit zur Entscheidung wahrnahm.[11]

Den göttlichen Mächten, die nun einmal überall waren, mußte und konnte man begegnen, indem die richtigen Riten vorgenommen und Gebete gesprochen wurden, zur rechten Zeit, am rechten Ort und von der richtigen Person. Fußangeln lauerten überall, doch stets wußte man ihnen entgegenzuwirken.[12] „Der Römer zittert in seinem Herzen, selbst wenn er siegt", dichtete Ennius.[13] Er überwand aber, so ließe sich der Gedanke weiterspinnen, die Angst mit der Gewißheit, sich der göttlichen Ordnung durch das richtige Ritual zu versichern und sie so in das menschliche Planen zu integrieren. Wie das in der privaten Sphäre funktionierte, lehrt uns Cato mit seinen Anweisungen für das konkrete Vorgehen beim Abholzen und beim Umpflügen eines heiligen Haines. Es gab dafür – wie bei den Legisaktionen – *concepta verba,*[14] die peinlich genau einzuhalten waren. Daß diese Vorschriften unvermittelt neben Hinweisen zur Vertragsgestaltung[15] und

[11] Zu diesem Text vgl. J. Scheid, Religion et piété à Rome, Paris 1985, 142 f.; zu *religio* auch R. Muth, Einführung in die griechische und römische Religion, Darmstadt 1988, 223–225.

[12] Vgl. den prägnanten Überblick von J. Scheid, Römische Religion – Republikanische Zeit, in: F. Graf (Hrsg.), Einleitung in die lateinische Philologie, Stuttgart u. a. 1997, 469–491; in Beziehung auf das Recht M. Humbert, Droit et religion dans la Rome antique, Mélanges F. Wubbe, Fribourg (Schweiz) 1993, 191–206, 195 ff.

[13] Enn. ann. 560 f. (Skutsch = 547 Vahlen) *at Romanus homo, tamen etsi res bene gesta est,/corde suo trepidat.*

[14] Cato agr. 139 ... *sic verba concipito:* ...; vgl. dann die Wendung im Gebet ... *uti tibi ius est. ... sive ego sive quis iussu meo fecerit, uti id recte factum siet* ...; vgl. 140; zum Unterschied von *certa verba* und *concepta verba* vgl. U. Manthe, Stilistische Gemeinsamkeiten in den Fachsprachen der Juristen und Auguren der römischen Republik, in: K. Zimmermann (Hrsg.), Der Stilbegriff in den Altertumswissenschaften, Rostock 1993, 69–74, 71 mit Anm. 50.

[15] Cato agr. 136 *politionem quo pacti dari oporteat.*

Vorschlägen für Vertragsformulare[16] stehen, unterstreicht die Beobachtung der Forschung zum Gleichlauf der Ausdrücke in sakralen und weltlichen Akten.[17]

In der Tat ordneten die Römer ihre Beziehungen untereinander in der gleichen – ängstlichen – Weise. Wer sich band, versuchte mit den richtigen Worten, sich Gewißheit über die Bindung zu schaffen und das Ziel kalkulierend zu bestimmen.[18] Die gleiche Technik wandten sie für die Zeit nach dem Tode in ihren Testamenten an. Im Blick auf die Ausarbeitung und die Konzeption von Prozeßformularen haben wir dasselbe prospektive Vorgehen beobachtet. Der zukünftige Verlauf wurde vorausgeplant: im Legisaktionenverfahren mit den vorgegebenen Formeln, im Formularprozeß noch präziser auf das Thema hin zentriert. Das alles hatte die beabsichtigte Folge, daß der Richter in gleicher Weise an das Programm gebunden war, wie die Götter durch den richtigen Ritus verpflichtet waren! Die *responsa*, die der Jurist auf die ihm vorgelegten Rechtsfälle erteilte, gab er wie ein Priester,[19] ohne Entscheidungsgründe angeben zu müssen.[20]

Diese Haltung können wir auf allen Gebieten beobachten. Ob sich die Römer nun zwischenstaatlich banden, ob der Staat handeln mußte oder ob es um den privaten Rechtsverkehr ging: Überall nahmen sie die gleiche, das Künftige sorgfältig bedenkende Haltung ein und versuchten, durch genaue Formulierung und Berücksichtigung von Eventualitäten den Lauf der Entwicklung wenigstens in eine bestimmte Bahn zu lenken, um unangenehme Überraschungen zu vermeiden. So gesehen war das entscheidende Moment für die Entwicklung der Jurisprudenz als selbständiger Disziplin wohl weniger das Talent, in die Beziehungen zu den Göttern das menschliche Verhalten zu projizieren, als die Erfahrung, daß sich die menschlichen Bezie-

[16] Cato agr. 144 *lex oleae legendae*, vgl. noch die Formulare 145–150.

[17] K. Latte, Römische Religionsgeschichte, München 1960, 211 f.; vgl. ebd. 39 zur Bedeutung von *religio*; zum Gleichlauf von religiöser und juristischer Sprache ferner Manthe (Anm. 14) und Humbert (Anm. 12) 197 ff.

[18] Vgl. Wieacker, RRG I, 312.

[19] Vgl. dazu Verg. georg. 3,491 *nec responsa potest consultus reddere vates*; vom Seher oder Priester erwartet man das *responsum*, das er hier im Höhepunkt der beschriebenen Seuche nicht geben kann; weitere Angaben bei Wieacker, RRG I, 312; 560 f.

[20] Auf diese Kürze spielt an Sen. epist. 94,27 *sic quomodo iurisconsultorum valent responsa, etiam si ratio non redditur*; ferner benef. 5,19,8; Hor. sat. 2,1,4 ff.; 82 f.; vgl. dazu M. Bretone, Geschichte des römischen Rechts, München 1992, 120 f.; 141.

hungen in rechtlicher Hinsicht auf diese Weise tatsächlich rationaler bewältigen ließen. Die Emanzipation von der Religion hat dann Q. Mucius energisch vollzogen.[21] Indem die Römer nun diese Technik pflegten und ausbauten, lernten sie, daß sich Bedenken auszahlen können, und die Praxis solchen Handelns lehrte sie, daß durch eine sorgfältige Vertragsgestaltung Prozesse zwar nicht vermieden, sie aber auf die wenigen entscheidenden Punkte eingegrenzt werden können.

Nicht minder wichtig war die Entdeckung, daß sich diese Technik weiterentwickeln und verfeinern ließ. Während das Legisaktionenverfahren noch an den Wortformalismus gebunden war, gaben die römischen Juristen ihrem Hang zur Präzision beim prospektiven Planen des Prozesses nach, als sie den Formularprozeß auszubilden begannen. Sie erfaßten so die Lebensbedingungen und reduzierten sie auf wenige, wesentliche Punkte. Wenn wir uns bewußtmachen, daß die Blickrichtung beim *cavere* und *agere* gleich ist,[22] verstehen wir denn auch die Affinität der römischen Vertragsformulare zu den Prozeßformularen besser; sie erklärt, warum der Gerichtsmagistrat für die Instruktion des Prozesses so ausgiebig mit Formularen arbeiten konnte, die aus dem privatrechtlichen Rechtsverkehr stammten und die sich andererseits wiederum nach solchen Rechtsschutzverheißungen richteten. Im Vordergrund aber stand stets das Bedürfnis, einen gangbaren Weg zu weisen; die Lösung als solche interessierte die Juristen weniger. Das Metier dieser Juristen war also nicht die Streitschlichtung oder überhaupt die richterliche Tätigkeit, sondern die beratende Hilfestellung für die Parteien, mit der man *gratia*, also Ansehen, unter den Mitbürgern erwerben konnte. Warum aber die allmähliche Loslösung von der pontifikalen Jurisprudenz gelang, kann ein kurzer Blick auf die gesellschaftliche Stellung des römischen Juristen zeigen.

Die Parallelität rechtlichen und priesterlichen Handelns läßt uns verstehen, warum die frühen Juristen, die ein erkennbares eigenes Profil zeigten, sich aus dem Kreis der Nobilität rekrutierten, welche die Mitglieder der drei großen Priesterkollegien stellte. Erst im Laufe des zweiten Jahrhunderts begannen sich einzelne Juristen, die nicht zu dieser Gruppe gehörten, einen Namen zu machen. Sie hatten entdeckt, daß die Spezialisierung in diesem Bereich ein Mittel war, sich das notwendige Ansehen zu verschaffen, um als *homines novi* den Sprung in die Nobilität zu vollziehen. Wenn wir genauer hinschauen,

[21] Vgl. Humbert (Anm. 12).
[22] Vgl. Wieacker, RRG I, 574.

stoßen wir da auf eine Parallelität zu den Rednern, die sich in der gleichen Periode immer stärker aus den italischen Städten rekrutierten, weil die Angehörigen munizipaler Eliten auf diesem Wege das soziale Ansehen, insbesondere die *gratia* erwerben konnten, die für eine politische Laufbahn unabdingbar war.[23]

Der Wettstreit zwischen der Jurisprudenz und der Redekunst, der sich von dieser Zeit an beobachten läßt und den Cicero paradigmatisch für die Generation vor ihm an Crassus und Quintus Scaevola festmacht oder auf diese projiziert, während er für seine Zeit sich und Servius im selben Spannungsverhältnis sieht, fand zwischen Angehörigen der gleichen Gruppe statt. Doch es ging, wenn es auch ein Wetteifern der Fächer war, um eine Zusammenarbeit in den *iudicia privata*,[24] in der sie sich ergänzten und nicht etwa gegenseitig ausschlossen. Der Unterschied zeigte sich erst in den Aufstiegschanchen in der Politik, die bei einer Tätigkeit in den *iudicia privata* bescheidener ausfielen. Wer höher hinaus strebte, mußte sich schon auf den Boden der *iudicia publica* begeben. Allerdings blieb zu Beginn des Prinzipats die Jurisprudenz, soweit sie literarisch greifbar ist,[25] in den Händen der alten Senatsaristokratie, was sehr auffällig ist. Kunkel vermutete einen Einfluß des sogenannten *ius respondendi*;[26] mindestens ebenso naheliegend ist es, an eine vornehme Zurückhaltung bei der Annahme neuer Schüler zu denken, die einhergeht mit einem für Juristen nicht verwunderlichen Konservativismus. Erst von der Mitte des ersten nachchristlichen Jahrhunderts an rückten immer stärker Vertreter des italischen Munizipaladels in den Vordergrund, was ganz der damaligen Zusammensetzung des Senats entsprach. Schließlich kippte das Verhältnis ganz um, so daß wir unter den namhaften Juristen an Stelle der Senatoren fast nur noch Ritter finden.

Von dieser Zeit an können wir die Heranbildung einer Juristenschicht beobachten, die allmählich in den Beamtenapparat hineinwuchs, nachdem die Reihen der senatorischen Juristen sich zunehmend gelichtet hatten, während die jungen Ritter statt einer mühsamen, mit militärischen Aufgaben und Kommandos verbundenen Karriere im Schoße des Senats eine Laufbahn in der Bürokratie vor-

[23] Vgl. dazu J.-M. David, Le patronat judiciaire au dernier siècle de la République romaine, Rom 1992, 281 ff.; vgl. dazu die Rez. von Bürge, SZ 113 (1996) 563–572, 566.

[24] Vgl. dazu David (Anm. 23) 407–461; zu ihm Bürge (Anm. 23), 568.

[25] Wichtig der Überblick bei D. Liebs, HLL 4 (1997) §§ 410–431.

[26] Kunkel (Anm. 3) 281 ff.

zogen.[27] Dadurch entstand eine gewisse Spannung auch in der juristischen Tätigkeit, denn die juristische Arbeit aus dem höheren Blickwinkel des Verwaltungsapparates ging neben der Gutachtertätigkeit einher, welche nicht die Koordinierung der zentralen Rechtspflege, sondern die Beratung einzelner Rechtssuchender im Auge hatte. Der Rang dieser Juristen wird einem klar, wenn man sich das politische Schicksal des einen oder anderen vor Augen hält: Papinian wurde in seiner Stellung als *praefectus praetorio* von Caracalla 212 hingerichtet,[28] Ulpian im gleichen Amt bei einem Aufstand der Prätorianergarde 223 ermordet. Um in diese ebenso wichtige wie gefährliche Stellung zu gelangen, mußten sie in ihrer Karriere die Welt gesehen haben und konnten sich nicht auf ihre juristische Tätigkeit und ihre ebenso umfangreiche wie ergiebige Schriftstellerei beschränken.

Der rasche Überblick hat uns die in diesen Jahrhunderten erfolgten großen und mannigfachen Umwälzungen bewußt werden lassen. Sie greifen so ineinander, daß monokausale Erklärungen für Änderungen von Mentalitäten und Techniken nicht weiterführen. Hingegen können langfristig Perspektivenwechsel ausgemacht werden, die jedoch nicht darüber hinwegtäuschen dürfen, daß die römischen Juristen prospektiv gestaltend auf den Vertrag und auf den Prozeß blickten und nicht mit den Augen eines Gesetzgebers systematisch an ihre Aufgaben herangingen. Meist waren sie durch ihre Laufbahn trainiert, sich auf die verschiedensten Gegebenheiten einzurichten und Konflikte zu rationalisieren. Daß sie auf diesem Weg erfolgreich waren, zeigt die zunehmende Autonomie der Jurisprudenz als Disziplin, was keineswegs mit einer Abschottung von der Lebenswelt verwechselt werden darf, sondern als Entdeckung eines neuen Instrumentes verstanden werden muß, das sich als geeignet erwies, komplexe Lebenssachverhalte mit einem kleinen Aufwand effizient zu steuern und zu meistern.

[27] Eine kürzlich publizierte Inschrift zeigt die imponierende Laufbahn des zu Beginn des 3. Jahrhunderts wirkenden Licinius Rufinus aus Thyateira (Liebs, HLL 4 [1997] § 428.2), die über den Dienst im *consilium* und den Kanzleien des Kaisers bis zur Statthalterschaft in Noricum ging und den Ritter in den Senatorenstand führte; vgl. P. Herrmann, Die Karriere eines prominenten Juristen aus Thyateira, Tyche 12 (1997) 110–123.

[28] Vgl. o. S. 41 mit Anm. 47.

# Sechstes Kapitel

## VOM WERKZEUG DER JURISTEN: DIE QUELLEN UND IHRE INTERPRETEN

Die Orientierung am Prozeß macht die Frage nicht überflüssig, wie die römischen Juristen ihr Wissen organisiert hatten, um auf ihre Erfahrungen zurückgreifen zu können. Schließlich weiß der moderne rechtsvergleichend arbeitende Jurist, daß er sich bei der Beschäftigung mit einer fremden Rechtsordnung auch mit dem Werkzeug vertraut machen muß, mit dem der Praktiker des anderen Landes arbeitet, und wird beispielsweise für Deutschland zum Kurzkommentar von Palandt greifen. Zwar inspirieren ihn solche Werke nur selten zu geistigen Höhenflügen, doch lernt er so das im Normalfall angestrebte Niveau und die allgemein beachteten Grundzüge kennen. Für die heutige Zeit ist die Aussage dann einigermaßen trivial, daß es Juristen braucht, um juristische Gebrauchsliteratur zu schreiben, die wiederum von Juristen gelesen und in der Regel nur von ihnen wirklich verstanden wird.

Für Rom, wo wir fasziniert die Entstehung der Jurisprudenz als eigenständiger Disziplin verfolgen können, müssen wir solche Werke erst finden, welche das Fach repräsentieren. Der Gerichtskalender *(dies fasti)* und die Sammlung der Klageformeln *(legis actiones)*, die der im Umfeld von Appius Claudius Caecus wirkende Gnaeus Flavius um 300 v. Chr. publiziert hatte,[1] besaßen diese Eigenschaft sicher nicht, da es sich um rein normative Texte handelte, die in keiner Weise vertieft wurden. Die Publikation als solche war das Ereignis, da damit die Normen der Öffentlichkeit zugänglich wurden. Wie Gesetzestexte ganz generell sind sie jedoch noch kein Zeugnis einer zünftigen Jurisprudenz. Anders sieht es aus, wenn um die Auslegung von Gesetzestexten gerungen wird, weshalb es sich lohnt, zunächst den Zeug-

[1] Zu der mit dieser Persönlichkeit verbundenen Legendenbildung vgl. J. G. Wolf, Die literarische Überlieferung der Publikation der Fasten und Legisaktionen durch Gnaeus Flavius, Göttingen 1980 (= Nachr. Akad. 1980, Nr. 2). Daß Gerichtsverhandlungen nur an bestimmten Tagen erlaubt waren, daher der Name *dies fasti* für solche Listen ‚erlaubter Tage', weist auf die gemeinsame Wurzel von sakralen und rechtlichen Normen hin, die wir schon beobachten konnten, vgl. o. S. 88ff.

nissen nachzugehen, die sich interpretatorisch mit dem ältesten Gesetzestext, den Zwölf Tafeln, beschäftigen.

## 1. Die Zwölf Tafeln und ihre Interpreten

Einen wirklichen Schritt in die Richtung einer eigenständigen Disziplin stellen in der Tat die ›Tripertita‹ von Sextus Aelius Paetus dar (dem Konsul von 198 und Zensor von 194 v. Chr.),[2] in deren Zentrum die Zwölf Tafeln standen. Von diesem, wie es der Titel sagt, dreiteiligen Werk sind uns zwar nur wenige Zitate erhalten, die aber zusammen mit den übrigen Zeugnissen dennoch einige Aussagen erlauben.[3] Die im ersten Teil neu edierten Zwölf Tafeln, die im Original wahrscheinlich auf Holztafeln aufgemalt und beim Überfall der Gallier wohl in Flammen aufgegangen waren, sind letztlich Grundlage aller weiteren Zitate.[4] Wenn der Jurist Pomponius die ›Tripertita‹ nach über drei Jahrhunderten eine Wiege des Rechts nennen konnte,[5] dann vor allem aber deswegen, weil Sextus Aelius die Zwölf Tafeln im zweiten Teil des Werkes kommentierte. Er hatte damit eine Literaturform in die Jurisprudenz eingeführt, die in einer eigenen Weise fruchtbar wurde und es bis heute geblieben ist. Die Darstellung der Klageformeln, die sich dann als dritter Teil an diese Kommentierung anschloß, sicherte die Verbindung zum praktischen Recht, dem *agere* und *cavere* der Juristen.

In diesem Kommentar finden sich Auslegungen typischer Begriffe, wie sie in der Testamentspraxis gebraucht wurden, so das schon fast berüchtigte Beispiel des Vermächtnisses des Haushaltsvorrates, der *penus legata*. Sicher hatte Sextus Aelius diesen Begriff erläutert und mit einer Aufzählung zu erfassen versucht, in welche auch Weihrauch und Wachs einbezogen waren.[6] An dieser Stelle setzte ein Jahrhundert

[2] Bekannt ist der von Cicero rep. 1,30 dem Laelius in den Mund gelegte rühmende Vers des Ennius: *Egregie cordatus homo, catus Aelius Sextus* (vgl. 3,33; de orat. 3,133); dazu Wieacker, RRG I, 536.

[3] Vgl. dazu o. S. 3 mit Anm. 4, 63ff.

[4] Diese prekäre Überlieferungslage hatte Spekulationen um eine Fälschung dieser Texte beflügelt, vgl. dagegen die Argumente bei Wieacker, RRG I, 290ff.

[5] Pomp. (l. sing. ench.) D. 1.2.2.38 ... *Sextum Aelium etiam Ennius laudavit et exstat illius liber qui inscribitur ‚tripertita', qui liber veluti cunabula iuris continet. ...*

[6] So Gell. 4,1,20; danach muß ‚Caecilius' in Ulp. (22 Sab.) D. 33.9.3.9 wohl in ‚Aelius' emendiert werden.

später Quintus Mucius Scaevola Pontifex ein. In seiner Kommentierung, die im Prinzip wohl ebenfalls noch den Zwölf Tafeln folgte, nahm er Weihrauch und Wachs aus; wichtiger als dieses Ringen um das Detail einer Liste war aber das erkennbare Bestreben Scaevolas, einen Schritt weiterzugehen und die *penus* von der Zweckbestimmung her zu begreifen, um danach die Zuordnung einzelner Güter zu beurteilen. Seine Begriffsbestimmung *quod usus sui gratia paratum* – was für die (im weitesten Sinne verstandene) *familia* bereitgestellt wurde – gab für Generationen von Kommentatoren die Leitlinie für Distinktionen vor,[7] die man ärgerlich als Repertorium antiker Warenkunde beiseite schieben mag,[8] dabei jedoch vergißt, daß damit versucht wurde, die Organisation des Haushalts einer römischen Großfamilie zu erfassen. Um das zu erkennen, muß man die Definition freilich zusammen sehen mit dem Ringen um andere derartige organisationsrechtliche Bezugspunkte, beispielsweise den *fundus cum instrumento* (das ausgestattete Bauerngut) und die *taberna instructa* (das eingerichtete Ladengeschäft).[9]

Ganz abgesehen davon, daß es in diesen Fällen um wirtschaftlich nicht ganz unbedeutende Werte ging, ist das Erbrecht ein neuralgischer Punkt, an dem sich juristische Problemlösungskapazität bewähren muß. Wichtiger als das praktische Ergebnis ist für uns die Beobachtung, daß wir mit Sextus Aelius an einem Anfangspunkt stehen, an dem der juristische Diskurs einsetzte und sich die Tradition einer Problemlösungsgemeinschaft über die Jahrhunderte hinweg konstituierte – mit allen in einer solchen Gemeinschaft kultivierten Vorlieben und Abneigungen. So trat beispielsweise Servius Sulpicius Rufus, der Freund Ciceros, als Kritiker des Quintus Mucius auf, möglicherweise veranlaßt durch persönliche Animositäten, denn Servius hatte sich in der Jugend wegen seiner mangelnden Rechtskenntnisse einen Tadel

[7] Vgl. Ulp. (22 Sab.) D. 33.9.3 pr.–11 und Gell. 4,1,17.

[8] So F. Horak, Rationes decidendi. Entscheidungsbegründungen bei den älteren römischen Juristen bis Labeo, Aalen 1969, 201 f.; als Ausgangspunkt einer großangelegten Erfassung römischen Rechtsdenkens, das er auf die Sache *(res)* fokussiert, dienen diese und ähnliche Aufzählungen M. Bretone, I fondamenti del diritto romano. Le cose e la natura, Bari 1998, vgl. 14, 177 f.

[9] Dazu neuestens M. A. Ligios, Interpretazione giuridica e realtà economica dell'«instrumentum fundi» tra il I sec. a. C. e il III sec. d. C., Neapel 1996. Es sei hier nur darauf hingewiesen, daß die in diesem Zusammenhang getroffene begriffliche Unterscheidung zwischen der unproduktiven Tätigkeit im städtischen Haushalt und der produktiven Tätigkeit in der Landwirtschaft in Ulp. (22 Sab.) D. 33.9.3.6 ebenfalls auf Q. Mucius zurückgeht.

von Quintus Mucius eingehandelt, worauf er sich der Jurisprudenz zugewandt und hier mit Erfolg ein höheres Niveau angestrebt hatte.

Da die typisch juristische Arbeit an den einzelnen Begriffen schnell eine Sache für Spezialisten wird, möchten wir das ganze an einem Disput um einen praktischen Fall illustrieren: Cicero hatte in feuchtfröhlicher Runde mit dem Juristen Trebatius die Frage diskutiert, ob die Diebstahlsklage aktiv vererblich sei, und die Meinung vertreten, daß der Erbe keinen Klageanspruch erwerbe, wenn der Diebstahl noch vor dem Erbfall geschehen sei. Der Jurist, dem dies abwegig erschien, sparte offenbar nicht mit seinem Spott. Zu Hause wurde Cicero jedoch in älteren Juristenschriften fündig und bestätigt, unter anderem auch bei Sextus Aelius, doch schloß er sich jetzt – den Stil der Juristen imitierend – der zu seiner Zeit ganz herrschenden Meinung an, die die Vererblichkeit des Anspruchs bejahte und für die er Scaevola sowie seinen Briefpartner Trebatius ins Feld führen konnte.[10] Aus dieser Episode lernen wir zwei Dinge; zunächst einmal in inhaltlicher Hinsicht, daß die Frage einer früheren Zeit höchst erklärungsbedürftig erschien. Wahrscheinlich waren die älteren Juristen noch der Auffassung, die strafende Funktion der Diebstahlsklage könne nur der Person des Verletzten zugeordnet werden und nicht dem Vermögen, was durchaus auch ein Licht auf die Vorstellungen vom Strafen zu jener Zeit wirft. Die Behandlung des Problems durch Cicero lehrt uns zudem, daß man bereits zu dieser Zeit von einer Tradition der Kommentarliteratur sprechen kann, die sich dank der Organisation der Texte dem schnellen Zugriff erschloß.

Die Zwölf Tafeln blieben jedoch nur kurze Zeit der leitende Text, an dem sich der juristische Diskurs orientierte. Quintus Mucius Scaevola Pontifex, am Ende des zweiten Jahrhunderts v. Chr., scheint sich noch nach ihnen gerichtet zu haben, wenn er auch manches schon umgeformt hat. Seine Arbeit wurde dann selbst wieder zum Ausgangstext für neue Kommentarwerke. Damit hatte die Kommentierung der Zwölf Tafeln ihren Zenit schon überschritten. Zwar dürfte Servius Sulpicius sich dieser Aufgabe noch unterzogen haben, wie einige Fragmente belegen;[11] Labeo und später Gaius sind ihm in der Prinzipatszeit gefolgt, doch wird bei ihnen das antiquarische Interesse der eigentliche Antrieb gewesen sein. Bereits für Cicero waren die Zwölf Tafeln nur noch eine schöne Reminiszenz an die Schulzeit und

[10] Cic. fam. 7,22; zur Frage vgl. D. Liebs, Die Klagenkonkurrenz im römischen Recht, Göttingen 1972, 101 f.

[11] Vgl. Wieacker, RRG I, 597.

damit bloße Vergangenheit, die sich allenfalls schriftstellerisch als Inspirationsquelle nutzen ließ.[12]

## 2. Die innere Organisation der Jurisprudenz

Die äußere Gliederung und Gestaltung eines Textes als Kommentar befreit nicht von der Aufgabe, Strukturen oder Gesichtspunkte der inneren Organisation einer Disziplin zu entwickeln, welche den Umgang mit den Argumenten erleichtern. Fehlt dies, wird man noch nicht von der Konstituierung einer eigenständigen Fachdisziplin sprechen dürfen, denn Kommentare können unter verschiedenen Aspekten auch von Spezialisten anderer Fächer gepflegt werden. Noch in der Zeit der späten Republik nahmen sich Grammatiker der Rechtstexte an, ohne sie jedoch juristisch durchdringen zu können.[13] Wir stoßen aber schon früh auf Bemühungen, über bloße kommentierende Stoffsammlungen hinauszugelangen. Bereits Q. Mucius hatte versucht, im Anschluß an die von Chrysipp entwickelte Logik der mittleren Stoa, die über weite Strecken Erkenntnisse der modernen Aussagenlogik vorweggenommen hatte, Rechtssätze in der Form eines solchen Kalküls darzustellen.[14] Wer freilich in ihm deshalb einen perfekten Stoiker sehen und wenn möglich noch an seine Methodenreinheit moderne Maßstäbe anlegen will, wird den Kern seiner Anstrengungen nicht erfassen, die darauf zielten, die Begriffe präzise zu reflektieren, um ihren Gehalt darzustellen.[15] Das damit angepeilte Niveau hatte er offensichtlich in seinem wichtigsten und umfangreichsten Werk, den 18 Büchern zum *ius civile*, in die Praxis der Fall-

[12] Cic. leg. 2,59 *Discebamus enim pueri XII ut carmen necessarium, quas iam nemo discit*; vgl. noch eod. 9.

[13] So Q. Cosconius, der nach Varro ling. 6,89 ein Werk über die *actiones* geschrieben hat (vgl. M. Schanz/C. Hosius, Geschichte der römischen Literatur, Bd. 1, München [4]1966, 584 f.), oder L. Aelius Stilo mit seinen Etymologien zu Ausdrücken der Zwölf Tafeln (ebd. 232); auch von Varro ist der Titel eines juristischen Werkes überliefert (ebd. 568 f.).

[14] So wohl etwa Scaev. (l. sing. ὅρων) D. 43.20.8; zur Tragweite solcher Implikationen vgl. M. Frede, Die stoische Logik, Göttingen 1974 (= Abh. Akad. Nr. 88), 80 ff. Wie diese definitorischen Bemühungen in die Praxis der Fallbehandlung einflossen, lehrt Pomp. (31 Q. Muc.) D. 8.3.15. Zum ganzen vgl. Wieacker, RRG I, 599 f.; 630 ff.

[15] Wichtig dazu B. Schmidlin, Horoi, pithana und regulae – Zum Einfluß der Rhetorik und Dialektik auf die juristische Regelbildung, in: ANRW II 15,

behandlung umzusetzen versucht. Später rühmte Pomponius, der als Kommentator mit dem Werk bestens vertraut war, Scaevola habe es als erster unternommen, das *ius civile generatim* zu ordnen,[16] was nichts anderes heißt, als daß er es nach Klassen und Unterklassen gliederte. Dann und wann ist er mit seiner Manier in die Falle geraten, zu generell zu werden und damit über das Ziel hinauszuschießen,[17] und ebensowenig war er gegen die – mit solchen Begriffsbildungen häufig verbunde – Gefahr gefeit, ins Banale abzugleiten. Genau diesen Zug hatte der Redner L. Licinius Crassus in der *causa Curiana* offenbar genüßlich ausgeschlachtet.[18]
Einem illustrativen Beispiel für eine derartige Begriffsbildung begegnen wir beim Problem der Gestaltung eines Gesellschaftsvertrages, der einen Gesellschafter nicht am Gewinn, sondern allein am Verlust teilhaben ließ. Daß bei einer solchen Konstruktion der Verdacht naheliegt, der am Gewinn nicht beteiligte Gesellschafter würde ausgebeutet, illustriert die Fabel, die wir meist aus Phaedrus kennen (1,5) und die von der ersten Zeile an mit dem rechtlich korrekten Terminus *societas* den Gesellschaftsvertrag evoziert[19]:

*Numquam est fidelis cum potente societas.*
*Testatur haec fabella propositum meum:*
*Vacca et capella et patiens ovis iniuriae*
*socii fuere cum leone in saltibus.*
*Hi cum cepissent cervum vasti corporis,*
*sic est locutus partibus factis leo:*
*„ego primam tollo, nominor quoniam leo;*
*secundam, quia sum fortis, tribuetis mihi;*
*tum quia plus valeo, me sequetur tertia;*

101–130, zu Q. Mucius bes. 106–111; zur Argumentation sind auch die aus der sakralen Respondierpraxis stammenden *responsa* des Scaevola zu beachten, Macr. Sat. 1,16,10f.

[16] Pomp. (l. sing. ench.) D. 1.2.2.41.

[17] Vgl. D. Liebs, Contrarius actus, in: Sympotica F. Wieacker, Göttingen 1970, 111–153 zur begrifflichen Erfassung des Erlaßvertrages in Pomp. (4 Q. Muc.) D. 46.3.80.

[18] Cic. de orat. 1, 243; zu diesem Prozeß vgl. U. Manthe, Ein Sieg der Rhetorik über die Jurisprudenz, in: U. Manthe/J. von Ungern-Sternberg, Große Prozesse der römischen Antike, München 1997, 74–84, 202f.

[19] Vgl. Aesop 155 (Hausrath); vgl. auch 156 (H.); dazu Aesop 154 (H.); Babr. 67, La Fontaine 2,19; zum rechtlichen Gehalt der Fabeln von Phaedrus vgl. die Zusammenstellung bei E. Oberg, Römische Rechtspflege bei Phaedrus, RhMus 139 (1996) 146–165, die zu einer vertieften juristischen Bearbeitung einlädt.

*male afficietur, si quis quartam tetigerit."*
*Sic totam praedam sola improbitas abstulit.*

„Eine Gesellschaft mit einem Mächtigen ist nie verläßlich. Diese Fabel beweist meine Behauptung: Die Kuh, die Ziege und das geduldige Schaf taten sich mit dem Löwen zu einer Unrechtsgesellschaft im Walde zusammen. Als sie einen kapitalen Hirsch erbeutet und die einzelnen Lose gebildet hatten, sprach der Löwe:

'Ich nehme das erste, denn ich heiße Löwe; das zweite werdet ihr mir geben, weil ich tapfer bin; dann wird mir, weil ich kräftiger bin, das dritte folgen; schlecht wird es dem gehen, der das vierte anrühren sollte.' So trug die Schurkerei allein die ganze Beute weg."

Ein Vorwurf mag bereits darin liegen, daß sich Ziege, Kuh und Schaf wider ihre Natur zur Jagd begeben, was Phaedrus mit den *socii iniuriae* ansprechen könnte,[20] doch wie man immer das Unternehmen beurteilt, die Ungerechtigkeit der Geschäftspolitik des Löwen bei der Gewinnverteilung liegt auf der Hand. Das mochte den Q. Mucius dazu bewogen haben, eine Regel aufzustellen, daß ein Gesellschaftsvertrag *(societas)* nicht ungleiche Anteile am Gewinn und Verlust vorsehen könne:

Paul. (6 Sab.) D. 17.2.30 *Mucius libro quarto decimo scribit non posse societatem coiri, ut aliam damni, aliam lucri partem socius ferat.*
„Mucius schreibt im vierzehnten Buch, eine Gesellschaft könne nicht so eingegangen werden, daß ein Gesellschafter einen bestimmten Anteil am Schaden, hingegen einen anderen Anteil am Gewinn habe."

In der Konsequenz steht am Ende solcher unterschiedlicher Gewinn- und Verlustzuteilungen tatsächlich die *societas leonina*, wenn nämlich der Gewinnanteil des einen *socius* gegen Null tendiert, er aber dennoch teilweise oder ganz am Verlust partizipiert. Über die Sittenwidrigkeit eines solchen Vertrages bestand schon früh ein Konsens, der sich spätestens seit Cassius mit dem Terminus der *societas leonina* verband.[21] Schwieriger war es, Lösungen zu finden, die flexiblere Ver-

[20] Alle Übersetzer ziehen *iniuriae* zu *patiens ovis*, desgleichen der Thes. l. L. 9,2 1193, 76 (s. v. *ovis*); 10,1 738, 22 (s. v. *patior*); dagegen aber wie hier A. Guarino, La società col leone, Labeo 18 (1972) 72–77. Das Enjambement als Mittel dichterischer Verknüpfung läßt die Fabel geschlossener erscheinen, denn die Düpierung der pflanzenfressenden Gesellschafter als betrogene Missetäter kann der römische, rechtserfahrene Leser auch als Konsequenz des sittenwidrigen und daher nichtigen Gesellschaftsvertrages auffassen, vgl. Paul. (32 ed.) D. 17.2.3.3. Das ergibt entgegen Guarino durchaus einen guten Sinn, da in der sittenwidrigen Gesellschaft ohnehin das Unrecht regiert.

[21] Cass.-Arist.-Ulp. (30 Sab.) D. 17.2.29.2.

träge erlaubten, als es die starre Regel des Q. Mucius vorsah. Damit begann das Fachgespräch über die Zeiten hinweg.

Als erster hatte der einst von Q. Mucius gescholtenen Servius sich des Problems angenommen und seinen früheren Tadler auch gleich kritisiert:

Paul. (6. Sab.) D. 17.2.30 (Forts.) *Servius in notatis Mucii ait nec posse societatem ita contrahi, neque enim lucrum intellegitur nisi omni damno deducto neque damnum nisi omni lucro deducto: sed potest coiri societas ita, ut eius lucri, quod reliquum in societate sit omni damno deducto, pars alia feratur, et eius damni, quod similiter relinquatur, pars alia capiatur.*
„Servius notiert in seinen Anmerkungen zu Mucius, eine Gesellschaft in dieser Weise einzugehen sei nicht möglich, denn es liege kein Gewinn vor, wenn man nicht den Schaden vollständig abgezogen habe, und andererseits auch kein Schaden, wenn man nicht den Gewinn vollständig abgezogen habe. Es kann aber eine Gesellschaft so eingegangen werden, daß für den Gewinn, der der Gesellschaft nach Abzug des gesamten Verlustes bleibt, eine [bestimmte] Aufteilung erfolgt und für den Verlust, der bei gleicher Berechnung verbleibt, eine andere."

Servius entzaubert zunächst den Glanz der Definition, indem er auf die Ungenauigkeit hinweist und zeigt, daß es verfehlt wäre, Gewinn und Verlust zu kumulieren, sondern es sich stets nur um ein Entweder-Oder, also um Gewinn oder Verlust, handle. Das eine wie das andere muß also zunächst festgestellt werden. Wenn schon, hätte nach ihm die Regel korrekt formuliert so lauten müssen, daß es einzig zulässig sei, für den Fall eines Gewinnes eine gleiche Aufteilung vorzusehen wie bei einem Verlust.[22] Durch diese Distanznahme gewann er zugleich die Freiheit, vom scheinbar schlüssigen Postulat des Q. Mucius eines Gleichlaufs von Gewinn und Verlust abzurücken und eine andere Lösung vorzuschlagen.

Aus der Darstellung des Disputes bei Gaius 3,149 und Inst. 3.25.2 geht hervor, daß Servius auch eine Abrede als zulässig erachtete, wonach der eine, der wohl am Gewinn, nicht aber am Verlust teilnimmt, nur seine Arbeitsleistung einbringt, während der Kapitalgeber neben der Gewinnbeteiligung das Verlustrisiko trägt. Die Lösung des Servius schöpfte ohne Zweifel aus Erfahrungen mit der Praxis,[23] wo solche

[22] So schon K. A. von Vangerow, Lehrbuch der Pandekten ($^{7}$1869), Bd. 3, 471 f. (§ 651); ihm folgt mit eingehender Begründung Horak (Anm. 8), 163 ff.

[23] Interessant ist der Perspektivenwechsel, auf den Horak ebd. 159 hinweist: Der Formulierung als Bedingung bei Gaius steht bei Justinian die Begründung gegenüber, was zeigt, daß Gaius noch den prospektiven Blick des Kautelarjuristen verrät, während die Institutionen Justinians die Haltung des Richters zeigen, der im nachhinein eine von den Parteien vereinbarte Lösung zu beurteilen hat.

Vereinbarungen sinnvoll waren und noch heute sinnvoll sind, denn es liegt auf der Hand, daß derjenige, der nur Arbeit investieren kann, einmal das Risiko seiner Arbeitskraft trägt, im Extremfall gar – denken wir nur an die Gefahren der antiken Schiffahrt – sein Leben riskiert und sich dank dieses Einsatzes seinen Anteil am Gewinn verdient. Wenn sich auch die neue Lösung von der primitiven Formel unterscheidet, bleibt doch das große Verdienst des Q. Mucius, mit seinen begrifflichen Bemühungen den Anstoß zur Diskussion und zugleich den Rahmen für die Begriffsbildung vorgegeben zu haben.[24]

Auf andere, nicht weniger anschauliche Beispiele für die Erarbeitung solcher Regeln und ihre Differenzierung stoßen wir bei der Diskussion um die Begriffsbestimmung von *dolus malus*. Sie kam auf, als sich mit der Ablösung des starren Legisaktionenverfahrens das schöpferische Moment der Juristen bei der Gestaltung der Klage entfalten konnte. So lag es nahe, an C. Aquilius Gallus – den Schöpfer der *actio de dolo*, die als Auffangbecken an Situationen der arglistigen Schädigung anknüpfte – die Frage zu stellen, was denn *dolus malus* überhaupt sei. Seine Antwort lautete nach Cicero off. 3,60 kurz und bündig:

*... cum esset aliud simulatum, aliud actum.*[25]

„... wenn etwas vorgespiegelt worden, etwas anderes aber beabsichtigt gewesen sei."

Auch wenn man sich bewußt bleibt, daß *actum esse* als Fachterminus auf „den erkennbaren Sinn und Zweck der Parteihandlungen" zielte,[26] leuchtet es jedem Juristen schnell ein, daß sich diese so allgemein gehaltene Formel nie auf den Fall anwenden ließ, den Cicero schildert: Es ist die Geschichte vom Kauf des Hauses am Meer, zu dem der

[24] Die offene Regelung von § 722 BGB läßt solche Vereinbarungen zu, ohne sie explizit zu machen; die *societas leonina* scheitert an der Schranke der guten Sitten (§ 138). Das ABGB folgt in der genauen Begriffsbestimmung des Gewinns Servius (§ 1192) und überträgt die Verteilungsgrundsätze (§ 1193) auf den Verlust (§ 1197). Es läßt andere Vereinbarungen zu, verweist aber für deren Beurteilung auf die Schranke des *pretium iustum* (Verkürzung über die Hälfte: § 934). Hingegen zwingt der Code civil auf den Spuren des Q. Mucius auch den „Arbeiter" wenigstens mit der Quote der geringsten Kapitalbeteiligung zur Tragung des Verlustes, art. 1844–1. Ausdrücklich als zulässig erwähnt wird die Lösung des Servius in Art. 533 Abs. 3 OR, was die Wertschätzung der Arbeit in dieser Kodifikation zeigt.

[25] Vgl. auch Cic. nat. deor. 3, 74.

[26] Kaser, RP I, 236; die dort skizzierte Auffassung von *agere*, auf die wir uns hier stützen, erklärt die Abweichungen zu G. MacCormack, Aliud simulatum, aliud actum, SZ 104 (1987) 639–646.

Erwerber dadurch animiert wurde, daß der Verkäufer Fischer mit vollen Netzen auffahren hieß, um nahegelegene, reiche Fischgründe vorzugaukeln. Schon Servius schränkte die viel zu weit geratene Fassung des Begriffs ein und verlangte zur *simulatio* als weitere Voraussetzung eine *machinatio*, also Vorkehren sowie Täuschungsabsicht:

Ulp. (11 ed.) D. 4.3.1.2 *Dolum malum Servius quidem ita definiit machinationem quandam alterius decipiendi causa, cum aliud simulatur et aliud agitur. ...*
„Arglist definierte Servius hingegen als bestimmte Vorkehren, um einen anderen zu täuschen, wenn etwas vorgespiegelt werde, etwas anderes aber beabsichtigt sei. ..."

Wenig später wies Labeo darauf hin, daß es Fälle gebe, bei denen die *simulatio* fehle und dennoch von Arglist gesprochen werden müsse, wie andererseits bei der Verstellung die Arglist fehle, wenn sie beispielsweise zum Schutz eigener oder fremder Güter angewendet werde. Deshalb verstärkte er die Anforderungen an die Täuschungsvorkehren und die Täuschungsabsicht:

Ulp. (11 ed.) D. 4.3.1.2 (Fortsetzung) *Labeo autem posse et sine simulatione id agi, ut quis circumveniatur: posse et sine dolo malo aliud agi, aliud simulari, sicuti faciunt, qui per eiusmodi dissimulationem deserviant et tuentur vel sua vel aliena: itaque ipse sic definiit dolum malum esse omnem calliditatem fallaciam machinationem ad circumveniendum fallendum decipiendum alterum adhibitam. Labeonis definitio vera est.*
„Labeo aber meinte, es sei auch ohne Vorspiegelung möglich, zu beabsichtigen, jemanden zu hintergehen: andererseits sei es möglich, auch ohne Arglist etwas anderes zu beabsichtigen als vorgegeben werde, wie es jene tun, die durch eine solche Verstellung eigenes oder fremdes Vermögen bewahren und schützen: daher definierte er selbst die Arglist als jede Raffinesse und trügerische Vorkehrung, die gebraucht werde, um jemanden zu hintergehen, zu täuschen und zu überlisten. Labeos Definition trifft zu."

Ulpian schloß sich ihm also an, griff allerdings an einer anderen Stelle wieder auf die Definition des Aquilius Gallus – eingeschränkt durch die Täuschungsabsicht – zurück, indem er den wohl zu Beginn des zweiten Jahrhunderts wirkenden Pedius zitierte.[27]

[27] Ulp. (4 ed.) D. 2.14.7.9 ... *Dolus malus fit calliditate et fallacia: et ut ait Pedius, dolo malo pactum fit, quotiens circumscribendi alterius causa aliud agitur et aliud agi simulatur*. Zu all diesen Stellen vgl. A. Carcaterra, Dolus bonus/dolus malus. Esegesi di D. 4.3.1.2–3, Neapel 1970, 1ff., 59ff.; dazu A. Wacke, Zum *dolus*-Begriff der *actio de dolo*, RIDA$^3$ 27 (1980) 349–386; in ital. ders., Iura 28 (1977) 10–39, jetzt in: ders., Estudios de Derecho romano y moderno, Madrid 1996, 267–296.

In diesem Spannungsfeld der Konkretisierung muß sich Auslegung bewähren. Die Möglichkeit, viele im historischen Nacheinander entwickelte Meinungen nebeneinanderzustellen, erlaubte zudem noch ein differenzierteres Vorgehen, indem man sich zwar am Grundsatz orientierte, bei der Behandlung eines komplexen Falles jedoch die notwendigen Nuancierungen und Abstufungen suchte. Schließlich sehen wir, wenn wir die Juristen beim praktischen Vorgehen beobachten, daß sie noch andere Fälle mit der *actio de dolo* bewältigten, bei denen es an einer Täuschung oder Täuschungsabsicht fehlte und ein anderes Verhalten, beispielsweise der Bruch eines Versprechens, sanktioniert wurde.[28]

Solche definitorischen Bemühungen animieren, methodische Leitlinien zu suchen, um so mehr, als Pomponius ja die intellektuelle Leistung des Quintus Mucius hervorhebt, als erster das Zivilrecht nach *genera* geordnet zu haben.[29] In der Tat sind dafür einige Beispiele überliefert, so die begriffliche Gliederung der Vormundschaft *(tutela)* in fünf *genera*,[30] die zugleich die Reflexion über die Begriffsbestimmung angestoßen hat. Noch wichtiger – und für die innere Organisation des Rechts folgeträchtiger – war seine Leistung, die *bona fides* als einheitliche Grundlage bei den *bonae fidei iudicia* auf den Punkt gebracht zu haben. Da Cicero einen Zeitgenossen des Quintus Mucius, den Redner Crassus, jedoch darlegen ließ, genau diese Arbeit, die er bei dieser Gelegenheit als Programm in die Vergangenheit projiziert, sei noch zu leisten,[31] dürfen wir davon ausgehen, daß er sie nicht als gelungen betrachtete. Hingegen attestiert Cicero seinem Freund, dem Juristen Servius Sulpicius Rufus, den entscheidenden Schritt zur Dialektik getan zu haben. Daher lohnt sich ein Blick auf die Passage mit dem Lob des Servius und auf die an ihm besonders gerühmten Merkmale:

Brut. 152f. *sic enim … existimo, iuris civilis magnum usum et apud Scaevolam et apud multos fuisse, artem in hoc uno; quod numquam effecisset ipsius iuris scientia, nisi eam praeterea didicisset artem quae doceret rem universam tribuere in partis, latentem explicare definiendo, obscuram explanare interpretando, ambigua primum videre, deinde distinguere, postremo habere regulam qua vera et falsa iudicarentur et quae quibus propositis essent quaeque non essent consequentia. Hic enim adtulit hanc artium omnium artem maximam quasi lucem ad ea quae confuse ab aliis aut respondebantur aut agebantur. – Dialecticam mihi videris dicere …*

28 Vgl. Wacke (Anm. 27), RIDA$^3$ 27 (1980) 350ff.
29 S. o. mit Anm. 16.
30 Gai. 1,188.
31 Cic. de orat. 1,188ff.

„'So bin ich der Auffassung, daß Scaevola und viele das Zivilrecht bestens gepflegt haben, eine Methode hatte aber einzig dieser; das hätte er durch seine Rechtskenntnisse allein niemals erreicht, wenn er darüber hinaus nicht jene (systematisch gegliederte) Disziplin gelernt hätte, die lehrt, den ganzen Stoff in Teile zu gliedern, den verborgenen Sinn durch Begriffsbestimmung zu entfalten, Dunkles durch Auslegung zu erläutern, Doppeldeutiges zunächst zu erkennen, sodann zu unterscheiden und schließlich den Leitsatz zu gewinnen, mit dem Wahr und Falsch beurteilt werden und was – wenn die entsprechenden Annahmen getroffen werden – daraus folgt und was nicht. Dieser nämlich führte diese Methode, die wichtigste von allen Disziplinen, wie ein Licht zu jenen Problemen, die von anderen ungeordnet rechtlich begutachtet oder verhandelt wurden.' – 'Du sprichst offensichtlich von der Dialektik ...'"

Wie es Cicero charakterisiert, hatte Servius die dialektische Methode in der Weise auf die Jurisprudenz angewandt, daß er mit der Gliederung des Stoffes *(partitio)* einsetzte,[32] den verborgenen Sinn durch Begriffsbestimmung *(definitio)* entfaltete und erklärte[33] sowie Unklarheiten durch *interpretatio* erläuterte.[34] Dann mußte er Doppeldeutiges zunächst erkennen *(videre)*, sodann unterscheiden *(distinctio)*, was wiederum auf bestimmte logische Operationen zielte.[35] Dann mußte

[32] Oft begegnet uns die *partitio* vermischt mit der *divisio*, die in *genera* und *species* zerlegt; vgl. dazu D. Nörr, Divisio und Partitio. Bemerkungen zur römischen Rechtsquellenlehre und zur antiken Wissenschaftstheorie, Berlin 1972 (dazu kritisch Crifò, Iura 23 (1972) 246–253; Horak, TR 43 (1975) 97–102) und M. Talamanca, Lo schema 'genus – species' nelle sistematiche dei giuristi romani, in: La filosofia greca e il diritto romano, Rom 1977, Bd. 2 (= ALinc. n° 221).

[33] Vgl. Cic. orat. 116 *si quidem est definitio oratio, quae quid sit id de quo agitur ostendit quam brevissime; tum, ut scis, explicato genere cuiusque rei videndum est quae sint eius generis sive formae sive partes, ut in eas tribuatur omnis oratio.*

[34] Zu *interpretatio* im Zusammenhang mit den Juristenschriften vgl. M. Fuhrmann, Interpretatio, Notizen zur Wortgeschichte, in: Sympotica F. Wieacker, Göttingen 1970, 80–110.

[35] Zur *cognitio* vgl. Rhet. Her. 2,16; Cic. top. 81–85. Interessant der Gebrauch in der als *ars* aufgefaßten Medizin Cels. 1 prooem. 64, vgl. 57; 2,18,12; 7,7,13 A; 8,2,3; zur *distinctio* vgl. Cic. top. 82 und Sen. nat. 2,40,6. Diese Technik hat sich in der Jurisprudenz als überaus fruchtbar erwiesen, vgl. z. B. Lab. (4 pith.) D. 33.10.12 *... urbanus servus et rusticus distinguitur non loco, sed genere usus ...*, vgl. Pomp. (6 Sab.) D. 50.16.166 pr. zum Problem der Zuordnung der jeweiligen *familia*, dessen Bewältigung mit Q. Mucius Scaevola einsetzte (vgl. o. bei Anm. 7); zur Definition der *tutela* (o. bei Anm. 30) vgl. den Beitrag des Servius bei Paul. (38 ed.) D. 26.1.1 und Inst. 1.13.1 f. Zur Wir-

er zu einem Leitsatz kommen *(regula)*[36], der ihm die Wahl der richtigen Antworten eröffnete *(consequentia)*[37]. Diese dialektische Technik *(ars)* führte er in der Jurisprudenz als Mittel zur Erkenntnis *(lux)*[38] ein. Ein solches Programm wollte Cicero in seiner verlorenen Schrift ›De iure civili in artem redigendo‹ verwirklichen.[39]

In neuerer Zeit hat Ciceros Plan immer wieder den Systemgedanken evoziert, der von Leibniz als Ideal propagiert und von der Pandektistik im 19. Jahrhundert zu jener großartigen Perfektion entwikkelt worden ist, die im deutschen BGB den Anfängern Kopfzerbrechen bereitet. Einen solchen Systementwurf hatte Cicero aber sicher nicht beabsichtigt. Er meinte lediglich, daß Servius eine bestimmte Technik oder Methode in vorbildlicher Weise anwandte. Um sicheren Boden für die Einschätzung der Leistung zu gewinnen, lohnt es sich, einmal den Redner Cicero an seinen eigenen methodischen Postulaten zu messen. Im ›Orator‹ nimmt er für sich in Anspruch, in der Rede ›Pro Caecina‹ für die Auslegung des Interdikts in dieser Weise vorgegangen zu sein;[40] sein ganzes rednerisches Werk schließlich läßt sich an jenen Anforderungen reflektieren, die er für das Vorgehen des vollendeten Redners skizzierte[41] und die durchaus dem entsprechen, was er sich für die Jurisprudenz vorstellte. Wenn wir also unsere Stelle aus Brutus abschließend kurz zusammenfassen wollen, war es Servius gelungen, die von den Juristen geübte Praxis des *respondere* und des *agere* in der geschilderten Weise mit analytischer Kraft zu durchdringen.

kungsgeschichte in der mittelalterlichen Rechtswissenschaft vgl. H. Lange, Römisches Recht im Mittelalter, Bd. 1, Die Glossatoren, München 1997, 134 ff., 114.

[36] Zur definierenden *regula* hier B. Schmidlin, Die römischen Rechtsregeln, Köln u. a. 1970, 163 ff., 197 f., der auch gut in die Bemühungen Ciceros um eine Strukturierung der Jurisprudenz einführt.

[37] Vgl. Cic. top. 53; 58.

[38] Auch *lux* kann in einem solchen Zusammenhang technisch gebraucht sein, vgl. Cic. ac. 2,46; 62; im Zusammenhang mit der *ars grammatica* bei Hor. ars 448 ff.: *... parum claris lucem dare coget,/arguet ambigue dictum, mutanda notabit,/fiet Aristarchus ...*

[39] Gell. 1,22,7, vgl. Cic. de orat. 1,190; dazu Wieacker, RRG I, 636; 628 mit Anm. 57.

[40] Cic. orat. 102 *Tota mihi causa pro Caecina de verbis interdicti fuit: res involutas definiendo explicavimus, ius civile laudavimus, verba ambigua distinximus.*

[41] Cic. orat. 116, zit. o. Anm. 33.

Bei der Faszination, die Fragen wissenschaftlicher Methode seit je und aus gutem Grunde auf Rechtslehrer ausüben, konnte es nicht ausbleiben, daß immer wieder versucht wurde, im kühnen Zugriff direkte Verbindungslinien von philosophischen Richtungen zu einzelnen Juristen nachzuweisen.[42] Oft enthalten diese Abhandlungen wichtige Erkenntnisse zu einzelnen Texten; im ganzen können sie schon deshalb nicht befriedigen, weil wir über entscheidende Punkte der hellenistischen Philosophie nur wenige Quellen besitzen und deshalb auf Mutmaßungen angewiesen sind.[43] Zudem wissen wir über die philosophischen Strömungen in ihrer Breite und ihrem Nebeneinander zu wenig Bescheid. Bezeichnend dafür ist, daß Einflüsse der Lehre Epikurs unter Romanisten kaum diskutiert werden, obwohl nicht nur so prominente Persönlichkeiten wie Atticus und Horaz, sondern auch weite Kreise der gebildeten römischen Bevölkerung sich zu ihr be-

[42] Vgl. die Lit. bei Wieacker, RRG I, 633 Anm. 87; sehr spekulativ O. Behrends, Gesetz und Sprache. Das römische Gesetz unter dem Einfluß der hellenistischen Philosophie, in: O. Behrends/W. Sellert (Hrsg.), Nomos und Gesetz, Göttingen 1995, 135–249. Am erfolgversprechendsten sind sicher Untersuchungen zu Einzelfragen. Dabei lassen sich zwar Einflüsse auf die Juristen nachweisen; sie bewegen sich aber mehr im Felde antiker Bildungstraditionen und stützen keinesfalls den Schluß auf eine Übernahme ganzer Lehrgebäude bestimmter philosophischer Schulen, vgl. etwa L. C. Winkel, Error iuris nocet: Rechtsirrtum als Problem der Rechtsordnung, Bd. 1, Zutphen 1985 (zu den hier angesprochenen Fragen der Methodenlehre M. Herberger, SZ 104 [1987] 745–750) und M. J. Schermaier, Materia, Beiträge zur Frage der Naturphilosophie im klassischen römischen Recht, Wien u. a. 1992. Zu letztzitiertem wiederum kritisch – freilich mit schwacher Quellenbasis – O. Behrends, Die Spezifikationslehre, ihre Gegner und die media sententia in der Geschichte der römischen Jurisprudenz, SZ 112 (1995) 195–238. Es bleibt dabei, daß das Wechselspiel von Philosophie und Rechtswissenschaft leider nur in Ansätzen erkennbar ist, so W. Görler, Hist. Wörterbuch der Philosophie, Bd. 7 (1989) 612, dem ich auch für klärende Worte in diesem Zusammenhang danke. Ein Werk, das lange Zeit in solcher Weise den Blick mehr verstellt als geöffnet hat, ist die geistreiche Schrift von J. Stroux, Summum ius, summa iniuria. Ein Kapitel aus der Geschichte der interpretatio iuris, Berlin o. J. (1926), dann in: ders., Römische Rechtswissenschaft und Rhetorik, Potsdam 1949; dazu und ebenso kritisch zu den Thesen von Behrends vgl. M. Hillgruber, *Scriptum* und *voluntas* in der Rechtswissenschaft der römischen Republik, Mus. Helv. 52 (1995) 170–180.

[43] Vgl. zum Forschungsstand und zur Zuverlässigkeit von Aussagen über die Lehre W. Görler, in: H. Flashar (Hrsg.), Die Philosophie der Antike, Bd. 4,2, Basel 1994, 721 ff.

kannten. Ebenso spärlich ist unser Wissen, wie sich diese Gemengelage in der schulischen Ausbildung der vornehmen Römer ausnahm, welche die angehenden Juristen prägte. Am ehesten wird sich ein Grundkonsens feststellen lassen, eine Art Koine des Stils, in welchem geistige Auseinandersetzungen gepflegt und Probleme behandelt wurden.

Im ganzen muß man aber immer mitbedenken, daß noch stets der Zwang zur Antwort und zur Lösung, den die praktischen Fragen des Rechtsalltags mit sich bringen, Neuerungsstreben nur in Grenzen zuläßt. Zudem mußte in Rom die Rückbindung in der Tradition die Akzeptanz des Rechts sichern, so daß auch von daher methodischer Orginalität Schranken gesetzt waren. Die Zeugnisse schließlich, die Cicero bringt, leiden unter ihrer einseitigen Optik, und zudem besteht der Verdacht, er habe einzelne Episoden und Schriften hinaufstilisiert, was die Proportionen für den heutigen Interpreten verzerrt. Am meisten Erfolg verspricht sicher die Auseinandersetzung mit der Begrifflichkeit der römischen Juristen und den Besonderheiten des Stils einzelner Juristenpersönlichkeiten.[44] Sie muß zusammengehen mit dem Blick auf die Einbettung der Probleme im wirtschaftlichen und sozialen Leben Roms, wobei im Brennpunkt stets die einzelnen Quellen mit ihrem rechtlichen Fallmaterial zu stehen haben.

Die gleiche Problematik, in einzelnen, oft isolierten Aussagen methodische Prinzipien römischer Juristen aufzuspüren, stellt sich wieder, wenn wir uns im Prinzipat den beiden Rechtsschulen der Proculianer und Sabinianer zuwenden.[45] Schon der Bericht über die Abfolge der Schulhäupter läßt die Frage aufwerfen, ob nicht die antike Tradition solcher Scholarchenlisten (διαδοχαί), wie sie uns Pomponius überliefert, verführt hatte, den ununterbrochenen Sukzessionszusammenhang gewaltsam herzustellen.[46] Bereits über der Gründung dieser Schulen liegt ein Schleier, wenn Pomponius die Sabinianer auf Ateius Capito zurückführt, dem Sabinus nachfolgte, er aber sogleich eingestehen muß, daß die Schule auch nach dessen Nachfolger Cassius Longinus benannt wurde, was noch andere Quellen belegen.[47] Die

[44] Vgl. die Darstellungen von D. Liebs, HLL 4 (1997) §§ 410–431 (S. 83–217); 5 (1989) §§ 502–510 (S. 55–73).

[45] Für die Materialien vgl. die Darstellung bei D. Liebs, Rechtsschulen und Rechtsunterricht im Prinzipat, ANRW II. 15, 197–286.

[46] So H. Vogt, Die sogenannten Rechtsschulen der Proculianer und der Sabinianer oder Cassianer, in: GS W. Kunkel, Frankfurt a. M. 1984, 515–521.

[47] Vgl. Plin. epist. 7,24,8.

Schule der Proculianer läßt Pomponius ebenfalls nicht mit dem Namensgeber Proculus einsetzen, sondern mit Labeo, der mit Capito auch politisch rivalisierte.[48] Auf ihn soll noch vor Proculus Nerva – der Großvater des Kaisers – gefolgt sein.

Sicher gab es Kontroversen, die sich eindeutig einer solchen lockeren Tradition zuordnen lassen; doch ob dies für alle aus dieser Zeit überlieferten Kontroversen zutrifft, ist mehr als fraglich. Wenn man gar die verschiedenen von der modernen Forschung vorgeschlagenen Einordnungskriterien ansieht, beispielsweise die Anknüpfung an den unter den Grammatikern herrschenden Gegensatz von Analogisten und Anomalisten,[49] oder andere vorgeschlagene Lösungsansätze betrachtet, seien es verschiedene Wissenschaftsmodelle, sei es die unterschiedliche Einstellung von Empirikern und Dogmatikern, sei es die Spannung zwischen institutionellem und prinzipiellem Rechtsdenken oder schließlich der Gegensatz von Naturrecht und Positivismus, stellt man fest, daß das, was der eine Autor den Proculianern zuschreibt, der andere für die Sabinianer reklamiert. Deshalb lohnt sich Zurückhaltung im eigenen Bemühen, einer dieser Linien zu folgen oder gar eine eigene Theorie zu entwickeln.[50] Gewiß gab es auch *scholae* in dem Sinne, daß sich Schüler einem Lehrer anschlossen.[51] Die verschiedenen Gruppierungen könnten sich auch in ihrem Gehabe und durch die von ihnen bevorzugten Literaturgattungen unterschieden haben; während die Sabinianer die umfassenden Kommentare schrieben, scheinen die Proculianer mehr zum Aperçu und zum lokkeren Gefüge von Fallbehandlungen geneigt zu haben,[52] wenn sich dahinter nicht Kriterien verbergen, nach denen Pomponius die Scholarchenliste zusammengestellt oder vervollständigt hatte. Wir können hier diese Fragen auf sich beruhen lassen und uns kurz der eigentlichen literarischen Produktion in ihren Gattungen zuwenden.

[48] Vgl. Tac. ann. 3,75.

[49] Vgl. P. Stein, The two schools of jurists in the early Roman Principate, Cambridge Law Journal 31 (1972 B) 8–31.

[50] Vgl. zu einer Reihe solcher Versuche T. Giaro, Von der Genealogie der [illegible] Genealogie der Juristen, Rechtshist. Journal 11 (1992) 508–554.

[illegible] ichbar wäre die Art, wie sich der junge Iulius Naso dem [illegible] hatte, vgl. Plin. epist. 6,6; ähnlich Iunius Avitus eod.

[illegible] nm. 45) 215 ff.

## 3. Die Darstellungsformen der juristischen Schriftstellerei

Mehr im Sinne einer Zusammenfassung seien hier die wichtigsten Literaturgattungen aufgeführt, deren sich die römischen Juristen bedient hatten. Wir haben gesehen, daß Sextus Aelius mit seinem Werk zu den Zwölf Tafeln mit der Tradition der Kommentare begonnen und daß Q. Mucius sich offenbar an die dort angelegte Reihenfolge der Materie gehalten hatte, wenn man vom Anfang einmal absieht. Die Zwölf Tafeln wurden zwar noch von einigen späteren Juristen kommentiert, doch da sie ihre Bedeutung für das aktuelle Recht verloren hatten, stand ein stark antiquarisch geprägtes Interesse dahinter. An ihre Stelle trat eine für die Praxis ungleich wichtigere grundlegende Norm, nämlich das Edikt des Prätors, in erster Linie des *praetor urbanus*. Es war Servius, der mit einer ersten, bescheidenen Kommentierung antrat; das erste größere, auf mindestens 30 Bücher, oder besser Buchrollen, angelegte Werk stammte von Labeo. Im Übergang vom zweiten zum dritten Jahrhundert n. Chr. wurden die Kommentare immer umfangreicher, Pomponius verfaßte dazu über 83,[53] Paulus 80 und Ulpian 81 Bücher oder Buchrollen.

Wie bereits bemerkt, konnten auch Werke einzelner Juristen wiederum Gegenstand einer Kommentierung werden. Das war bei Q. Mucius der Fall, den sich Pomponius als Vorlage wählte; wichtiger sind die drei Bücher von Sabinus, der sich seinerseits an die Darstellung des Q. Mucius angelehnt hatte. Sie wurden zum Kern der großen Sabinus-Kommentare von Pomponius mit 35, Paulus mit 16 und Ulpian mit 51 Büchern. Daneben entstand eine andere Gattung, die lose der Ordnung des Edikts folgend die kasuistischen Erörterungen aufnahm und daran dann die Behandlung von einzelnen Senatsbeschlüssen und dergleichen anknüpfte. Sie wurden *Digesta* und *Pandectae* genannt. Die Tradition begonnen hatte gegen Ende der Republik Alfenus Varus, von dem Fragmente in Auszügen aus Paulus überliefert sind.

Schließlich muß noch auf die reiche Literatur hingewiesen werden, in der sich die Respondierpraxis niederschlug. Wichtigster Autor dieser Gattung wurde Papinian mit Werken, die die bezeichnenden Titel ›Quaestiones‹ (37 Bücher) und ›Responsa‹ (19 Bücher) tragen; noch ein Jurist wie Paulus verfaßte 23 Bücher ›Responsa‹. Faszinierend ist Cervidius Scaevola, auf den neben ›Digesta‹ (40 Bücher) auch ›Quaestiones‹ (20 Bücher) und ›Responsa‹ (6 Bücher) zurückgehen, welche sich alle dadurch auszeichnen, daß der Jurist die Urkunden oder Ver-

[53] Liebs, HLL 4 (1997) § 422.11 zählt gar 150 *libri*.

tragstexte, die er zu beurteilen hatte, oft teilweise oder sogar ganz zitiert, während die anderen Autoren den Sachverhalt meist in einer schon konzentrierten Form bieten. Auch die Briefform taucht auf, so bei Pomponius, von dem 20 Bücher ›Epistulae‹ bezeugt sind.[54] Auf die vielen Einzelschriften und ihre literarische Eigenart können wir hier nicht eingehen.

Eine Literaturgattung müssen wir allerdings noch gesondert erwähnen, nämlich die Lehrbücher. Das bekannteste sind die bereits mehrfach zitierten ›Institutiones‹ des Gaius. Ihre Entdeckung durch Niebuhr zu Beginn des 19. Jahrhunderts in einem Palimpsest der Kapitelbibliothek in Verona machte regelrecht Furore, denn damit lag nicht nur die klar strukturierte Schrift aus der Mitte des zweiten Jahrhunderts n. Chr. vor, die sich an Anfänger wandte. Sie lieferte außerdem den Schlüssel für zwei Probleme: Da Gaius, von dem wir außer seinem Namen kaum zuverlässige Nachrichten haben,[55] auch den Zivilprozeß und dessen Geschichte behandelte, eröffnete er einen Zugang, um die römischen Juristentexte unter diesem Blickwinkel zu verstehen. Vorher wußte man wenig davon, denn da sich die prozessualen Gegebenheiten inzwischen grundlegend verändert hatten, war die justinianische Überlieferung an solchen Fragen begreiflicherweise kaum interessiert. Zum anderen konnte man damit erstmals deutlicher erkennen, wie die Juristen Justinians, die diese Schrift ihren ›Institutiones‹ zugrunde gelegt hatten, die von ihnen kompilierten Rechtstexte umgearbeitet haben. Diese neue Sicht auf das römische Recht war um so aufregender, als Justinians Perspektive den juristischen Elementarunterricht bis in die Neuzeit bestimmte. Wie sehr sie die modernen Kodifikationen geprägt hat, zeigt sich bereits bei der Stoffanordnung, besonders markant im Code civil und im ABGB, die noch aus der Zeit vor der Entdeckung des Gaius stammen: Ihre Systematik folgt den Institutionen Justinians, deren Einfluß selbst noch im BGB, das mit seinem Allgemeinen Teil dem Pandektensystem verpflichtet ist, sowie im ZGB und OR deutlich erkennbar ist.[56]

[54] Als einziger Autor hatte M. Iunius Brutus (142 v. Chr. *praetor*) für seine ›De iure civili libri tres‹ die Form eines Dialoges zwischen Vater und Sohn gewählt.

[55] Dafür sprossen die Spekulationen um so üppiger; den Stand der früheren Forschung bietet Kunkel, Herkunft, 186–213; ein zuverlässiger Führer ist H. L. W. Nelson, Überlieferung, Aufbau und Stil von Gai Institutiones, Leiden 1981; vgl. ferner G. Diósdi, Gaius der Rechtsgelehrte (mit einer Bibliographie von R. Wittmann), ANRW II.15, 605–631.

[56] Für andere Lehrbücher wie die ›Institutiones‹ des Florentinus oder Mar-

Eine letzte Gruppe von Texten schließlich verdankt ihre Entstehung der Entwicklung, daß sich ein Schwerpunkt juristischer Tätigkeit langsam in die kaiserlichen Kanzleien verlagerte. Deshalb wurden jene Erzeugnisse immer wichtiger, die dort entstanden und unter dem Namen *Constitutiones* zusammengefaßt werden können. Neben den normativ wirkenden *constitutiones*, *edicta* und den als dienstliche Weisung an Beamte gerichteten *mandata* sind es die *epistulae* der Kaiser auf Anfragen staatlicher Beamter und die *rescripta* oder *subscriptiones* auf Anfragen und Eingaben von Privaten, die uns in großer Zahl überliefert sind.[57] Freilich zwingt uns die in der Überlieferung getroffene Auswahl eine bestimmte Sehweise nicht nur auf diese Reskripte, sondern auf alle Juristenschriften auf, die leicht in die Irre führen kann. Wir müssen daher die quellenmäßigen Voraussetzungen unseres Verständnisses kurz beleuchten, indem wir die Arbeit der Kompilatoren skizzieren.

## 4. Die Perspektive der Kompilatoren des römischen Rechts

Abgesehen vom Gaius-Palimpsest liegt uns keine der vorher aufgeführten Juristenschriften in nennenswertem Umfange in einer Gestalt vor, die in einer direkten Überlieferungstradition steht. Unser Wissen vom römischen Recht wird vielmehr weitgehend durch die Auswahl und die Redaktion der Juristen bestimmt, die im Auftrag des oströmischen Kaisers Justinian eine Kompilation herstellten. Angesichts der Fülle von kaiserlichen Konstitutionen, die im Laufe der Jahrhunderte in riesiger Zahl ergangen waren, deren Publikation durch Anschlag erfolgt und deren Weiterverbreitung privater Initiative überlassen war, ist der Wunsch nach einer übersichtlichen Sammlung verständlich, zumal mit der zeitlichen Distanz die Probleme der Überlieferung wuchsen. Zwar gab es Vorläufer, so zwei auf der Wende zum vierten Jahrhundert unter Diokletian entstandene Sammlungen, der *Codex Gregorianus* und der *Codex Hermogenianus*,[58] und über ein Jahrhundert später hatte Theodosius II. den 438 für den Osten herausgegebenen und 439 promulgierten *Codex Theodosianus* mit den

cians sei auf die Darstellung von D. Liebs, HLL 4 (1997) § 428.3 bzw. § 428.1.7 verwiesen.

[57] Vgl. dazu o. S. 85 mit Anm. 68 und M. Talamanca, Lineamenti di Storia del diritto romano, Mailand $^{2}$1989, 409–423.

[58] Vgl. dazu Liebs, HLL 5 (1989) § 505.

Konstitutionen seit Konstantin ins Werk gesetzt; dennoch blieb die Situation unbefriedigend, so daß sich eine neue Sichtung aufdrängte. Eine solche Sammlung von autoritativen Äußerungen seiner Vorgänger bot Justinian zudem eine Legitimationsbasis für das rechtspolitische Wirken in seiner Zeit.

Der *Codex Iustinianus*, der in der heutigen Form auf die 534 veröffentlichte Zweitfassung zurückgeht, blieb nicht das einzige Werk, denn 530 wurde die Kompilation der Juristenschriften unter dem Vorsitz von Tribonianus in Angriff genommen und 533 unter dem Namen *Digesta* oder *Pandectae* publiziert und in Kraft gesetzt. Glücklicherweise haben Justinians Juristen im Codex die Jahreszahl der Publikation der Erlasse und in den Digesten sowohl das Verzeichnis der exzerpierten Schriften als auch meist zuverlässig den Autor sowie den Titel und das Buch der jeweiligen Fragmente überliefert, wodurch eine Palingenesie möglich wird, das heißt eine Edition der Fragmente in ihrer ursprünglichen Reihenfolge[59]. Dennoch bleibt, daß von diesem Zeitpunkt an die späteren Juristen die kompilierten Autoren nur noch durch dieses Prisma wahrnehmen konnten und auf diese oft verkürzten Ausschnitte beschränkt waren und es in den meisten Fällen noch sind. Das gilt im übrigen auch für den griechischen Osten, wo die Ende des neunten Jahrhunderts unter Leon VI. nach dem Vorbild Justinians jedoch nun auf griechisch veranstaltete, später mit Scholien verbundene Kompilation der sogenannten *Basiliken* zwar in einzelnen Scholien noch älteres Gedankengut enthält, im ganzen aber auf ihrem byzantinischen Hintergrund verstanden werden muß.[60] Ähnlich steht es mit der um 1345 verfaßten ›Hexabiblos‹ des Harmenopulos, einer geschickten Kompilation, die im neugegründeten Griechenland bis 1946 als Zivilgesetzbuch galt.

Das Nebeneinander verschiedener Aussagen im *Corpus iuris* – oft ursprünglich zu ganz verschiedenen rechtlichen Problemen – legt andere Bezüge und Assoziationen nahe. Die Gleichzeitigkeit von Ungleichzeitigem inspiriert zu neuen Schlüssen. Am augenfälligsten wird

[59] Das moderne Standardwerk stammt von O. Lenel, Palingenesia Iuris Civilis, 2 Bde., Leipzig 1889 (NDr. Graz 1960 mit dem Supplementum von L. E. Sierl).

[60] Vgl. dazu P. E. Pieler, in: H. Hunger (Hrsg.), Die hochsprachliche profane Literatur der Byzantiner, Bd. 2, München 1978, 445–480; A. Schminck, Studien zu mittelbyzantinischen Rechtsbüchern, Frankfurt a. M. 1986, 17–54; noch stets unentbehrlich ist K. E. Zachariä von Lingenthal, Geschichte des griechisch-römischen Rechts, Leipzig $^{3}$1892 (NDr. 1955).

dies in D. 50.17, der Zusammenstellung verschiedener Rechtsregeln des alten Rechts *(De diversis regulis iuris antiqui)*, die meist aus einem speziellen Fallzusammenhang gelöst wurden und durch die Isolierung ein eigenes Gewicht erhalten, das in Zukunft die Interpretation beeinflussen wird.[61] Als drittes kamen die bereits erwähnten ›Institutiones‹ hinzu, welche selbst noch in der neueren Ausbildungspraxis eine gegenüber Gaius stark veränderte Sicht durchsetzten. Auf die Novellen, die zur Dokumentation der fortan publizierten Erlasse bestimmt waren, sei hier nur hingewiesen. In ihrer Wirkungsgeschichte gehen sie wegen ihres meist griechischen Wortlautes ohnehin noch verschlungenere Wege als die Digesten und der Codex.

[61] Vgl. dazu P. Stein, The Character and Influence of the Roman Civil Law, London u. a. 1988, 52–72 (urspr. 1962).

# Siebentes Kapitel

# ERSCHEINUNGSFORMEN DES VERTRAGES

## 1. Einseitigkeit und Formalismus: Die Stipulation

In allen Kulturen kennen wir Eidesleistungen, die regelmäßig von Opfern begleitet sind, Tieropfern zunächst, die später teilweise durch andere Opfer ersetzt wurden;[1] naheliegend sind Trankopfer mit Wein, σπονδαί[2], wie sie im Griechischen heißen. Zwei Punkte sind dabei wichtig: die Unumkehrbarkeit des Opfers und die mit dem Eid verbundene bedingte Selbstverfluchung. Der Schwörende soll für den Fall, daß er seinen Eid nicht hält, der Schwurgottheit anheimfallen. Der Name *sponsio* für die verbreitetste Art eines formellen Vertragsschlusses in Rom, der in der Literatur meist mit dem synonymen *stipulatio* bezeichnet wird,[3] verleugnet diese Herkunft nicht. Der Ausdruck σπονδαί wurde im griechischen Bereich ebenso als Bezeichnung für den geschlossenen Vertrag gebraucht wie in Rom *sponsio*, wobei bereits den Römern die Verwandtschaft der Begriffe gegenwärtig war.[4] Ohne auf die Frühgeschichte der *sponsio* und der von der Wortbedeutung her rätselhaften *stipulatio* näher einzugehen,[5] wollen wir auf diese Zusammenhänge deshalb hinweisen, weil die Allgegenwart von Opferhandlungen die Verbreitung dieses besonderen Eides erklärt und weil der

[1] Vgl. W. Burkert, Homo necans. Interpretationen altgriechischer Opferriten und Mythen, Berlin u. a. 1972, 45 f.

[2] Zum Trankopfer als Verzichtshandlung durch den unumkehrbaren Moment des Ausgießens vgl. W. Burkert, ebd. 60; allgemein M. P. Nilsson, Geschichte der griechischen Religion, Bd. 1, München [3]1967, 139 ff.

[3] Die synonyme Verwendung finden wir schon bei Servius (Gell. 4,4,2): *Is contractus stipulationum sponsionumque dicebatur ‚sponsalia'*. Die synonyme Doppelung mag sich daraus ergeben haben, daß *stipulari* – sich versprechen lassen – vom Gläubiger aus und *spondere* – geloben – vom Schuldner aus gesagt wird. So jedenfalls ist der Wortgebrauch bei den späteren Juristen, vgl. V. Arangio-Ruiz, „Sponsio" e „stipulatio" nella terminologia romana, Bull. 65 (1962) 193–222, jetzt in: ders., Scritti di diritto romano, Bd. 4, 1977, 281–312.

[4] Vgl. Gai. 3,93; Fest. p. 440,1 (L.).

[5] Vgl. hierfür Kaser, RP I, 168 ff. und die Überlegungen bei D. Liebs, Contrarius actus, in: Sympotica F. Wieacker, Göttingen 1970, 111–153, 134 f. Anm. 106.

Charakter als Eid mit seiner unumstößlichen Bindung selbst in einer Zeit noch eine Rolle spielte, als die eigentliche Opfergeste unüblich wurde. Wenn wir das außer acht lassen, gewinnen wir leicht ein verzerrtes Bild, das manches säkularisierter darstellt, als es der damaligen Wirklichkeit entspricht.[6] Schließlich hängt mit dieser Verwurzelung des Formalismus die Eigenart zusammen, daß der Gebrauch des Wortes *spondere* den römischen Bürgern vorbehalten war.[7]

Das äußere Bild der *stipulatio* war sehr einfach. Der künftige Gläubiger *(stipulator, reus stipulandi)* kleidete die Beschreibung der Leistung, für die sich der Schuldner verpflichtete, in eine Frage, die mit dem rituellen *spondesne* endete, beispielsweise:

*Sestertium X milia mihi dari spondesne?*
„Gelobst du, daß mir 10 000 Sesterzen gegeben werden?"

Der *sponsor*, der Schuldner, verpflichtete sich in dem Augenblick, da er mit *spondeo* „ich gelobe es" antwortete. Die Korrespondenz der Worte war notwendig; rührte der Schuldner am Wortlaut, indem er zum Beispiel statt ‚zehn' ‚fünf' sagte, war die Stipulation gescheitert.[8] Diesen Vertragsschluß beschrieben die Römer mit *verbis contrahere* (Verbalkontrakt),[9] weil es beim Vertragsschluß nur auf das gesprochene Wort ankam, das konstitutive Wirkung hatte, oder anders formuliert, das die Rechtswirkungen auslöste. Urkunden, die oft darüber aufgenommen wurden, dienten nur zum Beweis des geschlossenen Vertrages (Dispositivurkunden). Erhaltene Exemplare – im lateinischen Westen meist auf Wachstäfelchen geschrieben – verschaffen uns daher einen lebendigen Blick in die Vertragspraxis.[10]

[6] Die sakrale Bindung durch die *sponsio* ist noch klar greifbar in Cic. leg. 2,41, wo er von der Ordnung des Kultes spricht: *sponsio qua obligamur deo*. Der Gehalt des Wortes wird deutlich, wenn es Cicero in seinen Empfehlungsschreiben braucht, wo es natürlich keine klagbare Verpflichtung begründen kann, beispielsweise Cic. fam. 7,5,3 (für Trebatius); 13,9,3; 17,3; 50,2.

[7] Gaius 3,93.

[8] Vgl. Gaius 3,102, vgl. Paul. (72 ed.) D. 45.1.83.2. Ulp. (48 Sab.) D. 45.1.1.4 dürfte stark verändert worden sein. Ulpian dürfte in einer Falldiskussion Modifikationen ausgelotet haben, etwa eine Anwendung des Satzes *in maiore minus inest* oder *utile per inutile non vitiatur*. Als Verkürzung, aber authentische Meinung Ulpians sieht diese Stelle R. Backhaus, In maiore minus inest, SZ 100 (1983) 136–184, 152ff.

[9] Vgl. Gaius 3,89; 92.

[10] Erinnert sei nur an die siebenbürgischen Wachstäfelchen (CIL 3, 921–966: Instrumenta Dacica, bes. S. 930, 932, 934f. = FIRA 3, Nr. 123, 122; S. 936–947, 959, 950f. = FIRA 3, Nr. 87, 88, 90, 89, 157) und an die neuesten

Die äußere Form könnte zu soziologischen Schlüssen animieren, indem man etwa aus dem einseitigen Diktat die Übermacht des Gläubigers folgerte. Das würde jedoch in die Irre führen, denn erstens konnte der Gläubiger den Schuldner nicht zwingen, das rituelle *spondeo* zu sprechen, und zweitens sind uns aus der Literatur flapsige Antworten bekannt, welche die Ungültigkeit des ganzen Geschäfts bewirkten.[11] Zudem spricht die feine Ziselierung des Vertragsinhaltes, die wir bei der Stipulation beobachten, gegen eine solche vordergründige Deutung.

Nicht nur ein Geben *(dare)*, sondern auch ein Tun *(facere)* konnte Inhalt der Stipulation sein: Leistungstermine, Bedingungen der verschiedensten Art, Vertragsstrafen,[12] auch für den Fall, daß der Schuldner eine Handlung unterläßt, oder mit dem Ziel, ihn zu einem Unterlassen zu zwingen, begegnen uns hier als Typen. Häufig trat sogar eine zweite Person als Nebenschuldner auf und versprach die gleiche Leistung *(idem dari spondesne?)*, was sie als Bürgen haften ließ. Die *stipulatio* erlaubte es auch, Änderungen einer bereits bestehenden Verpflichtung, ja eines ganzen Bündels bereits bestehender Verpflichtungen, zusammenzufassen.[13] All dies war nur möglich, wenn die Parteien den Vertrag, den sie in dieser Form haben wollten, zuvor ausgehandelt hatten. Erst im wirtschaftlichen Kontext zeigte sich die Stärke oder die Schwäche, das Geschick oder die fehlende Erfahrung. Die Wahl der Form der *stipulatio* hatte aber verschiedene praktische Vorteile, die wir kurz skizzieren möchten.

Urkunden aus Puteoli, vgl. G. Camodeca, L'Archivio Puteolano dei Sulpicii, Neapel 1992, Bd. 1, 141 ff. (TP 42–44), 165 ff. (TP 50–59). Sehr informativ ist der Versuch von J. Andreau, Les affaires de Monsieur Jucundus, Rom 1974, anhand von solchem Urkundenmaterial das Profil eines Geschäftsmannes zu entwickeln.

[11] Vgl. die Fälle der Ungültigkeit bei Ulp. (48 Sab.) D. 45.1.1.2, wo der Schuldner bloß nickt, und eod. 3, wo er eine Bedingung hinzufügt oder wegläßt.

[12] Vgl. zu diesem Problemkomplex R. Knütel, Stipulatio poenae, Köln u. a. 1976.

[13] Bei der auf C. Aquilius zurückgehenden *stipulatio Aquiliana* oder Generalquittung, weil sofort daran anschließend die Gegenseite den Empfang des Geschuldeten bestätigte. Damit wurde die rechtliche Situation zwischen den Parteien, beispielsweise im Zuge eines Vergleiches auch über dingliche Ansprüche, einer Erbauseinandersetzung oder einer Abrechung aus Geschäftsführung endgültig bereinigt, vgl. die Formel bei Flor. (8 inst.) D. 46.4.18.1; zum Ganzen F. Sturm, Stipulatio Aquiliana, München 1972.

Schon zur Zeit der Legisaktionen eröffnete die *stipulatio* einen direkten Weg, um vom Gerichtsmagistraten die Einsetzung eines Richters oder gegebenenfalls eines Schiedsrichters zu verlangen, womit man zugleich die Leistung des *sacramentum* und das damit verbundene Risiko vermied.[14] Da der Richter dann die *stipulatio* zu beurteilen und gestützt auf sie das Urteil zu fällen hatte, gelang es den vorsichtig kalkulierenden Römern selbst zu jener Zeit, das Prozeßrisiko zu begrenzen. Wir dürfen sogar noch einen Schritt weitergehen: Durch die sorgfältige Konzeption der Verträge, für die wir aus dem zweiten Jahrhundert Sammlungen bei M'. Manilius und dem älteren Cato haben, regelten die beiden Vertragsparteien nicht nur prospektiv die Beziehungen untereinander, die dank des Zwanges der Frageform in besonderer Weise durchstrukturiert wurden, sondern sie stellten bereits die Weichen für einen künftigen Prozeß. Wir stoßen hier also auf den ersten Ansatz jener Interaktion der Parteien, die wir beim Austarieren des Programms im späteren Formularprozeß beobachten konnten,[15] und sehen, wie das *cavere* und das *agere* des beratenden Juristen hier schon Hand in Hand gehen.

Daß die *stipulatio* im Legisaktionenverfahren die Funktion übernommen hatte, ein differenzierteres Prozeßprogramm zu gestalten, bedeutete nicht ihr Verschwinden im Formularprozeß; im Gegenteil, die Überlegenheit einer solch ausgefeilten juristischen Technik lud auch dort ein, sie aus dem gleichen Geist noch zu verfeinern und zu schärfen, zumal ein griffigeres, auf die *stipulatio* zugeschnittenes prozessuales Verfahren diese Arbeit belohnte. Wenn nämlich eine bestimmte Summe versprochen war, wobei die Angabe eines Rechtsgrundes für die Schuld entbehrlich war, war der Weg zur *condictio*, einer strengrechtlichen Klage, die einzig die eingeklagte Summe nannte,[16] praktisch frei; war keine bestimmte Summe geschuldet, denken wir etwa an eine *stipulatio*, die auf ein Tun gerichtet war, oder überhaupt an einen komplexeren Vorgang, gab der Prätor die *actio ex stipulatu*. Sie war einfacher auszuhandeln als andere Klagen, da ihr Programm dank der Arbeit am Vertrag im wesentlichen schon vorlag, denn die *stipulatio* wurde als Bestandteil in die Formel integriert.

Der Spielraum des Richters war bei beiden Klagen, der *condictio* wie der *actio ex stipulatu* zudem eng begrenzt, da eine Klausel *ex fide bona* fehlte, wenn sie nicht bereits ausdrücklich in die *stipulatio* auf-

[14] Zu dieser Sakramentsleistung s. o. S. 65ff.

[15] S. o. S. 73ff.

[16] Vgl. ihre Formel u. S. 125.

genommen worden war.[17] Wenn der Beklagte Einreden geltend machen wollte, war er daher gezwungen, beim Prätor auf die Erteilung einer oder mehrerer *exceptiones* zu dringen. Damit wurde das Prozeßrisiko bereits beim Abschluß des Vertrages kalkulierbar. Das galt selbst im Fall, daß die *stipulatio* nicht auf eine genau bestimmte, sondern auf eine unbestimmte Leistung, ein *incertum*, gerichtet war, da dann die Kompetenz des Richters durch eine *taxatio* begrenzt wurde, die vor dem Prätor ausgehandelt worden war.[18]

Obwohl der Formularprozeß im Gegensatz zum Legisaktionenverfahren Formeln zuließ, die bei atypischen Verträgen dem Prozeßprogramm einen bestimmten Sachverhalt zugrunde legten *(actiones in factum)*, war der Weg dahin nicht einfach. Mit der *stipulatio* vermied man solche unwägbaren Risiken und sparte auf jeden Fall Zeit im Vorverfahren. Die Vertragspartner traten also bereits bei Vertragsschluß auch in der Rolle als Prozeßparteien auf, was erklärt, daß sie keine Vertreter einschalten konnten, sondern die Verpflichtung persönlich eingehen und für sich selbst einstehen mußten,[19] wie bei jeder Prozeßvertretung die Frage der persönlichen Haftung besonders geklärt und außer Streit zu stellen war.[20] Damit wird ganz nebenbei auch verständlich, daß bei der Bürgschaft die Klage gegen den Bürgen eine weitere Klage gegen den Schuldner ausschloß, wie umgekehrt eine Klage gegen den Schuldner eine solche gegen den Bürgen, denn es war augenfällig, daß es sich bei der Klage um die gleiche Sache handelte.[21]

[17] Zur *bona fides*-Klausel in der lex Rubria c. 20 vgl. F. J. Bruna, Lex Rubria, Leiden 1972, 85ff., 111ff., weiter die Lit. bei Kaser/Hackl, RZ, 155 mit Anm. 35, ferner M. Kaser, Ius gentium, Köln u. a. 1993, 146ff. Die von Kaser herangezogene Stelle Paul. (5 resp.) D. 19.2.54 pr. bezieht sich freilich auf die *actio locati et conducti* als ein *bonae fidei iudicium*, vgl. D. Nörr, Zur condemnatio cum taxatione im römischen Zivilprozeß, SZ 112 (1995) 51–90, 66 mit Lit.

[18] So Lenel, EP, 154; vgl. dazu Nörr (Anm. 17).

[19] Zu anderen Erklärungsversuchen der Maxime *alteri stipulari nemo potest*, des Verbots, für andere einen Vertrag zu schließen, vgl. U. Müller, Die Entwicklung der direkten Stellvertretung und des Vertrages zugunsten Dritter, Stuttgart u. a. 1969, 16ff., der auch die moderne Dogmengeschichte behandelt.

[20] Vgl. als Beispiel die Bestellung der *cognitores* in dem o. S. 1ff. geschilderten Fall.

[21] Der Gläubiger mußte sich also entscheiden, wen er belangen wollte. Ging er gegen den Bürgen vor, bedeutete dies eine Brüskierung des Hauptschuldners, da ihm damit die Zahlungsunfähigkeit attestiert wurde, vgl. Cic. Att. 16,15,2, was auf eine eigentliche Kreditschädigung hinauslief, vgl. Gai. (22 ed. prov.) D. 47.10.19.

Auf der Gläubigerseite war es möglich und praktisch, einen Sklaven oder einen Haussohn einzuschalten, da diese die Forderung, wie auch alles andere, für ihren Gewalthaber erwarben.

Man versteht die römische Rechtsordnung schlecht, wenn man bei der *stipulatio* nur den breiten Anwendungsbereich in der Geschäftspraxis sieht. Die Römer haben die *stipulatio* nämlich als Strukturelement überall verwendet, besonders auch im Prozeß, angefangen beim Ladungsvadimonium, das in Form einer Stipulation geschlossen wurde.[22] War ein Prozeßvertreter als *procurator* einzusetzen, so geschah dies mittels *stipulationes*. Wollte man, daß der Richter nur über bestimmte Rechtsbehauptungen entschied, konnte man diese Frage in die Form einer *stipulatio* kleiden,[23] was im Verfahren aus Interdikten bei behaupteten Rechtsgutverletzungen die Regel wurde.[24] Damit erreichte man Rechtswirkungen, die in gewisser Hinsicht mit dem Klageziel der heutigen Feststellungsklage vergleichbar sind. Im Vollstreckungsverfahren oder zur Sicherung des Vermögens des Mündels setzte der Prätor die *stipulatio* ebenso ein wie bei der Sicherung des Eigentums vor einsturzbedrohten Nachbarhäusern.

Beim Sklavenkauf war die *stipulatio duplae*, die Zusicherung, für Rechtsmängel zu haften, wiederum in diese Form gekleidet wie die vom Ädilen als Aufseher der Marktpolizei geforderte Garantie für die Freiheit von Sachmängeln. Gerade die Entfaltung der Sachmängelhaftung zeigt uns das Ineinandergreifen von Vertragstechnik und Formelkonzeption, denn sie fand vom Edikt aus wiederum Eingang in die Vertragspraxis und beeinflußte umgekehrt die Entwicklung des Edikts.[25] Einzig beim Eheversprechen, das ihr sogar den Namen *sponsalia* verdankte, entfaltete die *stipulatio* später keine bindende Kraft mehr, da die Klagbarkeit solcher Versprechen mit der Zeit als Verstoß gegen die guten Sitten empfunden wurde.[26]

Die Spannweite der Erfahrung im Umgang mit der *stipulatio*, die aus der Arbeit des *cavere* floß, läßt erkennen, mit welchen Mitteln die Römer ihr rechtliches Instrumentarium vereinfacht hatten. Was uns

[22] S. o. S. 2ff.

[23] Gaius 4,93; bereits in der Zeit der Legisaktionen bildete sich die *legis actio per sponsionem* aus.

[24] Vgl. Gaius 4,141; 165ff.; zu den vielen Einzelheiten vgl. Kaser/Hackl, RZ, 416ff. sowie K. Hackl, Praeiudicium im klassischen römischen Recht, Salzburg – München 1976, 189ff.

[25] Vgl. dazu É. Jakab, Praedicere und cavere beim Marktkauf. Sachmängel im griechischen und römischen Recht, München 1997, bes. 153ff.

[26] Ulp. (15 resp.) D. 45.1.134 pr.

im Rückblick in mancherlei Hinsicht als kompliziert und verwirrend anmutet, konnten sie zu ihrer Zeit auf solche Grundelemente zurückführen und dem jeweiligen Kontext flexibel anpassen. Die Einseitigkeit als grundlegendes Strukturelement blieb stets erhalten. Sie zwang zur genauen Formulierung hinsichtlich dessen, was einer Partei zustehen sollte. Zielte man auf Rechtsfolgen auf beiden Seiten, so mußten die Pflichten jeder Seite jeweils für sich formuliert werden, um eine wechselseitige Stipulation zu erhalten. Mit Hilfe des Instrumentes der Bedingung ließen sie sich verknüpfen oder staffeln. Die gleiche Technik erlaubte es, sowohl der einen als auch der anderen Partei Alternativen für die Leistung offenzuhalten. Es verwundert daher wenig, daß wir auf dieselbe Einseitigkeit im Verkehr mit anderen Völkerschaften beim Formular der *deditio in fidem* stoßen, mit welcher sich der Besiegte dem siegreichen Feldherrn und dem römischen Volke unterwarf,[27] wenn auch hier an die Stelle des feierlichen *spondeo* der Schuldnerseite das feierliche, aber im Verkehr unter Privatleuten meist nicht bindende, *recipio* trat. Eine ähnliche Formulierung und Struktur finden wir in den privaten Patronatsurkunden. In beiden Fällen bedeutet es nie, daß keine Verhandlungen geführt worden wären; sie fanden nur im Formular keinen Ausdruck.

Höchstens die genannten Strukturelemente, nicht aber die produktive Kraft der *stipulatio* hätten sich in dieser beeindruckenden Weise weiter entfalten können, wenn die Römer nicht bereits früh einen ersten bedeutenden Schritt zur analogen Anwendung dieses Instrumentes des *ius civile* im Verkehr mit Peregrinen vollzogen hätten, indem sie den Fremden, denen das sakrale *spondeo* versagt war, erlaubten, das Versprechen mit dem feierlichen *fide promitto* zu geben und damit die *fides* – also die Treue – zur verpflichtenden Grundlage des Versprechens zu machen, während sämtliche anderen Elemente beibehalten wurden.[28] Mit der Zeit wurden andere Ausdrücke des Versprechens zugelassen, wie Gaius berichtet.[29] Stets aber hielt man an der Mündlichkeit fest; aus heutiger Sicht verwischen sich freilich oft die Spuren, weil die Beweisurkunden in diesem Punkt naturgemäß nicht aussagekräftig sind.

[27] Vgl. dazu die Bemerkung bei Gaius 3,94 zum Ausdruck *pacem futuram spondes?*; dazu und zum folgenden D. Nörr, Aspekte des römischen Völkerrechts, München 1989 (Abh. Bayer. Akad.), 16ff.

[28] Zum Problem der *fides* als Verpflichtungsgrundlage vgl. M. Kaser, Oportere und ius civile, SZ 83 (1966) 1–46, 11ff.

[29] Gaius 3,92f.

Seneca mochte sich zwar über die mißtrauischen Zeitgenossen mokieren, die für die Stipulation Zeugen herangezogen haben wollten und auf der Unterschrift des Schuldners *(reus promittendi)* bestanden.[30] Die Vorsicht zahlte sich aber aus, wenn es zum Prozeß kam und der Gläubiger damit den Beweis führen konnte, denn sonst wäre es ihm ergangen wie dem ehrbaren Gläubiger vor dem Richter Gellius und dessen *consilium.*[31] Solche Urkunden deklaratorischen Charakters wurden jedoch entkräftet, wenn der Schuldner bewies, daß er zu jenem Zeitpunkt gar nicht anwesend sein konnte, weil er beispielsweise auf Reisen war. Wenn jedoch ein Schriftstück vorlag, welches eine *stipulatio* protokollierte und zudem die Anwesenheit beider Parteien erwiesen war, durfte der Richter davon ausgehen, daß Gläubiger und Schuldner die Worte gesprochen hatten.[32] Das war jedoch kein Satz materiellen Rechts, sondern eine durchaus einleuchtende Überlegung zur Beweiswürdigung, die noch in der späten Sammlung der unter dem Namen des Paulus veröffentlichten ›sententiae‹ nicht als starre Beweisregel, geschweige denn als materiellrechtlicher Ersatz im Sinne eines Abrückens von den tradierten Formvorschriften und Gültigkeitserfordernissen gelesen werden darf.[33] Wir stoßen hier auf die Perspektive der Juristen, die aufgrund ihrer Arbeit in den kaiserlichen Kanzleien noch das Beweisverfahren stärker einbezogen. Erst die westgotische *interpretatio* zu dieser Schrift wird diesen Schritt vollziehen, doch da läßt sich nicht mehr vom römischen Recht sprechen.

Ein wichtiger Grund für die produktive Kraft der *stipulatio* in den Händen der römischen Juristen lag wohl in der Verklammerung von vertragsgestaltender und prozeßprägender Arbeit, dem *cavere* und *agere.* Unter dem durch die Struktur der *stipulatio* ausgeübten Zwang, die Elemente des Vertrages für den unumkehrbaren, bindenden Augenblick des Vertragsschlusses zu thematisieren, haben die römischen Juristen ein reichhaltiges Material entwickelt, das nach der Rezeption

[30] Sen. benef. 3,15,2; im Gegensatz dazu jedoch 2,23,2.

[31] S. o. S. 14f.

[32] Paul. (15 resp.) D. 45.1.134.2; vgl. C. 8.37.1 (a. 200) und aus der Perspektive der Reskriptenkanzlei auch vat. 314 (a. 294); zur Praxis der konstantinischen Kanzlei vgl. D. V. Simon, Konstantinisches Kaiserrecht. Studien anhand der Reskriptenpraxis und des Schenkungsrechts, Frankfurt/Main 1977, 92ff.

[33] PS 5,7,2; C. 8.37.10, eine *constitutio* des Kaisers Leo aus dem Jahre 472 n. Chr. rückte vom formelhaften Wortgebrauch zwar ab, hielt aber an der Präsenz der vertragschließenden Parteien und an der Mündlichkeit fest. Justinians restauratorischer Eifer versuchte auch hier, die alte Ordnung wiederherzustellen, vgl. Inst. 3.15.1.

spätere Juristengenerationen über Jahrhunderte hinweg inspirierte. Wenn wir auch die Spuren der Stipulation über die ganze Breite des modernen Zivilrechts finden, so sind sie besonders im Vertragsrecht dicht gestreut. So sind beispielsweise die klare Trennung von Antrag und Annahme im Vertragsrecht der deutschsprachigen Kodifikationen und die Maßgabe, daß die Annahme dem Antrag genau entsprechen muß, soll sie nicht wiederum als bloßer Antrag gelten,[34] eine Frucht der Auseinandersetzung mit diesen Quellen, ja wir können die allgemeinen Lehren im modernen Schuldrecht und im Zivilrecht überhaupt erst auf diesem Hintergrund richtig verstehen.

Freilich riskiert der Rechtshistoriker, wenn er mit diesem vereinheitlichenden Blick der Moderne an die Quellen herantritt, sie in ein begriffliches Prokrustesbett zu zwängen, in das sie nie passen. Wenn wir uns aber die Eigenart des römischen Zivilrechtsdenkens vergegenwärtigen, gewinnen wir, indem wir dem Spannungsbogen zur Moderne folgen, einen faszinierenden Einblick in die Voraussetzungen und Entwicklungen unseres geltenden Vertragsrechts. Eine Parömie wie *ambiguitas contra stipulatorem* fließt, wie bereits ihre Terminologie verrät, aus der Erfahrung im Umgang mit der *stipulatio*[35] und einem strukturell gleichlaufenden Vorgang beim Kauf einer *res mancipi*[36]. Daß wir sie heute so leichthin für alle Verträge brauchen, obwohl sie nur in den naturrechtlichen Gesetzbüchern kodifiziert wurde,[37] und damit den Formulierenden an seine Verantwortung erinnern, zeigt das Entwicklungspotential, das die römischen Juristen freisetzten. Unter

[34] Vgl. § 150 Abs. 2 BGB.

[35] Vgl. im Titel *De rebus dubiis*, den die Kompilatoren zusammengetragen haben, Cels. (26 dig.) D. 34.5.26; ausführlicher begründend dann Cels. (38 dig.) D. 45.1.99 pr., ferner Ulp. (49 Sab.) D. 45.1.38.18. Zum römischen Recht und zum Verhältnis der Regel zur Rhetorik vgl. Ch. Krampe, Die ambiguitas-Regel: Interpretatio contra stipulatorem, venditorem, locatorem, SZ 100 (1983) 185–228; zur weiteren Entwicklung vgl. H. E. Troje, Ambiguitas contra stipulatorem, SD 27 (1961) 93–185, v. a. 96–115.

[36] *Lex mancipio dicta*, vgl. Lab.-Paul. (5 Sab.) D. 18.1.21; Pomp. (33 Sab.) eod. 33; Pap. (5 qu.) D. 2.14.39; Paul. (5 Plaut.) D. 50.17.172 pr. In der letztgenannten Stelle erhält die Parömie wiederum den Charakter einer allgemeinen Regel, die dann in art. 1602 al. 2 C. civ. Eingang in eine moderne Kodifikation gefunden hat.

[37] § 915 ABGB und art. 1162 C. civ.; in der Schweiz wurde dieser Satz stets von der Rechtsprechung beachtet, zuletzt BGE 118 (1992) II 342 E. 1 im Falle eines Versicherungsvertrages; weitere Nachweise bei A. von Tuhr/H. Peter, Allg. Teil des Schweiz. Obligationenrechts, Zürich $^{3}$1979, Bd. 1, 289f.

dem Namen Unklarheitenregel wurde sie sogar zu einem wichtigen Teil des modernen Konsumentenschutzrechts, das neben anderem die schwammigen Formulierungen im Kleingedruckten von Allgemeinen Geschäftsbedingungen im Visier hat.[38]

## 2. Freiheit und Bindung: Das Darlehen als Realkontrakt

Überlegt man sich, wie bedacht und vorsichtig die Römer mit dem Instrument der Stipulation ihre Verträge gestaltet und damit zugleich bereits einen allfälligen Prozeß strukturiert hatten, wird man die folgende Stelle aus Ulpian als vollkommenen Gegensatz dazu empfinden:

Ulp. (26 ed.) D. 12.1.9 pr. *Certi condictio*[39] *competit ex omni causa, ex omni obligatione, ex qua certum petitur, sive ex certo contractu petatur sive ex incerto: licet enim nobis ex omni contractu certum condicere, dummodo praesens sit obligatio: ceterum si in diem sit vel sub condicione obligatio, ante diem vel condicionem non potero agere.*
„Die *condictio* auf eine genau bestimmte Leistung steht aus jedem Rechtsgrund und aus jedem Schuldverhältnis zu, aus welchem eine genau bestimmte Leistung gefordert wird, (dabei spielt es keine Rolle,) ob man aus einem Vertrag fordert, der auf eine genau bestimmte oder auf eine unbestimmte Leistung formuliert ist: Es ist nämlich möglich, aus jedem Vertrag eine genau bestimmte Leistung mit der *condictio* zu fordern, wenn sie nur fällig ist: Wenn das Schuldverhältnis bedingt oder befristet ist, gilt im übrigen, daß ich vor dem (festgelegten) Termin oder vor Eintritt der Bedingung nicht klagen kann."

Kurz zusammengefaßt ließ sich mit der *condictio certae creditae pecuniae* aus jedem Rechtsgrund, aus jedem Vertrag und aus allen Vertragstypen klagen, gleichviel ob die Leistung bestimmt oder unbe-

[38] § 5 AGBG; Italien: art. 1370 C. civ. it.; Frankreich: art. L. 133–2 C. de consomm.; über Art. 5 der Richtlinie 93/13/EWG vom 5. 4. 1993 über mißbräuchliche Klauseln in Verbraucherverträgen ist sie wiederum zu *ius commune* geworden.

[39] Die Kompilatoren haben den Text hier sicher verändert, wenn nicht nur in diesem Titel, sondern in den ganzen Digesten systematisch von der *certi condictio* die Rede ist, denn Gaius und andere Juristen sprachen von der *actio certae creditae pecuniae* oder der *actio certae pecuniae*, vgl. Sen. benef. 3,7,1 und die Nachweise bei Lenel, EP, 234 mit Anm. 1 sowie die Formulierung bei Gellius 14,2,4 *pecunia … data numerataque* im oben S. 14 f. besprochenen Fall. Da sich über das gemeine Recht bis ins moderne Recht der Ausdruck Kondiktion gehalten hat, bleiben wir im ganzen bei der justinianischen Terminologie.

stimmt war – mit der einzigen Einschränkung allerdings, daß die Leistung fällig sein mußte. So schlicht lautete denn auch die Formel, die der Prätor im Edikt vorschlug[40]:

*Iudex esto. Si paret Numerium Negidium Aulo Agerio Sestertium decem milia dare oportere, qua de re agitur, iudex Numerium Negidium Aulo Agerio Sestertium decem milia condemnato, si non paret, absolvito.*
„Der und der soll Richter sein. Wenn es sich erweist, daß Numerius Negidius dem Aulus Agerius den Betrag von 10 000 Sesterzen zu geben schuldig ist, was Thema des Prozesses ist, sollst du, Richter, den Numerius Negidius (dem Aulus Agerius) in den Betrag von 10 000 Sesterzen verurteilen, wenn es sich nicht erweist, sollst du ihn freisprechen."

Es fällt sofort auf, daß der Rechtsgrund fehlt. Man erfährt also nicht, warum der Beklagte nach Auffassung des Klägers etwas schulden soll. Der Verzicht auf die Form, der hinzukommt und eine unerhörte Flexibilität bereits beim Vertragsschluß erwarten läßt, verführt uns, geradezu an ein Gegenbild zur Stipulation zu denken. Doch der erste Eindruck täuscht, denn die *condictio* wurde eingeschränkt durch ein Kriterium, das sehr streng war und die Klage auf wenige Fallgruppen eingrenzte. Es mußte nämlich eine ganz bestimmte Summe gefordert werden. Dies war bei einer *stipulatio*, die auf einen bestimmten Geldbetrag ging, völlig unproblematisch, aber in all den vielen Fällen nicht leicht, wo zwar ein Höchstmaß angegeben werden konnte, sich der genaue Betrag jedoch erst im Laufe des Verfahrens vor dem Richter ergab.[41]

Eine genau bestimmte Summe konnte in all den Fällen angegeben werden, in denen vorher eine Zahlung physisch erfolgt war. Bei Ulpian findet sich daher wohl als erste Fallgruppe die Zahlung einer Summe aus einem Vertrag, der – wie sich später herausstellte – nichtig war, so daß sie ohne Rechtsgrund geschehen war.[42] Wenn also der

[40] Nach Gaius 4,41, vgl. 33 sowie TP 34 bei J. G. Wolf, Aus dem neuen pompejanischen Urkundenfund: Die Kondiktionen des C. Sulpicius Cinnamus, SD 45 (1979) 141–177, 165 ff. Die Einwände von G. Purpura, Tabulae Pompeianae 13 e 34: Due documenti relativi al prestito marittimo, in: Atti del XVII Congresso Internazionale di Papirologia, Neapel 1984, Bd. 3, 1245–1266, 1254 ff. betreffen nicht die Formelgestalt, sondern das Geschäft, das im Prozeß zu beurteilen war.

[41] Zudem waren seit alters im Vorverfahren zu dieser Klage von der einen und der anderen Partei Eidesleistungen verlangt worden, die sie verpflichteten, im Falle einer Niederlage eine Strafsumme zu zahlen, vgl. die Angaben bei Lenel, EP, 235 Anm. 5.

[42] Ulp. (26 ed.) D. 12.1.9.4–7.

Schuldner vorher im Zuge der Durchführung des Vertrages eine ganz bestimmte Summe bar ausgezahlt hatte, konnte er nun diesen Betrag als Bereicherungsgläubiger mit der *condictio* zurückfordern. In dieser Weise wurden die Leistungen eines Geschäftsunfähigen behandelt[43] und die Rückforderungsansprüche des Eigentümers aus der unautorisierten Zahlung von Geld durch seinen Sklaven bewältigt;[44] sogar der Dieb erwarb durch die Zahlung mit dem gestohlenem Geld an einen Dritten dem Bestohlenen einen Anspruch aus *condictio*.[45] Ein wichtiges Feld tat sich im weiteren überall dort auf, wo eine Bedingung nicht eintrat oder ausfiel. Als nächste Gruppe sind schließlich die übrigen Fälle der Bezahlung einer Nichtschuld zu nennen,[46] was im Geschäftsverkehr auch heute noch häufiger geschieht, als man es gemeinhin annimmt, wenn der Informationsfluß zwischen demjenigen, der auf die Schuld geleistet hat, und dem wahren Schuldner irgendwie gestört ist. In allen diesen Fallgruppen, zu denen man noch andere hinzufügen könnte, war die Summe schon deshalb genau bestimmt, weil dem Bereicherungsschuldner in den meisten Fällen das Geld realiter – nämlich bar – zugeflossen war.

Damit sind wir auf den Punkt gestoßen, wo sich die Gemeinsamkeit zwischen der *condictio* als Instrument zur Rückforderung in Fällen ungerechtfertigter Bereicherung und der Klage aus Darlehen zeigt, denn auch beim Darlehen konnte man an die *datio*, das heißt an die Hingabe einer präzis bestimmten Summe anknüpfen. Der Unterschied besteht darin, daß der Darlehensnehmer das Geld berechtigterweise empfängt und es bis zum Ablauf der vereinbarten Rückzahlungsfrist oder bis zur Kündigung, mit anderen Worten bis zur Fälligkeit, behalten darf. Deswegen konnten die Römer von einem Vertrag sprechen, der durch tat-sächliche Leistung entstand: *re contrahere* oder Realkontrakt. Die Erfahrungen mit der Technik der *stipulatio* hatten sie in zweifacher Weise dafür fruchtbar zu machen gewußt: Im Augenblick der Übergabe des Geldes konnte eine vertragliche Vereinbarung geschlossen werden, die zwar formlos war, aber in der Einseitigkeit der Formulierung des Vereinbarten wohl dem in der *stipulatio* entwickelten Muster folgte.[47] Sollte sie bindende Kraft ent-

[43] Pomp. (6 Plaut.) D. 12.1.12.

[44] Ulp. (26 ed.) D. 12.1.13.2.

[45] Ulp. (26 ed.) D. 12.1.13 pr./1.

[46] Ulp. (26 ed.) D. 12.6.1 und überhaupt alle im Digestentitel 12.6, *De condictione indebiti*, zusammengeführten Texte.

[47] Vgl. Ulp. (26 ed.) D. 12.1.7.

falten, mußte sie aber im Moment der Übergabe erfolgen; insoweit läßt sich von einem Formerfordernis sprechen. Wollten die Parteien solche Vereinbarungen aber erst später treffen, mußten sie es in der strengeren Form der *stipulatio* tun. Gleiches galt für Abreden, für die der Realkontrakt und die mit ihm verbundene *condictio certae creditae pecuniae* keine Möglichkeit zur Geltendmachung boten. Das wichtigste waren wohl die Zinsvereinbarungen, die ja mit keiner realen Hingabe korrespondieren. Hier kommen wir an einen Punkt, der für die römische Wirtschaft höchst interessant ist: Das Darlehen war in den vom Edikt vorgegebenen Konturen zinslos. Über Zinsen mußte also gesprochen und sie mußten versprochen werden.[48]

Wir können verfolgen, daß die Römer überhaupt keine Schwierigkeiten hatten, sich hinter der Klage das Vertragsverhältnis vorzustellen. Durch die Klage erst wurde der Vertrag zur rechtlich bindenden Verpflichtung. Das stellt Seneca benef. 3,7,1 sehr schön heraus.[49] Ob es bei der Klage um eine Forderung eines *certum* aus einer *stipulatio*, ob es um die Rückforderung einer ungerechtfertigten Bereicherung oder eben um ein Darlehen ging, mußte sich im Prozeß aus dem *quod actum est* ergeben, aus dem Sinn und Zweck der Parteihandlungen, wie sie sich aus den Abmachungen im Vorfeld des Vertrages – oft erschlossen aus den Umständen und dem typischen Verhalten im Verkehr – ergaben.[50] Damit wurde die Hingabe *re* zum Kristallisationspunkt des Vertrages; fehlte sie, so entfalteten auch die zwischen den Parteien bereits getroffenen Abmachungen keine Wirkung. Deshalb konnte auch der künftige Darlehensgläubiger aus dem bloßen Darlehensversprechen vor diesem Zeitpunkt nicht in Anspruch genommen werden, da es sich um bloße vorvertragliche Abmachungen handelte.

[48] Interessanterweise fehlt aber in den einschlägigen Urkunden aus Murécine und Herculaneum die Zinsabrede, vgl. die Nachweise bei P. Gröschler, Die *tabellae*-Urkunden aus den pompejanischen und herkulanensischen Urkundenfunden, Berlin 1997, 149ff. Freilich können die Schlußfolgerungen von Gröschler, es sei so die Höhe des Zinssatzes verheimlicht worden, nicht befriedigen, da er damit die Prämisse für die Schlußfolgerung selber schafft, ohne zuvor – geführt von den Quellen – die Andersartigkeit des damaligen wirtschaftlichen Kontextes ernst genommen zu haben.

[49] *Primum omnium pars optima beneficii periit, si actio sicuti certae creditae pecuniae … datur. … si appello, si ad iudicem voco, incipit non esse beneficium esse, sed creditum.*

[50] Vgl. Pomp. (27 Sab.) D. 12.1.3 *nam in contrahendo quod agitur pro cauto habendum est …* Das wird auch bestätigt durch die Stelle Ulp. (26 ed.) D. 5.1.61 pr., die im gleichen Zusammenhang steht.

Die auch in diesem Punkt konservierende Gesetzgebung Justinians hielt an diesen Grundzügen fest, was noch heute seine Auswirkungen hat, denn der Code civil und das BGB bauen auf dieser Konzeption auf.[51] Das wirft sofort das Problem auf, ob der Gläubiger bereits vor der Darlehenshingabe an seine Zusage gebunden und zur Auszahlung des Darlehens verpflichtet ist. In beiden Kodifikationen mußte es über eine vorvertragliche Bindung gelöst werden; § 610 BGB tut das, indem er unter bestimmten Voraussetzungen den Widerruf des Versprechens zuläßt, die französische Rechtsprechung, indem sie bei Bruch der Zusage eine Pflicht zum Schadensersatz statuiert.[52]

## 3. Formfreiheit und moralische Rückbindung: Der Auftrag – *mandatum*

Bei der Stipulation wurden die Ansprüche, die auf sie gestützt verfolgt werden konnten, bereits durch den Formalismus und den Zwang zur präzisen Wortwahl streng geprägt. Das gleiche Bild einer starken Strukturierung hat sich wider Erwarten beim Realakt ergeben, an den die im Prozeß geltend gemachten Ansprüche geknüpft wurden. Beim *mandatum* oder dem Auftrag haben wir nun einen formfreien, auf den bloßen Konsens gegründeten Vertrag.[53] Es wäre jedoch falsch, daraus zu schließen, daß die mit dem Auftrag verbundene Verpflichtung, für einen anderen unentgeltlich tätig zu werden, einen Verzicht auf genaue rechtliche Konturen bedeutet habe. Die Grundbegriffe, die im Prozeß entfaltet wurden, begrenzten nämlich wirkungsvoll die

[51] Zur Konzeption des Code civil vgl. Cass. civ. 20 juill. 1981, Bull. civ. I n° 267, S. 220 f., dazu Rémy, Rev. tr. dr. civ. 1982, 427 und Dupichot, Gaz. Pal. 1982 Pan. 93; zum BGB noch ausdrücklich BGH NJW 1988, 967–969.

[52] Vgl. im übrigen M. Ferid/H. J. Sonnenberger, Das Französische Zivilrecht, Bd. 2, Heidelberg [2]1986, 2 J 213.

[53] Aus der Literatur zum *mandatum* sei besonders erwähnt der Sammelband von D. Nörr/S. Nishimura (Hrsg.), Mandatum und Verwandtes, Berlin u. a. 1993, der einen Querschnitt durch die neueste Forschung bietet; teilweise überholt, aber als Gesamtdarstellung noch immer nützlich V. Arangio-Ruiz, Il mandato in diritto romano, Neapel 1949; A. Watson, Contract of Mandate in Roman Law, Oxford 1961; H. T. Klami, Teneor mandati, Turku 1976; K. Visky, Geistige Arbeit und die „artes liberales" in den Quellen des römischen Rechts, Budapest 1977; zur neueren Privatrechtsentwicklung Th. Schneeberger, Der Einfluss des Entgelts auf die rechtliche Stellung des Beauftragten, Bern u. a. 1992 (vgl. dazu H.-D. Spengler, SZ 111 [1994] 610–615).

Ansprüche, die mit der Klage aus solchen Konsensualverträgen durchsetzbar waren.

Die zwei Säulen, auf denen das *mandatum* stand, waren nach dem Juristen Paulus das *officium* (Pflicht) und die *amicitia* (Freundschaft).[54] Diese beiden Grundbegriffe waren mit der *fides* eng verknüpft[55] und spielten auch in der ethischen Diskussion eine große Rolle, man denke nur an Ciceros Auseinandersetzungen darüber in ›De officiis‹ und im Laelius ›De amicitia‹. Man darf sogar behaupten, daß sie dem gesellschaftlichen sowie dem politischen und wirtschaftlichen Leben ihren Stempel aufdrückten. Zwar wohnte der Verpflichtung zum *officium* durchaus ein Zug zur Berechnung inne. Cicero sprach in diesem Zusammenhang gar von *ratiocinatores officiorum*, den Buchhaltern der Pflichten.[56] Mit *officia* schuf man also bewußt Abhängigkeiten, was dadurch unterstrichen wird, daß im Begriff der *amicitia* die Wechselseitigkeit solcher Leistungen enthalten war. Um sich im praktischen Leben behaupten zu können, war das eine wie das andere unverzichtbar. Mit ihnen ließen sich Beziehungen gestalten und festigen[57] sowie die für das gesellschaftliche und wirtschaftliche Fortkommen unentbehrliche *gratia* erwerben.[58] Aus ihnen leitete Cicero ähnlich wie später Paulus die Konzeption des *mandatum* ab.[59] Wir dringen damit in das Beziehungsgeflecht der höheren römischen Gesellschaftsschichten ein.[60]

[54] Paul. (32 ed.) D. 17.1.1.4.

[55] Zum Zusammenhang von *fides* und *amicitia* vgl. G. Freyburger, Fides. Étude sémantique et religieuse depuis les origines jusqu'à l'époque augustéenne, Paris 1986, 177 ff.

[56] Vgl. Cic. off. 1, 59 *Haec igitur et talia circumspicienda sunt in omni officio ..., ut boni ratiocinatores officiorum esse possimus et addendo deducendoque videre, quae reliqui summa fiat, ex quo quantum cuique debeatur intellegas.*

[57] Vgl. zu *officium* nur Publil. sent. R 15 *Rogare officium servitus quodam modo est*; zu *beneficium* sent. B 5 *Beneficium accipere libertatem est vendere.*

[58] Vgl. dazu J. Hellegouarc'h, Le vocabulaire latin des relations et des partis politiques sous la République, Paris 1963, 202–221; A. Weische, Studien zur politischen Sprache der römischen Republik, Münster 1966, 87–91 sowie die Übersicht bei H. Drexler, Gratia, jetzt in: ders., Politische Grundbegriffe der Römer, Darmstadt 1988, 159–187.

[59] Cic. S. Rosc. 111 *Itaque mandati constitutum est iudicium non minus turpe quam furti ... quam qui laedit ... Non enim possumus omnia per nos agere; alius in alia est re magis utilis. Idcirco amicitiae comparantur ut commune commodum mutuis officiis gubernetur.*

[60] Vgl. dazu Hellegouarc'h (Anm. 58*)*, 42–48 *(amicitia)*, 152–163 *(officium)*;

Für Dienste, wie sie typischerweise im Mandatsverhältnis erbracht wurden, so die Verteidigung vor Gericht oder Bürgschaftsleistungen und vieles andere mehr, bei denen der Beauftragte seinen gesellschaftlichen Einfluß geltend machte, war zwar nur *gratia* geschuldet, was aber eine Erkenntlichkeit als Gegenleistung durchaus einschloß. Es verwundert daher nicht, daß solche Gegenleistungen vom Schenkungsverbot der *lex Cincia* ausgenommen waren.[61] Zwar berichtet uns Livius, daß die *lex Cincia* seinerzeit eingeführt worden sei, um die Plebs vor übermäßigen Verpflichtungen zu Schenkungen an die Nobilität zu schützen,[62] keineswegs war damit aber die Absicht verbunden, das wichtige soziale und wirtschaftliche Beziehungsnetz zu zerreißen. Bei den Gesten des Dankes darf man die Leistungen nicht vergessen, die ein bessergestellter Römer aufgrund von Testamenten, sei es als Erbe, sei es als Legatar, erwarten durfte.[63] Der Ausdruck *merere hereditatem*, eine Erbschaft verdienen,[64] sagt schon genug, und die weitgehende Testierfreiheit des römischen Rechts bot zudem den geeigneten institutionellen Rahmen für derartige Entgelte.

Eine allzu enge zeitliche Nähe solcher Erkenntlichkeiten zur erbrachten Leistung galt jedoch als unschicklich,[65] da sie die Grenze vom

zur Bedeutung noch Cic. off. 1,56 *magna etiam illa communitas est, quae conficitur ex beneficiis ultro et citro datis acceptis, quae et mutua et grata dum sunt, inter quos ea sunt firma devinciuntur societate.*

[61] Lab.-Ulp. (76 ed.) D. 39.5.19.1 *Labeo scribit extra causam donationum esse talium officiorum mercedes ut puta: si tibi adfuero, si satis pro te dedero, si qualibet in re opera vel gratia mea usus fueris.*

[62] Liv. 34,4,9. Das Plebiszit aus dem Jahre 204 v. Chr. verbot die Annahme von Geschenken über einen uns leider unbekannten Betrag hinaus; von dieser Maßnahme ausgenommen waren nur bestimmte, dem Schenker nahestehende Personen, vgl. die Behandlung in vat. 250–316.

[63] Vgl. Ch. Paulus, Die Idee der postmortalen Persönlichkeit im römischen Testamentsrecht, Berlin 1992, 72ff. 58ff., 68ff.; dazu auch Bürge, Vertrag und personale Abhängigkeiten im Rom der späten Republik und der frühen Kaiserzeit, SZ 97 (1980) 105–156, 142f. und die Angaben über Ciceros Einnahmen aus solchen Erkenntlichkeiten, die auch einmal 100000 Sesterzen betragen konnten (Cic. Att. 2,20,6) bei W. Drumann/P. Groebe, Geschichte Roms, Leipzig ²1929, Bd. 6, 329–333. Cicero selbst spricht Phil. 2,40 davon, er habe *amplius sestertium ducentiens acceptum hereditatibus* verbuchen können, was – wenn man wohl zutreffend *centena milia* mithört – den Betrag von 20 Millionen Sesterzen ausmacht.

[64] Vgl. die Nachweise bei Bürge (Anm. 63) 142 Anm. 173.

[65] So als Cicero noch während des Prozesses von dem von ihm verteidigten

unentgeltlichen *mandatum* zum entgeltlichen Dienst- oder Arbeitsvertrag *(locatio conductio operarum)* verwischte, der in gehobenen Gesellschaftskreisen als wenig standesgemäß empfunden wurde.[66] Drängte sich im speziellen Fall von Diensten höherer Art, wie sie etwa die Feldmesser leisteten, eine Verknüpfung der Gegenleistung mit der Leistung auf, um zum Schutze des Verkehrs die vertragliche Bindung enger zu gestalten, versuchte man sogar mit terminologischen Manövern den Anschein eines Dienstvertrages mit seiner Lohnzahlung zu vermeiden, indem man von einem *honorarium* sprach.[67] Diese Art von Remuneration ist unserem heutigen Denken schon deshalb recht fremd, weil wir die Angewohnheit haben, das ökonomische Kalkül in der Vertragsbeziehung selbst anzulegen und die Gewinnoptimierung im Fokus der einzelnen Austauschverhältnisse zu betreiben.[68]

Um die Rolle des *mandatum* im rechtlichen und wirtschaftlichen Leben noch besser würdigen zu können, müssen wir wissen, daß mit diesem Vertrag häufig jene Funktionen wahrgenommen wurden, die wir heute mit der Stellvertretung bewältigen. Aus moderner Sicht sprechen wir deshalb von mittelbarer Stellvertretung, weil der Auftraggeber aus dem Vertrag, den der Beauftragte mit dem Dritten schloß, nicht direkt verpflichtet wurde, sondern vielmehr der Beauftragte dem Dritten gegenüber persönlich einstehen mußte. Erst seit der Rezeption des römischen Rechts wurde auf dieser Konstellation aufbauend allmählich das Institut der Stellvertretung entwickelt, doch noch eine Kodifikation wie der Code civil regelt die Stellvertretung im Auftragsrecht und der Bevollmächtigungsvertrag des ABGB (§§ 1002–1008) verleugnet seine Entstehung aus dem *mandatum* nicht. Die Römer hingegen mochten auf eine solche Entwicklung verzichten, da sie einerseits ihre Geschäfte durch ihre *familia* besorgen lassen konnten und sie andererseits dem Gläubiger spezielle Klagen

P. Sulla für den Kauf eines Hauses ein zinsfreies Darlehen bekommen hatte, vgl. Gell. 12,12,2 f.; diskreter ist der Hinweis von Plinius epist. 1,19,3.

[66] Die Stellen, die später die Klagbarkeit eines *honorarium* oder *salarium* vorsehen, dürften sich alle mit dem Handeln im Dienste der Verwaltung und der Aufsicht über die Verwaltung befaßt haben, mit der sich die *cognitio extra ordinem* beschäftigte, vgl. o. S. 84 ff.

[67] Ulp. (24 ed.) D. 11.6.1 pr.

[68] Das bedeutet freilich nicht, daß Schenkungen und schenkungsähnliche Vorgänge einer ökonomischen Analyse nicht zugänglich wären. Eine solche wäre für das römische Beziehungsgeflecht sogar äußerst reizvoll, aber ebenso schwierig in der Durchführung.

gegen den Gewalthaber zur Verfügung stellten, um Forderungen durchzusetzen, die durch Mitglieder der *familia* – sei es gestützt auf eine Vollmacht, sei es durch das Handeln als Geschäftsführer – begründet worden waren.[69]

So unscharf der skizzierte Hintergrund des *mandatum* im Detail erscheinen mag, so präzise Züge gewinnt die Klage aus dem *mandatum*. Das hängt damit zusammen, daß zwar der Vertrag durch bloßen Konsens zustande kam, die Prozeßformel jedoch die Umschreibung des Auftrages aufnahm, wie ihn der Auftraggeber formuliert hatte. Daran wurden die Ausführung des Auftrages und die Gegenansprüche des Beauftragten gemessen. Das sah im Falle des Auftrages zum Kauf eines Hauses für 100 Sesterzen etwa folgendermaßen aus:

*Iudex esto. Quod Aulus Agerius Numerio Negidio mandavit, ut fundum Sempronianum sibi Sestertiis centum emeret, qua de re agitur, quidquid ob eam rem Numerium Negidium Aulo Agerio dare facere oportet ex fide bona, eius iudex Numerium Negidium Aulo Agerio condemnato, si non paret, absolvito.* „Der und der soll Richter sein. Daß Aulus Agerius den Numerius Negidius beauftragt hat, für ihn das sempronianische Grundstück für den Betrag von hundert Sesterzen zu kaufen, ist Thema des Prozesses. Was deswegen Numerius Negidius dem Aulus Agerius geben und leisten muß aufgrund von Treu und Glauben, in den Betrag, Richter, sollst du den Numerius Negidius dem Aulus Agerius verurteilen. Wenn es sich nicht erweist, sollst du ihn freisprechen."

Die Griffigkeit des Programmes hing also von der Präzision der Formulierung des Vertrages ab. Das sehen wir deutlicher, wenn wir die Fälle des sogenannten Mandatsexzesses, der Überschreitung des Auftrages, betrachten.[70] Der Ausgangsfall war stets der gleiche[71]: Der Auftraggeber gab den präzisen Auftrag, ein bestimmtes Grundstück für 100 Sesterzen zu kaufen; der Beauftragte hatte das Grundstück dann allerdings für 150 Sesterzen erstanden. Wenn nun die Formel den Auftrag mit dem Preislimit von 100 Sesterzen nennen mußte, entstand die Schwierigkeit, daß die Klage gegen den Beauftragten auf Übereignung des Grundstücks auf eine unmögliche Leistung ging, denn das Grundstück hatte tatsächlich 150 gekostet. Das leuchtet ein,

[69] S. u. S. 173ff. und S. 176ff. mit Anm. 107.

[70] Vgl. dazu D. Nörr, Mandatum, fides, amicitia, in: Nörr/Nishimura (Anm. 53), 13–37, 15ff.; B. J. Choe, Die Schulkontroverse bei Überschreitung des Auftrags zum Grundstückskauf, ebd. 119–139 in kritischer Auseinandersetzung (vgl. 130 Anm. 33) mit O. Behrends, Die *bona fides* im *mandatum*, in: Ars boni et aequi, FS W. Waldstein, Stuttgart 1993, 33–62, 48ff.

[71] Vgl. Gaius 3,161.

denn wenn der Beauftragte in den seinerzeitigen Verhandlungen dem Verkäufer gegenüber innerhalb seines Limits geblieben wäre und auf dem Betrag von 100 insistiert hätte, hätte er das Grundstück offensichtlich nicht bekommen, so daß der Kauf unverschuldeterweise wiederum unmöglich und damit die Klage hinfällig gewesen wäre. War der Beauftragte aber nachlässig gewesen und hatte deshalb zu teuer gekauft, so konnte der Auftraggeber mit der Klage wenigstens sein Interesse geltend machen.[72] Heute würden wir ohne weiteres daran denken, dem Beauftragten in beiden Varianten wenigstens einen selbständigen Anspruch auf 100 zu geben, um im Sinne eines gerechten Ausgleichs den Schaden für ihn geringzuhalten. Die Römer aber empfanden hier die Schwierigkeit, daß der Beauftragte die in der Formel umschriebene Verpflichtung, um 100 zu kaufen, die auch in der Gegenklage des Beauftragten aufgeführt wurde, eben gerade nicht erfüllt hatte.

Zwar hatten die Prokulianer eine Gegenklage des Beauftragten zugelassen, wenn dieser bereit war, auf die 50 Sesterzen zu verzichten,[73] doch vertrat noch Paulus die Meinung der Sabinianer, die eine solche Klage ablehnten.[74] Er begründete dies damit, daß die beiden Parteien sonst ungleich behandelt würden, denn bei der Lösung des Proculus hing es nur vom Beauftragten ab, ob er die (Gegen-)Klage anstellen wollte, da nur er die Klage hätte beschränken dürfen.[75] So etwas war und ist im Rechtsverkehr eine unbefriedigende Situation, wenn man sich die praktischen Konsequenzen vor Augen hält. Der Auftraggeber hatte nämlich nach wie vor keine Möglichkeit, die Initiative zu ergreifen, um die Rechtslage zu klären, und mußte deshalb sogar nach Jahr und Tag damit rechnen, daß der Beauftragte ihn mit einer Klage überziehen werde. Erst Justinian verhalf in seinen Institutionen der Meinung des Proculus zum Durchbruch,[76] doch hatten sich die prozessualen Rahmenbedingungen inzwischen grundlegend verändert und damit die im Formularprozeß tragenden Gesichtspunkte ihre Bedeutung verloren.[77]

[72] Gaius 3,161.

[73] Gai. (2 rer. cott.) D. 17.1.4.

[74] Paul. (32 ed.) D. 17.1.5 pr./1

[75] Paul. (32 ed.) D. 17.1.3.2; vgl. zum Gedanken R. Wittmann, Die Prozeßformeln der actio mandati, in: Nörr/Nishimura (Anm. 53), 39–51, 46f.

[76] Inst. 3.26.8.

[77] Wie sehr die Formelgestaltung das Urteil der Juristen bestimmt hat, zeigt sich im Parallelfall des Bürgschaftsexzesses, vgl. dazu Backhaus (Anm. 8), 175ff. Hier kann nämlich der Mandant nicht klagen, weil der Bürge, der sich

Da im Auftragsverhältnis die Bedeutung der *fides* betont wurde, liegt es nahe, die rigorose Haltung der Sabinianer mit dem Gedanken der strengen Bindung durch die *fides* zu erklären, auf der die Verpflichtung beruhte. Dieser Ansatz führt jedoch in die Schwierigkeit, daß die wechselseitig zu verstehende Freundespflicht den Beauftragten dem Risiko einer Verurteilung mit all ihren nachteiligen Rechtsfolgen aussetzte, was aus unserer Sicht dem Gedanken der Freundschaft zuwiderzulaufen scheint.[78] Eine Episode, die bei Gellius überliefert ist und das Vorgehen des Juristen P. Licinius Crassus Mucianus schildert,[79] hilft uns hier weiter: Der Magistrat einer Stadt hatte das *mandatum* des Feldherrn anders ausgeführt, als es befohlen war. Damit hatte er zum Erfolg beigetragen, wurde aber dennoch mit Ruten gezüchtigt, da er das Denken dem Feldherrn hätte überlassen müssen. Es ging hier sichtlich um die unbedingte Gehorsamspflicht. Gellius umschreibt sie mit dem Ausdruck *religio mandati*, der oft synonym zu *fides* gebraucht wird[80] und den sakralen Sinn der Bindung mit einschließt.[81] Konsequenterweise stellt er diese Episode als *exemplum* in Parallele zum Verhalten des Manlius Torquatus, der seinen siegreichen, aber ungehorsamen Sohn sofort hatte hinrichten lassen.

Die Strenge der Bindung läßt uns eine Rechtsfolge verstehen, die mit der Verurteilung des Beauftragten verbunden war. Er wurde nämlich infam und konnte daher in wichtigen Bereichen nicht mehr vor Gericht auftreten oder Anträge auch für andere Personen stellen. Zu-

in seinem Auftrag aber weisungswidrig für einen höheren Betrag verbürgt hat, dem Auftrag in vollem Umfang nachgekommen ist. Deshalb wird lediglich der Regreßanspruch des Bürgen eingeschränkt. Obschon möglicherweise auch hier die rigorose Sicht der Sabinianer Gefolgschaft gefunden hatte, konnte sich die Meinung Iulians (4 Minic.) D. 17.1.33, mit der Argumentation *in maiore minus inest*, offenbar durchsetzen.

78 Vgl. die Überlegungen bei Nörr (Anm. 70), 18f.

79 Gell. 1,13; zu ihr vgl. Nörr (Anm. 70), 29f. P. Licinius Crassus Mucianus war Konsul 131 v. Chr.; zu seiner Bedeutung als Jurist und zu seiner Beziehung zu seinem berühmteren Bruder P. Mucius Scaevola vgl. Wieacker, RRG I, 546, 548.

80 Vgl. Liv. 22,6,12, wo die sprichwörtliche *fides Punica* als *religio* auftaucht, weil sich die prägnante Schilderung der gebrochenen *fides* eng daran anschließt. In der juristischen Terminologie begegnet uns die *religio iudicis* oder *iudicii*, vgl. Pomp. (5 Sab.) D. 7.6.2; Call. (5 cogn.) D. 42.1.33; C. 5.63.1 (a. 223), dazu ferner Thes. l. L. VI,1 691,57–60 (s. v. *fides*).

81 Vgl. dazu die Belege bei Freyburger (Anm. 55), 200ff. und ausführlich Thes. l. L. VI,1 667ff. (s. v. *fides*).

dem war er von den Ämtern ausgeschlossen,[82] was alles zu einer gesellschaftlichen Isolierung führen mußte. Zwar konnte er diese unliebsamen Folgen vermeiden, indem er für den Mandatsprozeß einen Vertreter als Cognitor oder Prokurator einsetzte.[83] Einer solchen Verurteilung haftete aber gleichwohl ein Makel an, denn nicht von ungefähr hatte Cicero den Verstoß gegen das *mandatum* in eine Linie mit dem Diebstahl gestellt.[84]

Der gleiche strenge Gedanke hilft uns die Regelung der Haftung erklären, die offenbar jedes Verschulden, also auch leichte Fahrlässigkeit umfaßte.[85] Aus unserer Sicht scheint das zu hart zu sein, da wir gewohnt sind, den Haftungsmaßstab mit der Entgeltlichkeit in Beziehung zu setzen, und deshalb auch die Regelung des BGB oft als stoßend empfinden, das der römischen Lösung hinsichtlich der Unentgeltlichkeit und der Haftung für jedes Verschulden am getreuesten gefolgt ist.[86] Bedenkt man aber, daß der römische Beauftragte zur genauen Ausführung verpflichtet war und eine Erkenntlichkeit von der anderen Seite im gesellschaftlichen Kontext erwartet werden durfte, ist das Modell stringent. Wir finden sogar das Beispiel einer Vertragsgestaltung, die den Beauftragten selbst die Haftung für jene Schäden übernehmen ließ, die auf Zufall beruhten.[87] Die Strenge des Beurteilungsmaßstabes hing jedoch in erster Linie davon ab, wie präzise der Auftrag erteilt worden war. Handelte es sich um einen genau umschriebenen Auftrag, war jede Abweichung gefährlich, da der Beauftragte verpflichtet war, sich ebenso genau an das Vertragsprogramm zu halten,[88] wie der Rich-

[82] Vgl. die Zusammenstellung bei Kaser, RP I, 274 f. und Gai. 4,182 sowie das Edikt *qui nisi pro certis personis ne postulent* (Ulp. [6 ed.] D. 3.1.1.8) bei Iul. (1 ed.) D. 3.2.1; dazu Lenel, EP, 77 ff.

[83] Ulp. (6 ed.) D. 3.2.6.2.

[84] S. Rosc. 111, zit. oben Anm. 59.

[85] Ulp. (31 ed.) D. 17.1.10 pr./1; Afr. (8 qu.) D. 15.3.17 pr.

[86] Für die römische Lösung Staudinger[13]-Wittmann vor §§ 662 ff. Rz 5; vgl. dazu auch MünchKomm[3]-Seiler § 662 Rz 58 und R. Zimmermann, The Law of Obligations. Roman Foundations of the Civilian Tradition, Kapstadt – Johannesburg 1990, 430 ff. Eine Reduktionsmöglichkeit kennt hingegen das OR, das in Art. 398 Abs. 1 die Haftung zunächst an den flexiblen Kriterien des Arbeitsvertrages ausrichtet und zudem in Art. 99 Abs. 2 die Haftung mildert, „wenn das Geschäft für den Schuldner keinerlei Vorteil bezweckt". Eine Haftungsmilderung sieht auch Art. 1992 al. 2 C. civ. vor; zu dessen Konkretisierung vgl. Ferid/Sonnenberger (Anm. 52), 2 K 223.

[87] Arist.-Cels.-Ner. (7 memb.) D. 17.1.39.

[88] Paul (74 ed.) D. 17.1.46, ausgedrückt mit *forma*, vgl. auch Cels. (7 dig.)

ter an die Prozeßformel gebunden war.[89] Bei einem großzügig formulierten Auftrag, der so weit gehen und die Vermögensverwaltung übertragen konnte,[90] eröffneten sich jedoch Spielräume. Der Beauftragte wurde freier, so wie der Richter bei Klagen, die ihm ein Ermessen einräumten, flexibler entscheiden durfte.

In allem hat man sich vor Augen zu halten, daß der Beauftragte nicht gezwungen war, einen Auftrag anzunehmen. Da es auf seinen Konsens ankam, konnte er ihn auch ablehnen. Selbst nach der Annahme stand ihm noch der Weg offen, davon wieder abzusehen, wenn er mit der Ausführung noch nicht begonnen hatte und es dem Auftraggeber noch möglich war, das Geschäft selbst oder durch einen Dritten zu besorgen *(re integra)*. Der Ausdruck *renuntiare*, den Paulus dafür gebrauchte,[91] dürfte die gleiche Bedeutung gehabt haben wie *nuntiare* bei Gaius (benachrichtigen), der damit den Akzent auf die bloße Mitteilung legte, gleichzeitig jedoch dieses Abstandrecht enger faßte, indem er das Unvermögen des Beauftragten voraussetzte.[92] Hier endlich finden wir den Gedanken der Reziprozität in Freundschaftsbeziehungen konkretisiert, den wir vorher vermißt haben. Abgesehen davon war den römischen Juristen stets klar, daß die Klage des Auftraggebers auch dann scheiterte, wenn er kein geldwertes Interesse an der Ausführung des Auftrages mehr hatte,[93] was sich prozessual darin ausdrückte, daß er den Schaden nicht substantiieren konnte.

Da das *mandatum* so sehr mit dem *officium* und der *amicitia* verwoben war, ist es nicht verwunderlich, daß wir oft auf die Fälle des Bürgschaftsregresses stoßen, denn für jemanden einzustehen gehörte in diesen Pflichtenkreis. Typischerweise hatte der Auftraggeber den Beauftragten zur Übernahme der Haftung – meist durch eine Bürgschaft – angehalten, was diesem erlaubte, sich nach seiner Inanspruchnahme durch den Gläubiger beim Auftraggeber zu erholen.[94]

D. 17.1.48.2 und Ulp. (31 Sab.) D. 24.3.7.3 *(forma locationis)*; zur *forma iuris* Ulp. (4 ed.) D. 2.14.7.15; Pap. (27 qu.) D. 46.1.49.2.

[89] Auch hier können wir Vertragsprogramm und Prozeßprogramm parallel sehen, vgl. hier zur *forma* Pomp. (l. sing. ench.) D. 1.2.2.7; 12.

[90] Scaev. (1 resp.) D. 17.1.60.4.

[91] Paul. (32 ed.) D. 17.1.22.11.

[92] Gai. ([9] 10 ed. prov.) D. 17.1.27.2; dazu R. Knütel, Contrarius consensus. Studien zur Vertragsaufhebung im römischen Recht, Köln u. a. 1968, 132 ff.; M. Igimi, Zu Problemen der *renuntiatio mandati* bei Gaius, in: Nörr/Nishimura (Anm. 53), 141–152.

[93] Ulp. (31 ed.) D. 17.1.8.6.

[94] Vgl. zum Beispiel Gai. (2 cott.) D. 17.1.2.2; 3; Ulp. (31 ed.) eod. 6.2; allein

Von da aus ist es im Netz der Treu- und Nahbeziehungen nicht weit zu den Fällen des bloßen Ratschlages oder der Empfehlung, bei denen der eine sein ganzes Gewicht in die Waagschale legte, um seinen Freund zu einem Tun zu animieren und dabei den Eindruck erwecken mochte, er werde die Haftung in dieser Sache übernehmen. Beispiele solcher mißverständlicher Wendungen finden sich in der Literatur schnell.[95]

Das rechtliche Problem berührt Ulpian anhand einer Wendung aus einem Brief, wie sie in den unzähligen Empfehlungsschreiben Ciceros vor allem im 13. Buch ›Ad familiares‹ vorkommen[96]:

Ulp. (31 ed.) D. 17.1.12.12 *rogo te, commendatum habeas Sextilium Crescentem amicum meum.*
„Ich bitte Dich, mein Freund Sextilius Crescens sei Dir empfohlen."

Römer, die wie Ulpian die Sprache solcher Briefe verstanden, kamen nicht auf die Idee, daraus eine Haftungsübernahme herauszulesen, denn sie hörten die Grenze der rechtlichen Verbindlichkeit heraus, so wie heute ein erfahrener Jurist bei Patronatserklärungen darauf achtet, ob durch eine harte Patronatserklärung[97] die Übernahme einer Haftung für den Fall eines Konkurses des Protegé beabsichtigt ist, oder ob sie als weiche Patronatserklärung[98] diesen Grad der Verbindlichkeit nicht haben soll. Ähnlich verhielt es sich mit den Gefälligkeiten,

im Digestentitel 17.1 finden wir gegen 50 solcher Fälle; zu ihnen T. Giménez-Candela, Mandatum und Bürgenregreß, in: Nörr/Nishimura (Anm. 53), 169–177.

[95] So etwa Plin. epist. 3,2,6 *habebis me, habebis ipsum gratissimum debitorem*; vgl. 4,4,2 und in einem unlängst in England gefundenen Empfehlungsschreiben (A. K. Bauman/J. D. Thomas, Vindolanda: The Latin Writing-Tablets, London 1983, nr. 22) ... *nomine debetorem* (sic!) *me tibi obligaturus.*

[96] So etwa Cic. fam. 13,13 *qua re ut et meum amicum et tua dignum amicitia tibi commendo*; noch ausführlicher 13,77,2; dann auch imp. Dom. bei Plin. epist. 10,58,6.

[97] Vgl. als Beispiel: „Im übrigen verpflichten wir uns Ihnen gegenüber uneingeschränkt, dafür Sorge zu tragen, daß der jeweilige Kredit einschließlich Zinsen und Nebenkosten von unserer Tochtergesellschaft, der B AG, fristgerecht zurückgeführt wird. Wir werden unsere Tochtergesellschaft finanziell so ausgestattet halten, daß sie jederzeit in der Lage ist, ihren Verpflichtungen Ihnen gegenüber nachzukommen"; so die Formulierung in OLG Stuttgart WM 1985, 455, vgl. BGHZ 117, 127–134.

[98] Vgl. als Beispiel: „Wir, die X AG, haben Verbindlichkeiten der Tochtergesellschaft mit Rücksicht auf unser Ansehen stets so betrachtet wie eigene Verbindlichkeiten."

die ein Freund etwa bei der Anleitung und der Beratung der mit den Geschäften betrauten Sklaven leistete.[99]

Mit der Unverbindlichkeit solcher Freundesdienste wurde der *amicitia* und dem *officium* ein von der Jurisprudenz nicht angetasteter Freiraum bewahrt,[100] auf den wir von der philosophischen Seite her immer wieder bei Seneca, vor allem in ›De beneficiis‹, stoßen. Damit erklärt sich, daß die Römer die Haftung für Rat und Auskunft,[101] wie z. B. bei Kreditauskünften,[102] ausgeschlossen hatten, es sei denn, der andere habe die Aufgabe als *mandatum* übernommen.[103] Ob diese Lösung, welche in das moderne europäische Privatrecht übernommen worden ist, auch wenn sie explizit nur § 676 BGB kodifiziert hat,[104] heute noch zeitgemäß ist, muß hier nicht beantwortet werden.[105] Ein Problem ist gleich geblieben: Jede Rechtsordnung muß Räume ausweisen, in denen bloße Empfehlungen gegeben und rechtlich unverbindlich beraten werden kann. Gewisse griechische Rechte hatten sogar im ganzen Bereich der φιλία (Freundschaft) eine Verrechtlichung abgelehnt, wie uns Aristoteles berichtet,[106] was dadurch unterstrichen wird, daß ein mit dem Auftrag vergleichbarer Vertragstypus in Griechenland unbekannt war.[107] Wann die Haftung in solchen Beratungssituationen einsetzt, ist hingegen auch heute noch stets zu klären. Vielleicht ist das alte Kriterium von Gaius, der darauf abstellte, ob

[99] Ulp. (31 ed.) D. 17.1.10.7.

[100] Vgl. dazu D. Nörr, Ethik und Recht im Widerstreit? Bemerkungen zu Paul (29 ed.) D. 13.6.17.3, in: Ars boni et aequi, FS W. Waldstein, Stuttgart 1993, 267–284, 280ff.

[101] Vgl. Gai. (2 cott.) D. 17.1.2.6.

[102] Ulp. (11 ed.) D. 4.3.7.10.

[103] Ulp. (11 ed.) D. 17.1.42.

[104] Österreich hat den gleichen Grundsatz, jedoch positiv formuliert, vgl. Reischauer-Rummel$^2$ Rz 7, 11 zu § 1300 ABGB. Im Weiterleben dieser Auffassung auch in kodifizierten Rechtsordnungen zeigt sich die Kontinuität der gemeinrechtlichen Lösungstopoi, vgl. für Frankreich Ferid/Sonnenberger (Anm. 52), K 207; für die Schweiz: BGE 111 (1985) II 471 E. 2; 68 (1942) II 295 E. 5 und von Tuhr/Peter (Anm. 37), 417 Anm. 65.

[105] Zur geschichtlichen Entwicklung M. Hagenmeyer, Die Haftung für Rat und Auskunft. Eine rechtshistorische Untersuchung zu § 676 BGB, Hamburg 1996.

[106] Eth. Nic. 8, 1162b 25ff. zur νομικὴ φιλία; dazu Nörr (Anm. 70) 27.

[107] Nur Mutmaßungen über ein Mandat finden sich bei L. Beauchet, Histoire du droit privé de la République Athénienne, Paris 1897, Bd. 4, 371ff. mit Stellen, die auch mit der Stellvertretung erklärt werden können. Umgekehrt finden wir dafür die Stellvertretung besser ausgebildet, vgl. A.-E. Röhr-

Interessen des Beratenden involviert sind, durchaus tauglich, denn gerade in der Beratungssituation im Bankgewerbe ließe sich heute bei den massiven Eigeninteressen der Banken ansetzen, die zur Geldanlage animieren und damit auch auf ihre Rechnung kommen wollen.

Im Netz der Treu- und Nahbeziehungen fehlen noch jene Fälle der Geschäftsführung, die ein Freund uneigennützig für einen anderen übernommen hat, ohne daß er sich mit ihm vorher hätte bereden können. Typisch und exemplarisch ist das *negotium gestum*, unsere heutige Geschäftsführung ohne Auftrag, die von den Juristen Justinians als Quasikontrakt behandelt wurde, da bei ihm der Konsens in Wirklichkeit nicht vorhanden war.[108] Wir wollen es deshalb kurz erwähnen, um wenigstens anzudeuten, bis zu welchem Punkt das dichte soziale Gewebe noch rechtlich strukturiert war und sich nicht in bloßen gesellschaftlichen Bindungen erschöpfte.

## 4. Austauschverträge: Regelungs- und Gestaltungsmöglichkeiten beim Dienst- oder Arbeitsvertrag

Zur Erläuterung der Austauschverträge hatte zuerst Labeo den Ausdruck *contractus* fruchtbar zu machen gesucht und dabei auch den griechischen Ausdruck συνάλλαγμα für Vertrag herangezogen,[109] weshalb die Juristen noch heute gerne von synallagmatischen Verträgen sprechen. Schon in den römischen Quellen läßt sich beobachten, daß in diesen Verträgen die Forderungen wechselseitig sowie in ihrer Entstehung, ihrem Untergang und ihrer Funktion voneinander abhängig sind.[110] Paradigmatisch kommt dies im Kaufvertrag zum Ausdruck. Im Prozeß manifestierte sich dieses Verhältnis darin, daß die Klagen des einen gegen den anderen, die je selbständig möglich waren, miteinander verbunden werden konnten: Der Klage des Käufers stand

mann, Stellvertretung im altgriechischen Recht, Diss. Würzburg 1968, 72ff. und L. Wenger, Stellvertretung im Rechte der Papyri, Leipzig 1906 (NDr. Aalen 1966).

108 Vgl. dazu die umfassende Arbeit von H. H. Seiler, Der Tatbestand der negotiorum gestio im römischen Recht, Köln u. a. 1968.

109 Lab.-Ulp. (11 ed.) D. 50.16.19; Aristo-Ulp. (4 ed.) D. 2.14.7.2; dazu S. E. Wunner, Contractus. Sein Wortgebrauch und Willensgehalt im klassischen römischen Recht, Köln u. a. 1964, 29ff.

110 Dazu H.-P. Benöhr, Das sogenannte Synallagma in den Konsensualkontrakten des klassischen römischen Rechts, Hamburg 1991.

also die Klage des Verkäufers gegen den Käufer gegenüber. Man sprach daher von den *actiones ex empto et vendito* und bezeichnete den materiell-rechtlichen Vertrag als *emptio venditio*. Im Unterschied zu den unentgeltlichen Verträgen wurde hier überall die Gegenleistung im Vertragsverhältnis selbst bewältigt und bestand in der Regel in der Leistung von Geld. Für das Verständnis der Klagen aus diesen Verträgen ist zudem wichtig, daß die Formel stets das Element *ex fide bona* enthielt, das dem Richter einen weiten Ermessensspielraum ließ.

Da der Kauf sicher zu den ältesten Verträgen gehört und auch im heutigen Alltag wohl am häufigsten vorkommt, würde es sich anbieten, diesen in den Mittelpunkt zu stellen. Dem steht jedoch die Schwierigkeit entgegen, daß wir es beim Kauf mit einer Gemengelage zu tun haben: Der normale Kaufvertrag mit seinen Klagen wurde überlagert durch Vorschriften für die Gewährleistung bei Sachmängeln. Zudem wurde die Sachmängelgewährleistung bei Sklaven und Zugtieren von den Ädilen als den Marktaufsehern und den in diesen Sachen zuständigen Gerichtsmagistraten zum Schutze des Käufers teilweise sonderprivatrechtlich weiterentwickelt.[111] Nicht einfacher wird die Situation dadurch, daß einzelne wichtige Elemente daraus mit der Zeit in das allgemeine Kaufrecht übertragen wurden.[112] Diese Schichtung läßt sich noch in den modernen Kodifikationen beobachten, was neben den jüngsten Überlagerungen durch das heutige – überall als Sonderprivatrecht konzipierte – Konsumentenschutzrecht erklärt, warum die rechtlichen Regeln der Alltagsgeschäfte den juristischen Anfängern oft am schwierigsten zu vermitteln sind.

Ein nächster Austauschvertrag, die Miete – *locatio conductio* und die dazugehörigen *actiones ex locato et conducto* – stellt uns aus einem anderen Grund vor ein Hindernis, denn aus heutiger Sicht sind darin drei Vertragstypen enthalten,[113] nämlich die Sachmiete *(rem locare)*[114], der Arbeits- oder Dienstvertrag (*operas locare* – daher früher

[111] Dazu Jakab (Anm. 25). Die Arbeit zur Rechtsmängelhaftung von E. Rabel, Die Haftung des Verkäufers wegen Mangels im Rechte, 1. Teil: Geschichtliche Studien über den Haftungserfolg, Leipzig 1902, wurde als Grundlagenwerk wegweisend für die Entwicklung des modernen Rechts des internationalen Warenkaufs, das in das heutige UN-Kaufrecht mündete.

[112] Vgl. dazu Kunkel/Honsell 315 ff. sowie H. Honsell, Quod interest im bonae-fidei-iudicium. Studien zum römischen Schadensersatzrecht, München 1969, 81 ff.

[113] Allgemein dazu Th. Mayer-Maly, Locatio conductio: Eine Untersuchung zum klassischen römischen Recht, Wien–München 1956.

[114] Zur Wohnraummiete anschaulich B. W. Frier, Landlords and Tenants in

auch Dienstmiete)[115] und der Werkvertrag *(opus faciendum locare)*[116], die als Einheit empfunden und in einer einheitlichen Prozeßformel zusammengefaßt wurden. Dennoch wählen wir aus diesem ganzen Komplex bewußt das nicht einfache Problem der rechtlichen Regelung der Arbeitsverhältnisse aus, weil sich daran zeigen läßt, wie leicht man zu Fehlurteilen gelangen kann, wenn man bei der Analyse von unserem heutigen Verständnis ausgeht und darüber die Fülle rechtlicher Gestaltungsmöglichkeiten abhängiger Arbeit vergißt, welche die römischen Juristen beim Umgang mit dieser einheitlichen Klage vor Augen hatten. Immerhin signalisieren schon die modernen terminologischen Unterschiede, die sich zwischen dem Dienstvertrag alten Zuschnitts, dem Arbeitsvertrag und dem Arbeitsverhältnis bewegen, daß es sich lohnt, auf Einzelheiten zu achten.[117]

Wenn wir die Quellen durchgehen, stoßen wir nicht überraschend auf Fälle von Sachmiete, bei denen der Eigentümer den Sklaven als eine – dienstbare – Sache vermietete. Der moderne Leser ist versucht, dahinter die unmenschlichste Art des Umgangs mit einem Menschen und seiner Arbeitskraft zu sehen. Doch für die Behandlung des Sklaven war genau diese Ausgestaltung nicht die unvorteilhafteste, wenn wir die praktischen Konsequenzen betrachten, die im Leben eine Rolle spielten. Im Mietvertrag war wie in jedem Vertragsverhältnis eine

Imperial Rome, Princeton 1980, ein Werk, das dank der Auswertung archäologischer und literarischer Zeugnisse auch für den Unterricht mannigfache Anregungen geben kann.

[115] Vgl. allgemein J. Macqueron, Le travail des hommes libres dans l'antiquité romaine, Aix-en-Provence $^{2}$1958; F. de Robertis, Lavoro e lavoratori nel mondo romano, Bari 1963 (noch stets einer korporationistischen Sicht verhaftet), dazu D. Nörr, Zur sozialen und rechtlichen Bewertung der freien Arbeit in Rom, SZ 82 (1965) 67–105; C. Möller, Freiheit und Schutz im Arbeitsrecht. Das Fortwirken des römischen Rechts in der Rechtsprechung des Reichsgerichts, Göttingen 1990; statistische Angaben finden sich bei St. Mrozek, Lohnarbeit im klassischen Altertum, Bonn 1989.

[116] Zu den Bauverträgen, die hier im Vordergrund stehen, vgl. P. Ries, Bauverträge im römischen Recht, Diss. München 1989; S. D. Martin, The Roman Jurists and the Organization of Private Building in the Late Republic and Early Empire, Brüssel 1989.

[117] Art. 319 OR kennt nur noch den Ausdruck Arbeitsvertrag; §§ 1151 ff. ABGB verwenden den Terminus Dienstvertrag, doch wird in der Literatur in bezug auf die Arbeitsverhältnisse vom Arbeitsvertrag gesprochen, während §§ 611 ff. BGB zwar vom Dienstvertrag handeln, jedoch auch die Arbeitsverhältnisse erwähnen.

Reihe von Punkten geregelt, die alle Auswirkungen auf die Behandlung des Sklaven hatten. Gegenüber dem Mieter, der ihm dafür das Entgelt schuldete, traf den Vermieter die Hauptpflicht, den Gebrauch des Sklaven zu gewähren. Fehlten dem Sklaven bestimmte Eigenschaften oder wurden solche zugesichert, haftete der Vermieter, wenn der Mieter dadurch einen Schaden erlitt. Das läßt sich am hübschen Beispiel erläutern, daß der Eigentümer einen unerfahrenen Sklaven zum Führen von Saumtieren empfohlen und vermietet hatte. Der Sklave gehörte offensichtlich nicht zu den eifrigsten, denn er wußte nichts Gescheiteres zu tun, als um seinen Daumen eine Schnur zu knoten und mit dem Zügel des Maultiers zu verbinden, wovon er sich augenscheinlich ein bequemes Dahinschlendern versprach. Er hatte die Rechnung aber ohne den störrischen Gaul gemacht, der ausbrach mit der betrüblichen Folge, daß der Sklave den Daumen zu beklagen hatte und das Tier verletzt oder gar getötet wurde. Bei dieser Sachlage mußte der Vermieter aufgrund des Mietvertrages für den Schaden einstehen.[118] Umgekehrt haftete der Arbeitgeber, wenn er bestimmte Gewerbe, sei es als Gastwirt – mit oder ohne Stallung –, sei es als Reeder ausübte, auch für Delikte seiner Angestellten, und zwar bei den angestellten Sklaven in voller Höhe, weil er ja, wie Ulpian es begründete, sie selbst aussuchen konnte.[119] Damit wurde wenigstens indirekt ein Druck zum sorgfältigen Umgang mit dem Personal ausgeübt.

Auf die Behandlung der Sklaven wirkte sich aber eine andere Regelung viel unmittelbarer aus, die wir schnell erkennen, wenn wir uns die Vermietung von Immobilien vor Augen halten. Da war es klar, daß der Vermieter die Sache in einem gebrauchstauglichen Zustand erhalten mußte. Auf die Miete eines Menschen übertragen würde dies bedeuten, daß auch der tägliche Unterhalt geschuldet war, als wichtigstes natürlich die Nahrung. Das war für das *commodatum* (Leihe) unstreitig, das sich vom Mietvertrag hauptsächlich durch seine Unentgeltlichkeit unterschied, und es galt als evident, daß derjenige, dem der Sklave zum Gebrauch überlassen worden war, diesem die Nahrung und bei kleineren Krankheiten die notwendige Pflege schuldete.[120]

[118] Ulp. (18 ed.) D. 9.2.27.34; vgl. auch Lab. (post. 5 Iav. epit.) D. 19.2.60.7; zur Haftung in Fällen der Vermietung noch Paul. (19 ed.) D. 11.3.14.7; über eine deliktische Haftung löste Paul. (22 ed.) D. 19.2.45.1 den Fall des vermieteten diebischen Sklaven, vgl. Ulp. (5 ed.) D. 19.2.41.

[119] Ulp. (18 ed.) D. 4.9.7 pr.; 4; (38 ed.) D. 47.5.1.5; 6.

[120] Gai. (9 ed. prov.) D. 13.6.18.2, der mit der *naturalis ratio* argumentiert. Beim Nießbrauch führt Gaius mit dem gleichen Evidenzargument – *naturā*

Für den Mietvertrag haben wir eine Reihe von Indizien, die in der Tat für die gleiche Regelung wie beim *commodatum* sprechen;[121] das entscheidende Argument dafür ist aber wohl die Überlegung, daß sonst der Mieter nicht in der Lage war, den Sklaven heil und gesund zurückzugeben, denn schließlich haftete er für jedes Verschulden.[122] Zudem trug er – soweit keine höhere Gewalt im Spiel war – das Risiko, daß er den Mietpreis schuldete, obwohl der Sklave ausfiel und nicht mehr bestimmungsgemäß eingesetzt werden konnte.[123] In der Vertragspraxis scheinen auch Klauseln vorgekommen zu sein, die den Mieter haften ließen, wenn der Sklave zum Dieb wurde oder flüchtete.[124]

Die Vertragspraxis ging über diese Risikoverteilung sogar hinaus, indem sie sogenannte Aestimationsabreden formulierte: Man vereinbarte einen Schätzpreis, den der Mieter zu zahlen hatte, wenn er den Sklaven nicht mehr zurückgeben konnte.[125] Damit trug der Mieter wie ein Eigentümer das Risiko des Todes des Sklaven. Eine solche Vertragsgestaltung war im übrigen auch bei anderen Verträgen verbreitet, so bei der Übergabe der Mitgift. Ökonomische Vernunft setzte also einer rücksichtslosen Ausbeutung rechtliche Grenzen. Man denke nur daran, daß der reiche Nikias in Athen sich seinerzeit mit einer solchen Klausel sowohl sichere Renteneinkünfte als auch die Substanzerhaltung seiner tausend Bergwerkssklaven sicherte, was zweifellos Auswirkungen auf deren Behandlung gehabt haben muß-

*manifestum* – auch die Ausgaben für größere Krankheiten auf. Ausdrücklich auch für die strafweise Überlassung des Sklaven an den Stampfmüller Ulp. (30 ed.) D. 16.3.1.9, wo dieser sogar schon beim *depositum* (Verwahrungsvertrag, Hinterlegung) die *cibaria* schuldete.

121 Vgl. dazu Bürge, *Cibaria* – Indiz für die soziale Stellung des römischen Arbeitnehmers?, in: Ars boni et aequi, FS W. Waldstein, Stuttgart 1993, 63–78; hier auch zur generalisierenden Aussage Ner. (1 resp.) D. 38.1.50.1. In diesem Rahmen konnte der Vormund ohne Risiko auswärtigen Sklaven und Freigelassenen Nahrung gewähren, vgl. Paul. (38 ed.) D. 26.7.12.3; ebenso ist Hor. sat. 2,7,17f. wohl ein Hinweis darauf, daß der Mieter die Nahrung schuldete.

122 Ulp. (28 ed.) D. 13.6.5.2; vgl. für die Überanspruchung eines Zugtieres Alf. (3 dig. Paul. epit.) D. 19.2.30.2.

123 Ulp. (32 ed.) D. 19.2.15.2 bietet ein Beispiel aus der Landpacht, das aber sicher verallgemeinerungsfähig ist.

124 Ulp. (42 Sab.) D. 2.14.50.

125 Pomp. (9 Sab.) D. 19.2.3; Paul. (5 resp.) eod. 54.2; vgl. dazu L. Capogrossi Colognesi, Ai margini della proprietà fondiaria, Rom $^{2}$1996, 280f. mit Anm. 70.

te.[126] Das begann bei der ärztlichen Betreuung, die auch damals nicht gratis zu haben war,[127] sich aber schon wegen dieser Gefahrübernahme geradezu aufdrängte, und endete bei einer sinnvollen Ernährung. Nur kurz sei darauf hingewiesen, daß sich auch der Sklave selbst als Sache vermieten konnte.[128] Das weist auf eine gewisse wirtschaftliche Selbständigkeit hin, die beim eigentlichen Dienst- oder Arbeitsvertrag noch stärker in Erscheinung trat.

Bei der Ausgestaltung der *locatio conductio* als Dienst- oder Arbeitsvertrag verdingte der Arbeitnehmer dem Arbeitgeber seine Arbeitskraft (*operae* – Dienste). Daher spricht man von einer *locatio conductio operarum*. Entgegen einer oft zu lesenden Behauptung finden sich bei einer sorgfältigen Quellenanalyse in den römischen Juristenschriften nur wenige Dienst- oder Arbeitsverträge, die freie Lohnarbeiter abgeschlossen hatten. Noch weiter schrumpft das Material, wenn wir von jenen Stellen absehen, die das Engagement als Gladiator oder die Ausübung anderer diffamierter Berufe betrafen. Bei einer Reihe von Stellen, die meist zum Beleg dafür herangezogen werden, daß der Arbeitgeber die Lohngefahr übernommen habe, wenn die Arbeit aus Gründen nicht geleistet wurde, die in seiner Sphäre lagen, dürfte es sich um Fälle handeln, die den Fiskus betrafen und deshalb im Zusammenhang mit der Verwaltungsorganisation sowie der dafür zuständigen *cognitio extra ordinem* gesehen werden müssen.[129]

Schon breiter gestreut sind die Belege für Arbeitsverträge, wenn wir die Stellen heraussuchen, in denen die Eigentümer oder Nießbraucher

[126] Vgl. den Bericht bei Xen. Vect. 4,14; dazu S. Lauffer, Die Bergwerkssklaven von Laureion, Wiesbaden $^2$1979, 84ff. Besonders diskutiert wurden solche Vertragsgestaltungen bei der Miete von Gladiatoren, wenn bestimmte Preise bei Tötung eines Sklaven geschuldet wurden, Gaius 3,146; dazu A. Guarino, Il ‚leasing' dei gladiatori, Index 13 (1985) 461–465 und Mayer-Maly (Anm. 113), 72ff.

[127] Damit läßt sich auch die Frage beantworten, wer für die Arztrechnung eines Bergwerksklaven – beispielsweise in dem Hipp. Epid. 4,25 geschilderten Fall – aufkam; vgl. F. Kudlien, Die Sklaven in der griechischen Medizin der klassischen und hellenistischen Zeit, Wiesbaden 1968, 24 mit Anm. 21.

[128] So Lab. (post 5 Iav. epit.) D. 19.2.60.7 *si ipse se locasset* … und Pap. (17 qu.) D. 33.2.2 … *idem est si servus se locaverit* …

[129] Paul. (sing. reg.) D. 19.2.38 pr., die aus einem Reskript stammen dürfte, vgl. R. Röhle, Der „liber singularis regularum" des Paulus, Labeo 12 (1966) 218–226, 221. Das gleiche gilt für die *salaria* und *honoraria*, die im Zuge solcher Arbeitsverhältnisse zugesagt wurden. Zu Ulp. (32 ed.) D. 19.2.19.8–10; Pap. (4 resp.) D. 1.22.4 vgl. R. Röhle, Das Problem der Gefahrtragung im Be-

Verträge über die Arbeitsleistung ihrer Sklaven schlossen. Sie stammen zum größten Teil nicht aus der kommentierenden Behandlung der *locatio conductio* und sind deshalb ein gutes Beispiel dafür, daß wir die Vertragspraxis in den Rechtsquellen oft nur aus ihren Reflexwirkungen in anderen Rechtsverhältnissen erschließen können. So erstaunt es nicht, daß bei der Ehescheidung die Frage beantwortet werden mußte, wem die Einkünfte eines Sklaven zustanden, über dessen Arbeitsleistung vertraglich über die Dauer eines Jahres disponiert worden war, wenn die Scheidung vor Ablauf dieses Jahres stattfand[130]. Wenn der Erblasser seine Sklaven vermacht hatte, tauchte die Frage auf, ob auch jene Bäcker oder Schauspieler zum Vermächtnis gehörten, die er zu verdingen pflegte;[131] Schauspieler als Rentenquelle waren ja schon in Ciceros Rede ›Pro Q. Roscio comoedo‹ ein Thema.[132] Ebenso war bei einem Vermächtnis der Arbeitsleistung eines Sklaven zu klären, ob diese *operae* weiter vermietet werden durften.[133] Bei der Wandelung eines Kaufvertrages über einen Sklaven, die der Käufer wegen Sachmängeln erreicht hatte, galt es zu entscheiden, wem die Erträge aus einem nach Abschluß des Kaufvertrages eingegangenen Dienstvertrag zustanden.[134] Komplikationen traten etwa auf, wenn der Eigentümer mit dem

reich des römischen Dienst- und Werkvertrages, SD 34 (1968) 183–222; 196ff. Die Übernahme der Gefahr in solchen Vertragsverhältnissen bedeutet nicht, daß deshalb sonst generell die Lohngefahr dem Arbeitnehmer aufgebürdet worden wäre. Das läßt sich auch nicht dem siebenbürgischen Arbeitsvertrag CIL III. 2 p. 948 (Nr. 10) = FIRA 3, Nr. 150a entnehmen, der dem Arbeitnehmer bei Wassereinbruch im Bergwerk nur einen Teil des Lohnes zugesteht (vgl. V. Arangio-Ruiz SD 5 [1939] 621f. mit Anm. 74), denn damit wird die volle Lohnzahlung abbedungen. Vielmehr dürfte sich die für die kaiserliche Verwaltung entwickelte Praxis an den Regelungen im privaten Sektor orientiert haben. Ebensowenig sind diese Stellen, soweit sie von *salaria* und *honoraria* handeln, Belege für die Klagbarkeit solcher Entgelte, denn durchsetzbar waren sie nur, soweit Aufgaben in der Verwaltung oder unter staatlichem Schutz wahrgenommen wurden, vgl. noch Ulp. (8 de omn. trib.) D. 50.13.1.8; 10; 12.

[130] Ulp. (31 Sab.) D. 24.3.7.10; zu den Eigentumsverhältnissen an der Mitgift s. u. S. 169f.

[131] Ulp. (20 Sab.) D. 32.73.3.

[132] Cic. Q. Rosc. 28ff., wo von Einnahmen in der Höhe von 150 000 Sesterzen die Rede war.

[133] Was bejaht wurde von Pap. (17 qu.) D. 33.2.2; verneint hingegen beim Vermächtnis eines bloßen Gebrauchsrechts, Gai. (7 ed. prov.) D. 7.8.13.

[134] Ulp. (1 ed. aed. cur.) D. 21.1.23.9.

Nießbraucher einen Vertrag über die Arbeitsleistung seines eigenen Sklaven geschlossen hatte.[135] Ein noch verzwickteres Problem ergab sich, wenn der Eigentümer einen Sklaven hatte, dem seinerseits ein Sklave *(vicarius)* gehörte.[136] Der Sklave hatte nun die Arbeitsleistung dieses vicarius einem Geschäftsmann vermietet, der ihn als Handlungsgehilfen in seinem Ladengeschäft anstellte. Da der Eigentümer des Sklaven alsbald beim *vicarius* etwas kaufte, war zu untersuchen, ob der Kaufvertrag zustande gekommen war.[137] Damit richtet sich der Blick auf die Sklaven, die selbständig agierten und häufig auch die Arbeitsverträge selbständig schlossen.

Eine solche Eigeninitiative des Sklaven in der Arbeitswelt mochte in vielen Fällen angezeigt sein, wenn etwa der Besitzer noch unmündig und der Vormund desinteressiert war.[138] So war beispielsweise einem unehelichen Sohn ein Schustersklave vermacht worden mit der Maßgabe, aus diesen Erträgen den *alumnus* zu ernähren. Da lag die praktische Lösung nahe, daß sich dieser Schuster bei einem Arbeitgeber verdingte oder als selbständiger Handwerker Werkverträge einging. Die Stelle, die darüber handelt, zeigt uns die Ausstattung dieses in offensichtlich bescheidenen Verhältnissen lebenden Sohnes mit einem Sklaven, der wohl im Haushalt eingesetzt wurde, und einem zusätzlichen Sklaven, der mit seinem Einkommen diesen Haussklaven und seinen Herrn ernährte.[139] Die Realitätsnähe einer solchen Konstellation belegt uns ein Brief, den ein frischgebackener Rhetorikstudent seinem Vater aus Alexandrien nach Hause schrieb. Darin kam er auf einen Sklaven zu sprechen, der ihm durch seine täglichen Einkünfte den Lebensunterhalt bestreiten sollte. Dem war es dabei aber sichtlich zu wohl geworden, so daß er sich eine Züchtigung verdiente, die ihn offenbar bewog, sich auf den Weg ins heimatliche Oxyrhynchos zu machen.[140]

[135] Paul. (22 ed.) D. 9.4.19.1.

[136] Zu dieser Besonderheit s. u. S. 195.

[137] Ulp. (28 ed.) D. 14.3.11.8; Iul. (11 dig.) eod. 12 legte noch die Verhältnisse im Fall dar, daß der Geschäftsmann gegen den Sklaven oder den *vicarius* klagen wollte.

[138] Zur Frage der Rechts- und Geschäftsfähigkeit des Sklaven s. u. S. 172 ff.

[139] Scaev. (21 dig.) D. 36.1.80.12; im Text steht *alumnus*, was meist für das Kind einer Sklavin gebraucht wurde, hier aber, was seltener belegt ist, einen freigeborenen Sohn bezeichnete, vgl. die Angaben im Thes. l. L. 1, 1795, 3 ff., 25 (s. v. *alumnus*).

[140] P. Oxy. 2190,41–54; in die gleiche Richtung zielte Iuv. 9,145 f. der Wunsch des Dichters, einen *caelator* und einen Porträtmaler zu bekommen, um mit ihren Einnahmen seinen Lebensunterhalt zu bestreiten.

Ausdrücklich von Arbeitsverträgen, die der Sklave selbst vereinbart hatte, handelt eine Reihe von Stellen zum Nießbrauch, wo das Problem zu diskutieren war, wie man den Verdienst des Arbeitnehmersklaven zu verteilen hatte, wenn in der Folge der Nießbrauch während der Laufzeit des langjährigen Arbeitsvertrages erlosch.[141] Mindestens aus Andeutungen können wir entnehmen, daß der Lohn oft im voraus zu Beginn eines Jahres gezahlt wurde. Diese Probleme sind uns aus heutiger Sicht weniger fremd, wenn wir zum Vergleich den Nießbrauch an Aktien nehmen und uns überlegen, ob die Erträge in einer solchen Situation dem Nießbraucher oder dem Eigentümer zustehen. Die diplomatische römische Lösung der Aufteilung pro rata temporis leuchtet ein.[142]

Im Innenverhältnis konnten solche Verträge durch Vereinbarungen zwischen dem Eigentümer bzw. dem Nießbraucher einerseits und dem Sklaven andererseits ergänzt werden, die zwar keine bindende Wirkung hatten;[143] sie wurden im Außenverhältnis jedoch dann beachtet, wenn ein Außengläubiger des Sklaven seine Forderungen gegenüber dem Nießbraucher und gegebenenfalls dem Eigentümer geltend machte.[144] Mit derselben Technik konnte der Vermächtnisnehmer bei einem Vermächtnis des bloßen Gebrauchs der Arbeit *(operae)* eines Sklaven oder einer Sklavin, die nicht auf einen Dritten übertragen werden durften, dennoch bares Geld bekommen, wenn er sich vom Sklaven oder von der Sklavin auszahlen ließ, denn diese waren dann frei, sich anderswo zu verdingen.[145] In all diesen Fällen hatte die interne Vereinbarung eine Rechtsfolge, die für die Beurteilung der Stellung des Sklaven wichtig ist: Der Sklave arbeitete damit auf eigene Rechnung, was bedeutet, daß er das Risiko der Arbeitslosigkeit oder der Senkung des Einkommens selbst trug, das sonst den Eigentümer traf.

Der selbständige Sklave, der sich selbst ernährte, begegnet uns auch beim Streit um das Eigentum an seiner Person: Wenn ein Kläger den Sklaven vom Besitzer mit der Herausgabeklage *(actio ad exhibendum)* herausverlangte, war das Problem zu lösen, wer während des Prozesses für Unterhalt, Kleidung und Pflege aufzukommen hatte. In der

[141] Paul. (3 Sab.) D. 7.1.26; vgl. Ulp. (18 Sab.) eod. 25.2.

[142] Iul.-Pap. (27 qu.) D. 45.3.18.3.

[143] Ulp. (18 Sab.) D. 7.1.25.5.

[144] Iul. (11 dig.) D. 15.1.37.3 ... *nihil interest, operas suas conduxerit servus a fructuario an pecuniam mutuam ab eo accepit* ... Zum Vorgehen des Gläubigers des Sklaven gegen dessen Eigentümer s. u. S. 173ff.; 176ff.; 183ff.

[145] Gai. (7 ed. prov.) D. 7.8.13, zur Situation s. o. bei Anm. 133.

Regel war es der Besitzer, bei dem der Sklave bereits war; wenn der Sklave sich jedoch selbst zu verdingen pflegte oder sich von seinem Handwerk ernährte und er wegen des Prozesses seiner gewohnten Arbeit nicht nachgehen konnte, mußte der Kläger dafür einstehen.[146] Auf andere interessante Stellen stoßen wir im Zusammenhang mit der Flucht der Sklaven. Nach der wohl vom Ende des dritten Jahrhunderts v. Chr. stammenden *lex Fabia* riskierte, wer einen flüchtigen Sklaven anstellte, wegen Unterschleifs des Sklaven strafrechtlich verfolgt zu werden. Nach einem Reskript Hadrians galt das jedoch nicht, wenn sich dieser Sklave schon früher bei anderen Arbeitgebern verdungen hatte.[147] Die Figur des Sklaven, der sich selbständig um Arbeit bemühte, wurde auch hier nicht nur erwähnt, sondern in eine pragmatische Lösung eingebunden, die den wirtschaftlichen Gegebenheiten Rechnung trug. Bei den Stellen im Zusammenhang mit dem Nießbrauch fällt übrigens auf, daß es sich um langjährige Arbeitsverträge handelt, die der Sklave einging. In einem Fall wurde als Beispiel eine Bindung von fünf Jahren genannt.[148] Es begegnet uns aber auch der Taglöhner[149] und der allmonatlich abrechnende Sklave[150], wobei bezeichnenderweise beide auf ihre Freilassung hinarbeiteten.

Ein letzter Hinweis gilt dem Werkvertrag *(locatio conductio operis)*, der ebenfalls mit der einheitlich konzipierten *actio ex locato et conducto* bewältigt wurde. Hier beobachten wir wieder den selbständig wirtschaftenden Sklaven, der sich natürlich sein Einkommen auch auf werkvertraglicher Basis verdienen konnte. Eigene Züge erhielt der Lehrvertrag über die Ausbildung freier und unfreier Personen, der als Werkvertrag ausgestaltet war und eine wichtige Rolle spielte. Der Lehrmeister übernahm als Unternehmer *(conductor)* die Ausführung des Werkes, nämlich die Ausbildung beispielsweise eines Sklaven *(servum docendum)* und erhielt dafür vom Besteller *(locator)* den Werklohn. Rechtliche Komplikationen sind uns hauptsächlich in zweierlei Hinsicht überliefert: Sie betreffen einmal den Tod des Sklaven auf einer Reise, die im Vertrag nicht vorgesehen war,[151] und dann den

[146] Ulp. (24 ed.) D. 10.4.11.1.

[147] Call. (6 cogn.) D. 48.15.6.1; dazu und zur *lex Fabia* vgl. H. Bellen, Studien zur Sklavenflucht im römischen Kaiserreich, Wiesbaden 1971, 44 ff., 51.

[148] Pap. (27 qu.) D. 45.3.18.3.

[149] Pap. (9 resp.) D. 40.5.23.4.

[150] Pap. (3 resp.) D. 40.1.20.3.

[151] Ulp. (32 ed.) D. 19.2.13.3; die Gefahr mußte hier der Lehrmeister tragen, es sei denn, die Reise wäre vertraglich vorgesehen gewesen.

Schadensersatzanspruch gegen den Lehrmeister, im konkreten Fall gegen einen Schuster, der seinen Lehrling bei der Züchtigung mit dem Leisten verletzt hatte.[152]

Wir haben hier mit Absicht die rechtsdogmatischen Aspekte zurücktreten lassen und den Blick mehr auf den jeweiligen Sachverhalt gerichtet, um auf diese Weise den Bereich zu erschließen, in welchem wir die freie Lohnarbeit finden. Es mag erstaunen, daß bei der Behandlung der freien Lohnarbeit in den Juristenschriften der Sklave in den Vordergrund rückte, der seine Verträge oft selbständig schloß und nicht beim Eigentümer wohnte, so daß sich Knecht und Herr einander als Rentenquelle und Rentier begegneten. Damit findet das übliche Schema, wonach der Sklave in der städtischen Hauswirtschaft im weitesten Sinn und im Landwirtschaftsbetrieb tätig war, eine Ergänzung durch den Sklaven als freien Lohnarbeiter. Es kann hier nicht die Aufgabe sein, die Konsequenzen für diese Sicht auf das gesellschaftliche Gefüge zu zeichnen, aber man muß sich mit der Vorstellung vertraut machen, daß es in Rom den selbständig auftretenden Sklaven gab, der nach seinen Möglichkeiten lebte, arbeitete, wohnte – und seinen Arbeitgeber selbst suchte. Wir werden die rechtliche Konzeption noch besser verstehen, wenn wir später die Vermögensorganisation der römischen *familia* betrachten, die in einer besonderen Weise ausdifferenziert war.[153]

Sicher darf man aus dem zahlenmäßigen Befund in den Juristenschriften sowenig quantitative Schlüsse auf den Anteil solcher Sklaven an der freien Lohnarbeit ziehen, wie wir aus den Rollen in der lateinischen Komödie solche Berechnungen für das Wirtschaftsleben anstellen können. Jede Literaturgattung hat ihre Rollenträger und behandelt nur einen Ausschnitt aus der bunten Vielfalt gesellschaftlicher Wirklichkeit. Immerhin signalisieren aber die Juristenschriften das Vorkommen dieses Typus, was sensibilisieren kann, ihn an anderen Orten überhaupt zu erkennen. Ein zweiter, für die Frage der in einer

[152] Iul.-Ulp. (32 ed.) D. 19.2.13.4; (18 ed.) D. 9.2.5.3; eine Abbildung des gefährlichen Schusterleistens findet sich bei M. Schubert, Der Schlag des Schusters, SZ 92 (1975) 267–269. Zur schwierigen Frage des Schadensersatzes, wenn der Schusterjunge ein Freier war, vgl. R. Wittmann, Die Körperverletzung an Freien im klassischen römischen Recht, München 1972, 82 ff. Menschlich anrührend ist der Lehrbub, der ausgenutzt wurde und deshalb zu seinem Eigentümer flüchtete (Viv.-Ulp. [1 ed. aed.] D. 21.1.17.3), oder jener, der aus Angst vor Strafe Zuflucht bei seiner Mutter suchte (eod. 5).

[153] Zu diesen organisatorischen Aspekten s. u. S. 192 ff.

Privatrechtsordnung wirkenden Kräfte weitaus wichtigerer Punkt betrifft die soziale Stellung des freien Lohnarbeiters. Soweit wir es nämlich mit Sklaven in dieser Rolle zu tun haben, ist die allgemein verbreitete Vorstellung zu korrigieren, er sei seinem Arbeitgeber gegenüber regelmäßig in der schwächeren Position gewesen. Ebenso wie schon bei der Sklavenmiete zeigt sich hier, daß der Eigentümer, der hinter dem Sklaven stand, in die Analyse mit einbezogen werden muß, denn schließlich erwarb der Sklave die Forderungen, insbesondere seine Lohnforderungen gegen den Arbeitgeber für seinen Eigentümer, gegebenenfalls für den Nießbraucher. Gläubiger von Schadensersatzansprüchen deliktischer Art war ohnehin der Eigentümer. Damit war der Arbeitgeber dem Druck der Eigentümerseite ausgesetzt, der gerade dort noch äußerst wirksam sein konnte, wo uns die Mittel des damaligen Vollstreckungsrechts wegen des großen Bereichs erlaubter Selbsthilfe primitiv erschienen. Wenn wir einen Eigentümer wie den Triumvir Crassus nehmen, der mit seinen Bausklaven Geld scheffelte,[154] sind wir sicher, daß diese ausstehende Forderungen einzutreiben wußten, notfalls mit Hilfe der in solchen Problemen erfahrenen Kräfte der Hausverwaltung ihres Herrn.

Das Eigentümerinteresse läßt uns eine Sonde zur Welt der kleinen Leute finden.[155] Mögen die Sklaven, die sich auf Jahre hinaus fest verdingen konnten, eher auf der Sonnenseite gelebt haben, so war jener Sklave, der seinen Lohn täglich nach Hause trug, eben auch wichtig im Rahmen der Dispositionen, die der Eigentümer im Hinblick auf die Organisation seines Vermögens traf und dabei selbst diesem bescheidenen Sklaven, dessen Fleiß er offensichtlich fördern wollte, die Freilassung in Aussicht stellte. Über diese Stufen gegenseitiger Abhängigkeit, die Crassus als Erfolgsrezept pries,[156] führen uns die Stellen aus den Juristenschriften und zeigen uns das dichte Gewebe der römischen Gesellschaft auf seinem wirtschaftlichen Hintergrund.

[154] Vgl. Plut. Crass. 2,5.

[155] Hinweise auf die Höhe der Löhne, die sich bei einfachen Tätigkeiten zwischen 1 bis 4 Sesterzen bewegten, wobei die letztgenannte Zahl häufig vorkommt, finden sich bei T. Frank (Hrsg.), An Economic Survey of Ancient Rome, Baltimore 1933, Bd. 1, 384–386 und St. Mrozek, Prix et rémunération dans l'occident romain, Gdańsk 1975, 69ff.

[156] Plut. Crass. 2,8.

# Achtes Kapitel

# ENTFALTUNG UND GRENZEN DES EIGENTUMS: DIE *ACTIO NEGATORIA*

Als Heinrich Heine sich an sein „Studium der römischen Casuistik" erinnerte, meinte er sarkastisch: „Welch ein fürchterliches Buch ist das Corpus Juris, die Bibel des Egoismus!"[1] Beispiele, die Heines Vorstellungen vom römischen Egoismus erklären können, sind in den römischen Juristenschriften leicht zu finden. So nahm man insbesondere oft an Stellen Anstoß, die ein *circumscribere*, ein gegenseitiges Übervorteilen, beim Kauf und bei der Miete erlaubten:

Paul. (34 ed.) D. 19.2.22.3 *Quemadmodum in emendo et vendendo naturaliter concessum est quod pluris sit minoris emere, quod minoris sit pluris vendere et ita invicem se circumscribere, ita in locationibus quoque et conductionibus iuris est.*[2]
„Wie es beim Kauf und Verkauf von Natur aus erlaubt ist, was mehr wert ist, zu einem geringeren Preis zu kaufen, und was weniger wert ist, zu einem höheren Preis zu verkaufen und sich so gegenseitig zu übervorteilen, ist es auch bei der Vermietung und der Miete rechtens."

Freilich übersah die Kritik, daß dahinter der Gedanke stand, es dürfe jeder mit seiner Geschäftstüchtigkeit seinen Vorteil suchen, und daß in Rom die Meinung die war, daß der Preis sich ohnehin nach der Situation und dem Markt richte.[3] Zudem wurden gerade in diesen Verträgen das Arglistverbot und die Schranken von Treu und Glauben besonders betont.[4]

Wo Heine aber in seiner Polemik das römische Eigentum im Auge hatte, knüpfte er an einen Gedanken seines Freundes Eduard Gans

[1] H. Heine, Memoiren, in: ders., Historisch-kritische Gesamtausgabe (Düsseldorfer Ausgabe), Bd. 15, Hamburg 1982, 64, dort auch die Nachweise der später veränderten Fassungen; zu dieser und anderen Äußerungen Heines über die Rechtswissenschaft St. Söhn, „Diese illiberalste Wissenschaft", NJW 1998, 1358–1363.

[2] Ähnlich Pomp.-Ulp. (11 ed.) D. 4.4.16.4.

[3] Wie eine Illustration der Aussage der Juristen liest sich Sen. benef. 6,15,4 ff.; vgl. dann C. 4.44.8 (a. 293); ein hübsches Beispiel aus den Juristenschriften findet sich in Paul. (sing. leg. Falc.) D. 35.2.3 pr.

[4] Vgl. dazu A. Wacke, Circumscribere, gerechter Preis und die Arten der List, SZ 94 (1977) 184–246.

an,[5] der später von Gierke und anderen Vertretern der Germanistik aufgegriffen wurde. Sie alle suchten in betontem Gegensatz zu diesem römischen Eigentumsbegriff eine soziale Eigentumsordnung zu entwickeln. Daß das Eigentum ins Visier der Kritik geriet, kam nicht von ungefähr, stand es doch seit der Mitte des 19. Jahrhunderts im Zentrum einer engagierten, erbitterten Auseinandersetzung. Der liberalistischen Auffassung der uneingeschränkten Entfaltung des Eigentums in der industriellen Revolution standen die Ideen der linken Gegner meist schroff gegenüber. In der Mitte, jedoch klar gegen die romanistische Auffassung gerichtet, finden wir die erwähnten Versuche von germanistischer Seite, die Gemeinwohlbindung zu akzentuieren, wie es Gierke vertrat. Jahrzehnte später war es diese Vorstellung vom egoistischen, schlimmer noch, dem individualistischen Eigentum, das im Nationalsozialismus zur Verdammung der romanistisch geprägten Dogmatik führte. Ihr Vehikel war die berüchtigte Formel aus Punkt 24 des Parteiprogramms der NSDAP: „Gemeinnutz vor Eigennutz"[6], wenn auch in der Rechtslehre teilweise mehr an Gierkes Gedankenwelt angeknüpft wurde.[7] Ihm freilich darf man die nationalsozialistische Pervertierung der eben zitierten Parömie nicht anlasten; vielmehr ist er ein wertvoller Zeuge für die Kontinuität des Denkens, die zu Art. 14 Abs. 2 des Bonner Grundgesetzes führt.[8]

Die Kritik, die Heine als Kind seiner Zeit in rechtspolitischer Ab-

[5] E. Gans, Das Erbrecht in weltgeschichtlicher Entwicklung, Berlin 1824 (NDr. Aalen 1963), Bd. 1, 8 f.; vgl. dazu die Hinweise von G. Heinemann in der Düsseldorfer Ausgabe von Heine (Anm. 1), 1204 f., 528 f.

[6] Auf diesem Gegensatz zwischen dem römischen Eigentumsbegriff und der deutschrechtlichen Konzeption baute auf Hans Würdinger, Wandlung in der Eigentumsverfassung, Zeitschr. Akad. dt. Recht 1936, 70–77 und stieß mit der Maxime ‚Gemeinnutz vor Eigennutz' zur nationalsozialistischen Eigentumsidee vor. Ähnlich betonte den absolutistischen Zug des römischen Eigentums Hermann Eichler, Wandlungen des Eigentumsbegriffes in der deutschen Rechtsauffassung und Gesetzgebung, Weimar 1938, 44 ff. und verknüpfte ihn 84 ff. mit dem Rassegedanken; eindrücklich auch J. W. Hedemann, Die Fortschritte des Zivilrechts im XIX. Jahrhundert, Bd. 2,2, Berlin 1935 (im Nachdruck von 1968 fehlt einzig die Widmung an Freisler), 335 ff.

[7] Vgl. F. Wieacker, Wandlungen der Eigentumsverfassung, Hamburg 1935; dazu ders., ‚Wandlungen der Eigentumsverfassung' revisited, Quaderni Fiorentini 5/6 (1976/77), 841–859. Allgemein zur damaligen Haltung der Rezeption gegenüber P. Bender, Die Rezeption des römischen Rechts im Urteil der deutschen Rechtswissenschaft, Frankfurt a. M. u. a. 1979, 98 ff.

[8] „Eigentum verpflichtet. Sein Gebrauch soll zugleich dem Wohle der Allgemeinheit dienen."

sicht formulierte, konnte auch nicht das antike Rom treffen, weil sie den doch engen, auf das Privatrecht und seine Dogmatik eingeschränkten Blickwinkel übernahm, unter welchem im 19. Jahrhundert aus naheliegenden Gründen das römische Recht betrieben wurde. Weite Bereiche eigentumsbeschränkender öffentlich-rechtlicher Normierungen wurden in der damaligen Behandlung der römischen Quellen nämlich mehr und mehr an den Rand gedrängt, weil sie schon wegen der gewandelten Regelungstechnik für das geltende Recht wenig hergaben.[9] Zudem waren sich die Zivilisten seit Beginn des 19. Jahrhunderts im Grunde genommen im Ziele einig, einen zu ihrer Zeit als veraltet empfundenen Wust staatlicher Ordnungsvorschriften merkantilistischer Prägung mitsamt den Überbleibseln der Zunftverfassung und des Lehensrechtes zurückzubinden und das öffentliche Recht im ganzen zu modernisieren.[10] Der aus dieser Sicht resultierende homo privatus, der in seinem autonomen Handeln in Selbstherrlichkeit als juristisches Pendant zum homo oeconomicus erscheint, war freilich ein Konstrukt, das vergessen ließ, daß die Römer urbanes Zusammenleben als wichtigen Wert kultivierten und keinen Hang zum Einsiedlertum in abgelegenen Wäldern hatten.

Die Frage, wieviel Raum öffentlich-rechtliche Regelungen einnehmen sollen, zielt auf die Extension, die eine Gesellschaft dem Privatrecht zubilligt. Über die inhaltliche Ausgestaltung des Eigentums und die begrifflichen Vorstellungen, die mit dem Eigentum verbunden sind, sagt die Antwort darauf noch nichts aus. Umgekehrt läßt die aus

[9] Zu diesem Aspekt der römischen Eigentumsordnung vgl. W. Simshäuser, Sozialbindungen des spätrepublikanisch-klassischen Privateigentums, in: Europäisches Rechtsdenken in Geschichte und Gegenwart, in: FS für Helmut Coing, München 1982, Bd. 1, 329–361, bes. 341 ff.; ähnlich ders., Sozialbindungen des Eigentums im römischen Bauwesen der späteren Kaiserzeit, in: Sodalitas. Scritti in onore di A. Guarino, Neapel 1984, Bd. 4, 1793–1814. Umfassend die Darstellung von J. M. Rainer, Bau- und nachbarrechtliche Bestimmungen im klassischen römischen Recht, Graz 1987; allgemein O. F. Robinson, Ancient Rome. City planning and administration, London u. a. 1992, zu den Bauvorschriften bes. 33 ff.; C. Saliou, Les lois des bâtiments. Voisinage et habitat urbain dans l'empire romain, Beirut 1994. Mit Blick auf diese Pflichtenseite des römischen Eigentums hatte sich bereits F. Schulz, Prinzipien des römischen Rechts, München u. a. 1934, 102 ff. gegen Gierke gewandt.

[10] Zur „antistaatlichen Energie" des Privatrechts im 19. Jahrhundert und der damit verbundenen Eroberung einer größeren Extension des Privatrechts vgl. M. Stolleis, Geschichte des öffentlichen Rechts in Deutschland, München 1992, Bd. 2, 51 ff.

den römischen Rechtsquellen herausdestillierte Vorstellung von der Absolutheit des Eigentums, die sich in der Befugnis des Eigentümers ausdrückt, jeden davon auszuschließen und im übrigen mit seinem Eigentum nach Belieben zu schalten und zu walten,[11] nicht erkennen, wo die Grenzen dieser scheinbar unbegrenzten Rechtsmacht sind. Wer aus heutiger Sicht davon ausgeht, daß „die römische Übung" die Schranken der Selbstherrlichkeit des Grundeigentums „überwiegend der rechtsgeschäftlichen Willkür des Nachbarn" anheimstellte,[12] hat keinerlei Mühe, diesen selbstherrlichen Umgang mit dem Eigentum mit der Phase der Industrialisierung samt ihren rauchenden Schloten zu assoziieren. Nur bedenkt er zumeist eine wichtige Tatsache nicht, daß nämlich jedem Eigentum, am augenfälligsten dem Grundeigentum, Grenzen gesetzt sind, welche zugleich Schranken seiner Ausübung bedeuten.

Das galt in Rom nicht weniger, wie sich einer berühmten und folgenschweren Digestenstelle entnehmen läßt. Mit dem – dem jüngeren Plinius freundschaftlich verbundenen – Juristen Aristo führt sie uns in das erste Jahrhundert n. Chr., und der dort zitierte Alfenus Varus, ein Schüler des Servius, weist in die ausgehende Republik.[13]

Ulp. (17 ad ed.) D. 8.5.8.5 *Aristo Cerellio Vitali respondit non putare se ex taberna casiaria fumum in superiora aedificia iure immitti posse, nisi ei rei servitutem talem admittit. Idemque ait: et ex superiore in inferiora non aquam, non quid aliud immitti licet: in suo enim alii hactenus facere licet, quatenus nihil in alienum immittat, fumi autem sicut aquae esse immissionem: posse igitur superiorem cum inferiore agere ius illi non esse id ita facere. Alfenum denique scribere ait posse ita agi ius illi non esse in suo lapidem caedere, ut in meum fundum fragmenta cadant. Dicit igitur Aristo eum, qui tabernam casiariam a Minturnensibus conduxit, a superiore prohiberi posse fumum immittere, sed Minturnenses ei ex conducto teneri: agique sic posse dicit cum eo, qui eum fumum immittat, ius ei non esse fumum immittere. Ergo per contrarium agi poterit ius esse fumum immittere: quod et ipsum videtur Aristo probare. Sed et interdictum uti possidetis poterit locum habere, si quis prohibeatur, qualiter velit, suo uti.*
*6 Apud Pomponium dubitatur libro quadragensimo primo lectionum, an quis possit ita agere licere fumum non gravem, puta ex foco, in suo facere aut non licere. Et ait magis non posse agi, sicut agi non potest ius esse in suo ignem facere aut sedere aut lavare.*

[11] § 354 ABGB; Art. 641 ZGB; § 903 BGB; Art. 544 C. civ.

[12] So F. Wieacker, Vom römischen Recht, Stuttgart ²1961, 193.

[13] Vgl. dazu auch Rainer (Anm. 9), 103 ff. mit weiterer Literatur, ferner Saliou (Anm. 9), 269 ff.

*7 idem in diversum probat: nam et in balineis, inquit, vaporibus cum Quintilla cuniculum pergentem in Ursi Iuli instruxisset, placuit potuisse tales servitutes imponi.*
„Aristo erteilte dem Cerellius Vitalis das Gutachten, er vertrete die Meinung, daß Rauchimmissionen aus einer Käserei auf die höher gelegenen Gebäude nur dann zulässig seien, wenn eine entsprechende Dienstbarkeit eingeräumt sei. Aristo ergänzt noch: Und vom höher gelegenen auf das tiefer gelegene (Grundstück) dürfe man weder Wasser noch anderes leiten. Auf dem eigenen Grund und Boden dürfe man nämlich nur so lange schalten und walten, als man nicht auf ein fremdes Grundstück einwirke. Rauch aber sei wie Wasser eine Immission. Deshalb könne der Eigentümer des höher gelegenen Grundstücks gegen den des tiefer gelegenen eine Klage anstellen (mit dem Inhalt), jener habe kein Recht, so zu handeln. Alfenus schreibe, fügt er noch hinzu, man könne so klagen, daß der andere kein Recht habe, auf seinem Grundstück einen Steinbruch in der Weise zu betreiben, daß Splitter auf mein Grundstück fielen. Aristo sagt daher, daß demjenigen, der von der Gemeinde Minturnae eine Käserei gepachtet hat, vom oberen Nachbarn die Rauchimmission verboten werden könnten, die Gemeinde jedoch aus dem Pachtvertrag hafte: Und gegen denjenigen, der die Rauchimmissionen verursache, könne man in der Weise klagen, er habe kein Recht zu diesen Immissionen. Deshalb sei umgekehrt eine Klage möglich, man habe ein Recht zu solchen Immissionen: Und auch diese Meinung scheint Aristo zu vertreten. Aber auch das Interdikt ‚wie ihr besitzt' *(uti possidetis)* könne hier Anwendung finden, wenn jemand gehindert wird, sein Grundstück zu nutzen, wie er es wolle. 6 Pomponius bezweifelt im 41. Buch seiner ›Lesefrüchte‹, ob jemand (mit dem Inhalt) klagen könne, daß er einen leichten Rauch, beispielsweise aus einer Herdstelle, auf seinem Besitz machen beziehungsweise (der andere) ihn nicht machen dürfe. Und er erklärte, daß eine solche Klage kaum zulässig sei, so wie umgekehrt eine Klage (mit dem Inhalt), man habe ein Recht auf seinem Grundstück zu kochen, zu sitzen oder zu waschen, nicht zulässig ist. 7 In einem anderen Fall bejaht er es hingegen: Denn auch bei den Badeanstalten, als Quintilla einen Dampfabzug auf das Grundstück des Ursus Iulius angelegt hatte, drang die Meinung durch, daß solche Dienstbarkeiten zu Recht bestellt werden könnten."

In seinem Gutachten entwickelte Aristo seine Ansicht, daß eine Käserei nur dann zu Rauchimmissionen auf ein höherliegendes Grundstück berechtigt sei, wenn sie eine entsprechende Dienstbarkeit erworben habe, im Wege einer Analogie zum *stillicidium*. Darunter verstand man das Recht, vom Gebäude Regenwasser auf das Nachbargrundstück abtropfen zu lassen, das durch eine Dienstbarkeit eingeräumt werden konnte. Eine Dienstbarkeit oder eine Servitut wiederum ist ein Recht an einem dienenden Grundstück, das dem jeweiligen Eigentümer des herrschenden Grundstücks eingeräumt ist, wonach der Eigentümer des dienenden Grundstücks verpflichtet wird, bestimmte Einwirkungen des Berechtigten zu dulden oder zu unterlassen. Solche Dienstbarkeiten begegnen uns in typisierten Formen. Die häufigsten, die ein Dulden beinhalten, sind wohl die Wegegerechtigkeiten oder Wegerechte und – neben dem *stillicidium* – die verschiedenen Gebäudeservituten, die es erlauben, sich für den eigenen Bau das Nachbargebäude zunutze zu machen. Als ein Beispiel für ein Unterlassen sei die *servitus altius non tollendi* erwähnt, die Dienstbarkeit, dem Nachbarn ein Höherbauen zu untersagen. Die Dienstbarkeiten wurden in gleicher Weise begründet und übertragen wie das Eigentum. Deshalb und weil sie dinglich radiziert, das heißt so mit dem Grundstück verbunden waren, daß sie ohne das Grundstück nicht übertragen werden konnten, sprechen wir von einem *ius in re* oder dinglichen Recht.

Dieser Ausgestaltung entsprachen die prozessualen Mittel. Wurde der Berechtigte daran gehindert, die Dienstbarkeit auszuüben, versperrte man also beispielsweise ihm als Inhaber eines Wegerechtes den Zugang zum belasteten Grundstück, konnte er sein Recht in gleicher Weise verfolgen wie der Eigentümer sein Eigentum; man sprach daher von der *vindicatio servitutis* oder *actio confessoria*. Umgekehrt konnte der Eigentümer gegen denjenigen, der sich eine Dienstbarkeit anmaßte, eine *actio negatoria* anstrengen, eine Abwehrklage, die zum Ziel hatte, die Freiheit von der Dienstbarkeit festzustellen und zu verlangen, daß der frühere Zustand wiederhergestellt werde.[14] Bei der *actio confessoria* enthielt die Formel affirmativ das Recht, das der Kläger für sich vindizierte: ... *ius esse per fundum illum ire, agere* – daß er das Recht habe, über jenes Grundstück zu gehen und (Vieh) zu treiben; bei der *actio negatoria* verfolgte er das Ziel, das Recht zu negieren, und formulierte deshalb dieses Element als genaues Gegenstück dazu negativ: ... *ius non esse* – daß der andere dieses Recht nicht habe.

In unserem Fall konnte also der Kläger, der sich durch das selbst in der Stadt Rom so beliebte Räuchern des Käses belästigt fühlte,[15]

[14] Vgl. Einzelheiten bei Kaser, RP I, S. 437 f.; Kunkel/Selb S. 538 f.; umstritten war lange Zeit die Restitutionsklausel, mit der die Wiederherstellung des früheren Zustandes verlangt wurde.

[15] Den in der Stadt Rom, genauer in den Niederungen des Velabrum, geräucherten Käse hob Martial 11,52,10; 13,32 besonders hervor, vgl. auch Plin. nat. 11,241. Aus den Städten und Dörfern verbannen wollte deshalb die Käsereien Julian von Askalon 14, jetzt bei C. Saliou (Hrsg.), Le traité d'urbanisme de Julien d'Ascalon (VI$^{e}$ siècle), Paris 1996, 43, ebenfalls überliefert bei Harmenopulos, Hexabiblos, lib. 2, tit. 4. Vom Räuchern mit dem immissionsträchtigen Stroh berichtet Colum. 7,8,7. Das Adjektiv *fumosus* wanderte in die-

eine Klage gegen den Käsereipächter anstrengen, mit dem Inhalt, daß er kein Recht habe, Rauch zu immittieren: *ius non esse fumum immittendi*. Da die negatorische Klage das genaue Gegenstück der *actio confessoria* war, folgt daraus, daß es den Parteien offenstand, eine solche Servitut zu bestellen – wie es sie in der Stadt Rom offensichtlich gegeben haben muß. Die Diskussion unter den Juristen beweist aber, daß im Edikt diese Immission nicht unter den Servituten aufgeführt war, es jedoch auch keinen Typenzwang gab, der den Juristen eine solche Schöpfung verboten hätte. Interessant ist, daß der Jurist auch diese Konsequenz im Blick auf die prozessuale Durchsetzung und nicht auf das materielle Recht formulierte. Für die Käserei in Minturnae bedeutete dieser Befund die Betriebsschließung. Die Gemeinde haftete jedoch dem Pächter gegenüber, da sie sich durch den Abschluß des Pachtvertrages verpflichtet hatte, ihm die Käserei zum Gebrauch und zur Nutzung zu überlassen.

Pomponius warf im Anschluß an das Gutachten des Aristo die Frage auf, ob der Nachbar sogar verbieten könne, den Herd zu befeuern. Er verneinte dies mit einer *reductio ad absurdum*, indem er auf ebenso alltägliche Tätigkeiten hinwies, wie zu sitzen oder das häusliche Bad zu nehmen, was selbstverständlich stets gestattet war. Klarerweise stand hinter dieser Lösung ein Konzept, das dem Eigentümer, wenn er eine Bewirtschaftungsform wählte, die sich insbesondere auf Nachbargrundstücke auswirkte, enge Grenzen zog, eine übliche Bewirtschaftung aber nicht verhinderte. Es läßt uns ebenso wie die damit verknüpfte Diskussion die Bedeutung der Absolutheit besser verstehen, mit deren Hilfe Jahrhunderte später das Eigentum begrifflich erfaßt wurde.[16] Der Absolutheitsanspruch begründete nämlich in erster Linie Abwehrrechte gegenüber Einmischungen anderer, die in irgendeiner Weise das Eigentum störten.[17] Das wird durch die

sem Zusammenhang sogar als Fremdwort ins Griechische, Ath. Deipn. 3,113 c/d. Von der Kontinuität der Tradition zeugen noch heute die Scamorza affumicata und der köstliche Caciacavallo.

[16] Zur Entwicklungsgeschichte der Eigentumsdefinition noch stets wertvoll F. Piccinelli, Studi e ricerche intorno alla definizione: Dominium est jus utendi et abutendi re sua, quatenus juris ratio patitur, Florenz 1886, bes. 42 ff.; neuestens H. Coing, Europäisches Privatrecht, München 1985/89, Bd. 1, 291 f.

[17] Zur Absolutheit in dem von uns skizzierten Sinne vgl. Ch. Wolff, Institutiones Juris naturae et gentium (Hrsg. M. Thomann), Halle 1750 (NDr. Hildesheim 1969), 108 f. (§ 195) *Unde patet dominum omni jure, quod vi dominii in re ipsi competit, ceteros omnes excludere, ... adeoque ipsi competere jus interdicendi cuivis omni actu vi dominii licito, ...*

Bemerkung, daß in gewissen Fällen der Interdiktenschutz Platz greifen könne, noch unterstrichen. Er machte aber halt vor dem normalen Gebrauch.

Der Fall aus Minturnae lehrt, wie die Römer das Problem übermäßiger Immissionen gelöst haben wollten. Sie favorisierten eindeutig Verhandlungen, die in die Bestellung von Dienstbarkeiten mündeten. Darauf zielten die Überlegungen zur Zulässigkeit der Begründung einer Dienstbarkeit mit dem an unserer Stelle umschriebenen Inhalt, was das Beispiel der zugunsten der Bäder der Quintilla bestellten Dienstbarkeit illustriert. Sie setzten also auch im Nachbarrecht auf die Regelungsdynamik des Privatrechts,[18] die offenbar genügte, um selbst in der dichtbesiedelten Stadt Rom auf kleinem Raum urban zu wohnen, komfortable Bäder einzurichten und selbst Käse nach allen Regeln der Kunst zu räuchern. Die privatrechtliche Gestaltung war um so wichtiger, als Dienstbarkeiten nur dann ersessen werden konnten, wenn sie seit unvordenklicher Zeit ausgeübt wurden.[19] Die normale Ersitzung war durch eine wohl gegen Ende der Republik zu datierende *lex Scribonia* aus Gründen verboten, die nicht mehr auszumachen sind.[20] Da es aber umgekehrt nach wie vor zulässig war, sich durch Ersitzung von der Dienstbarkeit zu befreien, wenn der Berechtigte sie zwei Jahre nicht ausgeübt oder wenn bei städtischen Dienstbarkeiten ein servitutswidriger Zustand geherrscht hatte,[21] war die Bereinigung von all jenen Dienstbarkeiten gesichert, welche für den Berechtigten sichtlich ohne Nutzen waren.

Unser Käsereifall hat in der Entwicklung des neuzeitlichen Immissionsschutzrechts eine tragende Rolle gespielt, denn über Jahrhunderte galt, daß der Eigentümer das Recht hatte, Immissionen abzuwehren.

[18] Vgl. zu diesem Themenkomplex noch A. Rodger, Owners and Neighbours in Roman Law, Oxford 1972.

[19] Ulp. (53 ed.) D. 39.3.1.23; Scaev. (4 resp.) eod. 26.

[20] Paul. (54 ed.) D. 41.3.4.28; zu den Gründen vgl. G. Wesener, Zur Frage der Ersitzbarkeit des ‘ususfructus’, Studi G. Grosso, Turin 1968, 201–222, 211 ff.; zu ihr und zu ihrer Datierung vgl. C. St. Tomulescu, Sur la loi Scribonia *de usucapione servitutium*, RIDA[3] 17 (1970) 329–343; L. Capogrossi Colognesi, Ai margini della proprietà fondiaria, Rom [2]1996, 97–138 und deren kritische Würdigung durch M. Rainer, Nochmals zu den Gründen und der Datierung der Lex Scribonia, SZ 104 (1987) 631–638, der eine eher späte Datierung plausibel macht. Daß Cic. Caecin. 74 nach Erlaß der *lex Scribonia* so nicht mehr hätte geschrieben werden können, läßt sich heute nur noch schwer nachvollziehen.

[21] Vgl. Gai. (7 ed. prov.) D. 8.2.6.

Mit der Zeit kamen die Fälle der Geruchs- und Lärmimmissionen hinzu; bereits die Glosse des Accursius stellte die Verbindung zum Schadensersatzrecht her.[22] Der Zustand, der über Jahrhunderte galt, findet sich am besten bei Caepolla dokumentiert, einem Juristen aus dem 15. Jahrhundert, der mit seinem Werk über die Servituten über die Französische Revolution hinaus die ganz herrschende Meinung repräsentierte.[23] Geschult an einem dort behandelten Fall war es deshalb Jean Paul und seinem Armenadvokaten Siebenkäs sonnenklar, daß „das bürgerliche Recht, die römischen Pandekten ... nicht einmal einen Kupferschmied in eine Gasse ziehen (lassen), worin ein Professor arbeitet“[24], und selbst noch in der Mitte des 19. Jahrhunderts hatte das sächsische BGB diese Lehre kodifiziert.[25]

Die aufkommende Industrie fühlte sich dadurch stärker behindert als gefördert, auch wenn das Kriterium der Ortsüblichkeit, das die Lehre schon früh herausgearbeitet hatte, die römische Rigidität etwas milderte. Einen entscheidenden Schritt weiter ging Frankreich mit einem Gesetz von 1810. Es versagte dem Nachbarn in all jenen Fällen, in denen der Fabrik aufgrund eines vorgängigen verwaltungsrechtlichen Verfahrens die Bewilligung zu einem immissionsträchtigen Gewerbe erteilt worden war, den Beseitigungsanspruch und räumte ihm nur noch die Klage auf Schadloshaltung ein.[26] Gegen diesen Zug der Zeit fand die alte, römische Meinung einen feurigen Anhänger in Rudolph von Jhering, der die Ansicht vertrat, daß „die Fabriken ..., wie

[22] Die Glosse *fumum immittere* zu D. 8.5.8.5 verweist auf D. 47.10.44, wo Iavolen freilich als zusätzliche Voraussetzung für den Schadensersatzanspruch ein Handeln *iniuriae faciendae causa* verlangte; die Verknüpfung bot aber im Verlaufe der Rezeption Raum für die Rechtsfortbildung. Zur Glosse vgl. u. S. 205.

[23] Caepolla, Tractatus de servitutibus tam urbanorum quam rusticorum praediorum, (z. B. Lyon 1552), lib. 1, v. a. cap. 53.

[24] Jean Paul, Werke in drei Bänden, hrsg. von N. Miller, München 1969, Bd. 1, 567 (2. Bändchen, 5. Kapitel); er greift damit einen bekannten, auch von Caepolla behandelten Fall auf, der zugleich zeigt, wie sich Professoren ihres Rechts zu bedienen wußten.

[25] Vgl. dazu R. Ogorek, Actio negatoria und industrielle Beeinträchtigung des Grundeigentums, in: H. Coing/W. Wilhelm (Hrsg.), Wissenschaft und Kodifikation des Privatrechts im 19. Jahrhundert, Bd. 4, Frankfurt a. M. 1979, 40–78, die aber die Rechtslage im gemeinen Recht wohl nicht zutreffend würdigt.

[26] Décret du 15 octobre 1810 relatif aux manufactures et ateliers qui répandent une odeur insalubre ou incommode.

der Schinder sich in die Einsamkeit zurückziehen“ mögen,[27] was durchaus auch ein Licht auf seine Zwecklehre wirft. Schon die preußische Gewerbeordnung von 1845, die dem französischen Vorbild folgte, hat jedoch diesen Wunsch vereitelt. Die Rechtsprechung aber verfolgte nach zeitweiligem Schwanken weiterhin mit aller Entschiedenheit die an D. 8.5.8.5 anknüpfende Tradition des Anspruchs auf Schadloshaltung.[28] § 26 der Gewerbeordnung des Norddt. Bundes von 1869 – heute abgelöst durch § 14 Bundesimmissionsschutzgesetz – vereinheitlichte dieses Modell und schloß „einer mit obrigkeitlicher Genehmigung errichteten Anlage gegenüber“ die Klage auf Beseitigung aus. Das übernahm der in vielem unternehmensfreundliche Sachenrechtsentwurf von Johow für das deutsche BGB,[29] dessen Konzeption allerdings im BGB etwas eingeschränkt und erst nach 1945 in die damals vorgeschlagene Richtung weitergetrieben wurde.

Diesem erst seit dem 19. Jahrhundert erfolgten Paradigmawechsel, den wir kurz skizziert haben, verdanken wir den modernen romanistischen Eigentumsbegriff, der in seiner zunehmenden Schrankenlosigkeit den Nachbarn auf kaltem Wege zu enteignen drohte. Eindrücklich ist dieser Umschwung in der Lehre zum schweizerischen ZGB zu beobachten, weil sie die Konzeption der Art. 641 Abs. 2, 684 Abs. 2 ZGB, die noch die Abwehrrechte des Eigentümers betonen, allein durch eine auf den neuen Eigentumsbegriff gestützte Interpretation veränderte und damit der Industrie jenen Raum gab, den sie verlangte.[30] Mit dem antiken römischen Recht aber hat diese Auslegung nur insofern etwas zu tun, als sie einen Beitrag zur Diskussion des Problems leistet, die seinerzeit von Aristo und Alfenus Varus initiiert worden war. Sie erlaubt es uns, den roten Faden der Geschichte zu verfolgen, um den Wandel der Eigentumsverfassung sowie der Eigentumsordnung im städtischen Raum nachzuvollziehen und darüber nachzudenken.

[27] R. v. Jhering, Zur Lehre von den Beschränkungen des Grundeigenthümers im Interesse der Nachbarn, JherJb 6 (1863) 81–130, 127 = ders., Gesammelte Aufsätze (1882), Bd. 2, 22–66, 64.

[28] Vgl. Präjudiz 2382 vom 7. 6. 1852, Entscheidungen Königl. Ober-Tribunal 23 (1852) 252–271, das 260 f. D. 8.5.8.5 vollständig ausschreibt. Interessant ist, wie es die industriefreundlicheren Tendenzen der Rechtsprechung schildert und das Problem zutreffend im Rahmen der Eigentumskonzeption erörtert.

[29] W. Schubert, Die Vorlagen der Redaktoren: R. Johow, Sachenrecht, Teil 1, 1141 ff. (1007 ff.), der insoweit unternehmensfreundlich war, als er 708 (= 584) eine Objektivierung des Maßes der Immissionen ablehnte.

[30] Vgl. Meier-Hayoz im Berner Kommentar v. a. Rz 64 ff., 118 ff. zu Art. 684 ZGB.

# Neuntes Kapitel

# ZUM RECHT DER RÖMISCHEN *FAMILIA*

## 1. Die römische Ehe als Rechtsverhältnis

Jede Untersuchung der römischen Ehe in der späten Republik und unter dem Prinzipat stößt an die Schwierigkeit, daß die modernen westlichen Rechtsordnungen die Ehe als rechtlich durchstrukturiertes Gebilde erfassen; als frühes, abschreckendes Beispiel kann das preußische ALR gelten, das in II. 1 § 178–180 selbst die sogenannte eheliche Pflicht normierte. Die Römer hingegen hatten nur einzelne Bereiche in bewährter Manier prozessual erfaßt, wobei die Juristen auch hier auf eine Formulierung der normativen Grundlagen weitgehend verzichteten. Wir finden also nur Bündel von Rechtssätzen und vor allem von Klagen, die an die Ehe anknüpften, ohne daß etwa die Eingehung der Ehe besonders geregelt worden wäre.

Dieser Befund hat immer wieder dazu verführt, in der römischen Ehe nur ein „faktisches Verhältnis des sozialen Lebens" zu sehen,[1] noch prägnanter eine Art „verwirklichter Lebensgemeinschaft",[2] oder das römische Eherecht nur als den äußeren „Rahmen für eine … rein tatsächliche Gestaltung des ehelichen Gemeinschaftslebens" zu betrachten,[3] ohne zu bedenken, daß auch das moderne Eherecht vom Gedanke der verwirklichten Lebensgemeinschaft beherrscht wird und im übrigen wesentlich darauf abstellt, wie das eheliche Gemeinschaftsleben tatsächlich gestaltet wird.[4] Nichts illustriert das besser als die Praxis des Eherechts in verschiedenen Regionen einzelner Staaten;

[1] So Kaser, RP I, 310.

[2] So L. Mitteis, Römisches Privatrecht bis auf die Zeit von Diokletian, Leipzig 1908, 131 Anm. 19.

[3] So Kunkel/Honsell 386.

[4] Es ist bemerkenswert, daß nicht wenige Autoren des Naturrechts, angefangen bei Grotius und Thomasius, in der Ehe einen bloßen Vertrag sahen, vgl. dazu D. Schwab, Grundlagen und Gestalt der staatlichen Ehegesetzgebung in der Neuzeit bis zum Beginn des 19. Jahrhunderts, Bielefeld 1967, 127 ff. Portalis vertrat diese Ansicht in den Gesetzgebungsarbeiten zum Code civil ausdrücklich gegenüber jenen Strömungen des Naturrechts, die dies mit Rücksicht auf die Kirche(n) ablehnten (J.-G. Locré, Législation civile …, Brüssel 1836, Bd. 2, 465 f.). Die von Portalis bekämpfte Meinung wirkte aber in

noch schärfer akzentuiert es sich bei der Übertragung einer Rechtsordnung in eine andere kulturelle Umgebung, beispielsweise des Schweizer Eherechts in die Türkei, wobei – wie in der Schweiz – wiederum nach Gegenden und sozialen Schichten differenziert werden muß.

Die zitierten modernen Autoren stellen allein auf den beschränkten Gesichtspunkt ab, daß heute in Europa Ehen nur vor dem Standesbeamten geschlossen und vom Richter geschieden werden können, der sich unter Umständen noch über die Scheidungsgründe aussprechen muß. Das ist jedoch das Resultat einer modernen Entwicklung, der erst die Französische Revolution zum Durchbruch verholfen hat.[5] Dort handelte sich um eine antiklerikale Maßnahme, die an die jahrhundertelangen, erst spät erfolgreichen Anstrengungen der Kirchen zur Monopolisierung der Eheschließung anknüpfte und das Erreichte säkularisierte. Der rechtlichen Struktur der römischen Ehe werden solche Begriffsmuster jedoch nicht gerecht. Selbstverständlich war die Ehe für die Römer auch ein Rechtsverhältnis, so wie es jeder Vertrag war, der mit dem bloßen Konsens der beiden Parteien zustande kam.[6]

der Pandektistik und in der modernen Romanistik offenbar weiter, vgl. die Belege bei Ch. F. Glück, Ausführliche Erläuterungen der Pandecten, Erlangen 1822, Bd. 23, 122 ff.; dazu J. Gaudemet, Le mariage en occident, Paris 1987, 339 ff. Savigny, System des heutigen römischen Rechts, Berlin 1840/49, Bd. 1, 346 f. hat diesen Ansatz dann umgewandelt und die Familie als „Naturverhältnis“ betrachtet, das zugleich „ein sittliches Verhältnis“ sei, zu dem „noch die Rechtsform“ hinzutrete, deren Vertragscharakter er Bd. 3, 318 ff. – in Auseinandersetzung mit der Kritik Hegels an Kant – bejaht. Die in der heutigen Romanistik verbreiteten Auffassungen dürften auf Äußerungen zurückgehen, wie sie sich finden bei G. F. Puchta, Pandekten, Leipzig 1838, 444 (§ 401), der in der „Ehe als einer vollkommenen Lebensvereinigung ... an sich kein juristisches Verhältnis“ sah, aber beifügte, sie sei es „wegen ihrer umfassenden, alle Lebensverhältnisse berührenden Bedeutung geworden“, und bei J. Ch. Hasse, Das Güterrecht der Ehegatten nach Römischem Recht, Bd. 1, Berlin 1824, 501, der den im Text zitierten Äußerungen am nächsten kommt, wenn er schreibt: „Die Ehe an und für sich ist gar kein Recht und kein Rechtsverhältnis, sondern ein bloßes Faktum, ein Naturverhältnis: ...“ Gegen diese Auffassung polemisierte schon H. Dernburg, Pandekten, Berlin 1889, Bd. 3, 7 (§ 5) unter Hinweis auf A. Brinz, Lehrbuch der Pandekten, Erlangen ²1873/92, Bd. 3, 664 f. (§ 467), vgl. Bd. 2, 150 ff. (§ 42).

[5] Vgl. dazu Schwab (Anm. 4) 431 ff.; zu ihrer Einführung in Deutschland vgl. W. Schubert, Französisches Recht in Deutschland zu Beginn des 19. Jahrhunderts, Köln–Wien 1977, 431 ff.

[6] So treffend D. Daube, Historical Aspects of Informal Marriage, RIDA³ 25 (1978) 95–107, 96 f.

Mehr war für eine gültige Ehe in der Tat nicht erforderlich, doch diesem Minimum mußte sie genügen.

Typischerweise finden wir Äußerungen zur Eheschließung bei der Erörterung konkreter Rechtsfragen, namentlich bei der Beurteilung von Schenkungen unter Ehegatten, die während der Ehe verboten waren, ohne daß wir die normative Grundlage für dieses Verbot chronologisch näher bestimmen können. In solchen Fällen kam es also rechtlich auf den Zeitpunkt der Eheschließung an. So sprach man von *matrimonium contrahere*, das die Ehe vom Konkubinat schied.[7] In einer anderen Fallgruppe ging es um Bedingungen, die an den Ehekonsens geknüpft waren und von deren Eintritt die Leistung von Vermächtnissen abhing.[8] Im Zusammenhang mit der Rückforderung der Mitgift *(dos)* von Gewaltabhängigen mußte Paulus darauf hinweisen, daß der Konsens nicht nur der Eheleute, sondern auch des Gewalthabers erforderlich war.[9] Das zuverlässigste Indiz für den vorhandenen Konsens war natürlich der sakrale Ritus der Eheschließung,[10] der damit auch rechtliche Bedeutung bekommen konnte, obwohl er für die Eheschließung weder notwendig noch hinreichend war; er entsprach aber wenigstens in höheren Schichten guter Sitte. Anhand des Ablaufs des Ritus konnte so Scaevola in einem Fall, in welchem von der Beantwortung dieser Tatfrage Rechtsfolgen abhingen, den genauen Zeitpunkt der Eheschließung bestimmen.[11]

Wie jeder Vertragskonsens war also auch der Ehewille dem Beweis zugänglich, der nicht auf formale Beweismittel beschränkt war, sondern ihn ganz allgemein thematisierte. Urkunden *(tabellae)* taugten zwar zu diesem Zweck, doch konnten sie widerlegt werden, worauf Quintilian nicht zufällig bei der Behandlung des Beweises zu sprechen

[7] Pap. (12 resp.) D. 39.5.31 pr.

[8] Ulp. (35 Sab.) D. 35.1.15 ... *nuptias enim non concubitus, sed consensus facit.* Für die spätere Entwicklung ist wichtig, daß dieser Satz in D. 50.17.30 Aufnahme in die Sammlung der Rechtsregeln gefunden und sich zur Maxime *consensus facit nuptias* verdichtet hat; vgl. zur – eingeschränkten – Rolle im kirchlichen Bereich C. G. Fürst, Ecclesia vivit lege Romana?, SZ Kan. 61 (1975) 17–36, 22ff.

[9] Paul. (35 ed.) D. 23.2.2; ähnlich Iul. (16 dig.) D. 23.1.11; im Zusammenhang mit einem Testament Pomp.-Paul. (1 Sab.) D. 23.2.3.

[10] Vgl. die Darstellung bei K. Latte, Römische Religionsgeschichte, München 1960, 96ff.; L. Friedländer/G. Wissowa, Darstellungen aus der Sittengeschichte Roms, Leipzig [10]1922, Bd. 1, 276ff.; H. Blanck, Einführung in das Privatleben der Griechen und Römer, Darmstadt [2]1996, 123ff.

[11] Scaev. (9 dig.) D. 24.1.66.1.

kommt,[12] während umgekehrt trotz fehlender *tabellae* die in der Gesellschaft offen bekundete Behandlung als Ehegatten entscheidend war.[13] Das gleiche galt mit vertauschten Vorzeichen für das Konkubinat, dessen Bejahung in einem konkreten Fall für die Konkubine und Freigelassene des Senators Pontius Paulinus günstiger war als die Einräumung der Stellung als Ehefrau, an die eine Schenkung in keinem Fall hätte erfolgen können.[14]

Dieselben Beweisfragen stellten sich wieder bei der Ehescheidung, die vom Mann oder von der Frau einseitig durch Aufkündigung des Ehekonsenses bewirkt wurde.[15] Selbst ein *repudium* (Scheidebrief), das die Frau ihrem Manne schriftlich übermittelt hatte, war unerheblich, wenn es in der Gefühlsaufwallung geschehen und sie wieder, nachdem sich ihr Zorn gelegt hatte, zu ihrem Gatten zurückgekehrt war.[16] Über der Lebensnähe der Szene dürfen wir allerdings nicht vergessen, daß die Römer hier wie andernorts auf eine saubere Willensbildung achteten, die im Affekt nur schwer möglich ist. Sie behandelten also die Scheidung nicht einfach als faktischen Vorgang,[17] sondern setzten wiederum beim Willen an, wobei sie an den Beweis der geänderten Gesinnung hohe Anforderungen stellten und daher eine gewisse Dauerhaftigkeit des Scheidungswillens forderten. Reali-

[12] Quint. inst. 5,11,32; vgl. auch Pap. (1 adult.) D. 24.2.7.

[13] Pap. (12 resp.) D. 39.5.31pr.; zu der in diesem Punkt verkürzten parallelen Überlieferung in vat. 253 b und ihrem Verhältnis zur eben zitierten Quintilianstelle vgl. F. Wieacker, Textstufen klassischer Juristen, Göttingen 1960, 348 ff.

[14] Ulp. (32 Sab.) D. 24.1.3.1, eine Angelegenheit, die der Kaiser Septimius Severus selbst zu beurteilen hatte, da ein möglicher Verstoß gegen die augusteischen Ehegesetze und ein – diese Regelungen noch verschärfendes – unter Mark Aurel und Commodus ergangenes SC in Frage stand. Pontius Paulinus taucht als Suffektkonsul in CIL 9, 3079 (Sulmo) auf und wird in der Eigenschaft als Ehemann in den Akten der *ludi saeculares* von 204 aufgeführt (CIL 6, 32329).

[15] Kopfzerbrechen bereitete der modernen Forschung auch das Erfordernis des Dauerkonsenses, obwohl es aus dem Gesellschaftsvertrag, der *societas*, wohlbekannt ist, vgl. Gaius 3,151. Daß es dort nicht als das gleiche Problem wahrgenommen wurde, hat mehr mit der Konzeption der römischen *societas* als bilateralem, rein schuldrechtlichem Vertrag zu tun, die hier an ihre Grenze stößt, aber zugleich die reizvolle Frage nach der Einbindung des Willensmomentes im modernen Gesellschaftsvertrag auf den Plan ruft.

[16] Paul. (35 ed.) D. 24.2.3; vgl. auch das bei Iuv. 9, 74 ff. geschilderte Eheleben.

[17] So aber Kaser, RP I, 326.

stischerweise genügte ihnen eine lange Trennung nicht, denn eine solche mußten nicht zuletzt Angehörige der Nobilität in ihrem *cursus honorum* öfters auf sich nehmen, ohne daß die Eheleute je aufgehört hätten, sich gesellschaftlich als verheiratete Personen zu bewegen.[18] Dabei legten die Juristen einen praktischen Sinn und eine gehörige Portion Lebenserfahrung an den Tag, wenn sie eine Rückkehr des Partners nach kurzer Trennung in ihr Kalkül einbezogen,[19] was im Auf und Ab einer bewegten Liebesbeziehung wie zwischen Maecenas und Terentia mit dem Princeps als drittem Mitspieler ein Gebot der Lebensklugheit war.[20] Verschärfte Anforderungen an die Formalien einer Scheidung erließ nur die *lex Iulia de adulteriis coercendis* in ihrem Anwendungsbereich der Bekämpfung ehebrecherischer Beziehungen.[21]

Trennt man wie hier die Beweisfragen von der materiellrechtlichen Voraussetzung des Willens für die Eheschließung und -scheidung, so versteht man, daß die Römer die Ehe als ein Rechtsinstitut betrachteten.[22] Ulpian konnte daher ohne weiteres von einer Ehe sprechen, die nach den römischen Sitten und Gesetzen besteht.[23] Nach dem Merksatz des Modestinus, der die wesentlichen Punkte enthielt, handelte es sich bei der Ehe um eine Gemeinschaft sakralen und weltli-

[18] Ulp. (33 Sab.) D. 24.1.32.13.

[19] Vgl. Paul. (35 ed.) D. 24.2.3, vgl. vat. 107, beide im Zusammenhang mit der Rückgabe der *dos*; ferner Marc. (3 leg. Iul. et Pap.) D. 23.2.33.

[20] Iav. (6 post. Lab.) D. 24.1.64, vgl. zur sentimentalen Seite Kappelmacher, RE 14, 215 (s. v. Maecenas). Die Unentschlossenheit des Maecenas gegenüber seiner Gattin wurde sprichwörtlich, vgl. Sen. dial. 1,3,10 (de prov. 3,10); epist. 114,6, doch ist ein solches Verhalten jedem Juristen vertraut, der mit Scheidungen befaßt ist.

[21] Paul. (2 adult.) D. 24.2.9; ein praktischer Fall findet sich bei Plin. epist. 6,31,4–6 vor dem Kaisergericht, vgl. dazu A. Mette-Dittmann, Die Ehegesetze des Augustus. Eine Untersuchung im Rahmen der Gesellschaftspolitik des Princeps, Stuttgart 1991, 53ff., 72f., 108ff. Erinnert sei in diesem Zusammenhang auch an die rasche und öffentlich bekanntgemachte Scheidung des *Pontifex Maximus* Caesar im Bona-Dea-Skandal, vgl. Cic. Att. 1,13,3; Suet. Iul. 74,2; Dio 37,45,2; Plut. Caes. 10,6ff.

[22] Deswegen wäre es verfehlt, in der *manus*-freien Ehe (dazu u. S. 167ff.) eine Entsprechung zur heutigen nichtehelichen Lebensgemeinschaft zu sehen; so aber M. Ch. Grosse, Freie römische Ehe und nichteheliche Lebensgemeinschaft, Pfaffenweiler 1991.

[23] Ulp. (32 Sab.) D. 24.1.3.1 … *si matrimonium moribus legibusque nostris constat, …*

chen Rechts, was nichts anderes ist als eine vom Recht getragene Gemeinschaft.[24] Ein Römer war daher durchaus in der Lage zu wissen, ob er verheiratet war.[25] Nichts gibt diese Auffassung besser wieder als der wichtige Begriff des *matrimonium iustum*, der nach den Regeln des Rechts bestehenden Ehe.[26] Was eine solche gültige Ehe ausmachte, läßt sich aus den Quellen erschließen: Erforderlich war einmal die Mündigkeit, dazu kamen Verbote der Blutsverwandtschaft. Beide Partner mußten zudem freie Römer sein; war ein Partner Peregrine, mußte sein Volk mit dem *conubium* – mit der Fähigkeit, mit Römern eine rechtsgültige Ehe zu schließen – privilegiert worden sein.[27] Unfreiheit eines Partners stand einer Gültigkeit der Ehe entgegen.

Viele juristische Erörterungen knüpften an die Ehegesetze des Augustus an, die teilweise lediglich überlieferte Heiratssitten der Oberschichten normierten und mit ihren Eingriffen diese Schichten unter Abschottung gegen untere Stände zu stabilisieren suchten. Ihre Regelungen wirkten sich dennoch auch in den unteren Schichten aus.[28] Einer ihrer eindrücklichsten Effekte war die Zunahme von Konkubinaten, da diese als Auffangbecken vor allem bei standesungleichen Verbindungen dienten, die zwar stabil waren, aber von der Rechtsordnung nicht mehr als *matrimonia iusta* betrachtet wurden. Sie wiesen ein eigenes, rechtlich geprägtes Strukturmuster auf, das sie in die Gesellschaftsordnung integrierte.[29]

An ein *matrimonium iustum* schloß sich eine ganze Reihe von Rechtswirkungen an, die das Bild der Ehe auch rechtlich prägten. So wurde mit der Eheschließung die Bestellung der Mitgift gültig und rechtsfest; die ehelichen Kinder standen unter der *patria potestas* ihres Vaters, waren gesetzliche Erben und mußten, wollte der Vater sie ent-

[24] Mod. (1 reg.) D. 23.2.1 *Nuptiae sunt coniunctio maris et feminae et consortium omnis vitae, divini et humani iuris communicatio.*

[25] Vgl. Cic. de orat. 2,260 und die Parallele bei Gell. 4,20,1–6 mit dem aus dem Jahre 184 v. Chr. stammenden Scherz, den der gestrenge Cato nicht zu schätzen wußte.

[26] Zu diesem Begriff vgl. J. Gaudemet, Justum matrimonium, RIDA 2 (1949) 309–366, jetzt in: ders., Études de droit romain, Camerino 1979, 103–162 und ders., Sociétés et mariage, Straßburg 1980, 46–103.

[27] Vgl. Gaius 1,76.

[28] Vgl. dazu Mette-Dittmann (Anm. 14); L. F. Raditsa, Augustus' Legislation Concerning Marriage, Procreation, Love Affairs and Adultery, ANRW II. 13, 278–339.

[29] Vgl. dazu die umfassende Untersuchung von R. Fried, Der Konkubinat im kaiserzeitlichen Rom. Von Augustus bis Septimius Severus, Stuttgart 1996.

erben und nicht die Nichtigkeit der letztwilligen Verfügung riskieren, im Testament ausdrücklich genannt werden. In der Ehe unterstand die Gattin dem Hausgericht des jeweiligen *pater familias*, dessen Kompetenzen in den Ehebruchsfällen erst unter Augustus stärker in den staatlichen Bereich verlagert wurden. Im weiteren griff das Schenkungsverbot unter Ehegatten, dessen Herkunft sich zwar im Dunkeln verliert, das aber ungeachtet der zahlreichen in den Juristenschriften dokumentierten und in den Schranken des Bereicherungsverbotes geduldeten Verstöße allgemein als genuin römisches Gedankengut anerkannt war und respektiert wurde.[30] Wir stehen hier an einer Schnittstelle, die zum Blick auf das Vermögensrecht in der römischen Ehe einlädt.

## 2. Fragen des ehelichen Vermögensrechts

In vielen modernen Darstellungen nimmt die Schilderung der Ehe, in welcher die Ehefrau in die Gewalt des Ehemannes – in die *manus* – kam, breiten Raum ein. Insbesondere den Begründungsakten wird große Aufmerksamkeit geschenkt, nicht zuletzt der *coëmptio*, da diese zur Begründung des Gewaltverhältnisses dem Kaufakt nachgebildet war und daher zu sozialkritischen, aber meist zu kurz gegriffenen Folgerungen animiert. Für unsere Darstellung dürfen wir uns auf die *manus*-freie Ehe beschränken, da sie seit dem Prinzipat fast ausnahmslos die Regel war. Einen Vorteil hatte die *manus*-Ehe für die Frau gebracht: Zwar hatte sie mit ihr das Erbrecht in der Familie ihres Vaters verloren; sie rückte jedoch in der Familie ihres Mannes als gesetzliche Erbin an die Seite ihrer Kinder und war in ihrer Klasse als Schwiegertochter sogar gegenüber dem Schwiegervater erbberechtigt. In der *manus*-freien Ehe hingegen behielt sie die erbrechtliche Stellung ihren agnatischen Verwandten gegenüber,[31] ohne dieselbe privilegierte Stellung in der neuen Familie zu erhalten.[32]

[30] Vgl. bes. Plut. qu. Rom. 6–7 (265 E–F); dazu K. Misera, Die Zeugnisse zum Grund des Schenkungsverbots unter Ehegatten, in: FS Kaser, München 1976, 407–434; zur Rezeption H. Schlei, Schenkungen unter Ehegatten. Zu ihrer Behandlung nach römischem Recht und in der Rechtsprechung des Reichsgerichts mit Ausblicken auf das geltende Recht, Göttingen 1993.

[31] Als *adgnati* werden jene Verwandte bezeichnet, die unter der Gewalt desselben *pater familias* stehen oder stehen würden, wenn dieser beziehungsweise sein Vorvater noch leben würde; unter *cognati* versteht man demgegenüber die durch die Eltern vermittelte Blutsverwandtschaft.

[32] Eine Korrektur bewirkten die aus dem Prinzipat stammenden *SCta Ter-*

In der strengen Trennung der Vermögenssphären der beiden Familien im Erbfall können wir ein das Verbot der Ehegattenschenkung tragendes Grundmuster erkennen. Verpönt war nämlich der Vermögenstransfer, aber nicht die Teilhabe am Vermögen des anderen, wie sie im Alltagsleben, von den kleinen Gesten der Gefälligkeit angefangen bis hin zur Gewährung von Unterstützungsleistungen, zum Ausdruck kam.[33] Der Gedanke der Teilhabe in der ehelichen Gemeinschaft dürfte auch erklären, warum die Diebstahlsklage gegen den Ehepartner unzulässig war.[34] Erst mit der Scheidung und nach dem Tod begann die Abrechnung, soweit noch Vermögenswerte bei der jeweils anderen Seite vorhanden waren. Sie beschränkte sich also auf die dann noch vorhandene Bereicherung. Wie streng die Trennung der Vermögen gehandhabt wurde, lehrt die *lex Voconia* aus dem Jahre 169 v. Chr., welche eine Beschränkung der Vermächtnisse statuierte und es den Angehörigen der ersten Zensusklasse verbot, Frauen als Erben einzusetzen. Sie verhinderte damit, daß über die Frauen Vermögen der agnatischen Erbfolge entzogen wurde.[35] Anders als das Schenkungsverbot kam sie unter dem Prinzipat freilich aus der Übung, denn mit den *fideicommissa* war eine praktikable und praktizierte Umgehungsmöglichkeit zugelassen.[36] Hingegen schmälerte die augusteische Ehegesetzgebung bewußt auch die erbrechtliche Stellung der kinderlosen Ehefrau.[37]

*tullianum* und *Orfitianum*, die unter bestimmten Voraussetzungen das Erbrecht der Mutter gegenüber den Kindern beziehungsweise dieser der Mutter gegenüber einräumten.

[33] So explizit Paul. (7 Sab.) D. 24.1.28.2 *Si quas servi operas viri uxori praestiterint vel contra, magis placuit, nullam habendam earum rationem: et sane non amare nec tamquam inter infestos ius prohibitae donationis tractandum est, sed ut inter coniunctos maximo affectu et solam inopiam timentes.* Zum Ganzen vgl. K. Misera, Der Bereicherungsgedanke bei der Schenkung unter Ehegatten, Köln–Wien 1974.

[34] Paul. (7 Sab.) D. 25.2.1; dazu A. Wacke, Actio rerum amotarum, Köln–Graz 1963, 94ff.

[35] Sie scheint bei Catull. 68, 119ff. noch hinter der Besorgnis des Großvaters zu stehen, die sich angesichts des ersten Enkels in Freude wandelt, das Vermögen in der adgnatischen Verwandtschaft halten zu können.

[36] Gaius 2,274; zur rechtlichen Anerkennung der *fideicommissa* durch Augustus vgl. o. S. 80ff.

[37] Nur hingewiesen sei hier auf das *SC Vellaeanum* oder – nach der Schreibweise der Rechtsquellen – *Velleianum* aus der Mitte des 1. Jhs. n. Chr., das allen Frauen die *intercessio* verbot, das heißt das Eingehen von Verbindlichkeiten im Interesse Dritter. Betroffen waren also Geschäfte wie Bürg-

Die wichtigste Transaktion zwischen den beiden Familienvermögen war jedoch die Bestellung der Mitgift *(dos)*, die mindestens in den höheren Gesellschaftsschichten Sitte war. Besonders deren Rückgabe nach Beendigung der Ehe warf eine Reihe praktischer und rechtlicher Probleme auf. Die Mitgift wurde, anders als das übrige Vermögen der Ehefrau, in der gewaltfreien Ehe vom Manne als einer Art Treuhänder verwaltet, was bedeutet, daß ihm rechtlich das Eigentum an der *dos* zustand. Die Einschränkung seines rechtlichen Dürfens zeigte sich bei der Rückgabe der *dos* nach Auflösung der Ehe durch Scheidung oder Tod, denn nun war der Ehemann rechenschaftspflichtig. Die Kriterien, die bei der Beurteilung seiner Verwendungen auf die *dos* herangezogen wurden, stammen aus der Geschäftsführung, wenn darauf abgestellt wurde, ob die Verwendungen notwendig, nützlich oder bloß luxuriös waren, wobei der Maßstab der Nutzen der Geschäftsführung für das Dotalvermögen war. Deutlich sieht man das bei den nützlichen Verwendungen, für deren Beurteilung der Wille der Ehefrau Bezugspunkt war.[38] Bei den auf das Risiko des Ehemannes gehenden luxuriösen Verwendungen wurde wiederum ein Wegnahmerecht statuiert,[39] das wir als Schranke einer unzulässigen Rechtsausübung von der Eigentumsklage her kennen. Dorthin wurde – mit ähnlichen Fallgruppen aus anderen Klagen – diese Dreiteilung der Verwendungen in der Rezeptionszeit verpflanzt, was zu der heute nicht mehr befriedigenden Gemengelage im Eigentümer-Besitzer-Verhältnis führt, weil der Geschäftsführungsgedanke auf die dort zu beurteilenden Lagen nicht paßt.[40] In Rom hingegen erlaubte sie im ursprünglichen Anwendungsbereich die sachgerechte Formulierung verschiedener Beweisthemen für den Richter.

Das Risiko der *dos* wurde oft sogar ganz auf den Ehemann verlagert, wenn er die Mitgift zu einem Schätzwert übernommen hatte mit

schaften, Schuldübernahmen oder Darlehensaufnahmen für Dritte, vgl. dazu D. Medicus, Zur Geschichte des Senatus Consultum Velleianum, Köln–Graz 1957. Den Schutzgedanken, den Medicus zu Recht betont, können wir angesichts der neueren Rechtsprechung in Deutschland zur Bürgschaft und ähnlichen Geschäften durch Familienangehörige gut nachvollziehen, ebenso die Einschränkung im Geschäftsleben, die sich daraus für die Frauen als Reflexwirkung ergab, von den Juristen allerdings in engen Grenzen gehalten wurde.

[38] So besonders in Paul. (7 Sab.) D. 25.1.8; (6 Plaut.) D. 50.16.79.1.

[39] Ulp. (36 Sab.) D. 25.1.9.

[40] Vgl. dazu und zu der daraus zwangsläufig resultierenden Objektivierung der Verwendungen, die in dieser Situation sachfremd ist, o. S. 33f.

der Maßgabe, im Falle der Rückgabe ausschließlich oder nach Wahl der Ehefrau den Schätzwert *(aestimatio)* zu leisten.[41] Damit wurde ein wichtiger Zweck der *dos* bestens erfüllt, nämlich der Frau nach Auflösung der Ehe durch Scheidung oder durch Tod des Ehemannes wenigstens vermögensmäßig eine gewisse Sicherheit zu verschaffen, um ihr die Existenz, aber auch die Eingehung einer neuen Ehe zu ermöglichen.[42] Die Juristen verwendeten in ihrer Kautelarpraxis auf die *dos*-Bestellung große Sorgfalt. Sicher übte die Verpflichtung zur Rückgabe der *dos* faktisch einen gewissen Druck aus, um die eheliche Bindung zu stärken. Ebenso mochte der drohende Abzug wegen Ehebruchs oder anderer Sittenverstöße,[43] der unter Augustus regularisiert und auf ein Sechstel bzw. ein Achtel festgelegt wurde, disziplinierende Wirkung entfaltet haben. Das Band der Ehe konnte er jedoch ebensowenig garantieren[44] wie heute die Aussicht, den nachehelichen Unterhalt oder den Versorgungsausgleich leisten zu müssen beziehungsweise ihn zu verlieren. Aus rechtlicher Sicht wird man höchstens sagen dürfen, daß auf diesem Weg ein fehlerhaftes Verhalten in der Ehe nach der Scheidung vor dem Richter erörtert wurde.

Wie uns dieser Problemkomplex lehrt, prägt das soziale Umfeld kaum ein privatrechtliches Gebiet so sehr wie das Eherecht. Das war schon immer ein Grund, in der späteren Reflexion mit der Ehe nicht allein den Gedanken des Vertrages zu verbinden, sondern die gesellschaftlichen Grundlagen mit einzubeziehen. Nicht nur der Wandel im Gange der Entwicklung, sondern auch die Verschiedenheit der Lebensverhältnisse in einem bestimmten Zeitabschnitt legen es nahe, die rechtlichen Konturen lediglich als Leitlinien zu sehen, die in konkreten Fällen erst an Schärfe gewinnen. So gelangt man durchaus zu sicheren Angaben über die rechtliche Ausgestaltung der Ehe, doch darf

[41] Ulp. (34 Sab.) D. 23.3.10.6; vgl. dazu o. S. 143f.

[42] Vgl. M. Humbert, Le remariage à Rome. Etude d'histoire, juridique et sociale, Mailand 1972, 294ff.; J.-U. Krause, Witwen und Waisen im römischen Reich, Stuttgart 1994/96, 4 Bde., v. a. Bd. 1, 131ff.; 133ff.; Bd. 2, 47ff. (auch zur Höhe der Mitgift).

[43] Vgl. Hor. sat. 1,2,127ff. und die Schilderung der Verhandlung vor dem Richter Marius, Plut. Mar. 38; Val. Max. 8,2,3 sowie Cato bei Gell. 10,23,3–5. Die Beschlagnahme der *dos* bei Cn. Domitius zu Beginn des 2. Jhs. v. Chr., die Plin. nat. 14,90 erwähnt, dürfte wohl wegen ihrer Einmaligkeit berüchtigt geblieben sein, vgl. auch die Konfiskation der *dos* beim Ehemann durch den Diktator Sulla bei Suet. Iul. 1,2.

[44] So aber A. Söllner, Zur Vorgeschichte und Funktion der actio rei uxoriae, Köln–Wien 1969, 114ff.

man nie vergessen, daß die einzelnen Regelungen in verschiedenster Weise funktionalisiert sein konnten.[45] Die Schwierigkeiten nehmen sogar zu, wenn wir die gesellschaftlichen Schichtungen berücksichtigen. Hier hilft nur die geduldige Arbeit des Sozialhistorikers weiter, der die archäologischen, literarischen, epigraphischen und papyrologischen Materialien zu einem Mosaik zusammenzufügen versucht[46] und dabei auch die spätere Entwicklung im Auge behält.[47]

## 3. Aspekte der Vermögensorganisation der *familia*: Die Geschäfte der Haussöhne, -töchter und Sklaven

### a) Das *edictum triplex*

Malen wir uns einmal die Konsequenzen aus, wenn wir von heute auf morgen auf das Institut der direkten Stellvertretung verzichten müßten: Die Schwierigkeiten würden mit all jenen Alltagsgeschäften beginnen, die wir uns von andern in unserem Namen besorgen lassen. In Handel und Wirtschaft wären praktisch alle Geschäftsbezie-

[45] Dieser Aspekt sowie der zeitliche Wandel kommen etwas zu kurz in der kompakten, überaus lesenswerten Gesamtdarstellung von S. Treggiari, Roman marriage. Iusti coniuges from the Time of Cicero to the Time of Ulpian, Oxford 1991. Sie ist aber vorbildlich im Bestreben, Rechtsquellen und literarische Zeugnisse zusammen auszuwerten, vgl. die Rez. von J.-U. Krause, Gnomon 65 (1993) 514–518. Ähnlich umfassend hat den Komplex angegangen C. Fayer, La Familia Romana, Aspetti giuridici ed antiquari, Bd. 1, Rom 1994.

[46] Vorbildlich etwa Krause (Anm. 42); die Fülle der Literatur wird erschlossen durch die Bibliographie von J.-U. Krause, Die Familie und weitere anthropologische Grundlagen, Stuttgart 1992 sowie A.-M. Vérilhac/C. Vial, La femme grecque et romaine. Bibliographie, Lyon–Paris 1990. Leicht lesbar zur römischen Familie J. F. Gardner, Frauen im antiken Rom. Familie, Alltag, Recht, München 1995; S. Dixon, The Roman Mother, London u. a. 1988; dies., The Roman Family, Baltimore–London 1992; K. R. Bradley, Discovering the Roman Family, New York–Oxford 1991; R. P. Saller, Patriarchy, Property and Death in the Roman Family, Cambridge 1994; weiterführend auch der Sammelband von J. Andreau/H. Bruhns, Parenté et stratégies familiales dans l'antiquité romaine, Rom 1990.

[47] Vgl. dazu etwa J. Evans Grubbs, Law and Family in Late Antiquity. The Emperor Constantine's Marriage Legislation, Oxford 1995; A. Arjava, Women and Law in Late Antiquity, Oxford 1966; Ph. L. Reynolds, Marriage in the Western Church. The Christianization of Marriage during the Patristic and Early Medieval Periods, Leiden u. a. 1994; J. Gaudemet (Anm. 4).

hungen neu zu organisieren und zu verknüpfen. Das kleine Gedankenspiel zu einer der grundlegenden Rahmenbedingungen heutiger privatrechtlicher Organisation macht uns klar, daß der Verzicht der Römer auf die direkte Stellvertretung, die sie im übrigen im Bereich der öffentlichen Verwaltung durchaus kannten und praktizierten, das Verkehrsleben entscheidend prägte. Was wir heute mit der direkten Stellvertretung bewältigen, bekamen sie dadurch in den Griff, daß sie die rechtliche Organisation ganz auf den Gewalthaber ausrichteten, der seine Gewaltunterworfenen, seien es Sklaven oder Sklavinnen, seien es die Haussöhne und -töchter – soweit sie nicht mit einem speziellen Akt gewaltunabhängig *(emancipati)* wurden –, entsprechend einsetzte. Alles, was diese rechtlich taten, ihr ganzes rechtliches Handeln, war auf ihn zentriert, der ihre Rechte gerichtlich wahrnahm und in den meisten Fällen für sie vor Gericht einstehen mußte.[48]

Wir verstehen die römische Organisationsform besser, wenn wir den letztgenannten Punkt aufgreifen und den hohen Stellenwert bedenken, den die Römer der Fähigkeit beimaßen, für sich selbst und für andere vor Gericht aufzutreten. Deshalb verbat sich für sie die einfache Lösung, sogar Sklaven vor Gericht verklagen zu lassen, die wir aus Griechenland mindestens für die selbständig lebenden Sklaven kennen.[49] Die Prozeßfähigkeit wurde vielmehr in der Hand des Gewalthabers konzentriert. Seiner allgemeinen Zuständigkeit entsprach die Vermögensunfähigkeit aller Gewaltunterworfenen. Soweit es den Erwerb von Vermögen betraf, war diese Konzeption völlig unproblematisch, da die Gewaltunterworfenen Rechte ohnehin stets für den

[48] Die Prozeßvertretung entspricht wieder diesem Modell. Zu ihrer komplexen Struktur vgl. Kaser/Hackl, RZ, 209ff. (§ 29).

[49] Vgl. v. a. U. E. Paoli, Studi di diritto attico, Florenz 1930, 106ff. und A. R. W. Harrison, The Law of Athens. The Family and Property, Oxford 1968, 166ff., 177ff., Werke, die sich im übrigen auch zur Einführung in das griechische Recht eignen, ferner Westermann, RE Suppl. 6, 919 (s. v. Sklaverei) mit gewissen Einschränkungen gegenüber Paoli. Ein wichtiger Beleg für ein solches selbständiges Auftreten ist die Schiedsgerichtsszene in Menanders Epitrepontes, vgl. dazu zuletzt M. Krieter-Spiro, Sklaven, Köche und Hetären. Das Dienstpersonal bei Menander, Stuttgart – Leipzig 1997, 19f., 63. Zum Problem vgl. auch die Nachweise bei A. Biscardi, La capacità processuale dello schiavo, Labeo 21 (1975) 143–171, 168ff., der aber fehlgeht, wenn er wenigstens Ansätze zu einer Prozeßfähigkeit des Sklaven in Rom postuliert. Eine solche Entwicklung gab es nur für Haussöhne, doch wurde in diesen Fällen gerade der Unterschied zum Sklaven betont, vgl. Ulp. (29 ed.) D. 15.1.5.2.

Gewalthaber erwarben. Eine zunächst verblüffende juristische Technik erlaubte es aber, das rechtliche Wirken des Gewalthabers weit über diese Fälle hinaus auszudehnen, und zwar so, daß er auch für die Verpflichtungen seiner Gewaltunterworfenen haftete. Gleichzeitig stand es ihm jedoch offen, den Handlungsspielraum seiner Leute zu bestimmen und sie zu steuern. Er konnte ihnen die weitesten Vollmachten erteilen, aber auch zur Gänze entziehen und damit der Haftung entgehen. Zur Illustration und zur Analyse müssen wir wiederum vom *edictum perpetuum* und der dort proponierten generellen Rechtsschutzverheißung für diese Fälle ausgehen.

Der Gerichtsmagistrat verhieß all jenen Rechtschutz gegen den Gewalthaber, die mit dessen Gewaltunterworfenen Verträge eingegangen waren, wenn diese vom Gewalthaber ermächtigt oder bevollmächtigt waren, wenn sie seine Geschäfte führten oder soweit sie ein Sondervermögen hatten.[50] Schon diese Formulierungen verraten, daß wir bei all diesen Rechtsbehelfen die prozessuale Seite im Auge behalten und die Beweisschwierigkeiten, denen der Vertragspartner des Gewaltunterworfenen ausgesetzt war, ebenso bedenken müssen wie die Verteidigungsstrategien des Gewalthabers. Dieser konnte, um mit dem einfachsten Argument zu beginnen, in all den drei genannten Fällen des *edictum triplex* das Fehlen eines Gewaltverhältnisses behaupten, das in der Klausel des Edikts vorausgesetzt wurde,[51] und damit den Anspruch von vornherein abwehren. Die dafür notwendigen Differenzierungen dürfen wir hier auf sich beruhen lassen. Hingegen müssen wir nun auf die einzelnen Rechtsbehelfe und ihre Unterschiede, die in diesem dreigliedrigen Edikt enthalten sind, der Reihe nach näher eingehen.

### b) Die *actio quod iussu*

Den weitesten Anspruch gab die *actio quod iussu*, das heißt die Klage, der eine Ermächtigung oder Vollmacht *(iussum)* zugrunde lag, denn hier haftete der Gewalthaber in voller Höhe für die von seinem Sohn oder Sklaven eingegangene Schuld. Im Prozeßprogramm wurde die Klage aus dem konkreten, vom Gewaltunterworfenen eingegangenen Schuldverhältnis verbunden mit der *demonstratio*, daß dies mit Vollmacht des Gewalthabers geschehen sei. Statt nun in der *condem-*

[50] Gai. (9 ed. prov.) D. 14.5.1; vgl. Ulp. (29 ed.) eod. 2 pr. mit der Rechtsschutzverheißung gegen den emanzipierten Haussohn.

[51] Ulp. (29 ed.) D. 14.5.1.2.

*natio* wie üblich dem Richter aufzugeben, den im Vertrag verpflichteten Schuldner (Subjekt) zu verurteilen oder gegebenenfalls freizusprechen, wurde das Subjekt gewechselt und statt dessen der Gewalthaber genannt. Da man diesen Wechsel auch als Beifügung deuten kann, wie es schon Paulus gesehen hatte, spricht man im Anschluß an das gemeine Recht von einer *actio adiecticiae qualitatis*. Das sah im Beispiel des Kaufs einer Toga durch den Haussohn ungefähr so aus[52]:

*Iudex esto. Quod iussu Numerii Negidii Aulus Agerius Gaio, Numerii Negidii filio, cum in potestate Numerii Negidii esset, togam vendidit, qua de re agitur, quidquid ob eam rem Gaium Aulo Agerio dare facere oportet ex fide bona, eius iudex Numerium Negidium patrem Aulo Agerio condemnato, si non paret, absolvito.*

„Der und der soll Richter sein. Daß mit Ermächtigung des Numerius Negidius Aulus Agerius dem Gaius, dem Sohn des Numerius Negidius, als dieser unter der Gewalt des Numerius Negidius stand, eine Toga verkaufte, ist Thema des Prozesses. Was deswegen Gaius dem Aulus Agerius geben und leisten muß aufgrund von Treu und Glauben, in den Betrag, Richter, sollst du Numerius Negidius, den Vater, dem Aulus Agerius verurteilen. Wenn es sich nicht erweist, sollst du ihn freisprechen."

War der Gewaltunterworfene ein Sklave, der beispielsweise Stichus hieß, hielt man sich an der fehlenden Rechtsfähigkeit nicht weiter auf, sondern fingierte die Freiheit einfach, indem man hinzufügte:

*quidquid ob eam rem Stichum, si liber esset ex iure Quiritium, Aulo Agerio dare facere oporteret ex fide bona*

„was deswegen Stichus, wenn er nach quiritischem Recht frei wäre, dem Aulus Agerius geben müßte aufgrund von Treu und Glauben."

Aus diesem Programm wird klar, daß der Kläger zwei Dinge beweisen mußte, einmal die Gewaltabhängigkeit des Vertragspartners und dann das Vorliegen einer Vollmacht *(iussum)*. Zwar ist das *iussum* nichts anderes als der Ausdruck des Willens des Gewalthabers,[53] doch kann es im Prozeß nur dann zweckmäßig behandelt werden, wenn Zeichen der Willensäußerung vorliegen. Folgerichtig zählte daher Ulpian bei der Kommentierung des Edikts die dafür tauglichen Beweismittel auf: Erklärung vor Zeugen, in einem Brief, mündlich, durch Boten oder schließlich durch bloße Unterschrift unter das Schreiben des Sklaven.[54] All diese Formen erlaubten den Beweis, sei es durch

[52] Zur Technik vgl. Kaser/Hackl, RZ, 341.

[53] Vgl. Ulp. (29 ed.) D. 15.3.5.2 *Quod servus domino emit, si quidem voluntate eius emit, potest quod iussu agi.*

[54] Ulp. (29 ed.) D. 15.4.1.1; 4.

eine Dispositivurkunde, wie sie uns möglicherweise in einer Urkunde aus Pompeji vorliegt,[55] sei es durch Zeugen. Die Vollmacht konnte auch in einem Auftrag enthalten sein und sich als Spezialvollmacht auf nur ein Geschäft beziehen oder als Generalvollmacht auf alle Geschäfte oder nur auf einen bestimmten Teil.[56] Die gleichen Rechtswirkungen wie mit der im voraus erteilten Vollmacht vermochte der Gewalthaber durch eine (nachträgliche) Genehmigung herbeizuführen.[57] Wollte er umgekehrt seine Vollmacht entziehen, mußte er den Widerruf dem Dritten gegenüber gleichfalls erklären.[58]

Aus dieser Konzeption der Klage *quod iussu* folgt für den Rechtsverkehr, daß der Gewalthaber nur soweit verpflichtet war, wie sein in der Vollmacht ausgedrückter Wille reichte.[59] Wußte er vom Geschäft nichts und war es durch die Vollmacht nicht gedeckt, so haftete er nicht aus dem *iussum.*[60] Gaius begründete die Haftung des Gewalthabers mit der uns bereits bekannten Figur des *fidem sequi*, des Vertrauens auf den Kredit,[61] und Ulpian meinte, daß der Gewalthaber, indem er das *iussum* erteilte, die Verpflichtung selbst einging.[62] Der moderne Leser, der hinter diesen dogmatischen Linien einen verblüffenden strukturellen Gleichklang zum heutigen Recht der Stellvertretung vernimmt, muß sich freilich sagen lassen, daß die Römer diese Klage nie verallgemeinert hatten, indem sie beispielsweise vom Erfordernis der Gewaltabhängigkeit abgesehen hätten. Sie brauchten also in ihrem wirtschaftlichen Kontext stets den Sklaven oder den Haussohn als Träger der Vollmacht. Sie waren damit auf ihre *familia* angewiesen

[55] Tab. Pomp. 7 bei C. Giordano, Su alcune tavolette cerate dell'agro Murecine, Rendic. Acc. Arch. Lett. Napoli 41 (1966) 107–121, 115ff. und bei L. Bove, Documenti di operazioni finanziarie dall'Archivio dei Sulpici, Tabulae Pompeianae di Murécine, Neapel 1984, 24ff., wo ein Sklave *iusu* (sic) *Cypaeri domini mei cora* (sic) *ipsum* – mit Vollmacht und in Anwesenheit seines Herrn – einen Mietvertrag schloß. Auf das *peculium* bezieht dieses Dokument F. Serrao, Minima de Diogneto et Hesico. Gli affari di due Schiavi a Pozzuoli negli anni 30 D. C., in: Sodalitas, Scritti in onore di A. Guarino, Neapel 1984, Bd. 7, 3605–3618; jetzt in: ders., Impresa e responsabilità a Roma nell'età commerciale. Forme giuridiche di un'economia-mondo, Pisa 1989, 47–64.

[56] Ulp. (29 ed.) D. 15.4.1.1/2.

[57] Ulp. eod. 1.6.

[58] Ulp. eod. 1.2.

[59] Ulp. (2 resp.) eod. 3.

[60] Ulp. (7 disp.) D. 46.1.10.2.

[61] Gaius 4,70.

[62] Ulp. (29 ed.) D. 15.4.1 pr.

und hatten auch nie versucht, mit dem Gedanken der Bevollmächtigung über diesen Personenkreis hinauszugehen.

Mindestens so erstaunlich ist, daß auch das Mittelalter und das byzantinische Recht diesen scheinbar einfachen Weg zur Entwicklung der Stellvertretung nicht gegangen sind, obwohl man damals bestens in der Lage war, das Vertragsverhältnis eines Auftrages von der Vollmacht, dem *iussum*, zu unterscheiden. Man erkannte durchaus, daß das *iussum* nur den Vollmachtgeber verpflichtete, nicht aber den Bevollmächtigten, so daß dessen Widerruf jederzeit möglich war, sofern der Vollmachtgeber durch das rechtsgeschäftliche Handeln des Bevollmächtigten nicht bereits verpflichtet worden war.[63] Lediglich in Spezialfällen, die sich von den Tatbestandsvoraussetzungen her in ganz eng umrissenen Grenzen hielten, verhieß der Prätor ähnliche, auf den vollen Betrag zielende Klagen, nämlich bei Geschäften des Kapitäns bzw. des Leiters eines Ladengeschäftes, um den Reeder bzw. den Unternehmer ins Recht zu fassen.[64]

### c) Die *actio de in rem verso*

Nicht immer war die Situation so eindeutig, daß der Vertragspartner ein *iussum* beweisen konnte, und oft fehlte es überhaupt an einer solchen Vollmacht. Denken wir nur an die vielen Fälle, wo der Gewalthaber den Sohn oder Sklaven am lockeren Zügel hielt, so daß der Gläubiger nur im Vertrauen auf die Zugehörigkeit des Sohnes oder des Sklaven zur *familia* des Gewalthabers oder gar nur im Blick auf dessen Vermögen geleistet hatte und danach nun sein Geld einfordern wollte. Hier konnte er das Prozeßprogramm nach folgenden Muster entwerfen, wenn wir die uns bereits bekannte Klage auf Ansprüche, die im Zusammenhang mit der Verwahrung eines versilberten Tisches

[63] Vgl. schol. 6 zu Bas. 18.8.1 (D. 15.4.1.3), Scheltema B 3, 1166 = Hb 2, 256 und Glosse *quemadmodum* zu D. 15.4.1.3.

[64] Zum Problemkreis der *actio institoria*, die meist im Blick auf ihre analoge Anwendung erörtert wurde, vgl. N. Benke, Zu Papinians actio ad exemplum institoriae actionis, SZ 105 (1988) 592–633 mit erschöpfenden Literaturhinweisen auch auf die neueste Rezeptionsgeschichte; zu einem speziell gelagerten Fall vgl. Chiusi (u. Anm. 167). Zur *actio exercitoria* vgl. A. J. M. Meyer-Termeer, Die Haftung der Schiffer im römischen Recht, Zutphen 1978, 150ff.; ferner A. Földi, Die Entwicklung der sich auf die Schiffer beziehenden Terminologie im römischen Recht, TR 63 (1995) 1–9; zusammenfassend A. Wacke, Die adjektizischen Klagen im Überblick, SZ 111 (1994) 280–362.

entstanden waren, für einen Sklaven entsprechend abwandeln, der den Tisch in Verwahrung genommen hatte[65]:

*Iudex esto. Quod Aulus Agerius apud Stichum, qui in potestate Numerii Negidii est, mensam argenteam deposuit, qua de re agitur, quidquid ob eam rem Stichum, si liber esset ex iure Quiritium, Aulo Agerio dare facere oporteret ex fide bona, eius, iudex, Numerium Negidium Aulo Agerio dumtaxat de peculio et si quid dolo malo Numerii Negidii factum est, quo minus peculii esset, vel si quid in rem Numerii Negidii inde versum est, condemnato. Si non paret, absolvito.*

„Der und der soll Richter sein. Daß Aulus Agerius bei Stichus, der in der Gewalt des Numerius Negidius ist, einen silbernen Tisch in Verwahrung gegeben hat[66], ist Thema des Prozesses. Was deswegen Stichus, wenn er nach quiritischem Recht frei wäre, dem Aulus Agerius geben und leisten müßte aufgrund von Treu und Glauben, in den Betrag, Richter, sollst du den Numerius Negidius dem Aulus Agerius verurteilen, (und) zwar nicht mehr als das *peculium* und wenn durch Arglist des Numerius Negidius geschehen ist, daß das *peculium* vermindert worden ist, oder wenn etwas dem Vermögen des Numerius Negidius zugute gekommen ist. Wenn es sich nicht erweist, sollst du ihn freisprechen."

Wenn wir die Formel mit ihrer normalen, unter Geschäftsfähigen geltenden Fassung vergleichen, bemerken wir wiederum den Wechsel des Subjektes und die Fiktion der Freiheit. Daneben aber fällt uns die Beschränkung der *condemnatio* auf, die in zweifacher Weise erfolgt, denn zunächst haben wir eine *taxatio*[67] auf das *peculium* und zusätz-

[65] Vgl. Lenel, EP, 282.

[66] Es stellt sich hier das Problem, ob die *demonstratio* den in ihr bezeichneten Sachverhalt außer Streit gestellt hat, weil der Beklagte diese Behauptung nicht bestritten hatte, wie es sprachliche Gründen nahelegen; zur Kontroverse vgl. die Lit. bei Kaser/Hackl, RZ, 314 f. Anm. 18, 19, 24; dazu auch Wieacker, RRG I, 459 Anm. 75. Nach der hier vertretenen These der engen Interaktion zwischen den Parteien stößt eine solche Eingrenzung des Streitgegenstandes auf keine besonderen Schwierigkeiten, denn sie hinderte die Prüfung anderer strittiger Fragen des Sachverhaltes nicht. War die Tatsache der Rückgabe strittig, mußte eben die *in factum* konzipierte Formel gewählt werden. Eine Eventualmaxime, wie sie die Anhänger der Meinung zulassen, die auch in dieser Formel die Tatsache der Nichtrückgabe beurteilt haben wollen, gab es in Rom bekanntlich nicht. Dieser Befund wird sprachlich durch den bei *quod* verwendeten Indikativ unterstrichen, der einen wirklichen Sachverhalt bezeichnet, vgl. J. B. Hofmann/A. Szantyr, Lateinische Syntax und Stilistik, München 1965, S. 573. Die Frage bedarf jedoch der Vertiefung, die hier nicht geleistet werden kann.

[67] Zur *taxatio* s. o. S. 119.

lich die Beschränkung auf ein *in rem versum*. Beides müssen wir erklären. Wir wollen dabei mit dem zweiten beginnen.

Nach dem Wortlaut des Programms konnte der Kläger das geltend machen, was *in rem versum*, dem Vermögen des Gewalthabers zugewendet worden war. Das klingt zunächst rätselhaft, doch liefern uns die Kommentare der Juristen genug Beispielsfälle. Sie weisen alle das gleiche Bild von Verträgen auf, die der Gewaltunterworfene mit dem Gläubiger geschlossen hatte, worauf der Gläubiger dann den Gewalthaber ins Recht fassen wollte. Sie lassen auch den Punkt deutlich erkennen, auf den es dabei offenbar ankam. Bei Ulpian finden wir den entscheidenden Rechtsgedanken sogar als Regel entwickelt, wonach die *actio de in rem verso* immer dann einschlägig sei, wenn ein Geschäftsführer, der an Stelle des Gewaltunterworfenen gehandelt hätte, aufgrund der Geschäftsführung eine Klage hätte, sei es aus einem Auftragsverhältnis *(actio mandati)*, sei es aus einer Geschäftsführung ohne Auftrag *(actio negotiorum gestorum)*.[68] Daß Ulpian selbst mit dieser Leitlinie gearbeitet hat, dürfen wir ihm zum mindesten unterstellen. Der Grundgedanke leuchtet auch ein, denn bei den Fällen der Geschäftsführung durch einen Freien mußte und konnte – wie es der Vorteil jeder mittelbaren Stellvertretung ist – der Gläubiger sich an den Geschäftsführer halten, auf dessen Kredit er vertraut und mit dem er kontrahiert hatte.[69]

Folgerichtig legte Ulpian daran anschließend die beiden Parameter dar, die bei der Beurteilung jeder Geschäftsführung leitend waren. Er stellte darauf ab, ob das Geschäft für das Vermögen des Gewalthabers notwendig oder wenigstens nützlich war.[70] Anders formuliert, betrachtete er all das als *in rem versum*, was der Gewaltunterworfene in der Absicht verbraucht hatte, das Vermögen des Gewalthabers zu verbessern oder jedenfalls nicht zu verschlechtern.[71] Als Illustration für den zufälligen Untergang der Sache, die an der Nützlichkeit der Verwendung nichts ändern kann, dient das aus anderen Geschäftsführungsverhältnissen bekannte Beispiel der Verwendungen für Stütz-

[68] Ulp. (29 ed.) D. 15.3.3.2; vgl. dazu B. Schmidlin, Die römischen Rechtsregeln. Versuch einer Typologie, Köln–Wien 1970, 144 f.

[69] Hier liegt der richtige Kern der Deutung der *actio de in rem verso* als Regreßanspruch des geschäftsführenden Sklaven gegen den *dominus* bei A. von Tuhr, Actio de in rem verso. Zugleich ein Beitrag zur Lehre von der Geschäftsführung, Freiburg im Br. – Leipzig 1895.

[70] Ulp. (29 ed.) D. 15.3.5.2.

[71] Ulp. eod. 3.2.

maßnahmen am baufälligen Mietshause, das nachher dennoch eingestürzt ist.[72] Ebenfalls mit Blick auf Investitionen in ein Haus behandelt Ulpian die luxuriösen Verwendungen und weist in diesem Zusammenhang auf das Wegnahmerecht hin, das der Gläubiger ausüben kann, soweit am Gebäude kein Schaden entsteht. Das untermauert er mit dem uns bereits bekannten Argument, der Eigentümer dürfe nicht unter dem Druck, die Verwendungen bezahlen zu müssen, zum Hausverkauf gezwungen werden.[73] Wer solche Arbeiten vornahm, mußte sich eben, wie der Jurist durchblicken läßt, um einen entsprechenden Auftrag oder ein *iussum* des Eigentümers kümmern, zumal die Verpflichtung aus der Geschäftsführung des Gewaltunterworfenen stets dann abgelehnt wurde, wenn ihr der erkennbare Wille des Gewalthabers entgegenstand.[74]

Wenn wir uns wiederum überlegen, wie sich die beteiligten Parteien im Rechtsverkehr im Hinblick auf einen allfälligen Prozeß verhalten mußten, wird klar, daß der künftige Gläubiger sich den Beweis für die Ausübung einer Geschäftsführung durch den Gewaltunterworfenen zu sichern hatte, wie das Gaius explizit sagte.[75] Das schien keine größeren Probleme aufzuwerfen, wenn beispielsweise ein Sklave Getreide für die in der Stadt tätige *familia* kaufte,[76] doch mußte der Gläubiger im wahren Sinne des Wortes zuschauen, daß der Sklave das Getreide tatsächlich dem vorgesehenen Zweck zuführte und es nicht zu seinem persönlichen Profit anderweitig verscherbelte.[77] Der Ausdruck *curiosus*, mit dem der Jurist hier die vom Gläubiger verlangte Aufmerksamkeit charakterisierte, erfaßt zugleich die Anforderungen an die Sorgfalt,[78] die der Richter als Tatfrage zu beurteilen hatte. Schließlich konnte man über die Intention des Geschäftsführers auch Urkunden aufnehmen, wozu die Römer selbst in so delikaten Situationen wie beim Arrangieren einer Bestattung keine Scheu zu haben schienen.[79] In den Paulus-Sentenzen finden wir den Anspruch *de in*

[72] Ulp. eod. 3.8; vgl. Ulp. (10 ed.) D. 3.5.9.1; Pomp. (35 Sab.) D. 13.7.8 pr.; Paul. (36 ed.) D. 25.1.4.

[73] Ulp. (29 ed.) D. 15.3.3.4.

[74] Iav. (12 ex Cass.) D. 15.3.9.

[75] Gaius 4,74.

[76] Ulp. (29 ed.) D. 15.3.3.1; 7.

[77] Ulp. eod. 3.9 ... *curiosus igitur debet esse creditor, quo vertatur.*

[78] Zu diesem Sorgfaltsmaßstab der *curiositas* vgl. Paul. (sing. iur. fact. ign.) D. 22.6.9.2 und Ulp. (18 leg. Iul. Pap.) eod. 6; dazu L. C. Winkel, Error iuris nocet: Rechtsirrtum als Problem der Rechtsordnung, Zutphen 1985, 55 ff.

[79] Auf diese Gewohnheit, sich die Geschäftsführungsabsicht bezeugen zu

*rem verso* explizit mit der *causa*, dem Rechtsgrund der Geschäftsführung, verknüpft.[80]

Da die *actio de in rem verso* in der Rezeptionszeit eine große Karriere als Instrument des Bereicherungsrechts gemacht hat, wird sie noch häufig unter diesem Aspekt gesehen,[81] obwohl die römischen Juristen den Bereicherungsgedanken bei ihr nur marginal herangezogen[82] und statt dessen konsequent mit den Maximen der Geschäftsführung gearbeitet hatten. Das wird besonders deutlich in den Fällen der Darlehensaufnahme durch den Sklaven, die als gefährliches und heikles Geschäft angesehen wurde, da hier sichtlich die Versuchung

lassen, um einen Erbantritt ausdrücklich auszuschließen, weist Ulp. (61 ed.) D. 29.2.20.1 ausdrücklich hin. Ebenso verlangte Ulp. (25 ed.) D. 11.7.14.7 bei der Kommentierung des Ediktes über den Ersatz von Aufwendungen für eine Bestattung (vgl. Lenel, EP 229, *De sumptibus funerum*), wo auch ein Handeln als Erbe oder aus reiner Pietät in Frage kam und daher die Geschäftsführungsabsicht des Bestattenden offenbar oft nicht klar war, die *testatio* des *animus*; eod. 13 zeigt sich die typische Beweissituation bei einer Geschäftsführung gegen den Willen des Geschäftsherrn. Daß dieses Vorgehen der Praxis entsprach, wird bestätigt durch die *Lex Collegii funeraticii Lanuvini* I, 30–35, CIL XIV, 2112 = FIRA 3, Nr. 35: dazu L. Schnorr von Carolsfeld, Geschichte der juristischen Person, Bd. 1, München 1933, 366f.

[80] PS 2,9,1.

[81] Zur Rezeption vgl. H. Coing, Europäisches Privatrecht, München 1985/89, Bd. 1, 498–502; Bd. 2, 501–506 und B. Kupisch, Die Versionsklage. Ihre Entwicklung von der gemeinrechtlichen Theorie des 17. Jahrhunderts bis zum österreichischen Allgemeinen Bürgerlichen Gesetzbuch, Heidelberg 1965. Kupisch geht wie Kaser, RP I, 607, im Anschluß an H. Niederländer, Die Bereicherungshaftung im klassischen römischen Recht, Weimar 1953, 42ff., und Kunkel/Honsell 379, von einem bereicherungsrechtlichen Ansatz aus, doch tragen die von ihnen herangezogenen Stellen Gaius 4,72 a und PS 2,9,1 einen solchen gewiß nicht, da selbst ein Hinweis auf die Bereicherung fehlt.

[82] So dient Iav. (12 ex Cass.) D. 15.3.2 der Bereicherungsgedanke dazu, um in einem Grenzfall die Klage mangels Bereicherung abzulehnen; Ulp. (29 ed.) D. 15.3.5.3, um mit seiner Hilfe die Vermögenssphären zwischen Sklave und Herrn voneinander zu scheiden, noch deutlicher Tryph. (1 disp.) eod. 6; ähnlich auch Proc.-Paul. (29 ed.) D. 14.3.17.4, um mit seiner Hilfe das Rechtsmißbrauchsverbot zu konkretisieren und einen Anspruch zu bejahen. Diese wenigen Stellen lassen sich durchaus mit jenen Fällen vergleichen, in denen bei der *actio negotiorum gestorum* der Bereicherungsgedanke zur Abgrenzung von anderen Rechtsbehelfen herangezogen wurde, so Ulp. (10 ed.) D. 3.5.5.5; 8; 13.

lockte, die Gelder zu verschwenden, abzuzweigen oder gar zur Flucht zu mißbrauchen. Wenn aber der Sklave die bereits übergebene Summe ohne sein Verschulden verloren hatte, bevor er die beabsichtigten Investitionen tätigen konnte, haftete der Gewalthaber ebenfalls,[83] weil dieses Mißgeschick an der Tatsache der Geschäftsführung nichts änderte. Denn wie in allen Geschäftsführungsverhältnissen kam es auch hier nicht auf den Erfolg, sondern nur darauf an, daß der Geschäftsführer das Geschäft zweckmäßig in Angriff genommen hatte.[84]

Reizvoll ist der Fall, daß der geschäftsführende Sklave ein Darlehen aufgenommen hatte, um für die *familia* Kleider zu kaufen, die nach dem Kauf aus Zufall untergingen.[85] Unglücklicherweise nahm – noch vor Zahlung des Kaufpreises durch den Sklaven – die bereits ausgezahlte Darlehenssumme das gleiche Schicksal. Ulpian hielt hier den Geschäftsführungsgedanken konsequent durch und gab daher sowohl dem Kleiderverkäufer als auch dem Darleiher die Klage *de in rem verso* in voller Höhe.[86] Selbst der Tod hielt von solchen Überlegungen nicht ab, wenn etwa der Kauf einer Toga durch den verstorbenen Sohn, der vom Vater in eben dieser Toga bestattet worden war, nach den gleichen Grundsätzen beurteilt wurde, indem man darauf abstellte, ob zum Zeitpunkt des Kaufes für den Vater eine Notwendigkeit bestanden hatte, eine solche Anschaffung zu tätigen.[87] Gegen eine Heranziehung des Bereicherungsgedankens spricht schließlich, daß Geschäfte, die der Sohn oder der Sklave mit der Absicht betrieben hatten, dem Gewalthaber ein Geschenk zukommen zu lassen, keine Haftung *de in rem verso* begründeten,[88] gleichviel ob der Gewalthaber

[83] Afr. (8 qu.) D. 15.3.17 pr.

[84] So ausdrücklich im Rahmen der *actio negotiorum gestorum* Gai. (3 ed. prov.) D. 3.5.21 (22) und allgemein die Diskussion mit Celsus um die richtige Begriffsbildung in diesen Fällen Ulp. (10 ed.) D. 3.5.9.1.

[85] Da in Rom wie noch heute in Art. 185 Abs. 1 OR Nutzen und Gefahr der verkauften Sache mit Abschluß des Vertrages übergingen (anders §§ 1048, 1064 ABGB, § 446 Abs. 1 BGB), spielte es für die Lösung des Falles keine Rolle, ob die Sache bereits übergeben worden war.

[86] Ulp. (29 ed.) D. 15.3.3.10; Gai. (9 ed. prov.) eod. 4 begrenzte die Haftung mit Hilfe einer aus den – sogleich zu behandelnden (u. bei Anm. 125) – Fällen mit *peculia* gewonnenen Maxime und gab die Klage demjenigen, der zuerst geklagt hatte, was ebenso gewaltsam ist, wie die Lösung Ulpians aus einem bereicherungsrechtlichen Blickwinkel unbefriedigend wäre.

[87] Ner.-Paul. (4 qu.) D. 15.3.19, eine Stelle, die in Einzelheiten noch einer Exegese bedürfte.

[88] Pap.-Ulp. (29 ed.) D. 15.3.10.2; eod. 7 pr.; anders jedoch in § 1, wo der

bereichert war oder nicht. Wer einem Gewaltunterworfenen, der sich mit Schenkungsabsichten trug, Geld lieh, der mußte wissen, daß er sich dafür an den Schenkenden und nicht an den Gewalthaber zu halten hatte.
Mit diesem Gedanken sind wir an einen Punkt gekommen, der irritieren mag, denn es stellt sich zwangsläufig die Frage, wie denn der rechtsunfähige Sklave seinem Herrn oder der Haussohn seinem Vater etwas schenken konnte, wenn beide ausschließlich für ihren Gewalthaber erwarben. Was für uns ein rechtliches Problem ist, weil die Dinge in der materiell-rechtlichen Perspektive logisch widersprüchlich erscheinen, war es im antiken Alltag nicht. Schon bei Terenz beklagte sich ein Sklave, wieviel die Sklaven ihren Herrschaften dauernd zu schenken hätten, dem Sohn zur Hochzeit, zur Geburt des Knaben und so fort. Und das müßten sie sich alles buchstäblich vom Munde absparen – nämlich von dem ihnen zustehenden Essensdeputat.[89] Dieses wiederum war eine Leistung, die der Herr dem Sklaven in Form der *cibaria* schuldete.[90] Wir beobachten sie als Konstante in allen Epochen der römischen Literatur[91] ebenso wie den Sklaven, der auf seine Rechnung Handel trieb und eben auf eigene Rechnung wirtschaftete, und schließlich wissen wir auch, daß sich der Sklave mit diesem ersparten Vermögen sogar freikaufen konnte.[92]

All diesen Erscheinungen begegnen wir auch in den Juristenschriften. Was wir dort jedoch verstehen müssen, ist nicht die Tatsache, daß der Gewaltunterworfene ein eigenes Vermögen haben konnte, das zwar rechtlich dem Gewalthaber gehörte, im Verkehr aber als Vermögen des Gewaltunterworfenen diesem zugeordnet wurde. Entscheidend ist vielmehr die rechtliche Behandlung eben dieses Vermögens nicht zuletzt im Prozeß, die für die römischen Juristen verständlicherweise im Vordergrund stand. Um uns den damit verbundenen Problemen zu nähern, wollen wir an die oben präsentierte Formel anknüpfen, die neben der Kondemnationsbedingung des ‚*si quid … versum est*' die *taxatio* auf das *peculium* aufwies und eine Ausnahme für den Fall statuierte, daß der Gewalthaber dieses *peculium* arglistig ver-

Sklave bei der Darlehensaufnahme noch keine Schenkungsabsicht geäußert zu haben scheint.

[89] Ter. Phorm. 35 ff., vgl. später Sen. epist. 80,4.

[90] Vgl. Plaut. Stich. 58 ff.; Sen. benef. 3,21,2; vgl. dazu im Zusammenhang mit dem Arbeitsvertrag o. S. 142 f.

[91] Vgl. Suet. Otho 5,2.

[92] Vgl. Verg. ecl. 1, 31 ff.; Sen. epist. 80,4.

mindert hatte. Es handelt sich hier um den Rechtsbehelf, der das Sondervermögen des Sklaven oder Haussohnes ins Recht faßte und es erlaubte, für die Verpflichtungen dieses Vermögens den Gewalthaber zu verurteilen; gleichzeitig beschränkte er aber die Haftung des Gewalthabers auf dieses Vermögen. Wir müssen ihn nun genauer betrachten.

### d) Die *actio de peculio*

Um das *peculium*[93] und den prozessualen Mechanismus der *actio de peculio* besser zu verstehen, wollen wir uns einmal die Situation ausmalen, die entstanden wäre, wenn – wie in Griechenland[94] – bestimmte Sklaven oder der Haussohn selbst hätten verklagt werden können und daß daran anschließend in deren Vermögen vollstreckt worden wäre. Dann hätte der Kläger nicht mehr bekommen, als der Gewaltunterworfene tatsächlich besaß. Bei der zupackenden Art römischer Zwangsvollstreckung auf dem Wege der kontrollierten Selbsthilfe dürften wir in solchen Fällen auch damit rechnen, daß der Gewalthaber sich schon vor dem Prozeß selbst bedient und für seine Forderungen aus dem Vermögen des Gewaltunterworfenen Befriedigung gesucht hätte. Auf mehr als dieses Restvermögen hätte der Kläger also nicht hoffen können. Jeder umsichtige Teilnehmer im Rechtsverkehr hätte diese Sachlage bereits beim Abschluß des Vertrages in sein Kalkül mit einbezogen.

Die Formel unserer Klage trug nun den eben geschilderten Gegebenheiten Rechnung, wenn es darum ging, römischer Sitte gemäß statt des Gewaltunterworfenen den Gewalthaber ins Recht zu fassen.[95] Sie schränkte die Verurteilung auf den Betrag ein, der beim Gewaltunterworfenen zu holen gewesen wäre, und erübrigte damit praktischerweise eine Zwangsvollstreckung.[96] Die Klage *de peculio* eröffnete also dem Kläger faktisch den Zugriff auf das Vermögen des

[93] Aus der Literatur zum *peculium* vgl. v. a. G. Micolier, Pécule et Capacité Patrimoniale, Lyon 1932; I. Buti, Studi sulla capacità patrimoniale dei „servi", Camerino 1976.

[94] Vgl. die Lit. o. Anm. 49.

[95] Die Juristen sprechen davon, daß der Gewalthaber *de peculio* verpflichtet sei, Ulp. (29 ed.) D. 15.1.3.5.

[96] Außer acht bleiben darf hier die *actio tributoria*, die ein eigentliches, doch prinzipiell ebenfalls in der Kompetenz des Gewalthabers liegendes Konkursverfahren vorsah, wenn der Gewaltunterworfene mit Einverständnis des

Sklaven. Unter diesem Blickwinkel betrachtet erstaunt es denn nicht, daß die Juristen das *peculium* immer wieder mit dem *patrimonium*, dem Vermögen, verglichen, das in der Tat der Bezugspunkt blieb.[97] Was dieses Vermögen war, ist zunächst genauso leicht zu beantworten wie heute, wenn es darum geht, in das Vermögen einer Person oder einer Gesellschaft zu vollstrecken, und genauso schwierig, denn da wie dort lagen und liegen die Probleme im Detail, weil stets die Zugehörigkeit einzelner Gegenstände oder Forderungen zu ebendiesem Vermögen zu klären war und ist. In Rom kam noch eine weitere Schwierigkeit hinzu, da im Verfahren immer nur der Weg über den Gewalthaber offenstand.

Schon die Formel machte dem Kläger deutlich, der auf das *peculium* greifen wollte, was er beweisen mußte, daß nämlich sein Vertragspartner erstens überhaupt ein solches *peculium* besaß und daß zweitens – wie Gaius hinzufügte – daraus Befriedigung zu holen wäre.[98] Über die erste Voraussetzung konnte sich der Gläubiger schon bei Vertragsschluß Gewißheit verschaffen, denn das *peculium* beruhte auf einer Willensentscheidung des Gewalthabers, die sich in der Erlaubnis ausdrückte, ein solches zu haben.[99] Dieser Wille, den die Juristen technisch öfters mit dem Ausdruck *concessio* bezeichneten,[100] war dafür leitend, was zum *peculium* gehörte. Maßgebend war daher die Rechnungsführung des Gewalthabers,[101] so daß der diebische Griff in dessen Kasse das Vermögen des Gewaltunterworfenen nicht mehren konnte.[102]

Woher die Vermögenswerte stammten, die das konkrete *peculium* bilden sollten, war unerheblich. Es mochte sich wie in den erwähnten

Gewalthabers mit seinem *peculium* ein selbständiges Handels- oder Handwerksunternehmen betrieben hatte; zu den damit zusammenhängenden Fragen vgl. T. J. Chiusi, Contributo allo studio dell'editto „De tributoria actione", Rom 1993 (= ALinc., Memorie S. 9, vol. 3, fasc. 4).

[97] Ulp. (2 disp.) D. 15.1.32 pr.; (29 ed.) eod. 5.3; 19.1; Flor. (11 inst.) eod. 39; Paul. (4 Plaut.) eod. 47.6; umgekehrt bezeichneten, wie Ulp. (4 fid.) D. 36.1.17 pr. beobachtete, die meisten *(plerique)* ihr *patrimonium* verniedlichend als *peculium*.

[98] Gaius 4,74 *... in difficultatem se deducat probandi habere peculium eum, cum quo contraxerit, exque eo peculio posse sibi satis fieri, ...*

[99] Paul. (54 ed.) D. 41.2.1.5.

[100] So Pomp. (7 Sab.) D. 15.1.4.5; Marc.-Iul. (12 dig.) eod. 16.

[101] Grundlegend Pomp. (7 Sab.) D. 15.1.4 pr.; vgl. auch Ulp. (29 ed.) D. 15.1.7.6.

[102] Pomp. (7 Sab.) D. 15.1.4.2.

Beispielen aus der Komödie um einen Spargroschen oder um Geschenke von Dritten handeln, die der Gewaltunterworfene sich verdient hatte.[103] Ob überhaupt ein Vermögenswert im *peculium* steckte und in welcher Höhe, spielte keine Rolle.[104] Der Gewalthaber wußte das *peculium* von der bloßen Verwaltung und Geschäftsführung für sein Eigentum zu scheiden.[105] Andererseits konnte der Gewalthaber auch eine weitgehende Freiheit in der Verwaltung des *peculium* einräumen.[106] Für Sachen war die Übergabe an den Gewaltunterworfenen notwendig, hingegen genügte der bloße Wille des Gewalthabers, um die Zugehörigkeit zum *peculium* zu beenden.[107]

Ohne die Anerkennung von Tatbeständen, die den Schluß von den äußeren Umständen auf einen entsprechenden Willen des Gewalthabers zur Überlassung eines *peculium* zuließen, wäre der Sklave oder Haussohn im Verkehr wohl auf erhebliche Schwierigkeiten gestoßen. Deutlich sprach diesen Grundsatz Pomponius an einer Stelle aus, wo er den ausdrücklichen Willen dem mutmaßlichen Willen entgegenstellte[108] und Geschäfte, die ohne Wissen des Gewalthabers geschlossen worden waren, als gültig bezeichnete.[109] Diese Ansicht wurde möglicherweise schon von Quintus Mucius, den Pomponius kommentierte, ganz sicher aber von Alfenus Varus vertreten.[110] War das *peculium* einmal bestellt, so sprach eine Vermutung für sein Fortbestehen, selbst wenn der Gewalthaber nicht mehr geschäftsfähig war.[111]

Neben altüberlieferten Kriterien für die Beurteilung eines *peculium*, die von den vom Gewalthaber notwendigerweise zu erbringenden Leistungen wie beispielsweise Kleidung absahen[112] und nur andere Einkünfte dazurechneten, konnte man auf die Anlage des *pecu-*

[103] So Flor. (11 inst.) D. 15.1.39; vgl. auch Tryph. (8 disp.) eod. 57.2.

[104] Pomp. (7 Sab.) D. 15.1.4.5.

[105] Marc.-Iul. (12 dig.) D. 15.1.16; vgl. Iav. (4 post. Lab.) D. 40.7.39.2.

[106] Die Juristen sprachen hier von der *libera peculii administratio*, so unter anderen Gai. (1 ed. prov.) D. 2.14.28.2; Ulp. (17 ed.) D. 6.1.4.1; Paul. (29 ed.) D. 13.7.18.4; Ulp. (29 ed.) D. 14.6.3.2; C. 4.26.10 pr./1 (a. 294); 8.42.3 (a. 238).

[107] Paul. (4 Sab.) D. 15.1.8.

[108] Pomp. (4 Q. Muc.) D. 15.1.49 pr.

[109] Alf. Var. (1 dig. Paul. epit.) D. 41.3.34.

[110] Vgl. noch Alf. Var. (2 dig. Paul. epit.) D. 46.3.35. Zur Chronologie vgl. o. S. 60f.; 98f.; 110.

[111] Vgl. Ulp. (29 ed.) D. 15.1.7.1; ganz allgemein für den Sklaven eines *furiosus* eod. 3.4.

[112] Marc. (5 reg.) D. 15.1.40.1.

*lium* schauen und darauf abstellen, ob die Leistung für das *peculium* nützlich war oder sich ihm einfügte.[113] In bestimmten Fällen, beispielsweise bei einem Sohn eines Senators, durfte man aus der Einräumung der freien Verwaltung sogar die Befugnis zu Schenkungen folgern, die auch zu Ulpians Zeiten für eine Karriere im politisch-gesellschaftlichen Bereich unabdingbar waren.[114] Wollte der Gewalthaber das nicht gestatten, mußte er es ausdrücklich ausschließen. Es leuchtet ein, daß es sich bei all diesen Fragen um Tatfragen handelte.[115]

Daß der erkennbar entgegenstehende Wille des Gewalthabers beachtlich war, ist nach allem selbstverständlich.[116] Ebenso klar war es jedoch, daß Schenkungen und schenkungsähnliche Geschäfte, sieht man von den erwähnten Ausnahmen ab, unzulässig waren, denn wie sich Ulpian einmal drastisch ausdrückte, wurde selbst dem Haussohn die freie Verwaltung nicht deswegen überlassen, damit er das *peculium* verschleudere.[117] Das wirft ein bezeichnendes Licht auf die Organisation des Vermögens eines *pater familias*, die uns noch beschäftigen wird,[118] denn es ging hier nicht nur darum, das Geld zusammenzuhalten, sondern die Kontrolle über Schenkungen bedeutete auch die Kontrolle über die gesellschaftlichen Treu- und Nahverhältnisse.

Wir sind damit noch nicht am Ende unserer Analyse der vom Prätor proponierten Formel. Hinsichtlich des *peculium* enthielt sie noch eine *taxatio*, nämlich die Beschränkung der Verurteilung auf den Wert des *peculium*, soweit es nicht dolos vermindert worden war. Ulpian sprach an einer Stelle von einem *privilegium* und führte dabei noch einen wichtigen Punkt an, daß der Gewalthaber nämlich die Schulden, die der Gewaltunterworfene bei ihm hatte, bei der Berechnung vorweg abziehen konnte[119]. Die Natur als *privilegium* legt eine Beweislastverteilung in dem Sinne nahe, daß von der Rechnung des Sklaven

[113] Pap. (8 qu.) D. 46.3.94.3 … *quam servus non ex utilitate peculii suscepit* …; Iul. (4 ex Min.) D. 46.1.19 … *si vero extra causam peculii fideiusserit* …

[114] Ulp. (44 Sab.) D. 39.5.7.3.

[115] Marc. (sing. form. hyp.) D. 20.3.1.1.

[116] Alf. Var. (2 dig. Paul. epit.) D. 46.3.35.

[117] Ulp. (44 Sab.) D. 39.5.7 pr.; ähnlich (29 ed.) D. 14.6.3.2; Marc. (sing. form. hyp.) D. 20.3.1.1; (eod.) 20.6.8.5; ferner Pap. (8 qu.) D. 46.3.94.3; Iul.-Gai. (1 ed. prov.) D. 2.14.28.2.

[118] S. u. S. 192ff.

[119] Ulp. (29 ed.) D. 14.4.1 pr. …. *ut dominus, qui alioquin in servi contractibus privilegium habet, quippe cum de peculio dumtaxat teneatur, cuius peculii aestimatio deducto quod domino debetur fit* …

oder Haussohnes ausgegangen wurde,[120] die in einer traditionsreichen Definition tatsächlich als Grundlage der Berechnung genannt wurde.[121] Im Gegenzug stellte Pomponius für die Zuweisung von Werten an das *peculium* auf die Rechnung des Gewalthabers ab, was aber die Konstituierung, nicht die Verwaltung des *peculium* betraf[122].

Da der Prätor nur die gegen Treu und Glauben verstoßende Verminderung des *peculium* durch den Gewalthaber mißbilligte, wird bereits durch den Wortlaut der Formel deutlich, daß andere Abzüge möglich waren. Die Erklärung Ulpians, man dürfe davon ausgehen, daß der Herr zuvorgekommen sei und mit seinem Sklaven verhandelt habe,[123] leuchtet angesichts der römischen Zwangsvollstreckung ein, in deren Vorfeld der forsche Zugriff unter der Maxime *ius vigilantibus scriptum* keineswegs verpönt war.[124] Sie wurde im Pekuliarrecht sogar noch zugespitzt auf die Maxime *melior est causa occupantis,*[125] was ungefähr soviel heißt, daß zuerst mahlt, wer zuerst kommt.

Wie es die Formel sagte, durfte der Gewalthaber das *peculium* nicht arglistig, das heißt wider Treu und Glauben, verringern. Die Grenze von der Arglist *(dolus)* zum Erlaubten zogen die Juristen sehr sicher, indem sie darauf achteten, ob der Leistung an den Gewalthaber eine *causa*, ein Rechtsgrund aus einem Schuldverhältnis, zugrunde lag.[126] Das bedeutete, daß der Gewalthaber zwar stets frei war, dem *peculium* Vermögenswerte zu entnehmen oder gar das gesamte *peculium* an sich zu ziehen.[127] Soweit aber außenstehende Gläubiger davon betroffen waren, weil sie dadurch keine Befriedigung aus dem *peculium* mehr fanden, mußte er sich auf eine *causa* für diese Leistung an seine Kasse

[120] Eine gute Vorstellung vom römischen Rechnungswesen vermittelt R. M. Thilo, Der Codex accepti et expensi im Römischen Recht, Göttingen 1980.

[121] Tub.-Cels.-Ulp. (29 ed.) D. 15.1.5.4 *Peculium autem Tubero quidem sic definit, ut Celsus libro sexto digestorum refert, quod servus domini permissu separatum a rationibus dominicis habet, deducto inde si quid domino debetur.*

[122] Pomp. (7 Sab.) D. 15.1.4 pr.

[123] Ulp. (29 ed.) D. 15.1.9.2.

[124] Ulp. (29 ed.) D. 15.1.21 pr. ausdrücklich im Blick auf die Bevorzugung eines Pekuliargläubigers.

[125] Vgl. im Zusammenhang mit dem *peculium* Gai. (9 ed. prov.) D. 15.1.10; Paul. (4 qu.) eod. 52 pr.; dazu Bürge, Occupantis melior est condicio, SZ 106 (1989) 248–291.

[126] Vgl. Ulp. (29 ed.) D. 15.1.21 pr.

[127] Pomp. (7 Sab.) D. 15.1.4 pr.; Paul. (4 Sab.) eod. 8; Marc. (5 reg.) eod. 40.1; Ulp. (29 ed.) D. 15.3.1.1.

berufen können, um in den Genuß des *privilegium* zu kommen. An etlichen Stellen beschäftigten sich Juristen mit grundlosen Vermögensverschiebungen, die der Gewalthaber in kollusivem Zusammenwirken an andere Gläubiger bewirkte und die uns der Sache nach aus ähnlichen Konstellationen im modernen Konkursverfahren nur allzu gut vertraut sind.[128] In erster Linie aber mußten sich die Juristen im Blick auf die *actio de peculio* eben mit den Schulden des Sklaven oder Haussohnes gegenüber dem Gewalthaber und deren Rechtsgrund auseinandersetzen, wie umgekehrt auch die Forderungen des *peculium* gegenüber dem Gewalthaber zu behandeln waren, da diese das *peculium* natürlich vergrößerten.[129]

Beides, die Forderung des Gewalthabers wie jene des Gewaltunterworfenen, verbanden bereits die römischen Juristen mit dem Begriff der *obligatio naturalis*, der Naturalobligation,[130] aus der trotz ihres Bestehens weder geklagt noch vollstreckt werden konnte. Sie nahm in diesen Fällen Maß an der entsprechenden *obligatio civilis*, ähnlich wie wir es bei der Beurteilung der Geschäftsführung des Gewaltunterworfenen im Rahmen der *actio de in rem verso* beobachtet haben.[131] Während also alle rechtlichen Anforderungen der entsprechenden zivilen Obligation erfüllt sein mußten, wurde im Verhältnis zum Gewalthaber einzig die Gewaltfreiheit fingiert. In den Kommentaren zum *edictum triplex* stoßen wir auf Schritt und Tritt auf solche Schulden, die meist nur in besonders gelagerten Fällen spezifiziert wurden, so bei der Eingehung eines *constitutum debiti* (Schuldbekenntnis oder -anerkenntnis)[132] oder bei der Leistung eines Vikarssklaven.[133] Gingen die Geschäfte schlecht, konnte das *peculium* allein wegen solcher Schulden in die roten Zahlen geraten.[134] In einer solchen Situation war ein Sklavenhalter, wie Labeo erzählt, auf die raffinierte Idee verfallen, den Sklaven zu ermuntern, bei einem Dritten

[128] Vgl. Ulp. (29 ed.) D. 15.1.21 pr.; zu den römischen Wurzeln unserer modernen paulianischen Anfechtungsklage im Konkurs vgl. die Lit. bei Kaser/Hackl, RZ, 425 f. Anm. 40.

[129] Pomp. (4 Q. Muc.) D. 15.1.49.1.

[130] Vgl. Gaius 3,119 a; Tryph. (7 disp.) D. 12.6.64; Iav. (2 post. Lab.) D. 35.1.40.3; Ulp. (7 disp.) D. 44.7.14; weiter Ulp. (29 ed.) D. 15.1.11.2; Pap. (9 qu.) eod. 50.2; Paul. (10 Sab.) D. 12.6.13 pr.; Afr. (9 qu.) D. 12.6.38 pr.; 2; (7 qu.) D. 46.1.21.2.

[131] Vgl. o. S. 178 f.

[132] Ulp. (29 ed.) D. 15.1.11.1.

[133] Eod. 11.4.

[134] Pomp. (7 Sab.) D. 15.1.4.5.

ein Darlehen aufzunehmen. Da das *peculium* erschöpft war, mußte die später erhobene Klage des Darlehensgläubigers ebenso ins Leere gehen wie die *actio de in rem verso*, da der Sklave nicht als Geschäftsführer fingiert werden konnte, wenn er nur seine eigenen Schulden beglichen hatte und deshalb allein in eigenem Interesse tätig gewesen war. Hier half dann als Ausweg einzig noch die von Aquilius Gallus konzipierte Arglistklage.[135]

Nicht minder interessant waren die Schulden des Gewalthabers beim Sklaven oder Haussohn, die als Forderungen die Aktiven des *peculium* vermehrten. Umgangssprachlich dürfte selbst der Gewalthaber sie als seine Schulden bezeichnet haben, wie dies in einem Testament der Fall war, das Servius offenbar eng ausgelegt hatte, während spätere Juristen hier großzügiger waren.[136] Leistete der *patronus* seinem früheren Sklaven auf diese Schulden, konnte er sie, da es sich um Naturalobligationen handelte, anschließend nicht mehr als ungerechtfertigte Bereicherung zurückfordern.[137] Aber auch hier galt, daß die *causa* der Forderung des Sklaven jener im Zivilrecht entsprechen mußte, damit nicht durch die Eintragung fiktiver Schulden in den Büchern der Eindruck eines in Tat und Wahrheit in dieser Höhe nicht vorhandenen *peculium* erweckt wurde.[138]

Die Angst vor solchen Manipulationen könnte als rechtspolitisches

[135] Lab.-Paul. (11 ed.) D. 4.3.20 pr.; zu dieser Klage s. o. S. 102ff.

[136] Iav. (2 post Lab.) D. 35.1.40.3; unter Berücksichtigung des *favor libertatis* anerkannte jedoch Servius bei Ulp. (27 Sab.) D. 40.7.3.2 eine solche Forderung des Sklaven, wie dieser Serv.-Ulp. (29 ed.) D. 15.1.9.3 umgekehrt bei jenen des Herrn und seiner Gewaltunterworfenen gegen den Sklaven nach ganz herrschender Meinung vom Sklaven als Schuldner sprach. Ähnlich verhielt es sich in den Beziehungen mit den Vikarsklaven. Ebenso drückte sich die auf Servius zurückgehende Stelle Alf. Var. (4 dig.) D. 40.1.6 im Zuge einer testamentarischen Freilassung aus (die Zuschreibung des *responsum* an Servius belegt Schol. Bas. 48.1.6, Scheltema B 7, 2812 = Hb. 4, 618). –

[137] Tryph. (7 disp.) D. 12.6.64 ... *tamen repetere non poterit, quia naturale adgnovit debitum: ut enim libertas naturali iure continetur et dominatio ex gentium iure introducta est, ita debiti vel non debiti ratio in condictione naturaliter intellegenda est*; ähnlich Ulp. (7 disp.) D. 44.7.14; vgl. dazu M. Kaser, Ius gentium, Köln u. a. 1993, 77, dem ich allerdings dort nicht folgen kann, wo er sich den Spekulationen von A. Mantello, ‚Beneficium' servile – ‚debitum' naturale, Mailand 1979, Bd. 1 (mehr nicht erschienen), 194ff. anschließt und diese Bindung auf Seneca zurückführt; kritisch dazu F. Horak, TR 53 (1985) 162–168; Bürge, Gnomon 53 (1981) 686–690; vorsichtig zustimmend hingegen W. Waldstein, SZ 98 (1981) 479–489.

[138] Pomp. (7 Sab.) D. 15.1.4.1.

Anliegen hinter einem Reskript der Kaiser Septimius Severus und Caracalla gestanden haben, das beim Vermächtnis eines *peculium* die Schulden des Gewalthabers nicht berücksichtigt haben wollte. Ulpian kritisierte es und hob demgegenüber die Achtung vor dem Willen des Erblassers hervor. Dennoch respektierte er es, legte es jedoch eng aus, indem er wenigstens die Aufrechnung von Forderung und Gegenforderung zuließ.[139] Möglicherweise erklärt der gleiche rechtspolitische Habitus die Abneigung des Servius bei einem Vermächtnis des *peculium* an den testamentarisch freigelassenen Sklaven, solche Schulden des Gewalthabers anzuerkennen.[140]

Wir erfahren die unter dem Zeichen der Naturalobligation stehende Spannung im Innen- und dem Außenverhältnis, die hier zum Ausdruck kommt, deutlich bei Seneca in ›De beneficiis‹, wo er den Satz widerlegen will, daß der Sklave nicht Schuldner seines Herren werden könne. Der Satz, den er bekämpfte, traf zweifellos eine rechtlich korrekte Aussage, und zwar auch unter einem praktischen Gesichtspunkt; denn daß der Sklave seine Schulden nie gerichtlich durchsetzen konnte, war für Seneca ebenso wahr wie schon für Plautus. Er galt aber nur in Grenzen, soweit der Sklave in der Außenwelt autonom gegen seinen Herrn auftreten wollte.[141] Doch auch mit der Widerlegung des Satzes führte Seneca gewiß nichts Neues ein,[142] da im Außenverhältnis zu den Gläubigern nach unseren Beobachtungen solche Schulden im Innenverhältnis durchaus für den Herrn zu Buche schlugen, wie dem Gläubiger umgekehrt die Schulden des Herrn beim Sklaven zugute kamen.

Der Philosoph, wie wir ihn hier erleben, spielt seine soliden Kenntnisse der Rechtspraxis aus, um in seiner Argumentation den Boden zu gewinnen für die Differenzierung zwischen dem rechtlich Erzwingbaren, dem Gebotenen und den *beneficia*, den Wohltaten.[143] Nichts anderes galt für Wohltaten oder Schenkungen, denn daß

[139] Ulp. (25 Sab.) D. 33.8.6.4; vgl. dazu D. Nörr, Rechtskritik in der römischen Antike, München 1974 (= Abh. Bayer. Akad. 77), 125f.

[140] S. o. bei Anm. 136.

[141] Vgl. Plaut. Persa 193f.

[142] Dies gegen den aus Sen. benef. 3,18,1 entwickelten Ansatz von Mantello (Anm. 137).

[143] Damit vergleichbar ist das Argument in seiner Darlegung, daß auch dem Weisen, dem alles gehört, etwas geschenkt werden könne (benef. 7,4,1ff.), wenn er die Schenkung von Land an die *res publica* (7,4,3), das Geschenk des Sklaven an den Herrn (eod. 4) und die Einräumung des Gebrauchs durch den Mieter an den Eigentümer als Stütze für seine Argumentation heranzieht.

Schenkungen des Gewalthabers an den Sklaven oder Haussohn selbstverständlich zulässig waren, ja das *peculium* konstituieren konnten, ist klar. Um sie im Außenverhältnis zum Tragen zu bringen, mußten sie aber offen ausgewiesen werden. So konnte der Herr seinem Sklaven beispielsweise dadurch etwas schenkungsweise zuwenden, daß er ihm Schulden erließ, wobei einzig und allein sein Wille den Ausschlag gab.[144] Wie umgekehrt die Sklaven oder Söhne ihren Gewalthabern schenkten, haben wir bereits bei Terenz beobachtet, und wir haben gesehen, daß auch die Juristen unbefangen von solchen Schenkungen sprachen.[145] Relevant wurden sie wiederum im Außenverhältnis, jedoch erst unter einem negativen Gesichtspunkt, wenn nämlich hierdurch Außengläubiger benachteiligt wurden.

Die hier skizzierte Behandlung der Schenkungen wird durch jenen bekannten Brief des jüngeren Plinius bestätigt, in welchem er sein Haus mit einer *res publica* für Sklaven verglich und schilderte, wie er seinen Sklaven erlaubte, Testamente zu machen, für deren Einhaltung er sorgte. Als einzige Einschränkung fügte er allerdings bei, daß das Vermögen innerhalb seines Hauses bleiben müsse.[146] Auch hier stellen wir fest, daß Plinius, der mit seinen Briefen auch Beispiele – *exempla* – für die Lebensführung eines vornehmen Römers geben wollte[147] und damit eine Art Spiegel für die Aristokratie schrieb, völlig konform ging mit der Haltung der Juristen, die nur im Ausnahmefall der Karriere von höhergestellten Haussöhnen Schenkungen an Außenstehende aus dem *peculium* zuließen.[148] Auch epigraphische Zeugnisse belegen die Praxis des Plinius als ein Stück römischer Realität.[149]

[144] Pomp. (7 Sab.) D. 15.1.4.1.

[145] Erinnert sei nochmals an Ulp. (29 ed.) D. 15.3.7 pr.; 10.2.

[146] Plin. epist. 8,16,1 f. … *alterum quod permitto servis quoque quasi testamenta facere, eaque ut legitima custodio. Mandant rogantque quod visum; pareo ut iussus. Dicidunt donant reliquunt, dumtaxat intra domum; nam servis res publica quaedam et quasi civitas domus est.* Vgl. dazu J. W. Tellegen, The Roman Law of Succession in the Letters of Pliny the Younger, Zutphen 1982, 143–150, mit Diskussion der älteren Lit.

[147] Vgl. zu dem auch für Juristen wichtigen Stellenwert von *exempla* H.-P. Bütler, Die geistige Welt des jüngeren Plinius, Heidelberg 1970, 85 ff.

[148] S. o. S. 186 mit Anm. 114.

[149] So die *lex collegii funeraticii Lanuvini* II, 1–2; 3–5, CIL XIV, 2112 = FIRA 3, Nr. 35.

## 4. Das *edictum triplex* und der Sklave in der Struktur der römischen *familia*

Der Blick in das dogmatische Gefüge der im *edictum triplex* gebündelten Klagen läßt die Möglichkeiten der Gewaltunterworfenen erkennen, sich im Wirtschaftsleben selbständig zu betätigen. Den Juristen fasziniert besonders, daß hier die Innenbeziehung zwischen Gewalthaber und seinem Gewaltunterworfenen sichtbar wird, wenn und soweit sie sich im Außenverhältnis auswirkte, was in der Klage *de peculio* besonders deutlich wird. Wir stellen dabei fest, daß man im Innenverhältnis auf beiden Seiten in den Kategorien rechtlicher, vor allem schuldrechtlicher Beziehungen dachte, die man auch schriftlich dokumentierte, genannt seien nur die Rechnungsbücher. Der rechtliche Befund korrespondiert gut mit den literarischen Zeugnissen. Am Beispiel des Plinius sehen wir sogar, daß der Gewalthaber an solchen Aufzeichnungen interessiert war und sie als Führungsinstrument einzusetzen wußte.

Nachdem wir so das *edictum triplex* in seinem rechtlichen Gehalt analysiert haben, können wir mit einem weiteren literarischen Zeugnis die Tradition dieser Rechtsbehelfe illustrieren, mit dem wir zu Fragen der Struktur der römischen *familia* und der Stellung der Sklaven in ihr zurückfinden werden. Es führt uns mitten in eine Intrige im ›Heautontimorumenos‹ des Terenz, wie sie zum typischen Inventar der Komödie gehören. Verkürzt und zusammengefaßt läuft sie darauf hinaus, daß der Sklave Syrus seinem Herren Chremes weismachen kann, die eben wiedergefundene, einst ausgesetzte Tochter des Chremes schulde der Hetäre Bacchis Geld, weil sie dieser seinerzeit als Sklavin verpfändet worden war. Syrus, der der Hetäre Bacchis diese Summe aus anderen, nur allzu menschlichen Motiven zukommen lassen will, glaubt sich beinahe am Ziel, befürchtet jedoch im letzten Augenblick, daß Chremes den Anspruch der Bacchis doch noch ablehnen könnte, und formuliert die Einreden, die der Prozeßgegner in einem solchen Fall dem Kläger entgegenzuhalten pflegte:

*sed illud quod tibi*
*dixi de argento quod ista debet Bacchidi,*
*id nunc reddendumst illi: neque tu scilicet*
*illuc confugies: „quid mea? num mihi datumst?*
*num iussi? num illa oppignerare filiam*
*meam me invito potuit?" verum illuc, Chreme,*
*dicunt: „ius summum saepe summast malitia."*

„... was ich dir aber vom Geld gesagt habe, das deine Tochter der Bacchis schuldet, muß jener nun zurückgegeben werden: und du sollst nicht zum

Mittel dieser Art Zuflucht nehmen: 'Was geht mich das an? Ist mir etwas zugekommen? Habe ich meine Vollmacht gegeben? Konnte die Alte überhaupt meine Tochter gegen meinen Willen durch das Pfand verpflichten?' Es ist wahr, Chremes, jenes Wort: 'Auf seinem Recht beharren ist oft die wahre Bosheit.'"

Aus der Sicht des Sklaven haben wir hier den Refrain, der jeweils von den Herren zu hören war, wenn es Schulden eines Gewaltunterworfenen einzutreiben galt, und der zugleich ein Schlaglicht auf die Stellung des Sklaven und dessen Kreditwürdigkeit im Rechtsverkehr wirft. Mit dem Einwand, das Geld sei einem nie zugekommen, begegnete man typischerweise einer Forderung, die sich auf ein *versum in rem* stützte. Die fehlende Vollmacht *(num iussi)* richtete sich gegen einen Anspruch aus *iussum*. Das letzte Argument könnte sich – mehr aus Gründen der Konzinnität und der Bühnensitutation, daß nun die Tochter schuldete – gegen einen Anspruch *de peculio* wenden, besonders wenn man daran denkt, daß auch später Verpfändungen von Pekuliarsachen zugunsten Dritter nicht zugelassen waren.[150] Zu ihm wie zu den beiden anderen Vorbringen würde die in ihr enthaltene Einrede passen, es sei alles ohne seinen Willen geschehen – *me invito* –, was das Generalthema beim *edictum triplex* aufnahm. Damit schöpfte der beklagte Gewalthaber alle seine Verteidigungsoptionen aus.

Irritieren kann die Unstimmigkeit, daß es um eine Schuld geht, die nicht die Tochter, sondern deren Pflegemutter eingegangen war, was beim *peculium* nicht ganz aufgeht. Doch zeigt die unscharfe Bemerkung in 602f., daß die Tochter jetzt als eine Art Pfand dient, was man so verstehen kann, daß diese die Schuld übernommen hat. Zudem hat Terenz gerade auch in diesem Stück attische Verhältnisse soweit belassen, als sie für den Gang der Handlung nötig waren, sich hingegen – wie in seinem Schaffen überhaupt – um römischen Realismus bemüht, nicht zuletzt was das Rechtsleben betraf und dafür sogar dramaturgische Vorteile aus der Hand gegeben.[151] Die gesuchte Unschärfe

[150] Vgl. Marc. (sing. form. hyp.) D. 20.3.1.1; (eod.) 20.6.8.5; zulässig waren Verpfändungen von Pekuliarsachen hingegen für Pekuliarschulden, vgl. Paul. (29 ed.) D. 13.7.18.4; vgl. Buti (Anm. 93) 91f.

[151] Zu diesem Zug des Terenz, der für die Bewertung des rechtlichen Gehalts seiner Komödien grundlegend ist, vgl. H. Haffter, Terenz und seine künstlerische Eigenart, Darmstadt 1966, 27f., 30f., 34f.; zum Rechtsleben v. a. 31, 38f. (ursp. in: Mus. Helv. 10 [1953] 1–20, 73–102, 78f., 82f., 86f. sowie 83, 90f.).

darf den Blick für die ebenso klar herausgearbeiteten römischen Konturen nicht trüben, die die Haftung des Gewalthabers gegenüber der Gläubigerin der Tochter Bacchis nachzeichnen.

Gut 350 Jahre später finden wir die gleiche Kaskade, mit der Terenz das römische Kolorit auftrug, noch immer bei Ulpian: Wollte der Gewalthaber das Geschäft, greift die *actio quod iussu*, wenn nicht, war ihm jedoch etwas aus Geschäftsführung zugekommen, ist die *actio de in rem verso* einschlägig, trifft nichts von beiden zu, hilft nur noch die in der gleichen Formel integrierte *actio de peculio,*[152] die aber auch nicht zum Ziel führt, wenn der Gewalthaber von Anfang an klar gegen das Geschäft gewesen war.[153] Der Sklave Syrus bei Terenz kannte diese Kaskade und meinte, so zu prozessieren sei oft die größte Schikane, und bat deshalb um Milde und Nachsicht bei der Durchsetzung des Rechts, was den Sinn dieses geflügelten und oft behandelten Satzes bestens illustriert.[154] Der Sachzusammenhang, der im einzelnen noch näher analysiert werden müßte,[155] belegt das hohe Alter des *edictum triplex* und weist zudem auf die Schlüsselstellung hin, die dem Gewalthaber bei der Kontrolle seiner *domus* zukam.

[152] Ulp. (29 ed.) D. 15.3.5.2.

[153] Vgl. Alf.-Var. (2 dig. Paul. epit.) D. 46.3.35 und oben bei Anm. 116.

[154] *Summo iure agere* bedeutet zunächst nur, daß jemand bereit ist, auf seinem Recht zu beharren und notfalls alle Rechtsmittel auszuschöpfen, vgl. Cic. Verr. II 5,4; Quinct. 38 und schließlich die von Terenz gebrauchte Sentenz bei Colum. 1,7,1 f., vgl. dazu auch W. Stroh, Taxis und Taktik, Stuttgart 1975, 89 f. Diese Sentenz hatte J. Stroux, Summum ius, summa iniuria. Ein Kapitel aus der Geschichte der interpretatio iuris, Berlin o. J. (1926), dann in: ders., Römische Rechtswissenschaft und Rhetorik, Potsdam 1949 mit dem Rechtsmißbrauchsverbot zusammengebracht, in welchem er ein Vehikel für den späteren Einfluß griechischer Rhetorik auf die römische Rechtswissenschaft sah. Diese Thesen können heute als widerlegt gelten, vgl. dazu U. Wesel, Rhetorische Statuslehre und Gesetzesauslegung der römischen Juristen, Köln u. a. 1967, mit Angabe weiterer Lit. 15–21; ferner M. Hillgruber, *Scriptum* und *voluntas* in der Rechtswissenschaft der römischen Republik, Mus. Helv. 52 (1995) 170–180. Zu der von Stroux in den Vordergrund gerückten *causa Curiana* vgl. neuestens U. Manthe, Ein Sieg der Rhetorik über die Jurisprudenz, in: U. Manthe/J. von Ungern-Sternberg, Große Prozesse der römischen Antike, München 1997, 74–84, 202 f.

[155] Den Hinweis auf den Zusammenhang der Terenz-Stelle mit dem *edictum triplex* verdanke ich Herrn Kollegen Dieter Nörr in München, der – was nicht verschwiegen sei – im ganzen doch recht skeptisch ist. Soweit sich die Skepsis auf die Möglichkeit bezieht, daß hier griechische Verhältnisse geschildert sein könnten, lassen sie sich durch die Überlegungen Haffters (Anm. 151)

Das Zusammenspiel der verschiedenen Klagen mitsamt der dem Gewalthaber zustehenden Verteidigungsmöglichkeiten läßt uns aber nicht nur die rechtliche Ausgestaltung der Außenbeziehungen der Gewaltunterworfenen verstehen, sondern gewährt auch einen tiefen Einblick in Struktur und Aufbau der römischen *familia* im weitesten Sinn, denn der Gewalthaber trug die Verantwortung für Haussöhne und -töchter gleichermaßen wie für seine Sklaven und Sklavinnen.[156] Die einzelnen Rechtsbehelfe lassen fein differenzierte Handlungsspielräume erkennen. Sie waren am weitesten, wenn der Gewalthaber eine Vollmacht oder gar eine Generalvollmacht erteilt hatte, doch hatte der Gewalthaber wegen des Erfordernisses des *iussum* hier die besten Kontrollmöglichkeiten. Enger gefaßt, aber ganz auf das Vermögen des Gewalthabers bezogen, war die Geschäftsführung durch den Gewaltunterworfenen. Freier in der Vermögensdisposition waren die Gewaltunterworfenen, die ein *peculium* hatten, vollends wenn ihnen die freie Verwaltung eingeräumt war. Stets aber konnte der Gewalthaber eingreifen, wie ihm letztlich auch alle gegen Dritte erworbenen Forderungen zustanden. Das galt auch, wenn die *peculia* sogar noch tiefer, nämlich hierarchisch gestaffelt waren, denn wie wir wissen, konnte ein *peculium* auch *servi vicarii* umfassen, die nichts anderes waren als Sklaven von Sklaven. An einigen Stellen sehen wir, daß diese in ihren *peculia* wiederum über *servi vicarii* verfügten.[157] All das führte zu Konstellationen, die den Scharfsinn der Juristen herausforderten, wenn es die rechtlichen Probleme zu lösen galt, die eine Betätigung solcher Sklaven im Geschäftsverkehr aufwarf.[158]

Was die tatsächliche Ebene angeht, stellt sich natürlich die Frage,

entkräften, denn eine solch lange Argumentation über fremde Rechtseinrichtungen ist dem Stil des Terenz fremd, der im ›Phormio‹ selbst das in der Vorlage tragende Institut der Erbtochter mit wenigen Versen mehr beiseite schiebt als ausmalt (125 ff.).

[156] Sicher stehen die weiblichen Gewaltunterworfenen in den römischen Juristentexten nicht im Vordergrund, doch kommen sie in diesem Zusammenhang durchaus vor, so insbesondere bei Gai. (9 ed. prov.) D. 15.1.27 pr.; Paul. (30 ed.) D. 15.4.2.1; Ulp. (10 ed.) D. 3.5.13 (14); (1 ed. aed. cur.) D. 21.1.23.4.

[157] Cels. (19 dig.) D. 33.8.25; Ulp. (25 Sab.) eod. 6.3; von einem Vikarsklaven, der dem Sklaven und dem Herrn gemeinsam gehörte, handelt Lab. (2 post. Iav. epit.) eod. 22.1.

[158] Vgl. etwa Ulp. (29 ed.) D. 15.1.17; Afr. (8 qu.) D. 15.1.38.2; Ulp. (28 ed.) D. 14.3.11.8; zu diesen Stellen und zum Vikarsklaven überhaupt vgl. F. Reduzzi Merola, „Servo parere". Studi sulla condizione giuridica degli schiavi vicari e dei sottoposti a schiavi nelle esperienze greca e romana, Camerino 1990.

die die Sozialgeschichte beantworten muß, wie groß solche *peculia* und wie häufig sie waren. Ohne darüber spekulieren zu wollen, fällt auf, daß wir die eben genannten Vikarsklaven am häufigsten in der *familia Caesaris* finden; viel zitiert ist der *dispensator ad fiscum gallicum* Musicus Scurranus, der über ein Personal von 16 Vikarsklaven gebot.[159] Das lag zweifellos außerhalb der Norm, denn meistens finden wir nur einen, dann und wann zwei oder sogar fünf *vicarii* belegt.[160] Doch bietet uns die *familia Caesaris* das beste Beispiel für eine Führungs- und Kontrollstruktur, die auf diesem rechtlichen Modell aufbaute und funktionierte.

Angesichts solcher Erscheinungen drängt sich die Frage auf, welchen sozialen und wirtschaftlichen Rang denn die Sklaven hatten, denen wir in den Digesten im Zusammenhang mit den *peculia* begegnen. Ohne einer geplanten, eingehenden Untersuchung vorgreifen zu wollen, bekommt man den Eindruck, daß es sich mehrheitlich um bessergestellte Sklaven handelte, die auch in der *domus* des Herrn beispielsweise als *vilici*, *dispensatores* und *servi actores* im Handel tätig und mit Geldgeschäften betraut waren oder ähnliche Funktionen ausübten.[161] Dieses Bild mag auf den juristischen Schriften selbst beruhen, die naturgemäß nur bestimmte Probleme aus einem spezifischen, rechtlich relevanten Blickwinkel beleuchteten und sich also um konkrete, typische Probleme kümmerten, jedoch keinesfalls eine Beschreibung der tatsächlichen Verhältnisse in der ganzen Breite liefern wollten. Eine phänomenologische Betrachtung kann zwar weiterführende Informationen liefern, jedoch nie einen verläßlichen statistischen Befund. Wenn wir bei den Fragen des *peculium* auf die wirtschaftlich weicher gebetteten Sklaven stoßen, sind wir hingegen bei den Arbeitsverhältnissen wohl doch in sozial tieferstehende Schichten vorgedrungen, was sich ohne weiteres mit den dort zu lösenden juristischen Problemen erklären läßt, für die ein umsichtiger *patronus* rechtlichen Rat braucht. Von den vielen in solchen Zusammenhängen in den Juristenschriften erwähnten Berufen, die man mit Belegen aus der übrigen Literatur zu ergänzen hätte, sind jedenfalls viele Berufe

[159] CIL VI, 5197 = ILS 1514.

[160] Vgl. P. R. C. Weaver, Familia Caesaris. A Social Study of the Emperor's Freedmen and Slaves, Cambridge 1972, 200ff.

[161] Wohl nicht ganz zufällig werden in den Juristenschriften *peculia* von *servi actores* erwähnt, so Pap. (5 resp.) D. 26.7.39.18; Paul. (3 resp.) D. 33. 7.22.1 = PS 3,6,47; Scaev. (20 dig.) D. 34.1.18.3, und von *dispensatores*, so Iul. (11 dig.) D. 14.3.12; Pomp. (7 ex Plaut.) D. 40.7.21 pr.; Paul. (8 ad Plaut.) D. 46.3.62; zu den *vilici* vgl. u. Anm. 165.

inschriftlich nicht bezeugt, weil diesen Sklaven offensichtlich das Geld für die Marmortafel des Grabes fehlte.

Die von den römischen Juristen gefundenen dogmatischen Lösungen können als Strukturelemente genommen durchaus eine zeitlose Geltung beanspruchen, ja es lassen sich damit auch neue Strukturen erschließen und erklären. Das beweist der geistreiche Versuch von E. I. Bekker, der seinerzeit die römische Behandlung des *peculium* für die dogmatische Deutung der modernen Aktiengesellschaft im Vorfeld der Aktienrechtsnovelle von 1870 in Deutschland fruchtbar gemacht hat.[162] Als philologisch ausgezeichnet gebildetem Gelehrten war es Bekker allerdings nie in den Sinn gekommen, die wirtschaftliche Erscheinungsform der modernen Aktiengesellschaft in die römischen Quellen zu projizieren. Versuche solcher wirtschafts- und rechtsgeschichtlicher Analysen wurden erst in jüngster Zeit unternommen: Ein Ausgangspunkt dafür war die Möglichkeit, die das römische Recht bot, durch die Einräumung eines *peculium* die Haftung des *dominus* für das rechtsgeschäftliche Handeln seines Sklaven zu beschränken und im *peculium* wiederum Vikarsklaven wirtschaften zu lassen, die ebenfalls – mit haftungsbeschränkender Wirkung – ihr *peculium* hatten.[163] Tatsächlich hat ein solcher Aufbau Ähnlichkeiten mit einer modernen Holdinggesellschaft, einer Gesellschaft also, deren Hauptzweck es ist, wiederum – unter Beschränkung der Haftung – an anderen Kapitalgesellschaften Mehrheitsbeteiligungen oder hundertprozentige Beteiligungen zu halten. Damit sind wir aber schon am Ende der Gemeinsamkeiten.

Die moderne Aktiengesellschaft wurde nämlich nicht entwickelt, weil die Industrialisierungswelle nach Haftungsbeschränkungen rief, sondern weil viele Zweige in der Industrie und im Dienstleistungssektor Kapital sammeln mußten, um ihre unternehmerischen Ziele umsetzen zu können, und dieses Kapital nur um den Preis der Haftungsbeschränkung zu haben war. Wie wir aber wissen, gab es in Rom

[162] E. I. Bekker, Zweckvermögen, insbesondere Peculium, Handelsvermögen und Actiengesellschaften, Zeitschr. f. d. gesammte Handelsrecht (ZHR) 4 (1861) 499–567. Zu Bekker und seinem wissenschaftlichen Werk vgl. M. Kriechbaum, Dogmatik und Rechtsgeschichte bei Ernst Immanuel Bekker, Ebelsbach 1984.

[163] Vgl. die Typologie sowie die Darstellung der Unternehmensgruppen bei F. Serrao, L'impresa in Roma antica. Problemi e riflessioni, in: ders. (Anm. 55) und v. a. A. Di Porto, Impresa collettiva e schiavo ‚manager' in Roma antica (II sec. a. C. – II sec. d. C.), Mailand 1984, v. a. 257 ff.; dazu kritisch Bürge, SZ 105 (1988) 856–865; Th. Mayer-Maly, Iura 35 (1984) 115–117.

auch *pecula*, die keinerlei Vermögen, sondern höchstens Schulden aufwiesen.[164] Mit Schulden läßt sich zwar oft trefflich leben, aber auf die Dauer nur schlecht wirtschaften. Eine voreilige Projektion moderner Kapitalorganisation auf Rom läßt zudem meist vollkommen übersehen, daß Unternehmen geführt werden wollen. Schon beim *vilicus*, der ein *peculium* samt *vicarius* haben durfte,[165] hörte diese Identität zwischen Kapital und Führung auf, denn das *peculium* umfaßte gerade nicht den Landwirtschaftsbetrieb, den der *vilicus* zu leiten hatte, sondern nur sein Gärtchen und vielleicht ein paar Schafe, die ihm überlassen wurden.[166] Typischerweise war er gerade nicht mit der für das Management eines Landwirtschaftsbetriebes wichtigen Vermarktung betraut und konnte deshalb in dieser Hinsicht den Eigentümer normalerweise auch nicht verpflichten.[167] Gleiches gilt für die finanziell weit besser gestellten *dispensatores* und *servi actores*. Dem Dritten bot das *peculium* also wenig Schutz, wenn er mit dem Landwirtschaftsbetrieb buchstäblich ins Geschäft kommen wollte.

Ganz abgesehen davon waren die Unternehmen, die wir in den Quellen so verschachtelt finden, durchwegs kleine Gewerbe; die Fälle spielten im Kleinhandel, im Milieu der *fullones*, *sarcinatores* oder *textores*, der Walker, Schneider und Weber.[168] So erwecken, um ein Beispiel zu geben, der Zuckerbäcker und der Koch bei Apuleius, die als Brüder einem leidlich reichen Herrn gehörten, aber frei wirtschafteten, nicht gerade den Eindruck von Großunternehmern, zumal sie ihr Zimmer mit dem Esel teilen mußten.[169] Mit diesem wahrlich pedestren

[164] S. o. S. 188.

[165] Vgl. Weaver (Anm. 160), 201 f., 117 ff. Auffallend ist, daß in den Juristenschriften nie Pekuliargeschäfte eines *vilicus* problematisiert werden, doch dürfen wir in Fällen wie Scaev. (3 resp.) D. 33.7.20.3 und der Freilassung eines *vilicus* in Scaev. (15 resp.) D. 40.5.41.15 auf ein solches *peculium* schließen.

[166] Vgl. Varro rust. 1,17,5; 7 und 1,2,17.

[167] So explizit Colum. 1,8,6; 13. Den Ausnahmefall behandelt T. Chiusi, Landwirtschaftliche Tätigkeit und actio institoria, SZ 108 (1991) 155–186; sie arbeitet dabei auch die Typizität der Rolle des *vilicus* und den darauf gegründeten Vertrauensschutz heraus, der mit der *actio institoria* rechtlich realisiert wird. Was der *vilicus* typischerweise hatte abschließen können, waren beispielsweise Erntearbeiterverträge. Zu Recht kritisch gegenüber J.-J. Aubert, Business Managers in Ancient Rome. A Social and Economic Study of Institores, 200 B. C. – A. D. 250, Leiden u. a. 1994, 117–200 äußert sich N. Benke, SZ 113 (1996) 506–514.

[168] Vgl. in der an Di Porto (Anm. 163) geübten Kritik Mayer-Maly, Iura 35 (1984) 115–117.

[169] Apul. met. 10,13,1 ff.

Bild des Unternehmertums stimmt überein, daß viele Vikarsklaven Funktionen in der *domus* des Gewalthabers ausübten,[170] die besten *peculia* sich wohl in der Finanzverwaltung einer *domus* verdienen ließen[171] und sich die wirklich lukrativen Posten für Sklaven in der *familia Caesaris* und nicht in der freien Wirtschaft fanden.

Doch selbst das Instrument der Haftungsbegrenzung läßt sich mit den Möglichkeiten, welche heutige Gesellschaftsformen mit beschränkter Haftung bieten, nur zum Teil vergleichen, denn je stärker sich der römische Gewalthaber selbst engagierte und mit seinem Vermögen unternehmerisch wirkte, desto eher begab er sich in eine umfassende Haftung, mindestens aus der *actio de in rem verso*, in anderen Fällen sogar aufgrund eines *iussum*. Ein letztes Argument gegen eine modernistische Konzeption des *peculium* ist der Gesichtspunkt der Kontinuität, den wir heute mit dem Begriff des Unternehmens verbinden. Der Sklave, der mit seinem *peculium* erfolgreich wirtschaftete, hatte nämlich die Chance, sich freizukaufen. Wenn ihm nun, was in den Juristenschriften häufig berichtet wird, das *peculium* überlassen wurde,[172] und zwar oft mitsamt seinen *vicarii*,[173] brach für den Eigentümer die Kontinuität ab. Die erfolgreiche Kapitalgesellschaft wurde damit also modern gesprochen wieder zum personalistischen Einzelkaufmann mit der damit verbundenen unbeschränkten Haftung. Starb hingegen der Sklave, ging das *peculium* fast sang- und klanglos unter, übrig blieben nur noch die Klagen gegen seinen Herrn.[174] Die Haftungsbeschränkung hatte also gerade dort ihren guten Sinn gehabt, wo der Eigentümer unternehmerisch nicht eingreifen wollte und konnte, weil der Sklave selbständig seinem Beruf und Lebensunterhalt nachging und überhaupt sein eigenes Leben lebte, wie beispielsweise das erwähnte Brüderpaar bei Apuleius.

Wenn wir das Fazit aus diesen rechtlichen Strukturen ziehen, wird

[170] Vgl. die Liste bei Reduzzi Merola (Anm. 158) 205–208, so finden wir etwa CIL VI, 9261 den *vicarius super cocos*.

[171] Einer solchen Tätigkeit verdankte auch Trimalchio seine Stellung, Petron. 76,1.

[172] Paul. (11 qu.) D. 15.1.53 spricht von einer Vermutung, daß dem *libertus* das *peculium* überlassen wurde, wenn es ihm bei der Freilassung nicht abgenommen worden war. Bei der testamentarischen Freilassung sprach – nach einem Reskript von Septimius Severus und Caracalla – keine Vermutung für eine solche Überlassung, vgl. Ulp. (43 Sab.) D. 33.8.24, doch durfte sie aus den Umständen erschlossen werden, wie Ulp. (25 Sab.) D. 33.8.8.7 schreibt.

[173] Vgl. beispielsweise Cels. (19 dig.) D. 33.8.25.

[174] Pomp. (4 Qu. Muc.) D. 15.2.3.

man jeden Gedanken an eine Kapitalgesellschaft fernhalten und im Gegenteil den durch und durch personalistischen Aufbau der römischen *familia* betonen. Sie war ganz auf den Gewalthaber bezogen, sei es, daß einzelne Gewaltunterworfene auf seine Weisungen oder auch nur in seinem Sinne seine Geschäfte führten, sei es, daß seinen Gewaltunterworfenen Vermögen zur (freien) Verwaltung überlassen wurde. Je größer die Freiheit war, die der Gewalthaber gewährte, desto stärker wurde er durch die Haftungsbeschränkung privilegiert. Stets aber hatte er ein Wegnahmerecht, was unterstreicht, daß es kein Modell der ökonomischen Steuerung unternehmerischen Handelns war, sondern ein Modell der Kontrolle, wie es das Gleichnis von den Pfunden, die der Herr vor der Abreise seinen Sklaven übergibt, im Neuen Testament bestens illustriert.[175] Schließlich ist unter wirtschaftsgeschichtlichem Aspekt darauf hinzuweisen, daß die römischen Effizienzkriterien nicht von der modernen Betriebswirtschaftslehre gesetzt werden, sondern von der römischen Gesellschaft entwickelt wurden und von der heutigen Forschung aufgespürt werden müssen.[176]

Im gleichen Zusammenhang verdient die Praxis zum *senatus consultum Macedonianum* Beachtung, das in der Mitte des ersten Jahrhunderts n. Chr. erlassen worden war, nachdem der von seinen Schuldnern bedrängte Haussohn Macedo als Ausweg zu seiner Sanierung den eigenen Vater ermordet hatte: Man subsumierte die Fälle des *edictum triplex* nicht unter das dort ausgesprochene Verbot der Darlehensgewährung an Hauskinder,[177] denn in diesen Situationen genügte die strukturelle Kontrolle durch den Gewalthaber. Die personalistische Orientierung zeigt sich auch darin, daß es stets der Gewalthaber war, der die Forderungen der Gewaltunterworfenen erwarb und sie damit auch gerichtlich durchsetzen konnte. Dem schwachen Sklaven oder dem Haussohn kam im Wirtschaftsleben je nach der Stellung seines Gewalthabers der starke Arm der *familia* und ihrer Organisa-

[175] Ev. Matt. 25,14–30; Ev. Luc. 19,12–27; beide brauchen den Ausdruck δοῦλοι, was Hieronymus mit *servi* übersetzt.

[176] Speziell betrachten muß man freilich die gegen Ende der Republik immer mächtiger werdenden Gesellschaften der Steuerpächter *(publicani)*, wo wir in der Tat auf gesellschaftsrechtlich stärker verfestigte Strukturen treffen, vgl. die Darstellung bei E. Badian, Zöllner und Sünder. Unternehmer im Dienst der römischen Republik, Darmstadt 1997 (urspr. Publicans and Sinners, 1972).

[177] Vgl. dazu A. Wacke, Das Verbot der Darlehensgewährung an Hauskinder, SZ 112 (1995) 239–329, 276 ff.

tion zu Hilfe, wenn es galt, Forderungen von säumigen Schuldnern einzutreiben. Das verstehen wir gut, denn der Sklave, der in Armut abglitt, fiel, wie es bei Lucan heißt, nicht sich, sondern seinem Herrn zur Last.[178]

Die Kontrolle des Vermögens und seine personalistische Organisation hilft uns auch die strenge güterrechtliche Scheidung zwischen Mann und Frau zu erklären, auf die wir ebenfalls gestoßen sind. Beiden gehörte ein anderer Vermögensverband oder – wenn sie nicht gewaltfrei waren – gehörten beide einem anderen solchen Verband an. Die Schenkungen aber, die zur Erringung und Bewahrung eines gesellschaftlichen Ranges in Rom unverzichtbar waren, blieben die Sache des einen wie des anderen Verbandes. In jedem Grad der den Gewaltunterworfenen eingeräumten Selbständigkeit konnte allein der Gewalthaber die Entscheidung über dieses wichtige Instrument treffen; nur ausnahmsweise war dies dem *filius familias* im Hinblick auf seine Karriere im Staatsapparat gestattet. Die personale Bindung eines Sklaven erlosch auch durch die Freilassung nicht, denn gewisse Dienste *(operae)* mußten die Freigelassenen ihren *patroni* leisten und zudem noch eine Reihe anderer Pflichten ihnen gegenüber beachten.[179] Die Patronatsrechte folgten in der Regel dem gesetzlichen Erbrecht und konnten – anders als die Leistung der *operae* – Dritten auch durch Testament nicht zugewiesen werden.[180]

Die Vermögensorganisation der römischen *familia* war also ebenso komplex wie hochdifferenziert und ganz auf die Person des Gewalthabers zentriert. Die vielen hierarchischen Stufen, auf die wir stoßen und zu denen auch die Stellung als Haussohn oder -tochter zählte, waren miteinander eng verzahnt. Noch komplexer präsentieren sich die Verhältnisse, wenn wir die Lohnarbeiter mit einbeziehen und überhaupt all jene, die ihren Verdienst außerhalb des Hauses ihres Herrn suchten. Bei den Aufstiegschancen und der schlußendlich in Aussicht stehenden Freilassung müssen wir zudem in den größeren *domus* die möglichen Differenzierungen in Stadthaushalt und Landwirtschafts-

[178] Lucan. 3, 152 *non sibi, sed domino gravis est, quae servit, egestas*; vgl. dazu die Überlegungen von Epiktet, 4,1,33 ff.

[179] Vgl. zum Verhältnis zwischen *patronus* und Freigelassenem G. Fabre, Libertus. Recherches sur les rapports patron – affranchi à la fin de la République Romaine, Paris 1981; zur Leistung von Diensten ausführlich W. Waldstein, Operae libertorum. Untersuchungen zur Dienstpflicht freigelassener Sklaven, Stuttgart 1986.

[180] Vgl. Waldstein (Anm. 179) 320 ff.; häufig waren allerdings auch die Kinder in das Versprechen einbezogen worden, ebd. 338 ff.

betrieb beachten. Eine derart personalistische Organisation baut auf Zuneigungen auf und muß mit Abneigungen fertig werden. Das mag mithelfen zu erklären, warum selbst Persönlichkeiten wie Seneca oder Plinius die Sklaverei als Realität hingenommen, ja vorausgesetzt hatten, jedoch einzelne ausgewählte Sklaven mit hoher Gunst bedachten, denn Liebe ist so parteiisch wie der Haß oder die Gleichgültigkeit. Wenn man aber daraus schließen will, daß für die Römer der Diskurs über die ursprüngliche Freiheit und Menschenwürde, auf den wir an verschiedenen Stellen stoßen,[181] hohl gewesen sei, muß der Jurist auf eine Tatsache hinweisen: Bei der Klageformel *de in rem verso et de peculio* wurde, wie wir gesehen haben, der Sklave über die Freiheitsfiktion stets mit dem Freien verglichen, an dem also Maß genommen wurde. Das war keine Sentimentalität, sondern juristischer Alltag. Zudem darf man nicht vergessen, daß im *edictum triplex* Haussöhne und -töchter dem Grundsatz nach juristisch mit dem gleichen Instrumentarium in den Griff genommen wurden wie die Sklaven. Wir haben das in unserem Text mit den leider uneleganten Ausdrücken Gewalthaber und -unterworfene immer wieder zu markieren versucht. Zwar wissen wir nicht, wie viele Hauskinder erst mit dem Tode ihres *pater familias* frei wurden, da solche Daten nur zufällig festgehalten wurden,[182] doch finden wir diese Gleichbehandlung mit den Sklaven in den römischen Juristenschriften über alle Jahrhunderte hinweg.

Es ging hier um den juristischen Befund, der sich aus den Rechtsquellen gewinnen läßt. Die Folgerungen, die sich daraus ziehen lassen, reichen weit in die Sozial- und Wirtschaftsgeschichte hinein, müssen jedoch dort mit den entsprechenden Methoden aufgearbeitet werden. Hier ging es nur darum, die Bedeutung rechtlicher Daten für die Erfassung einer komplexen Organisation darzustellen. Dabei sind wichtige Aspekte wie das Deliktsrecht noch ausgeklammert geblieben.[183]

[181] So bei Tryph. (7 disp.) D. 12.6.64, dazu o. Anm. 137, und besonders die Bemerkung von Flor. (9 inst.) D. 1.5.4.1, der die Sklaverei als Herrschaftsrecht *contra naturam* bezeichnet.

[182] So beispielsweise bei Diod. 36,2,2f. für den Ritter Titus Minucius Vettius, der um 104 v. Chr. in Süditalien einen Sklavenaufstand initiierte, weil er wegen einer Liebesaffäre mit einer Sklavin Schulden hatte, die zu honorieren sein Vater sich weigerte.

[183] Prinzipiell mußte der Gewalthaber auch für Delikte seiner Gewaltunterworfenen einstehen, aus denen der Geschädigte mit einer *actio noxalis* vorgehen konnte, wobei der Gewalthaber stets die Möglichkeit hatte, statt den Urteilsbetrag zu zahlen den Gewaltunterworfenen der Gewalt des Geschädigten anheimzugeben, vgl. dazu Kaser, RP I, 630ff.

Schon gar nicht wollten wir einen rechtlichen Beitrag zum Problem von Sklaverei und Humanität liefern, denn ganz abgesehen davon, daß es wenig hilft, die Probleme von Humanität und Menschenwürde, die wir heute anpacken müssen, für die Römer lösen zu wollen, sollten wir zuallererst die Tatsachen sehen und zu verstehen versuchen. Nur ein Ergebnis möchten wir nochmals hervorheben: Die personalistische Struktur der römischen *familia* brachte es mit sich, daß die menschlichen Gefühle dem einzelnen gegenüber ausgedrückt wurden, im Guten wie im Bösen. Für die Geste eines heute populären, alles umarmenden Liebespathos, das den einzelnen ohnehin überfordert und nur allzu oft totalitäre Ansprüche kaschiert, war damals kein Raum, selbst die Massenfreilassungen als Demonstration des Reichtums, die Augustus dann bekämpfte,[184] umfaßten nie alle Sklaven einer *domus*.

Der realistische Blick der römischen Juristen hat sich hingegen auf die Einzelfälle konzentriert, denen sie im Kontext ihrer Zeit gerecht zu werden suchten. Sie arbeiteten im Mikrobereich von vorausplanenden, gestaltenden Konfliktvermeidungs- und -bewältigungsstrategien, in die sie ihre juristische Lebenserfahrung einbringen konnten. Die auch bei der Organisation der *familia* gefundenen und weiterentwickelten Differenzierungen trugen sicher zu der ungemein komplexen Struktur der römischen Familienverbände bei. Dank ihrer Flexibilität schufen sie verschiedene Betätigungsspielräume und gewährten dadurch erkennbare Aufstiegschancen. Damit dürften sie sicher nicht unerheblich zur Stabilisierung der römischen Gesellschaft beigetragen haben, was sich auch daran ablesen läßt, daß der Freilassungswunsch die Mentalität der Sklaven keinesfalls beherrscht zu haben scheint.[185] Schließlich kam es, wenn wir von den bekannten Unruhen in den Jahren 130–70 v. Chr. einmal absehen, kaum zu größeren revolutionären Bewegungen der Unterschichten.[186] Das wird noch eindrücklicher, wenn wir etwa 700 Jahre römischer Stabilität in diesen Fragen an den letzten 700 Jahren europäischer Geschichte mit ihren vielfältigen sozialen Unruhen messen, die oft das Gefüge der Gesellschaft tief veränderten.

[184] Durch die *lex Fufia Caninia* (2 v. Chr.) und die *lex Aelia Sentia* (4 v. Chr.).

[185] Vgl. F. Kudlien, Sklaven-Mentalität im Spiegel antiker Wahrsagerei, Stuttgart 1991, 10f.; 65.

[186] Vgl. dazu auch die Überlegungen von Kudlien (Anm. 185), 154ff.

# Zehntes Kapitel

# DAS RÖMISCHE RECHT GESEHEN DURCH DEN FILTER DER REZEPTION

Bei unserer Musterung der Werkzeuge der römischen Juristen sind wir auf zwei wichtige Filter gestoßen, die unser Bild vom römischen Recht beeinflussen. Den ersten bildete die Kommentierung der Zwölf Tafeln durch Sextus Aelius Paetus, durch den künftig die Frühzeit des römischen Rechts wahrgenommen wurde, ähnlich wie wir heute die römische Frühgeschichte stets auch mit den Augen des Livius sehen. Der zweite Filter wirkte sich in der Antike nicht mehr aus, denn die Gesetzgebungs- und Kompilationsarbeit Justinians schloß in gewisser Weise die Periode ab, mit der sich unsere Einführung beschäftigt. Es liegt auf der Hand, daß diese rechtspolitische Großtat der Byzantiner wohl nur historisches Interesse geweckt hätte, wenn – einmal angenommen – der Text erst zu Beginn des 19. Jahrhunderts zufällig entdeckt und nicht bereits an der Wende zum 12. Jahrhundert – nach Vorläufern – als juristischer Grundlagentext entschlüsselt worden wäre.

Die angesichts der Dichte und des juristischen Niveaus der Digesten bewundernswerten Interpretationsbemühungen von Irnerius und den nachfolgenden Juristen in Bologna ließen aber nicht nur die erste und lange Zeit berühmteste Juristenfakultät entstehen, sondern auch eine Disziplin und einen Beruf wieder aufleben, die mit den antiken Wurzeln und hier vor allem mit dem *Corpus iuris* untrennbar verknüpft sind.[1] Eine der wichtigen Brücken, wenn nicht gar die wichtigste, ist die Tradition spätantiker kirchlicher Hierarchie und der geistlichen Gerichte, die schon aufgrund der durch das Latein vermit-

[1] Zu diesem Rezeptionsvorgang vgl. jetzt H. Lange, Römisches Recht im Mittelalter, Band 1. Die Glossatoren, München 1997; wichtig nicht nur wegen der erschöpfenden Bibliographie E. Cortese, Il diritto nella storia medievale, 2 Bde., Rom 1995; trotz seiner Zeitbedingtheit noch stets lesenswert P. Koschaker, Europa und das römische Recht, München 1947; zu den äußeren Bedingungen grundlegend J. Fried, Die Entstehung des Juristenstandes im 12. Jahrhundert. Zur sozialen Stellung und politischen Bedeutung gelehrter Juristen in Bologna und Modena, Köln–Wien 1974, 45 ff., 87 ff., zu Irnerius bes. 102 ff.

telten kulturellen Kontinuität genuine römische Rechtsgedanken und Denkformen im Kirchenrecht weitertrug.[2]

Der Gedanke, der in der Schule von Bologna gepflegt wurde, daß es ein einziges Recht gebe, da ein einziges (Kaiser-)Reich sei,[3] nämlich das später so genannte Heilige Römische Reich Deutscher Nation, verband sich nun mit der Einheit des Werkes, das die Kompilatoren oder – im Verständnis des Mittelalters – Justinian bewußt geschaffen hatten und dessen Widerspruchsfreiheit zudem Justinian selbst dekretiert hatte.[4] Deshalb gab es keinen Grund, die Digesten und den Codex nicht aus sich heraus zu verstehen und mit dem damals modernsten methodischen Instrumentarium, vor allem der Logik, aufzuschließen.[5] Diese interpretatorischen Bemühungen, die in sogenannten Glossenapparaten am Rande des Textes der Digesten und des Codex festgehalten wurden,[6] mündeten in ein großes Kommentarwerk, die sogenannte Glosse des Accursius oder *glossa ordinaria.*[7] Tatsächlich hatte Accursius (ca. 1182/5–1260/3) ein beeindruckendes

[2] Informativ für diesen Übergang anhand der Wucherproblematik H. Siems, Handel und Wucher im Spiegel frühmittelalterlicher Rechtsquellen, Hannover 1992, 500–591, 666–717, 764–848.

[3] Questiones de iuris subtilitatibus, hg. von H. Fitting, Berlin 1894 (NDr. 1977), 1,16 *aut unum esse ius, cum unum sit imperium, aut …*; vgl. zu diesem Gedanken Lange (Anm. 1), Bd. 1, 30 ff.; zum angegebenen, von Fitting dem Irnerius zugeschriebenen Werk ebd. 408–413 und Cortese (Anm. 1), Bd. 2, 111–116, der es im oberitalienischen Raum ansiedelt. Zum folgenden vgl. H. Coing, Europäisches Privatrecht, München 1985, Bd. 1, bes. 7–42.

[4] *Constitutio tanta*, C. 1.17.2 pr.; 15 (a. 533).

[5] Vgl. dazu etwa G. Otte, Dialektik und Jurisprudenz, Frankfurt a. M. 1971; ders., Logische Einteilungstechniken bei den Glossatoren des römischen Rechts, in: J. Fried (Hrsg.), Dialektik und Rhetorik im frühen und hohen Mittelalter, München 1997, 157–169.

[6] Als Beispiel einer solchen inhaltlichen Auseinandersetzung sei die römischrechtliche Regel ‚Kauf bricht Miete' (so noch § 1120 ABGB und bis 1989 Art. 259 Abs. 1 OR, jetzt eingeschränkter in Art. 261 Abs. 2) angeführt, die im Laufe der Entwicklung durch die Glosse im Anwendungsbereich so beschränkt wurde, daß sie bereits im Mittelalter ihren Hauptanwendungsbereich verloren hat, vgl. dazu Eltjo J. H. Schrage, Zur mittelalterlichen Geschichte des Grundsatzes „Kauf bricht nicht Miete", jetzt in: ders. (Hrsg.), Das römische Recht im Mittelalter, Darmstadt 1987, 281–297; zum prozessualen Denken und zur Regelbildung in der Legistik vorbildlich M. Kriechbaum, Actio, ius und dominium in den Rechtslehren des 13. und 14. Jahrhunderts, Ebelsbach 1996.

[7] Vgl. dazu Lange (Anm. 1), 362 ff.

System von Verweisen benutzt, das für jedes juristische Problem einen eigenen *locus communis* vorsah. Dort wurde die Frage erörtert und von da aus zu anderen Kommentaren weiterverwiesen, die umgekehrt zu anderen Behandlungen zurückverwiesen. Damit wurden Fälle miteinander verknüpft und zueinander in Beziehung gebracht, die bei den römischen Juristen und oft genug noch in Justinians Kompilation nebeneinandergestanden hatten. Daraus entwickelten sich wieder Traditionen juristischer Problemerörterungen, die auf das römische Recht projiziert wurden, jedoch historisch damit oft wenig zu tun hatten. Wenn man so will, kann man von einer grandiosen Kette von überaus fruchtbaren Mißverständnissen sprechen, denn da juristische Technik auch darin besteht, was sich bewährt hat, zu kopieren, halten sich solche Zuordnungen bei der Behandlung des römischen Rechts bis in unsere Zeit.

Schon aus dem einen Grund, daß ihre Perspektive über Jahrhunderte die theoretische und die praktische Arbeit der Juristen geprägt hat, lohnt sich oft ein Griff zur *glossa ordinaria*[8], denken wir nur an das Bereicherungsrecht[9] oder an den von uns kurz skizzierten Schutz vor Immissionen. An die Seite des glossierten *Corpus iuris civilis* gehört aus dem Bereich des Kirchenrechts das *Decretum Gratiani*, das sich in gleicher Weise für die wissenschaftliche Behandlung mit denselben Methoden anbot. Es wurde im Laufe des 12. Jahrhunderts zum *Corpus iuris canonici* in der heute vorliegenden Form vervollständigt, das als Quelle des an den Universitäten gelehrten kanonischen Rechts manche moderne dogmatische Entwicklung nicht nur im Privatrecht

[8] Dank des Nachdrucks am besten zugänglich ist die Ausgabe: Corpus Iuris Civilis Iustinianei cum commentariis Accursii ... studio et opera Ioannis Fehi, 6 Bde., Lyon 1627 (NDr. Osnabrück 1965). Als Anleitung zum praktischen Vorgehen ist sehr nützlich E. J. H. Schrage, Utrumque Ius. Eine Einführung in das Studium der Quellen des mittelalterlichen gelehrten Rechts, Berlin 1992, 46 ff.; die bibliographische Erschließung erleichtert R. Feenstra, Bibliographie zum römischen Recht im Mittelalter (1100–1500), jetzt in: Schrage (Hrsg., o. Anm. 6), 299–353.

[9] Auf diese Begründungszusammenhänge führt die Verknüpfung der *loci communes* für die ungerechtfertigte Bereicherung, Glosse *nam hoc natura* zu D. 12.6.14 und Glosse *Iure naturae* zu D. 50.17.206; dazu J. Hallebeek, The Concept of Unjust Enrichment in Late Scholasticism, Nimwegen 1996, bes. 35 ff., vgl. als Ausgangspunkt H. Coing, Zur Lehre von der ungerechtfertigten Bereicherung bei Accursius, SZ 80 (1963) 396–399; zur weiteren Entwicklung ders. (Anm. 3), Bd. 1, 492 ff., wobei er freilich übersieht, daß die Versionsklage in Frankreich auch im Rechtsleben stets gepflegt wurde.

erst begreifen läßt.[10] Das gilt über alle heutigen nationalen Grenzen hinweg, denn der von den damaligen Universitäten geformte Jurist war ein Vertreter des *jus commune*, des gemeinen Rechts, für den der europäische Horizont sich von selbst verstand.

Wie jede intellektuelle Technik stieß diese Methode im Laufe der Zeit sowohl im literarischen Schaffen als auch im Unterricht, wo die Glossatoren mehr die Argumentationstechnik als den systematischen Zusammenhang vermittelt hatten, an ihre Grenzen. Was einst die Eroberung von Neuland war, erschien nun als steril und unzeitgemäß. Von den neuen Strömungen, die sich bildeten, wollen wir für unseren Zweck die Kommentatoren kurz erwähnen, die in ihrer Arbeit an der accursischen Glosse anknüpften. Sie nahmen aber inhaltlich und methodisch die Entwicklungen ihrer Zeit auf, was durch die Ausbreitung des gelehrten Rechts in Europa und die zunehmende Professionalisierung des juristischen Berufes in der Praxis gefördert wurde. Um den geographischen Rahmen abzustecken, sei hier zunächst auf die Schulen von Toulouse und Orléans mit Persönlichkeiten wie Jacques de Révigny (gestorben 1296) und Pierre de Belleperche (gestorben 1308) hingewiesen.[11]

Von Orléans beeinflußt war Cino da Pistoia (ca. 1270–1336/37), der als Freund Dantes am besten mit seiner Rolle als einer der Vertreter des *dolce stil nuovo* in der Geschichte der italienischen Literatur charakterisiert werden kann, sowie dessen Schüler Bartolus de Saxoferrato (1313–1357), der seinerseits Lehrer von Baldus de Ubaldis war (ca. 1320/27–1400). Ihre Kommentare wurden fast sprichwörtlich für die Meinungen von Juristen, was nicht nur die Bedeutung als spätere

[10] Zur allmählichen Verbindung des Studiums der Legistik (römisches Recht) und der Kanonistik vgl. v. a. W. Trusen, Anfänge des gelehrten Rechts in Deutschland, Wiesbaden 1962. Eine aufschlußreiche Illustration eines maßgebend vom Nebeneinander von römischem und kanonischem Recht geprägten Entwicklungsganges bis in die Neuzeit bietet U. Wolter, Das Prinzip der Naturalrestitution in § 249 BGB. Herkunft, historische Entwicklung und Bedeutung, Berlin 1985); allgemeiner ausgreifend ders., Ius canonicum in iure civili, Köln – Wien 1975. Bezüglich des Immissionsschutzes ist darauf hinzuweisen, daß sich die moderne Tradition für den Schutz vor Lärmimmissionen neben C. 11.19(18).1.1 stets auf das kanonische Recht gestützt hatte, v. a. X 3.18.2.

[11] Vgl. dazu die Angaben bei N. Horn, Die legistische Literatur der Kommentatoren und die Ausbreitung des gelehrten Rechts, in: Handbuch der Quellen und Literatur der neueren europäischen Privatrechtsgeschichte, München 1973, Bd. 1, 261–364, Cortese (Anm. 1), Bd. 2, 394 ff.

Quelle für die Interpretation des römischen Rechts unterstreicht, sondern auch illustriert, wie sich diese Disziplin langsam in der Rechtspraxis etablierte.

Intellektuell anregender und origineller als diese Kommentatoren sind aus der Sicht vieler moderner Rechtshistoriker die Vertreter des *mos gallicus*, da sie sich – dem Geist der Renaissance und des Humanismus verpflichtet – von den scholastischen Denkformen zu lösen begannen, eine quellenanalytische Betrachtung initiierten und schließlich sogar zu Darstellungen des *ius civile* fanden, die sich allmählich vom einfachen und starren Gerüst eines Kommentars abkehrten.[12] Mit dem Italiener Alciat (1492–1550) setzte die Erschließung des Griechischen ein; in Frankreich, wo der Schwerpunkt der Lehre der neuen Methode lag, hatte einer der hervorragendsten der späteren Vertreter, Cujas (1522–1590), den scheinbar monolithischen Block des überlieferten römischen Rechts aufzusprengen begonnen, während Donellus (1527–1591) einen neuen Systemzusammenhang aufzeigte und damit die dogmatischen Strukturen vertiefen half.[13] In neuerer Zeit hat man diese historischen Bemühungen oft als Gegensatz zur Praxis empfunden,[14] was besonders bei jenen Persönlichkeiten merkwürdig klingt, die wie der Gerichtspräsident von Chambéry, Antoine Favre (1557–1624), ihr Leben lang Praktiker waren.[15] Die Frage ist vielmehr die, wie solche Werke den Weg zu einem einfachen Praktiker, sei er Richter oder Anwalt gewesen, finden konnten. Dazu waren meist viele Zwischenstufen nötig, die ihre Zeit dauerten; selbst in dieser Epoche wurde nochmals der accursische Glossenapparat nachgeführt. Daß der Fluchtpunkt stets das römische Recht sein mußte, betonte auch Donellus bei seinen systematischen Bemühungen, die einen Weg zeigten, sich dessen Kenntnis anzueignen und sich darin zurechtzufinden.

Wie sehr die differenzierte Behandlung des römischen Rechts, auch unter ihrem historischen Aspekt, im Humanismus zu Versuchen animierte, es mit der Praxis enger zu verknüpfen, lernen wir in Deutsch-

[12] Vgl. zum ganzen Coing (Anm. 3), Bd. 1, 67–82, zum folgenden zudem H. E. Troje, Die Literatur des gemeinen Rechts unter dem Einfluß des Humanismus, in: Handbuch (Anm. 11), München 1977, Bd. 2,1, 615–795.

[13] Vgl. dazu Coing (Anm. 3), Bd. 1, 189 und Troje (Anm. 12) 756ff.

[14] Dagegen nun K. Luig, Humanismus und Privatrecht, in: Vestigia iuris romani, FS für G. Wesener, Graz 1992, 285–301.

[15] Zu Favre vgl. in diesem Punkt das von Luig (Anm. 14), 294f. präsentierte Beispiel zur Haftung des Vermieters ohne Verschulden.

land von Zasius (1461–1535), einem seiner frühen Vertreter. Aufgrund seines Gesamtwerkes ist er zugleich einer der interessantesten Köpfe; mit seiner Freiburger Stadtrechtsreformation von 1520 setzte er einen Markstein für die Romanisierung der gewachsenen Rechtskultur und wirkte im ganzen beispielgebend.[16] Die von ihm repräsentierte und vor allem in Deutschland erfolgreiche Richtung, deren Name *Usus modernus* aus dem Titel des Werkes eines ihrer späten Vertreter, Samuel Stryk (1640–1710), abgeleitet wurde, konsolidierte bewußt die Praxis, die aus dem erreichten Stand der Bildung und der Kenntnisse vom römischen Recht geschöpft hatte.[17] Für sein Fundament verdankte er nicht wenig den niederländischen Juristen, die das Erbe der französischen Humanisten sorgsam gepflegt hatten. Wenn man so will, haben diese Vertreter dazu beigetragen, in jedem geltenden Recht den dogmatischen Hintergrund mitzudenken, wie er aus den römischen Quellen entwickelt worden war.

Die Bemühungen des *Usus modernus* um eine Systematik wurden vom Naturrecht aufgenommen, das im Ringen um eine Grundlegung eines Rechtes aus allgemeinen Prinzipien mit der Zeit nicht nur die äußere geordnete Zusammenfassung des Wissens anstrebte, sondern auch den inneren Zusammenhang suchte, um die Disziplin schließlich als Wissenschaft zu konstituieren.[18] Folgenreich wurde in dieser Hinsicht Christian Wolff (1679–1754),[19] der für Deutschland das wurde, was zuvor Jean Domat (1625–1696), der Freund Pascals, mit seinem Werk ›Les loix civiles dans leur ordre naturel‹ für Frankreich bedeutete. Wie später Wolff hatte Domat angeleitet, durch die von ihm beschriebene Ordnung auf das römische Recht zu sehen. Zugleich legte

[16] Zur praxisbezogenen Perspektive der theoretischen Bemühungen von Zasius vgl. M. Herberger, Dogmatik, Frankfurt a. M. 1981, 219 ff., ebd. 226 ff. unter dem gleichen Gesichtspunkt für Guillaume Budé.

[17] Vgl. dazu A. Söllner, in: Handbuch (Anm. 12), 501 ff., ferner K. Luig, Samuel Stryk (1640–1710) und der Usus modernus pandectarum, in: Die Bedeutung der Wörter, FS Sten Gagnér, München 1991, 219–235.

[18] Vgl. Jan Schröder, Wissenschaftstheorie und Lehre der „praktischen Jurisprudenz" auf deutschen Universitäten an der Wende zum 19. Jahrhundert, Frankfurt a. M. 1979; dazu ferner M. Lipp, Die Bedeutung des Naturrechts für die Ausbildung der Allgemeinen Lehren des deutschen Privatrechts, Berlin 1980.

[19] Vgl. K. Luig, Die Pflichtenlehre des Privatrechts in der Naturrechtsphilosophie von Christian Wolff, in: Libertas. Symposion F. Wieacker, Ebelsbach 1991, 209–261; dazu allgemein B. Winiger, Das rationale Pflichtenrecht Christian Wolffs, Berlin 1992.

er damit eine wichtige dogmatische Grundlage für den Code civil von 1804, die Pothier (1699–1772) mit seiner Durchdringung auch des römischen Rechts für seine Zeit später noch verbreiterte. Der Code civil darf als reife Frucht des Naturrechts gelten, das österreichische ABGB hingegen, das bereits den Einfluß Kants verrät, stellt nicht zuletzt wegen der sorgfältigen, sich über Jahrzehnte hinziehenden Ausarbeitung einen Höhepunkt dar.

Das Naturrecht verschob im Laufe seiner Entwicklung das Gewicht zunehmend auf die Vernunft als natürliche systembildende Kraft, was zur Folge hatte, daß die römischen Quellen nun mit den modernen wissenschaftlichen Verfahren behandelt und mit diesen neuen Instrumenten gesehen wurden. Wir können darin einen der Gründe sehen, warum Kant mit seinem erkenntnistheoretischen Ansatz auch in der Rechtswissenschaft eine Revolution und einen Innovationsschub auslöste, der für das 19. Jahrhundert bestimmend wurde. Wir erfassen ihn meist mit der Chiffre ‚historische Rechtsschule' oder ‚Pandektistik'. Die spätere Kritik an der historischen Rechtsschule und an ihrem herausragendsten Vertreter, C. F. von Savigny (1779–1861), hat oft übersehen, daß sich mehrere Sehweisen nicht ausschlossen und es keineswegs darum ging, die Gegenwart zur Sklavin der Geschichte zu machen. Andererseits ließ die große, nun als Wissenschaft begriffene Aufgabe, die hinter den römischen Rechtsquellen angelegten gültigen Strukturen des Rechts zu erkennen und in ihrem systematischen Zusammenhang nicht einfach zu ordnen, sondern vielmehr zu verstehen, eine geschichtlich-antiquarische Behandlung des gleichen Stoffes nicht nur zu, sondern erforderte sie auch als unverzichtbares Hilfsmittel für die Rechtswissenschaft. Savignys ›System des heutigen römischen Rechts‹ steht so für die erste Betrachtungsweise, wie seine ›Geschichte des römischen Rechts im Mittelalter‹ – ein für eine Beschäftigung mit dem mittelalterlichen römischen Recht nach wie vor unentbehrliches Werk – für die zweitgenannte.

Die Systementwürfe, wie sie Savigny und seine Zeitgenossen vorlegten, wurden im Gegensatz zu den naturrechtlichen Systemen nicht deduzierend entwickelt. Besonders fällt die Zentrierung auf die Person und ihre Autonomie auf, die das Verständnis der römischen Rechtsquellen bestimmte, da man diese vom gleichen willenstheoretischen Ansatz getragen sah. Diese von der Philosophie des Idealismus geprägte Sicht war um so einleuchtender, als sie die ganze Zeit über mit einer auf höchstem Niveau sich bewegenden antiquarischen Forschung einherging. Sie beeinflußte die Interpretation der naturrechtlichen Kodifikationen, so des Code civil, und zwar nicht nur in Deutschland, wo er in den linksrheinischen Gebieten auch nach der Niederlage Napoleons in Kraft blieb, sondern ebenso in Frankreich selbst. In noch ausgeprägterem Maße war das für das österreichische ABGB der Fall,[20] was sofort evident wird, wenn man die Systematik des Gesetzes mit jener der führenden Lehrbücher vergleicht. Als Schlußstein dieser Periode, die mit der letzten Kodifikationswelle in die nationale Verengung führte, darf die letzte Auflage des Lehrbuchs des Pandektenrechts von Windscheid gelten.[21] Sich von dieser Perspektive zu lösen ist um so schwieriger, als sie auch die neuen Kodifikationen prägte, so das schweizerische ZGB und OR sowie das BGB, ja das letztgenannte völlig durchdrang; schließlich hatte der Romanist Windscheid einen überragenden Einfluß auf die Kodifikationsarbeiten, an denen er während langer Jahre selbst teilnahm. Eine Ahnung von diesem Niveau gibt das BGB, das deswegen für Anfänger nicht ganz leicht zugänglich ist und das selbst die Praxis immer wieder zu manchem in der Regel vermeidbaren und oft überflüssigen Fehltritt gegen die Systematik verleitet.

Aus einem gewandelten Verständnis heraus hat R. von Jhering diese gedankliche Welt als Begriffs- und Konstruktionsjurisprudenz gebrandmarkt – was als Vorwurf jedoch in erster Linie sein eigenes Frühwerk betraf – und versucht, aus den römischen Quellen eine Dynamik rechtlicher Entwicklung zu gewinnen und für seine Zeit fruchtbar zu machen.[22] Die daraus resultierende Quellenferne hat freilich die Emanzipation der Rechtstheorie von den römischen Wurzeln noch beschleunigt. Um die Jahrhundertwende, zur Zeit des Inkrafttretens des BGB in Deutschland, begann sich eine Richtung der Text-

[20] Vgl. dazu W. Ogris, Der Entwicklungsgang der österreichischen Privatrechtswissenschaft im 19. Jahrhundert, Berlin 1968; neue Aspekte vor allem zur frühen Rezeption der historischen Schule vermittelt W. Brauneder, Studien II. Entwicklung des Privatrechts, Frankfurt a. M. u. a. 1994, 43–71; 93–105, der nachweist, daß die von Thun-Hohenstein 1852 initiierte Studienreform mit ihrer Hinwendung zur historischen Schule und der Pandektistik durch eine bereits in früheren Generationen gepflegte wissenschaftliche Orientierung vorbereitet war.

[21] B. Windscheid, Lehrbuch des Pandektenrechts, 9. Aufl. … bearb. von Th. Kipp, Frankfurt a. M. 1906, Bd. 1–3; dank der von Kipp eingefügten Darstellung des BGB bildet das Werk neben den Gesetzesmaterialien eine Brücke für die Erschließung der Pandektistik vom geltenden Recht her.

[22] R. v. Jhering, Geist des römischen Rechts auf den verschiedenen Stufen seiner Entwicklung (3 Teile), Leipzig 1894/1907 (5. und 6. Aufl., NDr. 1968).

kritik zu entwickeln, die – befreit vom Druck, das römische Recht praxisorientiert zu lehren – die ursprüngliche Gestalt der Rechtsquellen, insbesondere der Digesten wiederherstellen wollte.[23] Als sogenannte Interpolationenkritik bietet sie ein schönes Beispiel einer selbstreferentiellen Forschung, die sich im Grunde genommen im Kreise drehte.

Bei dieser Reinigung der Digesten von den justinianischen Überarbeitungen und Veränderungen war das wichtigste praktische Arbeitsmittel die Schere, obwohl man schon damals wußte, daß Justinians Juristen vorwiegend gekürzt hatten. Schwerer wiegt, daß die syntaktischen und wortkritischen Kriterien, die man zur Selektion heranzog, methodisch kaum reflektiert wurden. Bei den sachlichen, inhaltlichen Argumenten stellen wir fest, daß man noch einmal ein pandektisches Ideal einer gültigen, klassischen Dogmatik auf die Quellen projizierte und im Streben nach systematischer Geschlossenheit die Brüche oder Unebenheiten zu beseitigen suchte und strich, was dem vorgegebenen Ideal nicht zu entsprechen schien.[24] Nicht zufällig beherrschten Kategorien wie klassisch und nachklassisch die Ergebnisse, wobei interessanterweise die sogenannte Hochklassik das zweite Jahrhundert und den Übergang zum dritten Jahrhundert n. Chr. umfaßte, also nur hinsichtlich der konstituierenden Merkmale des Begriffes der Klassik sich mit dem früher in der lateinischen Philologie verwendeten Klassikbegriff traf, nicht jedoch in der zeitlichen Periodisierung. Da er mehr über den Beobachter als über die beobachtete Zeit aussagt und deshalb ungefähr so sinnvoll ist wie die Vorstellung von einer goldenen und silbernen Latinität, haben wir ihn in unserer Einführung vermieden. Seit den zwanziger Jahren ließen sich kritische Stimmen zu dieser Art schematisierender Textkritik vernehmen,[25] doch erst seit den 70er Jahren ist die Mode verebbt.

[23] Ihren Niederschlag haben diese Bemühungen gefunden in den beiden Indices: E. Levy/R. Rabel (Hrsg.), Index interpolationum quae in Iustiniani digestis inesse dicuntur, Weimar 1929–1935, 3 Bde. mit einem Suppl., und G. Broggini (Hrsg.), Index interpolationum quae in Iustiniani codice inesse dicuntur, Köln–Wien 1969, die noch immer ein unentbehrliches Arbeitsinstrument darstellen, weil sie zur älteren Literatur führen.

[24] Zu ihr und zu den methodischen Auseinandersetzungen um sie vgl. F. Wieacker, RRG I, 154 ff.; ein anschauliches Beispiel ist die Diskussion um Cels. (3 dig.) D. 6.1.38, dazu o. S. 29 ff.

[25] Vgl. schon früh Kunkel, SZ 50 (1930) 725–727. In jüngerer Zeit hat eine Neubesinnung verstärkt M. Kaser, Zur Methodik der römischen Rechtsquellen-

Die Hinweise auf die sogenannte Interpolationenkritik sind deshalb so wichtig, weil sich ihre Spuren bis in die Arbeiten aus jüngster Zeit finden. Es ist daher bei Äußerungen in der Literatur, ein Text sei interpoliert, das heißt eine justinianische Überarbeitung und Ergänzung, stets Vorsicht angebracht und die Aussage zu prüfen. Es gibt, wie wir gesehen haben, Veränderungen in den Digesten, denn schließlich hatte sich Justinian selbst ausdrücklich dazu bekannt. Am leichtesten sind mechanische Interpolationen nachzuweisen, wo systematisch ein unter Justinian nicht mehr gebrauchter Begriff durch einen anderen ersetzt wurde. In vielen Fällen gab der sprachliche und syntaktische Zustand Anlaß, an spätere Veränderungen zu denken, wie das seit je Aufgabe der Textkritik ist. Oft stehen hinter solchen Vermutungen Schwierigkeiten inhaltlicher Art, denen sich auch der moderne Interpret wieder zu stellen hat. Aus den genannten Gründen muß er aber sein Urteil neu begründen.

Diese Aufgabe wird erleichtert, wenn wir uns der verschiedenen Filter bewußt werden, welche die Rezeption des römischen Rechts für die römischen Rechtsquellen entwickelt hat und die oft unbemerkt unsere Sehgewohnheiten nachhaltig beeinflussen. Sie machen es spannend, uns den Rechtsquellen und ihrer Textur zu nähern, die diesen Reichtum an Interpretationsmöglichkeiten und systematischen Bezügen möglich gemacht haben. Besonders fasziniert, daß die zur Erschließung des römischen Rechts seit der Rezeption geschriebenen Werke nebeneinander in Gebrauch waren – wenn auch nicht immer zitiert – und noch stets so benützt werden können. Es wird damit eine Gleichzeitigkeit von Ungleichzeitigem möglich, die viele andere Disziplinen in dieser Form nicht kennen. Einheit und Vielfalt, Schichtungen und direkte Kontinuitäten werden so sichtbar. Verschiedene Ansätze können nebeneinander in der gleichen Zeit bestehen, ohne ihre gemeinsame Wurzel zu verleugnen. Das funktioniert deshalb so gut, weil der Bezugspunkt stets gleich geblieben ist, es sind in erster Linie die Digesten und der Codex, die uns so nicht nur das römische Recht erschließen, sondern auch die Entwicklungen des Rechts in Europa bis in die jüngste Zeit miterleben lassen, das in jeder Entwicklungsstufe an dem aus den römischen Quellen gewonnenen Instrumentarium gearbeitet hat. Es ist kaum ein Zufall, daß eine der wichtigsten neueren Rechtsfiguren, die *culpa in contrahendo* mit genau diesem Namen in der Glossa ordinaria auftaucht, um eine in den Di-

forschung, Wien 1974 (= SB Wien 277, Nr. 5), dazu F. Wieacker, Textkritik und Sachforschung, SZ 91 (1974) 1–40.

gesten gegebene Lösung eines Falles zu erläutern, den auch Jhering für die von ihm postulierte *culpa in contrahendo* hatte durchmustern müssen.[26]

[26] Glosse zu *poterit* in D. 14.3.1 … *sed et plus possunt conveniri, si fuerint in culpa in contrahendo, si modo sint solvendo.* Den Hinweis verdanke ich Herrn Dr. Wolfgang Kaiser, München.

# HINWEISE ZU DEN QUELLEN UND AUF AUSGEWÄHLTE LITERATUR ZUM RÖMISCHEN RECHT

## 1. Textausgaben

Die maßgebliche Textausgabe für das sog. *Corpus iuris civilis* ist heute: Corpus iuris civilis, editio stereotypa, Vol. I: Institutiones, hrsg. von P. KRUEGER; Digesta, hrsg. von TH. MOMMSEN, Berlin $^{12}$1911 (NDr. 1993), Vol. II: Codex Iustinianus, hrsg. von P. KRUEGER, Berlin $^{8}$1906 (NDr. 1997), Vol. III: Novellae, hrsg. von R. SCHOELL und G. KROLL, Berlin $^{8}$1906 (NDr. 1993).

Der *Digestentext dieser Ausgabe* beruht auf der editio maior: TH. MOMMSEN (Hrsg.), Digesta Iustiniani Augusti. 2 Bde., Berlin 1868/70 (NDr. 1997).

Der *Text der Codexausgabe* beruht auf der editio maior: P. KRUEGER (Hrsg.), Codex Iustinianus, Berlin 1877.

Der *Text der editio maior der Digesten* ist in einer modernen lateinisch-englischen Ausgabe abgedruckt: The Digest of Justinian. Latin Text ed. by TH. MOMMSEN with the Aid of P. KRUEGER, English Translation ed. by A. WATSON, 4 Bde., Pennsylvania o. J. (1985); vgl. auch die *Korrekturvorschläge* unter:

http://www.abdn.ac.uk/~law113/rl/dig/dg_main.htmi

Eine neue *deutsche Übersetzung des Corpus iuris civilis* ist zur Zeit im Entstehen: O. BEHRENDS/R. KNÜTEL/B. KUPISCH/H. H. SEILER (Hrsg.): Corpus Iuris Civilis. Text und Übersetzung, Heidelberg 1990 – (bisher zwei Bände); als Taschenbuch erschienen: DIES. (Hrsg.), Corpus Iuris Civilis. Die Institutionen, Heidelberg 1993.

Die heute gebräuchlichen Ausgaben der *Institutionen des Gaius* sind: E. SECKEL/B. KÜBLER (Hrsg.), Gai institutionum commentarii quattuor, Leipzig $^{8}$1939 (NDr. Stuttgart 1969); M. DAVID (Hrsg.), Gai institutiones, Leiden $^{2}$1964.

Für die *Textkonstitution* maßgeblich ist M. DAVID/H. L. W. NELSON (Hrsg.), Gai institutionum commentarii IV mit philologischem Kommentar, 1.–3. Lieferung (Bücher I und II), Leiden 1954/68; H. L. W. NELSON/U. MANTHE (Hrsg.), Gai Institutiones III 1–87. Text und Kommentar, Berlin 1992.

Eine *deutsche Übersetzung* von Gaius findet sich in folgendem Sammelband: L. HUCHTHAUSEN/G. HÄRTEL (Hrsg.), Römisches Recht, Berlin – Weimar $^{4}$1991.

Das *edictum perpetuum* wurde rekonstruiert von LENEL, EP.

*Vorjustinianische Rechtsquellen* finden sich in der *Sammlung FIRA*: Fontes iuris Romani anteiustiniani, I: Leges, hrsg. von S. Riccobono; II: Auctores, hrsg. von J. Baviera; III: Negotia, hrsg. von V. Arangio-Ruiz, Florenz ²1940/43 (NDr. 1968/72, Bd. 3 mit Nachtrag) *sowie* in P. F. Girard/F. Senn/V. Giuffrè (Hrsg.), Les lois des Romains (= Neuaufl. von Bd. 2 des Werkes von P. F. Girard u. a. Hrsg., Textes de droit romain), Camerino 1977. *Frühe Gesetzestexte* bieten ferner: D. Flach (Hrsg.), Die Gesetze der frühen römischen Republik. Text und Kommentar, Darmstadt 1994; M. H. Crawford (Hrsg.), Roman Statutes, London 1996, 2 Bde.

Die *Juristenfragmente aus vorhadrianischer Zeit* hat gesammelt: F. P. Bremer, Iurisprudentiae antehadrianae quae supersunt, 2 Bde. in 3 Bden., Leipzig 1896/1901 (NDr. 1988).

Die *Juristenfragmente aus vorjustinianischer Zeit* finden sich bei E. Sekkel/B. Kübler, Iurisprudentiae anteiustinianae reliquiae, 2 Bde. in 3 Bden., Leipzig 1908/27 (NDr. 1988).

Die Rekonstruktion der *in den Digesten exzerpierten Werke* unternahm (vgl. o. S. 215) O. Lenel, Palingenesia iuris civilis. 2 Bde., Leipzig 1889 (NDr. Graz 1960 [mit Suppl. der Papyri von L. E. Sierl]).

Die maßgeblichen Ausgaben des *Codex Theodosianus* stammen von: Th. Mommsen/P. M. Meyer (Hrsg.), Theodosiani libri XVI, 2 Bde., Berlin 1905 (NDr. 1970); P. Krüger (Hrsg.), Codex Theodosianus, Berlin 1923 (nur Buch 1–8).

Die *Basiliken* sind zugänglich in folgenden Ausgaben: griechisch-lateinisch, doch veraltet: C. G. E. Heimbach (Hrsg.), Basilicorum libri LX, griechisch-lateinisch, 6 Bde., Leipzig 1833–1870; Supplementum (hrsg. von C. E. Zachariae von Lingenthal [1846]), Supplementum alterum (hrsg. von C. Ferrini/I. Mercati [1897]). Den Anforderungen moderner Textkritik entsprechen: H. J. Scheltema/N. van der Wal/D. Holwerda, Basilicorum libri LX, Series A. Textus (8 Bde.), Series B. Scholia (9 Bde.), Groningen 1953–1988.

## 2. Hilfsmittel

Ein *juristisches* – leidlich veraltetes – *Wörterbuch* ist: H. G. Heumann/E. Seckel, Handlexikon zu den Quellen des römischen Rechts. Jena ⁹1907 (NDr. Graz 1971).

Den *Wortschatz der römischen Juristenschriften* erschließt das Vocabularium iurisprudentiae Romanae, 5 Bde, Berlin 1894–1987.

Das wichtigste Hilfsmittel der sog. *Interpolationenforschung* war: E. LEVY/ E. RABEL (Hrsg.), Index Interpolationum quae in Iustiniani Digestis inesse dicuntur, 3 Bde. und 1 Supplementum, Weimar 1929–1935 (dazu o. S. 211 f.).

Ein gutes *Sachlexikon* ist: A. BERGER, Encyclopedic Dictionary of Roman Law, Philadelphia 1953 (NDr. 1968).

Ein zuverlässiger Führer zu den *lateinischen Rechtsregeln* ist D. LIEBS, Lateinische Rechtsregeln und Rechtssprichwörter, München $^{6}$1998.

## 3. Schrifttum

### *a) Quellenkunde sowie Geschichte der Rechtswissenschaft*

*Grundlage für die Quellenkunde* ist noch stets L. WENGER, Die Quellen des römischen Rechts, Wien 1953.

Von der *Textgeschichte* handelt F. WIEACKER, Textstufen klassischer Juristen, Göttingen 1960 (NDr. 1975).

Als *Zugang* noch stets nützlich, wenn auch teilweise problematisch: F. SCHULZ, Geschichte der römischen Rechtswissenschaft, Weimar 1961 (urspr.: History of Roman Legal Science, Oxford $^{2}$1953).

Zugang zum *biographischen Material zu den römischen Juristen* bietet KUNKEL, Herkunft. Daneben ist heute unentbehrlich LIEBS, HLL, 4 (1997) §§ 410–431; 5 (1989) §§ 502–510; vgl. die Nachträge unter:
http://www.jura.uni-freiburg.de/rgesch1/Publikationen/

### *b) Römische Rechtsgeschichte*

Neben dem Standardwerk von WIEACKER, RRG I, sind zu nennen: auf dem neusten Stand der Literatur: G. DULCKEIT/F. SCHWARZ/W. WALDSTEIN, Römische Rechtsgeschichte, München $^{9}$1995; daneben sind hervorzuheben: M. BRETONE, Geschichte des römischen Rechts, München $^{2}$1998 (urspr. Storia del Diritto Romano, Bari 1987); A. GUARINO, Storia del diritto romano, Neapel $^{11}$1996; W. KUNKEL, Römische Rechtsgeschichte, Köln $^{6}$1972 (NDr. 1990); D. LIEBS, Römisches Recht, Göttingen $^{4}$1993 (zugleich eine Einführung in das Privatrecht).

Eine leicht lesbare Einführung in die *antiken Rechte* bietet W. SELB, Antike Rechte im Mittelmeerraum. Rom, Griechenland, Ägypten und der Orient, Wien u. a. 1993.

### c) *Römisches Privatrecht und Zivilprozeßrecht*

Neben den Standardwerken von Kaser, RP I/II, Kaser/Hackl, RZ und Kunkel/Honsell bzw. Selb oder Mayer-Maly ist eine Reihe systematischer Darstellungen zu nennen: P. Apathy/G. Klingenberg/H. Stiegler, Einführung in das römische Recht, Wien u. a. 1994; A. Burdese, Manuale di diritto privato romano, Turin [4]1993; H. Hausmaninger/W. Selb, Römisches Privatrecht, Wien u. a. 1997; M. Kaser, Römisches Privatrecht. Ein Studienbuch, München [16]1992 (baut auf den Handbüchern auf); Th. Mayer-Maly, Römisches Privatrecht, Wien–New York 1991; G. Pugliese, Istituzioni di diritto romano, Turin [3]1994; G. Pugliese, Il processo civile romano, I: Le legis actiones, Rom 1961/62; II: Il processo formulare, Mailand 1963; B. Schmidlin/C. A. Cannata, Droit privé romain, I: Sources – Famille – Biens; II: Obligations – Successions – Procédure, Lausanne 1984/91 (Bd. 2, 2. Aufl.).

*Zur Einführung* ist – bei allen Vorbehalten – noch stets inspirierend F. Schulz, Prinzipien des römischen Rechts, München–Leipzig 1934 (NDr. 1954) (später: Principles of Roman Law, Oxford 1956). Sehr *lebensnah* ist die Einführung von J. A. Crook, Law and Life of Rome, London–Southampton 1967.

Speziell zum *Schuldrecht*, mit interessanten Bezügen zum geltenden Recht in rechtsvergleichender Perspektive: R. Zimmermann, The Law of Obligations. Roman Foundations of the Civilian Tradition, Kapstadt–Johannesburg 1990.

Von *älteren Werken* seien genannt: R. Monier, Manuel élémentaire de droit romain, Paris, Bd. 1: [6]1947, Bd. 2: [5]1954 (NDr. Aalen 1970); R. Sohm/L. Mitteis/L. Wenger, Institutionen. Geschichte und System des römischen Privatrechts, München u. a. [17]1923.

Wegen *seiner Brückenfunktion für das 19. Jahrhundert* noch unentbehrlich (s. o. S. 211): B. Windscheid, Lehrbuch des Pandektenrechts, 3 Bde., 9. Aufl. bearb. von Th. Kipp, Frankfurt a. M. 1906 (NDr. Aalen 1984).

### d) *Staatliche Organisation, Strafrecht und andere Gebiete*

Das Recht *staatlicher Organisation* erschließt das Standardwerk von Kunkel/Wittmann.

Eine Einführung in das *römische Staatsrecht* bietet: M. Rainer, Einführung in das römische Staatsrecht. Die Anfänge und die Republik, Darmstadt 1997.

Wichtige Hinweise zum *römischen Völkerrecht* finden sich bei K.-H. Ziegler, Völkerrechtsgeschichte. Ein Studienbuch, München 1994, 43–76.

Zum *Strafrecht* empfiehlt sich B. SANTALUCIA, Verbrechen und ihre Verfolgung im antiken Rom, Lecce $^2$1998 (urspr. Diritto e processo penale nell'antica Roma, Mailand 1989).

Wichtige Beiträge zum *Strafverfahren* finden sich auch bei W. KUNKEL, Kleine Schriften. Zum römischen Strafverfahren und zur römischen Verfassungsgeschichte, Weimar 1974.

### e) Unterrichtswerke

Einen guten *Überblick über die vorhandenen Lehrmittel* auch außerhalb des deutschen Sprachraums für den gymnasialen und universitären Unterricht bei A. WACKE, Lehrmaterialien zum Juristenlatein in Europa und Südafrika, SZ 109 (1992) 563–585.

Als Einführung in die *Terminologie* dienen: N. BENKE/F.-ST. MEISSEL, Juristenlatein. Lateinische Fachausdrücke und Redewendungen der Juristensprache. 2800 Fachausdrücke übersetzt und erläutert ... auf der Grundlage des Werkes von K. LUGGAUER, Wien 1997; J. FILIP-FRÖSCHL/P. MADER, Latein in der Rechtssprache. Ein Studienbuch und Nachschlagewerk, Wien 1990.

Für den *Basisunterricht* ist eine Reihe von *Fallsammlungen* zu nennen: H. HAUSMANINGER, Casebook zum römischen Sachenrecht, Wien $^8$1996; ders., Casebook zum römischen Vertragsrecht, Wien $^5$1995; DERS., Das Schadenersatzrecht der lex Aquilia, Wien $^5$1996; H. PETER, Texte zum römischen Obligationenrecht mit Verweisen auf das schweizerische Recht – Textes de droit romain des obligations avec références au droit suisse, Zürich 1997; M. RAINER/J. FILIP-FRÖSCHL, Texte zum Römischen Recht. Fallbeispiele für das Studium. Schwerpunkt Schuld- und Sachenrecht, Wien–New York 1998.

Unterrichtswerke, die sich speziell an *Studienanfänger in Jura* wenden: N. BENKE/F.-ST. MEISSEL, Übungsbuch zum römischen Sachenrecht, Wien $^5$1996; DIES., Übungsbuch zum römischen Schuldrecht, Wien $^4$1998.

Als Lehrmittel für den *Gymnasialunterricht* eignen sich M. FUHRMANN/D. LIEBS, ratio. Fälle aus dem römischen Recht, Bamberg $^3$1986 (NDr. 1993), mit eigenem Lehrerkommentar; H. GLEIXNER, Ars boni et aequi. Texte zum römischen Privatrecht, Donauwörth $^2$1990; A. HELTWEG, Ius – Iustitia – Iuris prudentia. Die Bedeutung des römischen Rechts im Spiegel ausgewählter Quellen, Gerlingen 1990 (NDr. 1994), mit eigenem Lehrerkommentar; TH. MAYER-MALY/H. NOLL, Römisches Recht, Wien 1992, mit eigenem Lehrerkommentar.

## 4. Fachzeitschriften

Die *wichtigste deutschsprachige rechtshistorische Zeitschrift* ist die ›Zeitschrift der Savigny-Stiftung für Rechtsgeschichte‹. Sie wird hier als „SZ" abgekürzt, in der Literatur findet man auch „ZSS" bzw. „ZSSt" oder „ZRG". Die romanistische Abteilung besteht seit 1880 (inzwischen Bd. 115 [1998]) und wird oft mit dem Zusatz „rom." oder „rom. Abt." gekennzeichnet, um sie so von den – separat und mit eigener Zählung erscheinenden – Bänden der germanistischen und kanonistischen Abteilung zu unterscheiden.

*Weitere wichtige Zeitschriften* sind:

| | |
|---|---|
| BIDR | Bullettino dell'Istituto di diritto romano |
| Index | Index. Quaderni camerti di studi romanistici (International Survey of Roman Law) |
| Iura | IURA. Rivista internazionale di diritto romano e antico |
| Labeo | Labeo. Rassegna di diritto romano |
| RH oder RHD | Revue historique de droit français et étranger |
| SD | Studia et documenta historiae et iuris |
| TR | Tijdschrift voor rechtsgeschiedenis – Revue d'histoire du droit |

# QUELLENREGISTER

## I. Juristische Quellen

### *A. Vorjustinianische Schriftsteller, Gesetzessammlungen und Sammelwerke*


Fragmenta Vaticana
107 165[19]
250–316 130[62]
253 b 164[13]
314 122[32]

Gai Institutiones
1,76 166[27]
1,188 104[30]
2,274 168[36]
2,285 80[52]
3,25 41[50]
3,89 116[9]
3,92 116[9]. 121[29]
3,93 115[4]. 116[7]. 121[29]
3,94 121[27]
3,102 116[8]
3,119 a 188[130]
3,146 144[126]
3,149 101 f.
3,151 164[15]
3,161 132[71]. 133[72]
3,210 19[8]
4,11 71 f.
4,13 66[10]
4,16 66[11]
4,30 73[28]
4,33 125[40]
4,37 27[19]
4,40 11[24]
4,41 11[25]. 125[40]
4,43 11[26]
4,46 7
4,47 7[11]. 10[22]
4,48 35[36]
4,52 78[47]
4,57 78[47]
4,60 9[18]
4,70 175[61]
4,72 a 180[81]
4,74 179[75]. 184[98]
4,93 120[23]
4,119 29
4,127 f. 29[24]
4,139 f. 50[21]
4,141 120[24]
4,154 51[24]. 53[32]
4,165 ff. 120[24]
4,170 55
4,182 135[82]

Pauli sententiae
2,9,1 180[80]. 180[81]
3,6,47 196[161]
5,7,2 122[33]

Probus
4,6 66[11]

Ulpiani Epitome
1,1 39

Zwölftafelgesetz
tab. 1,1 3[4]. 45[1]
tab. 1,6 3[4]. 65[9]
tab. 1,7 3[4]. 65[9]
tab. 1,8 65[9]
tab. 1,9 65[9]

tab. 3,2 3[4]
tab. 3,3 3[4]. 47[12]
tab. 3,4 3[4]
tab. 5,4 3[4]
tab. 7,7 3[4]
tab. 8,2 3[4]
tab. 8,12 3[4]. 46
tab. 8,16 3[4]
tab. 8,22 3[4]
tab. 12,3 3[4]

## *B. Corpus iuris civilis*

Institutiones
1.13.1 f. 105[35]
2.23.1 80[51]. 83[59]. 84[63]
2.25 pr. 81 f.
3.15.1 122[33]
3.25.2 101 f.
3.26.8 133[76]

Digesta
1.1.7.1 41[48]
1.1.8 17[1]
1.1.10.1 26[18]
1.2.2.7 136[89]
1.2.2.12 136[89]
1.2.2.33 84[65]
1.2.2.35 ff. 87[2]
1.2.2.38 95[5]
1.2.2.41 99[16]. 104[29]
1.5.4.1 202[181]
1.18.19 pr. 77[39]
1.22.4 144 f.[129]
2.2.1 pr. 44[57]
2.2.1.1 44[57]
2.2.4 44[57]
2.13.1 pr.–3 24[16]
2.13.1 pr. 75[33]
2.13.1.1 75[33]
2.14.7.2 139[109]
2.14.7.9 103[27]
2.14.7.15 136[88]
2.14.28.2 185[106]. 186[117]
2.14.39 123[36]
2.14.50 143[124]
3.1.1.8 135[82]
3.2.1 135[82]
3.2.6.2 135[83]
3.5.5.5 180[82]
3.5.5.8 180[82]
3.5.5.13 180[82]
3.5.9.1 179[72]. 181[84]
3.5.13 (14) 195[156]
3.5.21 (22) 181[84]
4.1.1 37[42]
4.2.13 58[48]
4.3.1.2 103 f.
4.3.7.10 138[102]
4.3.20 pr. 189[135]
4.4.1.1 18[4]. 36
4.4.3.4 38[43]
4.4.16.4 151[2]
4.4.24.1 38[44]
4.4.24.5 37[40]
4.9.7 pr. 142[119]
4.9.7.4 142[119]
5.1.1 2[3]
5.1.13 70[23]
5.1.14 70[23]
5.1.61 pr. 127[50]
6.1.4.1 185[106]
6.1.5.3 67[14]
6.1.38 29 ff. 212[24]
7.1.25.2 147[141]
7.1.25.5 147[143]
7.1.26 147[141]
7.6.2 134[80]
7.8.13 145[133]. 147[145]
8.2.6 158[21]
8.3.15 98[14]
8.5.6.1 57[46]
8.5.8.5 154 ff. 159[22]
8.5.8.6 154 ff.
8.5.8.7 155 ff.

9.2.2 pr. 19[8]
9.2.2.1 20[9]
9.2.4. pr. 46[7]
9.2.5.3 149[152]
9.2.9 pr. 21
9.2.11.5 21
9.2.23.10 20[9]
9.2.27.9 21
9.2.27.10 21
9.2.27.14 21
9.2.27.22 21[11]
9.2.27.34 142[118]
9.2.27.35 21
9.2.29.5 21
9.2.49 pr. 21
9.4.19.1 146[135]
10.3.2.1 70[23]
10.4.11.1 148[146]
11.3.14.7 142[118]
11.6.1 pr. 131[67]
11.7.14.7 179 f.[79]
11.7.14.13 179 f.[79]
12.1.3 127[50]
12.1.7 126[47]
12.1.9 pr. 124 f.
12.1.9.4–7 125[42]
12.1.12 126[43]
12.1.13 pr. 126[45]
12.1.13.1 126[45]
12.1.13.2 126[44]
12.6.1 126[46]
12.6.13 pr. 188[130]
12.6.38 pr. 188[130]
12.6.38.2 188[130]
12.6.64 188[130]. 189[137]. 202[181]
13.6.5.2 143[122]
13.6.18.2 142[120]
13.7.8 pr. 179[72]
13.7.18.4 185[106]. 193 f.[150]
13.7.29 60[53]
13.7.30 61
14.3.11.8 146[137]. 195[158]
14.3.11.12 146[137]
14.3.12 196[161]
14.3.17.4 180[82]
14.4.1 pr. 186[119]
14.5.1 173[50]
14.5.1.2 173[51]
14.5.2 pr. 173[50]
14.6.3.2 185[106]. 186[117]
15.1.3.5 183[95]
15.1.4 pr. 184[101]. 187[122]. 187[127]
15.1.4.1 189[138]. 191[144]
15.1.4.2 184[102]
15.1.4.5 184[100]. 185[104]. 188[134]
15.1.5.2 172[49]
15.1.5.3 184[97]
15.1.5.4 187[121]
15.1.7.1 185[111]
15.1.7.6 184[101]
15.1.8 185[107]. 187[127]
15.1.9.2 187[123]
15.1.9.3 189[136]
15.1.10 187[125]
15.1.11.1 188[132]
15.1.11.2 188[130]
15.1.11.4 188[133]
15.1.16 184[100]. 185[105]
15.1.17 195[158]
15.1.19.1 184[97]
15.1.21 pr. 61[54]. 187[124]. 187[126]. 188[128]
15.1.27 pr. 195[156]
15.1.32 pr. 184[97]
15.1.37.3 147[144]
15.1.38.2 195[158]
15.1.39 184[97]. 185[103]
15.1.40.1 185[112]. 187[127]
15.1.47.6 184[97]
15.1.49 pr. 185[108]
15.1.49.1 188[129]
15.1.50.2 188[130]
15.1.52 pr. 187[125]
15.1.53 199[172]
15.1.57.2 185[103]
15.2.3 199[174]
15.3.1.1 187[127]
15.3.2 180[82]
15.3.3.1 179[76]
15.3.3.2 178[68]. 178[71]

| | |
|---|---|
| 15.3.3.4 | 179[73] |
| 15.3.3.7 | 179[76] |
| 15.3.3.8 | 179[72] |
| 15.3.3.9 | 179[77] |
| 15.3.3.10 | 181[86] |
| 15.3.4 | 181[86] |
| 15.3.5.2 | 174[53]. 178[70]. 194[152] |
| 15.3.5.3 | 180[82] |
| 15.3.6 | 180[82] |
| 15.3.7 pr. | 181[88]. 191[145] |
| 15.3.7.1 | 181 f.[88] |
| 15.3.9 | 179[74] |
| 15.3.10.2 | 181[88]. 191[145] |
| 15.3.17 pr. | 135[85]. 181[83] |
| 15.3.19 | 181[87] |
| 15.4.1 pr. | 175[62] |
| 15.4.1.1 | 174[54]. 175[56] |
| 15.4.1.2 | 175[56]. 175[58] |
| 15.4.1.4 | 174[54] |
| 15.4.1.6 | 175[57] |
| 15.4.2.1 | 195[156] |
| 15.4.3 | 175[59] |
| 16.3.1.9 | 142 f.[120] |
| 16.3.1.22 | 8[15, 16] |
| 16.3.1.36 | 8[14] |
| 16.3.13 pr. | 8[13] |
| 16.3.26 pr. | 9[17] |
| 16.3.26.2 | 10[21] |
| 17.1.1.4 | 129[54] |
| 17.1.2.2 | 136[94] |
| 17.1.2.3 | 136[94] |
| 17.1.2.6 | 138[101] |
| 17.1.3.2 | 133[75] |
| 17.1.4 | 133[73] |
| 17.1.5 pr. | 133[74] |
| 17.1.5.1 | 133[74] |
| 17.1.6.2 | 136[94] |
| 17.1.7 | 84[65] |
| 17.1.8.6 | 136[93] |
| 17.1.10 pr. | 135[85] |
| 17.1.10.1 | 135[85] |
| 17.1.10.7 | 138[99] |
| 17.1.12.12 | 137 |
| 17.1.22.11 | 136[91] |
| 17.1.27.2 | 136[92] |
| 17.1.33 | 134[77] |
| 17.1.39 | 135[87] |
| 17.1.42 | 138[103] |
| 17.1.46 | 135[88] |
| 17.1.48.2 | 135 f.[88] |
| 17.1.56.3 | 84[65] |
| 17.1.60.4 | 136[90] |
| 17.2.3.3 | 100[20] |
| 17.2.29.2 | 100[21] |
| 17.2.30 | 100 f. |
| 18.1.11.1 | 21[11] |
| 18.1.21 | 123[36] |
| 18.1.33 | 123[36] |
| 18.1.41.1 | 6[10] |
| 19.1.11.5 | 21[11] |
| 19.2.3 | 143[125] |
| 19.2.13.3 | 148[151] |
| 19.2.13.4 | 149[152] |
| 19.2.15.2 | 143[123] |
| 19.2.19.8–10 | 144 f.[129] |
| 19.2.22.3 | 151 |
| 19.2.25.4 | 68[18] |
| 19.2.30.2 | 143[122] |
| 19.2.38 pr. | 144[129] |
| 19.2.41 | 142[118] |
| 19.2.45.1 | 142[118] |
| 19.2.54 pr. | 119[17] |
| 19.2.54.2 | 143[125] |
| 19.2.60.7 | 142[118]. 144[128] |
| 20.3.1.1 | 186[115]. 186[117]. 193[150] |
| 20.6.8.5 | 186[117]. 193[150] |
| 21.1.14 pr. | 21[11] |
| 21.1.14.1 | 21[11] |
| 21.1.14.7 | 21[11] |
| 21.1.17.3 | 149[152] |
| 21.1.17.5 | 149[152] |
| 21.1.23.4 | 195[156] |
| 21.1.23.9 | 145[134] |
| 22.6.6 | 179[78] |
| 22.6.9.2 | 179[78] |
| 23.1.11 | 163[9] |
| 23.2.1 | 166[24] |
| 23.2.2 | 163[9] |
| 23.2.3 | 163[9] |
| 23.2.33 | 165[19] |

23.3.10.6 170[41]
24.1.3.1 164[14]. 165[23]
24.1.28.2 168[33]
24.1.32.13 165[18]
24.1.64 165[20]
24.1.66.1 163[11]
24.2.3 164[16]. 165[19]
24.2.7 164[12]
24.2.9 165[21]
24.3.7.3 135 f.[88]
24.3.7.10 145[130]
25.1.4 179[72]
25.1.8 169[38]
25.1.9 169[39]
25.2.1 168[34]
25.3.3.4 46[3]
26.1.1 105[35]
26.7.12.3 143[121]
26.7.39.18 196[161]
28.1.27 29[25]
29.2.20.1 179 f.[79]
29.7.18 83[62]
32.73.3 145[131]
33.2.2 144[128]. 145[133]
33.7.20.3 198[165]
33.7.22.1 196[161]
33.8.6.3 195[157]
33.8.6.4 190[139]
33.8.8.7 199[172]
33.8.22.1 195[157]
33.8.24 199[172]
33.8.25 195[157]. 199[173]
33.9.3 pr.–11 96[7]. 105[35]
33.9.3.6 96[9]
33.9.3.9 95[6]
33.10.9.1 6[10]
33.10.12 105[35]
34.1.18.3 196[161]
34.2.28 6[10]
34.5.26 123[35]
35.1.15 163[8]
35.1.40.3 188[130]. 189[136]
35.2.3 pr. 151[3]
36.1.17 pr. 184[97]
36.1.80.12 146[139]
37.1.6.1 41[50]
37.5.1 pr. 41[50]
38.1.50.1 143[121]
39.1.5.10 56[46]
39.2.9.2 67[14]
39.2.7 pr. 18[5]
39.3.1.23 158[19]
39.3.26 158[19]
39.5.7 pr. 186[117]
39.5.7.3 186[114]
39.5.19.1 130[61]
39.5.31 pr. 163[7]. 164[13]
40.1.6 189[136]
40.1.20.3 148[150]
40.5.23.4 148[149]
40.5.41.15 198[165]
40.7.3.2 189[136]
40.7.21 pr. 196[161]
40.7.39.2 185[105]
41.1.26.1 67[14]
41.2.1.5 184[99]
41.3.4.28 158[20]
41.3.34 185[109]
42.1.33 134[80]
42.8.6.7 61[54]
42.8.24 61[54]
42.8.25.5 21[11]
43.16.1.27 53[33]
43.16.3.8 55[41]
43.16.3.9 53[33]
43.16.12 55[41]
43.20.8 98[14]
43.24.1.5 50[22]
43.24.1.6 56[44]. 57[46]
43.24.20.1 57[46]
43.27.1.3 69[20]
44.1.2.1 29[24]
44.1.2.3 29[24]
44.4.5.2 31[27]
44.7.14 188[130]. 189[137]
45.1.1.2 117[11]
45.1.1.3 117[11]
45.1.1.4 116[8]
45.1.38.18 123[35]
45.1.83.2 116[8]

45.1.99 pr. 123[35]
45.1.134 pr. 120[26]
45.1.134.2 122[32]
45.3.18.3 147[142]. 148[148]
46.1.10.2 175[60]
46.1.19 186[113]
46.1.21.2 188[130]
46.1.49.2 136[88]
46.3.35 185[110]. 186[116]. 194[153]
46.3.62 196[161]
46.3.80 99[17]
46.3.94.3 186[113]. 186[117]
46.4.18.1 117[13]
47.2.55.2 46[7]
47.2.75 21[11]
47.5.1.5 142[119]
47.5.1.6 142[119]
47.10.19 119[21]
47.10.44 159[22]
48.7.7 58 f.
48.15.6.1 148[147]
50.1.28 2[3]
50.13.1.8 145[129]
50.13.1.10 145[129]
50.13.1.12 145[129]
50.16.19 139[109]
50.16.79.1 169[38]
50.16.123 83[62]
50.16.166 pr. 105[35]
50.17 113 f.
50.17.30 163[8]
50.17.73.2 50[22]
50.17.172 pr. 123[36]
50.17.206 31[28]

Codex Iustiniani
1.17.2 pr. 205[4]
1.17.2.15 205[4]
2.57.1 71[25]
4.26.10 pr. 185[106]
4.26.10.1 185[106]
4.44.8 151[3]
5.63.1 134[80]
7.40.2 pr. 61[54]
8.37.1 122[32]
8.37.10 122[33]
8.42.3 185[106]
11.19 (18). 1.1 207[10]

## *C. Byzantinische und mittelalterliche Quellen*

Basiliken-Scholien
Schol. zu Bas. 18.8.1 176[63]
Schol. zu Bas. 48.1.6 189[136]

Harmenopoulos, Hexabiblos
lib. 2, tit. 4 156[15]

Corpus iuris Canonici
X 3.18.2 207[10]

Glossa ordinaria
Gl. *fumum immittere*
zu D. 8.5.8.5 159[22]
Gl. *nam hoc natura*
zu D. 12.6.14 206[9]
Gl. *poterit*
zu D. 14.3.1 214[26]
Gl. *quemadmodum*
zu D. 15.4.1.3 176[63]
Gl. *Iure naturae*
zu D. 50.17.206 206[9]

## *D. Moderne Gesetzestexte*


Allgemeines Bürgerliches Gesetzbuch (Österreich)
§ 331 33[32]
§ 332 33[32]
§ 336 33[32]
§ 345 51[24]
§ 354 154[11]
§ 366 28[20]
§ 915 123[37]
§ 934 102[24]
§§ 1002–1008 131
§ 1048 181[85]
§ 1064 181[85]
§ 1120 205[6]
§§ 1151 ff. 141[117]
§ 1192 102[24]
§ 1193 102[24]
§ 1197 102[24]
§ 1300 138[104]
§ 1323 35

Allgemeines Landrecht für die Preußischen Staaten
II. 1 § 178–180 161

Bundesimmissionsschutzgesetz (Deutschland)
§ 14 160

Bürgerliches Gesetzbuch (Deutschland)
§ 138 102[24]
§ 150 Abs. 2 123[34]
§ 226 32[29]
§ 249 35
§ 446 Abs. 1 181[85]
§ 610 128
§§ 611 ff. 141[117]
§ 676 138
§ 722 102[24]
§ 903 154[11]
§ 985 28[20]
§ 994 33[32]
§ 996 33[32]
§ 997 33[32]
§ 997 Abs. 2 32[29]

Code civil (Frankreich)
art. 544 154[11]
art. 1142 35
art. 1315 9[19]
art. 1162 123[37]
art. 1602 al. 2 123[36]
art. 1844–1 102[24]
art. 1992 al. 2 135[86]
art. 2279 28[20]

Code de consommation (Frankreich)
art. L. 133–2 124[38]

Codice civile (Italien)
art. 1370 124[38]

Gesetz zur Regelung der Allgemeinen Geschäftsbedingungen (AGBG)
§ 5 124[38]

Gewerbeordnung des Norddeutschen Bundes
§ 26 160

Grundgesetz für die Bundesrepublik Deutschland
Art. 14 Abs. 2 152[8]

IPRG (Schweiz)
Art. 16 5[8]

Obligationenrecht (Schweiz)
Art. 43 Abs. 1 35
Art. 99 Abs. 2 135[86]
Art. 185 Abs. 1 181[85]
Art. 259 Abs. 1 a. F. 205[6]

Art. 261 Abs. 2 205[6]
Art. 319 141[117]
Art. 398 Abs. 1 135[86]
Art. 533 Abs. 3 102[24]

Richtlinie 93/13/EWG
v. 5. 4. 1993
Art. 5 124[38]

Zivilgesetzbuch (Schweiz)
Art. 2 Abs. 2 32[29]
Art. 8 9
Art. 641 154[11]
Art. 641 Abs. 2 28[20]. 160
Art. 684 Abs. 2 160
Art. 939 f. 33[32]

Deutsche ZPO
§ 293 5[8]
§ 313 7 f.[12]
§ 314 7[12]

Österreichische ZPO
§ 226 6[9]
§ 271 5[8]

Zürcher ZPO
§ 57 Abs. 1 5[8]

## II. Nichtjuristische Quellen

Aesop. 154 (H.) 99[19]
Aesop. 155 (H.) 99 f.[19]
Aesop. 156 (H.) 99[19]

Apul. met. 10,13,1 ff. 198[169]

Arist. EN 8, 1162 b
25 ff. 138[106]

Ascon. Corn. 52 17[2]

Ath. 3,113 c/d 156 f.[15]

Babr. 67 99[19]

Cato agr. 136 89[15]
Cato agr. 139 89[14]
Cato agr. 140 89[14]
Cato agr. 144 89 f.[16]
Cato agr. 145–150 90[16]

Catull. 68,119 ff. 168[35]

Cels. prooem. 57 105[35]
Cels. prooem. 64 105[35]
Cels. 2,18,12 105[35]
Cels. 7,7,13 A 105[35]
Cels. 8,2,3 105[35]

Cic. ac. 2,46 106[38]
Cic. ac. 2,62 106[38]
Cic. Att. 1,13,3 165[21]
Cic. Att. 2,20,6 130[63]
Cic. Att. 5,21,5 77[40]
Cic. Att. 15,7 49[16]
Cic. Att. 16,15,2 119[21]
Cic. Brut. 150 78[43]
Cic. Brut. 152 f. 104 ff.
Cic. Brut. 322 78[43]
Cic. Caecin. 74 158[20]
Cic. fam. 7,5,3 116[6]
Cic. fam. 7,13,2 49[16]
Cic. fam. 7,22 97[10]
Cic. fam. 13,9,3 116[6]
Cic. fam. 13,13 137[96]
Cic. fam. 13,17,3 116[6]
Cic. fam. 13,50,2 116[6]
Cic. fam. 13,58 77[40]
Cic. fam. 13,59 77[40]. 77[41]
Cic. fam. 13,77,2 137[96]
Cic. fin. 2,55–58 80. 83[62]
Cic. leg. 2,9 64[4]. 98[12]

Cic. leg. 2,41 116[6]
Cic. leg. 2,59 64[4]. 98[12]
Cic. Mur. 25 66[12]
Cic. Mur. 27 74[29]
Cic. Mur. 30 49[16]
Cic. Mur. 41 77[40]
Cic. nat. deor. 3,74 43[53]. 102[25]
Cic. off. 1,31 26[18]
Cic. off. 1,56 129 f.[60]
Cic. off. 1,59 129[56]
Cic. off. 3,60 43[53]. 102 f.
Cic. orat. 102 106[40]
Cic. orat. 116 105[33]. 106[41]
Cic. de orat. 1,188 ff. 104[31]
Cic. de orat. 1,190 106[39]
Cic. de orat. 1,193 64[4]
Cic. de orat. 1,195 64[4]
Cic. de orat. 1,243 99[18]
Cic. de orat. 2,260 166[25]
Cic. de orat. 3,133 95[2]
Cic. part. 99 f. 77[42]
Cic. Phil. 2,40 130[63]
Cic. Quinct. 38 194[154]
Cic. Q. Rosc. 28 ff. 145[132]
Cic. ad Q. fr. 1,1,25 77[40]
Cic. ad Q. fr. 1,1,32 77[40]
Cic. rep. 1,30 95[2]
Cic. rep. 3,33 95[2]
Cic. S. Rosc. 111 129[59]. 135[84]
Cic. top. 51 43[53]. 76[37]
Cic. top. 53 106[37]
Cic. top. 58 106[37]
Cic. top. 81–85 105[35]
Cic. top. 82 105[35]
Cic. Tull. 20 55[40]
Cic. Verr. II 2,31 14[29]. 28[21]
Cic. Verr. II 5,4 194[154]

Colum. 1,7,1 f. 194[154]
Colum. 1,8,6 198[167]
Colum. 1,8,13 198[167]
Colum. 7,8,7 156[15]

Demosth. 18 (De corona), 7 78[44]

Demosth. 24 (Timocr.), 149 ff. 78[44]

Dio 37,45,2 165[21]

Diod. 36,6,2 f. 202[182]

Enn. ann. 248 ff. (Sk.) 49[16]
Enn. ann. 560 f. (Sk.) 89[13]

Epict. 4,1,33 ff. 201[178]

Ev. Luc. 19,12–27 200[175]
Ev. Matt. 25,14–30 200[175]

Fest. p. 232,3 f. (L.) 45[1]
Fest. p. 260/262 (L.) 50
Fest. p. 440,1 (L.) 115[4]

Gell. 1,13 134[79]
Gell. 1,22,7 106[39]
Gell. 4,1,17 96[7]
Gell. 4,1,20 95[6]
Gell. 4,4,2 115[3]
Gell. 4,20,1–6 166[25]
Gell. 7,12,1 88[4]
Gell. 10,23,3–5 170[43]
Gell. 11,18,6–9 46[4]
Gell. 12,1,1 84[65]
Gell. 12,12,2 f. 130 f.[65]
Gell. 12,13,2 79[49]
Gell. 14,2 14 f.[30]
Gell. 14,2,4 124[39]
Gell. 14,2,9 15[32]
Gell. 16,10,8 73[27]
Gell. 20,1,4 46[4]
Gell. 20,1,51 62[55]

Hes. fr. 338 (M-W) 78[44]

Hipp. Epid. 4,25 144[127]

Hor. ars 448 ff. 106[38]
Hor. epist. 1,12,19 45[2]
Hor. epod. 8,16 ff. 45

Hor. sat. 1,2,127 ff. 170[43]
Hor. sat. 1,9,74 ff. 3 f.
Hor. sat. 2,1,4 ff. 90[20]
Hor. sat. 2,1,82 f. 90[20]
Hor. sat. 2,7,17 f. 143[121]

Julian v. Askalon 14 156[15]

Iuv. 6,219 ff. 47[8]
Iuv. 9,74 ff. 164[16]
Iuv. 9,145 f. 146[140]

Liv. 8,28,2 49[17]
Liv. 8,35,5 52[26]
Liv. 22,6,12 134[80]
Liv. 34,4,9 130[62]
Liv. 39,26,14 72[26]

Lucan. 1,98 45[2]
Lucan. 3,152 201[178]

Macr. Sat. 1,16,10 f. 99[15]

Mart. 11,13,32 156[15]
Mart. 11,52,10 156[15]

Mat. carm. frg. 12 (Morel) 49[15]

Ov. epist. 2,58 48 f.[15]
Ov. met. 1,433 45[2]

Petron. 73,5 6[10]
Petron. 76,1 199[171]

Phaedr. 1,5 99 f.

Plaut. Asin. 504 ff. 50[19]
Plaut. Persa 193 f. 190[141]
Plaut. Stich. 58 ff. 182[90]

Plin. nat. 11,241 156[15]
Plin. nat. 13,91–94 6[10]
Plin. nat. 14,90 170[43]
Plin. nat. 17,2 43[53]

Plin. epist. 1,19,3 130 f.[65]
Plin. epist. 2,16 83[62]
Plin. epist. 3,2,6 137[95]
Plin. epist. 4,4,2 137[95]
Plin. epist. 6,6 109[51]
Plin. epist. 6,15,3 85[72]
Plin. epist. 6,31,1–12 83[60]
Plin. epist. 6,31,4–6 165[21]
Plin. epist. 6,33 70[24]
Plin. epist. 7,24,8 108[47]
Plin. epist. 8,16 84[62]
Plin. epist. 8,16,1 f. 191[146]
Plin. epist. 8,23,2–4 109[51]
Plin. epist. 10,29 85[69]
Plin. epist. 10,31 85[69]
Plin. epist. 10,58 85[69]
Plin. epist. 10,58,6 137[96]
Plin. epist. 10,59 85[69]
Plin. epist. 10,81 85[69]
Plin. epist. 10,96 85[69]
Plin. epist. 10,110 85[69]

Plu. Caes. 10,6 ff. 165[21]
Plu. Crass. 2,5 150[154]
Plu. Crass. 2,8 150[156]
Plu. Mar. 38 170[43]
Plu. qu. Rom. 6–7 (265 E-F) 167[30]
Plu. Stoic. rep. 1034 E 78[44]

Publil. sent. B 5 129[57]
Publil. sent. R 15 129[57]

Quint. inst. 5,11,32 164[12]
Quint. inst. 7,6,4 69[19]

Q. Cic. pet. 44 77[40]

Rhet. Her. 2,16 105[35]
Rhet. Her. 2,19 3[4]

Sen. benef. 1,11,1–6 33[31]
Sen. benef. 2,23,2 122[30]
Sen. benef. 3,7,1 124[39]. 127[49]

Sen. benef. 3,8,2 62[55]
Sen. benef. 3,14,3 26[17]
Sen. benef. 3,15,2 122[30]
Sen. benef. 3,18,1 190[142]
Sen. benef. 3,21,2 182[90]
Sen. benef. 5,19,8 90[20]
Sen. benef. 6,4,4 f. 59 f.
Sen. benef. 6,15,4 ff. 151[3]
Sen. benef. 7,4,1 ff. 190[143]
Sen. benef. 7,4,3 190[143]
Sen. benef. 7,4,4 190[143]
Sen. dial. 1,3,10 165[20]
Sen. dial 2,5,5 52[26]
Sen. epist. 80,4 182[89]. 182[92]
Sen. epist. 81,7 f. 26[18]
Sen. epist. 94,27 90[20]
Sen. epist. 114,6 165[20]
Sen. Med. 199 f. 78[45]
Sen. nat. 2,40,6 105[35]

Suet. Iul. 1,2 170[43]
Suet. Iul. 74,2 165[21]
Suet. Otho 5,2 182[91]

Tac. ann. 3,75 109[48]
Tac. hist. 5,13,1 88 f.

Ter. Eun. 9 ff. 70[22]
Ter. Eun. 319 f. 52[28]
Ter. Haut. 602 f. 193
Ter. Haut. 790 ff. 192 ff.
Ter. Phorm. 35 ff. 182[89]
Ter. Phorm. 125 ff. 194 f.[155]

Tib. 1,8,26 48[15]
Tib. 1,8,36 48[15]
Tib. 1,8,37 48[15]

Val. Max. 6,2,12 43[55]
Val. Max. 8,2,3 170[43]

Varro ling. 5,180 65[10]
Varro ling. 6,64 49[15]
Varro ling. 6,89 98[13]
Varro rust. 1,2,17 198[166]
Varro rust. 1,17,5 198[166]
Varro rust. 1,17,7 198[166]

Verg. Aen. 1,292 f. 45
Verg. ecl. 1,31 ff. 182[92]
Verg. georg. 3,491 90[19]

Xen. Vect. 4,14 144[126]

## III. Inschriften, Papyri, Urkunden

CIL I[2], 585
(lex agraria) 52[31]
CIL III, 921–966 116 f.[10]
CIL III 2, p. 948 X 145[129]
CIL IV, 3340 I 1 f.[2]
CIL IV, 4227 1 f.[2]
CIL VI, 5197 196[159]
CIL VI, 9261 199[170]
CIL VI, 32329 164[14]
CIL IX, 3079 164[14]
CIL XIV, 2112 179 f.[79]. 191[149]

lex Irnitana 84,12 36[39]

lex Rubria 20 119[17]
lex Rubria 20,41 ff. 74[29]

P. Oxy. 2190,41–54 146[140]

Tab. Pomp. 7 175[55]
Tab. Pomp. 32 1 ff.[1]
Tab. Pomp. 34 125[40]
Tab. Pomp. 41 1 ff.[1]
Tab. Pomp. 42–44 116 f.[10]
Tab. Pomp. 50–59 116 f.[10]
Tab. Pomp. 66 1 ff.[1]

Tab. Vindoland. 22 137[95]

# PERSONENREGISTER

Die Einordnung der Namen folgt in der Regel der Sprachgewohnheit, bei weniger gebräuchlichen Namen ist das Nomen gentile maßgebend.


Accursius 205
Sextus Aebutius 53 f.
Aelius Marcianus → Marcianus
L. Aelius Stilo Praeconinus 98[13]
Q. Aelius Tubero → Tubero
Sextus Aelius Paetus Catus 95 f. 97. 110. 204
Aemilius Papinianus → Papinianus
Sextus Caecilius Africanus 46. 62[55]
Alciat 208
P. Alfenus Varus 60 f. 110. 154 ff.
M. Antistius Labeo → Labeo
Appius Claudius Caecus 94
C. Aquilius Gallus 43. 76. 102 f. 189
Titius Aristo 154 ff.
Aristoteles 87
C. Ateius Capito → Capito
Atticus 107
Augustus 43[55]. 80 ff. 165. 170. 203

Baldus de Ubaldis 207
Bartolus de Saxoferrato 207
Bekker, Ernst Immanuel 197
M. Iunius Brutus 111[54]
Budé, Guillaume 209[16]

Sextus Caecilius Africanus → Africanus
Aulus Caecina 53 ff.
Caepolla 159
C. Iulius Caesar 49[16]
Caesennia 53
Callistratus 59. 77
C. Ateius Capito 88. 108
Caracalla 41[47]. 93. 190. 199[172]
A. Cascellius 43[55]
C. Cassius Longinus 100. 108
M. Porcius Cato Censorius 15. 89
P. Iuventius Celsus 29 ff. mit Anm. 25. 181[84]
Cerellius Vitalis 154 f.
M. Tullius Cicero 43. 53 f. 64. 77. 80. 92. 96. 97 f. 102 f. 104 ff. 129. 135. 137. 145
Q. Tullius Cicero 77
Q. Cervidius Scaevola → Scaevola
Chrysipp 98
Cino da Pistoia 207
Q. Cosconius 98[13]
L. Licinius Crassus 92. 99. 104
M. Licinius Crassus Dives 150
Cujas (Cuiacius) 208

Dante 207
Domat, Jean 209 f.
Cn. Domitius 170[43]
Domitius Ulpianus → Ulpianus
Donellus (Doneau) 208

Ennius 48 f. mit Anm. 16
Epikur 107

L. Faenius Eumenes 1 f. 5
Favorinus 15. 46
Favre (Faber), Antoine 208
Cn. Flavius 94

Gaius 6 f. 13. 46. 68 ff. 97. 101. 111. 112. 114. 121. 136. 139. 175. 179. 184. 215

Gans, Eduard 151 f.
Aulus Gellius 14 f. 46. 78. 122
Gierke, Otto von 152
Gryphius, Andreas 41[47]

Hadrian 12. 148
Harmenopulos 113
Heine, Heinrich 151 f.
Hesiod 78
Horaz 3 f. 107

Jacques de Révigny (Jacobus de Ravanis) 207
Iavolenus 85[72]
Jean Paul (Richter) 159
Jhering, Rudolf von 159 f.
Johow, R. 160
Salvius Iulianus 4. 12. 37 mit Anm. 41. 74[31]. 79. 133 f. [77]
Ursus Iulius 155
Iulius Paulus → Paulus
M. Iunius Brutus → Brutus
Justinian 26. 87. 101[23]. 111. 112 f. 128. 133. 139. 204. 205 f.
P. Iuventius Celsus → Celsus

Kant 21
Kleist 16
Konstantin 113

M. Antistius Labeo 81 f. 88. 97. 103. 110. 139. 188
La Fontaine 99[19]
Leibniz 106
Lucius Lentulus 80 ff.
Leon VI. 113
M. Licinius (Terentius) Lucullus 55
L. Licinius Crassus → Crassus
P. Licinius Crassus Mucianus 134[79]
M. Cn. Licinius Rufinus 93[27]
Q. Ligarius 77
Livius 130. 204
Lucanus 201

Macedo 200
Maecenas 165
Publia Maevia 8
M'. Manilius 118
T. Manlius Torquatus 134
Aelius Marcianus 17
Marius 170[43]
Mark Aurel 58 f.
Masurius Sabinus → Sabinus
T. Minucius Vettius 202[182]
Herennius Modestinus 165
P. Mucius Scaevola 134[79]
Q. Mucius Scaevola pontifex → Scaevola

M. Cocceius Nerva 109

Aemilius Papinianus 41 mit Anm. 47. 93. 110
Pascal 209
Iulius Paulus 8. 10[21]. 60 f. 110. 122. 129. 133. 136. 163. 174
Sextus Pedius 103
Sextus Peducaeus 80
Phaedrus 99 f.
Pierre de Belleperche 207
Plautus 190
Plinius der Jüngere 70[24]. 83[60. 62]. 85. 154. 191. 192. 202
Sextus Pomponius 95. 99. 104. 108 f. 110. 154 ff. 185. 187
Pontius Paulinus 164
M. Porcius Cato → Cato
Pothier 210
Proculus 109. 133

Quintilianus 163 f.
Quintilla 155. 158

Remus 45
Romulus 45

Masurius Sabinus 88. 108. 110
P. Salvius Iulianus → Iulianus
Savigny 210

Q. Cervidius Scaevola 110. 163
Q. Mucius Scaevola pontifex 91. 92. 96 f. 98 ff. 104 f. 110. 185
Seneca 59. 62. 78. 122. 127. 138. 189[137]. 190. 202
Septimius Severus 164[14]. 190. 199[172]
Servius → Servius Sulpicius Rufus
Sextilius Crescens 137
P. Sextilius Rufus 80
Sextus Aelius → Aelius Paetus Catus
Sextus Peducaeus 80
C. Sulpicius Apollinaris 79[49]
C. Sulpicius Faustus 1 f.
Servius Sulpicius Rufus 45[1]. 61. 88. 92. 96 f. 101 ff. 104 ff. 110. 189. 190
Stryk, Samuel 209
Sulla 170[43]
P. Cornelius Sulla 130 f. [65]

Tacitus 88 f.
Terentia 165
P. Terentius Afer 52. 182. 191. 192 ff.
Theodosius II 112 f.
Theophrast 87[1]
Trajan 83[60]
C. Trebatius Testa 49[16]. 81 f. 88. 97. 116[6]
Tribonianus 113
Trimalchio 6. 199[171]
Q. Aelius Tubero 77
M. Tullius Cicero → Cicero
M. Tullius (pro Tullio) 55

Domitius Ulpianus 26[18]. 36. 56. 69. 93. 105. 110. 125. 137. 175. 178 ff. 186. 190

Varro 98[13]
Verres 28[21]

Windscheid, Bernhard 211
Wolff, Christian 209

Zasius (Zäsy) 209

# SACH- UND ORTSREGISTER


*a libellis* 85
*ab epistulis* 85
ABGB 111. 131. 210. 211
absolutes Eigentum 66f.
Abtretung 64
*actio*
– *ad exhibendum* 28. 147
– *certae pecuniae*, vgl. auch *condictio certae creditae pecuniae* 124[39]
– *conducti* 140ff.
– *confessoria* 156f.
– *de dolo* 43. 102ff. 189
– *de in rem verso* 176ff. 188. 193f. 199. 202. 206[9]
– *de peculio* 183ff. 192ff. 202
– *de vi hominibus armatis* 55
– *depositi* 6ff. 13. 15f. 20. 43. 69. 142f.[120]
– *doli* → *actio de dolo*
– *empti* 139f.
– *ex lege Aquilia* → *actio legis Aquiliae*
– *ex stipulatu* 118f.
– *exercitoria* 176[64]
– *furti* 97. 168
– *in factum* → *formula in factum concepta*
– *in ius* → *formula in ius concepta*
– *iniuriarum* 79
– *in rem* 28
– *institoria* 176[64]. 198[167]
– *legis Aquiliae*, vgl. auch *lex Aquilia* 18ff. 25. 60[52]. 74
– *locati* 60[52]. 140ff.
– *mandati*, vgl. auch *mandatum* 128ff. 178
– *negatoria* 151ff.
– *negotiorum gestorum* → Geschäftsführung ohne Auftrag
– *noxalis* 202[183]
– *pro socio* → *societas*
– *quod iussu* 173ff. 193ff.
– *tributoria* 183f. [96]
– *tutelae* 79
– *utilis* 74
– *venditi* 139f.
*actiones adiecticiae qualitatis* 174
*actor* → *servus actor*
*addictio* 62[55]
*adgnatus* 167[31]
Aedil 120. 140
*aerarium* 65
*aestimatio*, Aestimationsabrede 143f.
*ager publicus* 50
*agere*, vgl. auch *quod actum est* 91. 95. 106. 118. 122
*agrimensores* → Feldmesser
Aktiengesellschaft 197
aktionenrechtliches Denken 1. 9. 57
Aktivlegitimation 8
*album* 17
*alterum non laedere* 26[18]
*alumnus* 146 mit Anm. 139
*ambiguitas contra stipulatorem* 123f.
*amicitia* 4. 129. 136. 138
Analogie 27
Annahme 123. 136
Anspruch, Anspruchsgrundlage 1. 9. 15. 16
Antrag 123
Appellation 83f.
*apud iudicem* (Verfahrensabschnitt) 6. 13. 14. 24f. 28[22]. 42f. 65[9]. 76ff.

Arbeitgeberhaftung 142
Arbeitsverhältnis 141 ff.
Arbeitsvertrag, vgl. auch Dienstvertrag, *locatio conductio operarum* 131. 139 ff. 144 ff.
*arbiter* 67 f.
*arbores succisae* 68
Arglist → *dolus*
*arrha* 2. 5
*ars* 106
atypische Verträge 119
*auctoritas* 82
*audiatur et altera pars* 78
Aufrechnung 190
Auftrag → *mandatum*
Aufwendungen, vgl. auch Verwendungen 33
Auguren 87. 89[14]
Auslegung 104
Austauschverträge 139 ff.

Bankgewerbe 139
Basiliken 113. 216
Baumfrevel 68. 71 f.
Baurecht 153[9]
Bauverträge 141[116]
Beamte 86. 92 f.
Begriffsbildung 99. 101 f.
Begriffsbestimmung, vgl. auch *definitio* 95 f. 102. 105
Begriffsjurisprudenz 211
*beneficium* 190 f.
Bereicherung, ungerechtfertigte, vgl. auch *condictio* 33. 180 ff. 189. 206 mit Anm. 9
Bereicherungsverbot, vgl. auch *nemo cum damno alterius locupletior fieri debet* 31. 34. 167. 168.
Bergwerkssklaven 143 f.
Berufung → Appellation
Besitz 50
Besitzinterdikte → *interdicta*
Bestattungsgewerbe 47[8]
Beweis 9. 13 ff. 78. 86. 122. 174 f. 179 f.
Beweislast 9. 15 mit Anm. 33. 78 mit Anm. 46. 186 f.
Beweismittel, Zulassung von -n 9 f. 16. 75 f. 174 f.
Beziehungen → gesellschaftliche Beziehungen
BGB 111. 211
*bis de eadem re agere non licet* 12. 69[19]
Bologna (Schule von –) 87. 204 f.
*bona fides*, vgl. noch Treu und Glauben 104. 118 f.
*bonae fidei iudicium* 11. 29. 72. 104. 140
Buchführung → Rechnungsführung
Bürge 117. 119. 133 f.[37]
Bürgschaft, vgl. auch Bürge 136. 168 f.[77]
Bürgschaftsexzeß 133 f.[77]
Bundesgerichtshof (BGH) 34
Byzanz, Byzantiner 113. 204

*causa* → Rechtsgrund
*causa Curiana* 99. 194[154]
*cautio* 37
*cavere* 91. 95. 118. 120. 122
*centumviri* 70
*cessio* → Abtretung
*cibaria* 142 f.[120f.]
*circumscribere* 151
Code civil 111. 131. 210. 211
*Codex*
– *Gregorianus* 112
– *Hermogenianus* 112
– *Iustinianus* 113 f. 205. 213. 215
– *Theodosianus* 112 f. 216
*codicillus* → Kodizill
*comptio* 167
*cognatus* 167[31]
*cognitio extra ordinem* → Kognitionsverfahren
*cognitor*, vgl. auch Stellvertretung 2. 120. 135

*cognoscere*, vgl. auch Kognitionsverfahren 84
*commodatum* 142 f.
*concepta verba* 89
*concessio peculii* 184
*concordia discors* 45
*condemnatio* 11. 173 f. 177 f.
*condemnatio pecuniaria* → Geldkondemnation
*condictio* 10[21]. 124 ff.
*condictio certae creditae pecuniae* 124 ff.
*condictio certi* 118 f. 124 ff.
*consensus facit nuptias* 163[8]
*consequentia* 106
*consilium* 14. 66. 72. 79. 88. 122
*consilium principis* 58. 81 f. 83[60]. 84. 85. 93[27]
*constitutiones* 112
*constitutum debiti* 188
*consulere* 88
*consumptio* → Konsumption
*contractus* 139
*conubium* 166
*Corpus iuris canonici* 206
*Corpus iuris civilis* 1. 113. 151. 204 ff. 215
*culpa* 135
*culpa in contrahendo* 213 f.
*cura, curator minorum* 36. 38 f.

Dank → *gratia*
Darlehen 14 f. 59 f. 124 ff. 180 f. 188 f.
*de iure civili in artem redigendo* 106
*decreta* des Kaisers 59. 84
*decretum* des Gerichtsmagistraten 42. 53. 54 f. 56
*decretum divi Marci* 58 ff.
*decretum Gratiani* 206
*deditio (in fidem)* 49[17]. 121
*deductio quae moribus fit* 54
*definitio*, Definitionen, vgl. auch Begriffsbestimmung 95 f. 98[14]. 101 ff. 187
Deliktsrecht, vgl. auch *actio legis Aquiliae* 202
*demonstratio* 11. 173. 177[66]
*denegatio actionis, denegare actionem* 8. 24 f. 29. 37. 65. 69
*depositum* → *actio depositi*
Dialektik 105 f.
Diebstahl, vgl. auch *actio furti* 135. 168
Dienstbarkeit 155 ff.
Dienstvertrag, vgl. auch Arbeitsvertrag, *locatio conductio operarum* 131. 139 ff. 144 ff.
*dies fasti* 94
*Digesta* 110
*Digesta Iustiniani* 113 f. 204 f. 212. 213. 215. 216 f.
*dignitas* 77
dingliches Recht 156
*dispensator* 196. 198
*distinctio* 96. 105
*divisio* 105[32]
*dolus*, vgl. auch *actio de dolo* 31 f. 34. 151. 186. 187
*dolus malus* 102
*dominus* → Gewalthaber
*domus* 194. 196. 199. 201 f. 203
*donatio* → Schenkung
*donatio inter virum et uxorem* → Schenkung unter Ehegatten
*dos* → Mitgift
*duplicatio* 40
*duplicatio doli* 29
*duumvir* 2

*edicta Caesaris* 112
*edictum triplex* 171 ff.
*edictum perpetuum* 12 f. 17 f. 37. 74[31]. 173. 215
Edikte (Gerichtsmagistrate), vgl. auch *edictum perpetuum* 4. 6 f. 17 ff. 20. 34. 36 ff. 40 ff. 49 ff. 69. 110

Editionspflicht, *editio actionis* 5. 9f. mit Anm. 20. 24f. 40. 75. 120
Egoismus 151
Ehe 161ff.
Ehegesetze des Augustus 164f. 166. 168. 170
Eherecht 161ff.
Ehescheidung 145. 164f. 169f.
Eheschließung 162ff.
Eheversprechen 120
Eid, vgl. auch *sacramentum* 115f. 125[41]
Eid *(sacramentum) rem sibi non liquere* 15
Eigenmacht 45ff. 58ff. 65
Eigentum, vgl. auch *rei vindicatio* 28ff. 147. 151ff.
Eigentumsbeschränkungen 153
Eigentumsklage → *rei vindicatio*
Einrede → *exceptio*
Einrede der Arglist → *exceptio doli*
einstweiliger Rechtsschutz, einstweilige Verfügung 51. 57
Einzelvollstreckung 79
*emancipatio* 172
Empfehlungsschreiben 137
*emptio venditio* → *actio empti*
Entgelt 130f.
Entscheidungsgründe, fehlende 90
*epistula* 85. 111
*epistula Caesaris* 112
*Epitome Ulpiani* 39[45]
Erbantritt 179f.[79]
Erbrecht 6. 80ff. 145. 167. 168. 201
Erbschaft 33. 130
Erbschaftsklage 33
Erbteilung 70[23]
Erlaßvertrag 99[17]
Erfüllungszwang → Naturalerfüllung
*error iuris nocet* 107[42]
Ersitzung 158
Essensdeputat → *cibaria*
Europa 207
Eventualmaxime 11[23]
*exceptio* 36f. 40f. 60[52]. 75. 119
*exceptio doli* 29ff.
*exceptio rei iudicatae* 69[19]
*exceptio vitiosae possessionis* 51
*exemplum* 85. 191
*expellere* 60[52]

Fahrlässigkeit 135
*familia* 62. 96. 105[35]. 131f. 149. 161ff. 171ff.
*familia Caesaris* 196. 199
Familienrecht 161ff.
Fasten → *dies fasti*
Feldmesser 131
Feststellungsklage 120
Fetialen 48[14]
*fideicommissum* 80ff. 168
*fidepromissio* 121
*fides*, vgl. auch *bonae fidei iudicium* 15. 77. 121. 129. 134[80]. 175
Fiktion 27. 177. 202
*filius familias, filia* 120. 171ff.
Form, Formvorschriften 71. 81f. 122
*forma, forma iuris* 135f.[88f]
Formalismus 65. 66. 69. 91. 115ff. 128
Formel, Formular 7ff. 13. 15f. 35. 40. 90. 91. 132f. 135f. 174. 177f. 184ff.
Formfreiheit 128ff.
*formula* → Formel
*formula in factum concepta* 7. 11[23]. 12ff. 23f. 40. 43. 74. 119. 177[66]
*formula in ius concepta* 10ff. 23f. 27. 43
*formula petitoria* 28
Formular 4f. 11. 17f. 43. 72[26]. 90f. 121
Formularprozeß 13. 22f. 40. 71f. 72ff. 84. 85. 86. 90. 91. 119. 132f.
Freiheit 202
freie Lohnarbeit → Lohnarbeit, freie

Freilassung, vgl. auch *libertus* 150. 190. 199. 201. 203
Freundschaft → *amicitia*
*fundus cum instrumento* 96

Gefahrübergang 181 mit Anm. 85
Geld 35
Geldkondemnation 35
gemeines Recht → *jus commune*
*genera* 104ff.
Gerichtskalender → *dies fasti*
Gerichtsmagistrat, vgl. auch *duumvir*, Aedil, Praetor 2f. 4f. 6. 13. 17ff. 24ff. 39. 40ff. 56. 64ff. 72ff. 80f. 84. 91. 118. 140. 173
Gesamtvollstreckung 79
Geschäftsfähigkeit 185
Geschäftsführung 33. 139. 169. 178f. 180f. 189
Geschäftsführung ohne Auftrag 139. 178. 180[82]
gesellschaftliche Beziehungen 129ff.
gesellschaftliche Organisation 62. 129. 149. 150
Gesellschaftsvertrag → *societas*
Gesetzgebung, Gesetzgebungsverfahren 83. 93
Gewährleistung
– für Rechtsmängel 120
– für Sachmängel 120. 140. 145
Gewalt → *vis*
Gewalthaber, vgl. auch *patronus* 172ff. 176ff. 183ff. 192ff.
Gewaltunterworfene, vgl. auch Sklaven, *filius familias* 171ff.
Gewaltverbot 49ff.
Gewinn 100ff.
Gewohnheitsrecht 41f.
Glossa Accursiana, Glossa ordinaria 33. 159. 205ff. 213f.
Goldene Regel 44
Grammatiker 98
*gratia* 91f. 129f.
griechisches Recht 138. 172 mit Anm. 49. 183. 194f.[155]
Grundbuch 30f. mit Anm. 26
Gutachten 85. 93
Gute Sitten → Sittenwidrigkeit

Haftung 135f.
Hausdurchsuchung 46[6]
Hausgericht 47. 167
Hausgewalt, vgl. auch *patria potestas* 191
Haussohn, -tochter → *filius familias*
Henker 47[8]
Herr → Gewalthaber
Hexabiblos 113
Hinterlegungsvertrag → *actio depositi*
historische Rechtsschule 210f.
Holdinggesellschaft 197
*homines novi* 91f.
*honor* 41
*honorarium* 131. 144f.[129]
Honorarrecht → *ius honorarium*
Humanismus 208f.

*iactus (ictus) lapilli* 56f. mit Anm. 46
Idealismus 210
Jerusalem 88
Immissionsschutz 158ff. 206. 207[10]
*impensae* → Verwendungen
*imperium* 50[19]. 73. 82
*in integrum restitutio* 37
*in iure* (Verfahrensabschnitt) 13. 42. 65. 66. 69. 74ff.
*in ius vocare* → Ladung
*in maiore minus inest* 116[8]. 133f.[77]
Infamie 134f.
Instanzenzug 84
Institutionensystem 111
*institutiones* 111. 114. 215
*intentio* 11
*intercessio* 168f.[37]
*interdictum*
– *de precario* 52
– *de vi armata* 54ff. 106
– *quod vi aut clam* 56

– *unde vi* 54. 55[43]
– *uti possidetis* 50 ff. 55[43]
– *utrubi* 51[23]
Interdikte, vgl. auch die verschiedenen *interdicta* 49 ff. 120
Interpolationen 213
Interpolationenforschung, -kritik 34[34]. 212 f. 216 f.
*interpretatio* 105
*iudex* 13 f. 67 f.
*iudex arbiterve* → *iudex*, → *arbiter*
*iudicium privatum* 92
*iudicium publicum* 92
jüdische Religion 88 f.
*iura novit curia* 6
*iuris consulti* → Juristen
Jurisprudenz 87 ff.
Juristen, Professionalisierung 12 f. 87 ff. 94 ff. 122 f. 204 ff.
*ius* (Gerichtsstätte) 5
*ius civile* 13. 26. 40 f. 98 f. 104. 121. 208
*ius (civile) vigilantibus scriptum* 61 mit Anm. 54. 187
*jus commune* 33. 34. 124[38]. 138[104]. 207
*ius gentium* 26
*ius honorarium* 13. 17
*ius in re* 156
*ius respondendi* 92
*ius tollendi* 32 f. 179
*iussum*, vgl. auch *actio quod iussu* 173 ff. 193. 195. 199

kanonisches Recht → Kirchenrecht
Kanzleien, kaiserliche 85. 122
Kauf, vgl. auch *actio empti* und *actio venditi* 1. 5. 102 f. 139 f. 145. 146. 174. 181
Kauf bricht Miete 205[6]
Kausalität 20 ff.
Kautelarjurisprudenz 51[25]. 82 f.
Kirchenrecht 35. 205. 206 f.
Klageformel → *legis actio*
klassisches Recht, Klassik 212
Kodizill 81 f. 83[62]
Kognitionsverfahren 77. 79 f. 80 ff. 131[66]. 144 f.[129]
Kollusion 188
Kommentarliteratur 95 ff. 98 ff. 110. 178. 204. 205 ff.
Kommentatoren 207 f.
Kompilatoren 112 ff. 123[35]. 124[39]. 204. 212
Kondiktion → *condictio*
Konkubinat 163. 164. 166
Konsens, Konsensualvertrag 129. 132. 136. 139. 163 f.
konsiliarische Tätigkeit 76. 93
Konsumentenschutz 124. 140
Konsumption 76
Konstitutionen → *constitutiones*
Kreditauskunft 138
Kreditschädigung 119[21]

Ladung 1 ff. 64
Ladungsvadimonium 1 ff.
Ladungszwang 3. 45
*lance et licio* (sc. *quaestio*) 46[6]
Landwirtschaft 198. 201 f.
*legatum* 80. 130
*leges* → *lex*
*leges imperfectae, minus quam perfectae, perfectae* 39
*leges Iuliae de iudiciis privatis* 73
*leges Liciniae Sextiae* 65
Legisaktionenverfahren → *legis actio*
*legis actio* 13. 15. 22 f. 47 f. 65 ff. 73 f. 75. 89. 90. 91. 94. 95. 98[13]. 118 f.
– *in personam* 70
– *per iudicis arbitrive postulationem* 67 f.
– *per manus iniectionem* 47. 67
– *sacramento in rem* 48. 70
Lehrbücher → *institutiones*
Lehrvertrag 148 f.
Leihe → *commodatum*

*lex, leges* 13. 27. 68. 72. 73
*lex*
– *Aebutia* 73
– *Aelia Sentia* 203[184]
– *agraria* (111 v. Chr.) 52
– *Aquilia* 18ff. 27. 40. 46. 60[52]. 74
– *Cincia* 130
– *collegii funeraticii Lanuvini* 179f.[79]. 191[149]
– *Cornelia de sicariis et veneficis* 23
– *Fabia* 148
– *Flavia municipalis* → *lex Irnitana*
– *Fufia Caninia* 203[184]
– *Irnitana* 36f.[39]. 74[29]
– *Iulia de adulteriis coercendis* 165
– *Iulia de vi privata* 59
– *Laetoria* 36f.
– *Poetelia* 49
– *Rubria* 73f.
– *Scribonia* 158
– *Voconia* 168
*libellum* 85
*libertus* → Freilassung
*libripens* 82[54]
*litem suam facere* 78 mit Anm. 47
*litis contestatio* 6. 42. 75
*locatio conductio operarum* 140f. 144ff.
*locatio conductio operis* 141. 148f.
*locatio conductio rei* 140ff.
*locus communis* 206
Logik 98. 105. 205
Lohn 149
Lohnarbeit (freie) 144. 149. 201
Lohngefahr 144

*machinatio* 103
Magistrat → Gerichtsmagistrat
*malitiis non est indulgendum* 32 mit Anm. 29
*mancipatio familiae* 82[54]
*mancipium* 64
*mandata principum* 84. 112
Mandatsexzeß 132ff.
*mandatum* 128ff. 175. 176. 178
*manum conserere* 48f. 66
*manum depellere* 48
*manus*-Ehe, *manus*-freie Ehe 165[22]. 167. 169
*manus iniectio* 3. 5
materielles Recht 40. 64. 67[14]
*matrimonium iustum* 166f.
*melior est causa occupantis* 187
Methode 106ff.
Miete, Mietvertrag, vgl. auch *locatio conductio rei* 140ff.
Minderjährige *(minores)* 18. 36ff.
*minores* → Minderjährige
*Minturnae* 154ff.
Mitgift 33. 143. 163. 166. 169f.
mittelbare Verursachung 23
mos gallicus 208
Mündigkeit 36
*multiplicatio* 40
munizipale Elite 92
*mutuum* → Darlehen

Nachbarrecht 50. 56. 153ff.
Nationalsozialismus 152
Naturalerfüllung 35f.
*naturalis ratio* 46
Naturalobligation 188ff.
Naturalrestitution 28[22]. 35f. 207[10]
Naturrecht, Zeit des -s 209f.
*ne bis in idem* → *bis de eadem re agere non licet*
*negotium gestum* → Geschäftsführung ohne Auftrag
Neidmauer 32[29]
*neminem laedere* 26
*nemo cum damno alterius locupletior fieri debet*, vgl. auch Bereicherungsverbot 31[28]
Neues Testament 200
*nexum* 64
nichteheliche Lebensgemeinschaft 165[22]
Nichterfüllung 35

Nießbrauch 142f.[120]. 145f. 147. 148
Nobilität 91f. 130
Notwehr, Notwehrexzess 46
Novellen 114. 215
*noxae deditio* 49[17]
*nuntiare* → *renuntiare*
Nutznießung → Nießbrauch

*obligatio naturalis* → Naturalobligation
öffentliches Interesse 50
öffentliches Recht 42
Österreich, vgl. auch ABGB 211 mit Anm. 20
*officium* 77. 129. 136. 138
*officium iudicis* 77
*operae* 147. 201
*operis novi nuntiatio* 56
Opfer 115f.
OR 111. 211
Orléans (Schule von O.) 207
Oxyrhynchos 146

Pacht, vgl. auch *locatio conductio rei* 60[52]. 157
Palingenesie 113. 216
*Pandectae* 110. 113
Pandektensystem 111. 211
Pandektistik 106. 210f.
*partitio* 105
*pater familias* 167. 186
*patria potestas* 166f.
*patrimonium* 184
Patronatserklärung 137
*patronus* 51f. 189. 196. 201
*peculium* 38. 175[55]. 182f. 183ff. 195ff.
*penus legata* 95f.
Peregrinen 121
Personalexekution 47. 49. 62. 65. 67. 79
Personalitätsprinzip 26
Pfandrecht 60
Philosophie 107
*pignus* → Pfandrecht
Pompeji 1f.[2]. 175
pontifikale Jurisprudenz, vgl. auch Sakralrecht 91
*populus Romanus* 50
*possessio* → Besitz
Präklusion 10. 24f. 75
Prätor 2. 5. 7. 9. 10. 17ff. 24. 26f. 34. 36ff. 40ff. 49ff. 65. 73. 75. 82f. 110
*praetor fideicommissarius* 81
*praetor peregrinus* 27. 72
*praetor urbanus*, vgl. auch Prätor 110
*precarium*, Prekarist 51ff. 60
Preisbildung 151
*pretium iustum* 102[24]. 151[4]
Priester 87. 90
*princeps* 80ff.
Privatautonomie 210
*privilegium* 186. 188
*Proculianer* 108f. 133
*procurator*, vgl. auch Stellvertretung 120. 135
Professionalisierung → Juristen
Prozeß 1ff. 17ff. 45ff. 72ff. 119f. 139f. 147f.
Prozeßfähigkeit 172
Prozeßformel → *formula*
Prozeßprogramm, vgl. auch Editionspflicht 5. 6ff. 12ff. 22ff. 27. 39. 40. 44. 64. 65. 67f. 70. 73ff. 82. 85f. 90. 132. 173ff. 176ff.
Prozeßrecht, vgl. auch Verfahren, Verfahrensrecht 71
Prozeßrollen 57
Prozeßvertreter → *cognitor*, → *procurator*
Prozeßvertretung, vgl. auch *cognitor, procurator* 120. 134. 172[48]
*publicani* 200[176]
Publikation 94. 112. 113
Puteoli 1. 4. 5. 16. 18f. 47[8]. 116f.[10]

*quaestiones* 110
Quasikontrakt 139
Quellenkunde 94 ff.
*querela inofficiosi testamenti* 70
*quod actum est* 102. 127

Rat und Auskunft, Haftung für 137 ff.
*re integra* 136
Realkontrakt 124 ff.
Rechnungsführung 184. 187[120]. 189. 190
Rechtsfähigkeit 174
Rechtsfortbildung 17 ff.
Rechtsfrage 6. 16
Rechtsgrund 125 f. 180. 187 f.
Rechtskenntnisse 12. 17. 77 f.
Rechtsmängelgewährleistung → Gewährleistung
Rechtsmißbrauchsverbot 34. 180[82]
Rechtsschulen, vgl. auch Sabinianer, Proculianer 108 f.
Rechtsschutzverheißung 20. 36 ff. 40 ff. 83. 91. 173
Rechtsvergleichung 87
*recipio* 121
*recuperatores* → Rekuperatoren
*redde quod debes* 26 mit Anm. 17
Redekunst → Rhetorik
Redner 57. 77 f. 106
*reductio ad absurdum* 157
*regula* 98[15]. 106
*rei vindicatio* 28 ff. 40. 48. 51. 55. 66. 70. 169
Rekuperatoren 54[38]
relatives Recht 66
*religio, religiones* 88 f. 91. 134[80]
*rem sibi non liquere* 15
*renuntiare, renuntiatio* 136
*replicatio* 40. 75
*replicatio doli* 29. 32
*repudium* 164 f.
*res mancipi* 123
*rescriptum*, Reskripten 85. 112. 122[32]. 190
*respondere* 92. 106
*responsa* 86. 90. 98 f.[15]. 110
Retorsionsedikt 44
*reus promittendi*, vgl. auch *stipulatio* 122
*reus stipulandi* → *stipulatio*
Rezeption des römischen Rechts, Rezeptionszeit 33. 87. 122 f. 128. 131. 169. 176. 180 f. 204 ff.
Rhetorik, Rhetor 77. 92. 106
Richter, Einsetzung des Richters, vgl. auch *iudex* 6. 7 ff. 12 ff. 19. 24 f. 37. 42. 56. 60. 65 f. 67. 72 ff. 84. 91. 118 f. 120 122
Ritter 92
Ritual, Ritus 89
Rom (Stadt) 2

Sabinianer 108 f. 133 f. mit Anm. 77
Sachmängelgewährleistung → Gewährleistung für Sachmängel
Sachmiete, vgl. auch Miete 140 ff.
Sachverhalt 7
*sacramentum* 65 ff. 118
Sakralrecht 88. 90. 94[1]
*salarium* 131[66]. 144 f. [129]
Schadensberechnung 24 mit Anm. 15
Schadensersatz 18 ff. 26. 35 f.
Scheidung → Ehescheidung
Schenkung 130 f. 181 f. 185. 186. 190 f. 201
Schenkung unter Ehegatten 163. 164. 167. 168
Schikaneverbot, vgl. auch *malitiis non est indulgendum* 32
Schlichtung → Vergleich
Schuldanerkenntnis, -bekenntnis → *constitutum debiti*
Schuldknechtschaft 62
Schuldverhältnis → Vertrag, → Konsensualvertrag, → Realkontrakt, → Verbalkontrakt, → Naturalobligation

Schuldverhaft 3
*scriptum* 107[42]
Selbsthilfe 45ff. 65. 150. 183
Senat 39. 92
*senatus consulta* 39
*senatus consultum*
- *Macedonianum* 200
- *Orfitianum* 167f.[32]
- *Tertullianum* 167f.[32]
- *Vellaeanum* 168f.[37]
*servitus*, Servitut → Dienstbarkeit
*servitus altius non tollendi* 156
*servus actor* 196. 198
*servus vicarius* → *vicarius*
Sicherheitsleistung → *cautio*
*simulatio* 103
Sittenwidrigkeit 100. 102[24]
Sklaven 22. 46f. 55. 83f.[62]. 120. 138. 140. 141ff. 171ff.
Sklavenflucht 143. 148
Sklavinnen, vgl. auch Sklaven 21 mit Anm. 11. 172. 195 mit Anm. 156
*societas* 99ff. 164[15]
*societas leonina* 99ff.
Sondervermögen, vgl. auch *peculium* 173. 183. 185
*species* 105[32]
*sponsalia* 120
*sponsio*, vgl. auch *stipulatio* 115f. 121
Ständekampf 63
Stellvertretung 2. 131f. 138f.[107] 171ff.
Stellvertretung, mittelbare 131f. 178
*stillicidium* 155
*stipulatio* 68. 115ff. 125
*stipulatio duplae* 120
Stoa 98
Strafe, Strafrecht 46. 64. 97
Streitwert, vgl. auch Geldkondemnation 79
*subscriptio* 85. 112
*summum ius, summa iniuria* 194 mit Anm. 154
*suum cuique reddere* 26[18]
Synallagma 139
System, Systematik 106. 207. 208f. 210ff.

*tabellae* → Urkunden
*taberna instructa* 96
*tabula Contrebiensis* 72[26]
Täuschung, vgl. *simulatio*, *machinatio* 103f.
Taschengeldparagraph 38
Tatbestand 7f. mit Anm. 12
Tatsachen 7 mit Anm. 12. 34. 76
*taxatio* 119. 177f. 182. 186
Teilung des Verfahrens 65
Teilungsklagen 70[23]
Testament 81f. 83[62]. 90. 166f. 189. 190. 191
*testatio*, vgl. auch Beweis 179f.[79]
Testierfreiheit 130
Textkritik 211ff.
*Tituli ex corpore Ulpiani* 39 mit Anm. 45
Todesstrafe 47
Toulouse (Schule von T.) 207
Tradition 39. 82[56]
Treu und Glauben, vgl. auch *bona fides* 11. 34. 151. 187
Treu- und Nahverhältnisse 4. 137. 139. 186
*Tripertita* 95
*triplicatio doli* 29. 32. 40
*tutela* 104. 105[35]

Unentgeltlichkeit 130f.
unerlaubte Handlung → *actio legis Aquiliae*
UN-Kaufrecht 140[111]
Unklarheitenregel 124
Unternehmen 197ff.
Urkunden 116. 121. 122. 163f. 174f. 179
Urteil, vgl. auch *condemnatio* 86

Usus modernus (pandectarum) 209
*ususfructus* → Nießbrauch
*utile per inutile non vitiatur* 116[8]
*utiliter agere* 74

*vadimonium*, vgl. auch Ladungsvadimonium 2 ff.
Velabrum 156[15]
Verbalkontrakt 116 ff.
Verbotsgesetze 39[46]
Verbraucherschutz → Konsumentenschutz
Verfahren 49 ff. 84 f. 183 f.
Verfahrensrecht 64 ff.
Vergleich 65
Verkauf *trans Tiberim* 3
Verkehrspflichten, Verkehrssicherungspflichten 22 ff.
Verlust 100 ff.
Vermächtnis, vgl. auch *fideicommissum, legatum* 80 ff. 145. 147. 190
Vermögen, vgl. auch *peculium, patrimonium*, Sondervermögen 183 ff.
Vermögensorganisation 171 ff.
Vermögensrecht, eheliches 167 ff.
Vermögensverwaltung 136. 169. 184 ff.
Vernunftrecht, Zeit des -s 210
Verrechnung → Aufrechnung
Verschulden → *culpa*
*versio in rem* → *actio de in rem verso*
Vertrag 115 ff.
Vertragsformulare 90. 91
Vertragsgestaltung 89 f. 91. 122 f. 133 f. 158
Vertragspraxis 143 f. 145. 170
Vertragsprogramm 68. 135 f.
Vertragsschluß 122
Verwahrungsvertrag → *actio depositi*
Verwaltung 93
Verwendungen, vgl. auch Aufwendungen 31 ff. 169. 178 f.
*vicarius* 146. 188. 189[136]. 195 ff.
*vilicus* 196. 198
*vim fieri veto* 49 ff.
*vindex* 4. 47 f. mit Anm. 12
*vindicatio*, Vindikation → *rei vindicatio*
*vindicatio servitutis* 156
*vindicta* 48. 66
*vis* 45 ff.
*vis compulsiva* 49 f.[18]
*vis ex conventu* 53 ff.
*vites succisae* → *arbores succisae*
*viva vox iuris civilis* 17 ff. 43
Vollmacht → *iussum*
Vollstreckung, eigenmächtige 58 ff.
Vollstreckungsrecht 3. 4 f. 150
Vollstreckungsverfahren 45 ff. 65. 67. 79
*voluntas* 107[42]
Vormundschaft 146

Wasserrecht 50
Wegnahmerecht → *ius tollendi*
Werkvertrag, vgl. auch *locatio conductio operis* 141. 148 f.
Westgotenrecht 122
Wiedereinsetzung in den vorigen Stand → *in integrum restitutio*
Wille, vgl. auch Konsens 174. 179. 184 ff. 190. 191. 193. 210
Wissenschaftlichkeit des Rechts 210. 211[20]
Wohnraummiete 140 f.[114]

Zentumviralgericht → *centumviri*
Zeugen 76. 78. 122. 175
ZGB 111. 211
Zins 127
Zivilrecht → *ius civile*
Zivilprozeß, vgl. auch Prozeß 1 ff. 42. 111

Zwangsvollstreckung, vgl. auch Vollstreckung, Vollstreckungsrecht, -verfahren 62. 183. 187
Zweikampf 49[16]
Zwölf Tafeln 3 mit Anm. 4. 4. 13. 45 ff. 63 ff. 95 ff. 110. 204